立人天地

多元文化
当教师遭遇新挑战
（第二版）

Becoming a Multicultural Educator
(SECOND EDITION)

［美］威廉·A. 豪（William A.Howe）

潘尼洛普·L. 利西（Penelope L.Lisi） 著

刘清山 译

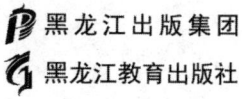

版权登记号：08-2016-095

图书在版编目（CIP）数据

多元文化：当教师遭遇新挑战：第二版 /（美）威廉·A.豪（William A. Howe），（美）潘尼洛普·L.利西（Penelope L. Lisi）著；刘清山译. -- 哈尔滨：黑龙江教育出版社，2017.1
ISBN 978-7-5316-9107-5

Ⅰ.①多… Ⅱ.①威… ②潘… ③刘… Ⅲ.①多元文化－文化教育－研究 Ⅳ.① G40-055

中国版本图书馆 CIP 数据核字（2017）第 012396 号

Becoming a Multicultural Educator Second Edition
Copyright © 2017 by SAGE Publications, Inc.
Chinese simplified translation © 2017 by Heilongjiang Educational Press Co.Ltd
ALL RIGHTS RESERVED

多元文化：当教师遭遇新挑战
DUOYUAN WENHUA: DANG JIAOSHI ZAOYU XIN TIAOZHAN

作　　者	[美] 威廉·A.豪（William A. Howe）；潘尼洛普·L.利西（Penelope L. Lisi）　著
译　　者	刘清山
选题策划	王春晨
责任编辑	宋舒白　王春晨
装帧设计	Amber Design 琥珀视觉
责任校对	张爱华

出版发行	黑龙江教育出版社（哈尔滨市南岗区花园街158号）
印　　刷	山东临沂新华印刷物流集团有限公司
新浪微博	http://weibo.com/longjiaoshe
公众微信	heilongjiangjiaoyu
天 猫 店	https://hljjycbsts.tmall.com
E-mail	heilongjiangjiaoyu@126.com
电　　话	010—64187564

开　　本	700×1000　1/16
印　　张	27.5
字　　数	532千
版　　次	2017年4月第1版　2017年4月第1次印刷
书　　号	ISBN 978-7-5316-9107-5
定　　价	52.00元

目录 / contents

序 1

第一部分 背 景

第一章 多元文化教育：历史、理论和演化 2
- 一、具有多元文化特点的教育 2
- 二、多元文化教育的历史 14
- 三、多元文化教育的定义 18
- 四、多元文化教育的概念模型 23
- 五、错误观念和误解 24
- 六、多元文化教育领域人物介绍：詹姆斯·A.班克斯 27
- 七、案例研究：当人口结构发生变化时，你应该做什么？ 30
- 八、本章应用：活动与练习 31
- 九、本章提到的资源 33

第二章 什么是多元文化教育工作者？一个四步骤模型 34
- 一、有效教学与成为多元文化教育工作者 36
- 二、多元文化教育工作者与职业教学标准 44

三、成为多元文化教育工作者的核心：对文化的深入理解 ... 47

　四、多元文化教育工作者职业发展的四步骤模型 ... 49

　五、多元文化教育领域人物介绍：卡尔·A.格兰特 ... 52

　六、案例研究——现在的学校和过去不一样了 ... 53

　七、本章应用：活动和练习 ... 55

　八、本章提到的资源 ... 56

　第一部分　评估 ... 56

第二部分　知　识

第三章　对于美国多元文化的历史视角 ... 60
　一、美国的建立和形成 ... 61

　二、美国不同人群的历史视角 ... 74

　三、影响教育的重要法律 ... 80

　四、多元文化教育领域人物介绍：罗纳德·高木 ... 83

　五、案例研究——面对移民和难民学生 ... 85

　六、本章活动和练习 ... 86

　七、本章提到的资源 ... 88

第四章　文化敏感性教学的基础知识 ... 89
　一、关于文化、多样性和学生资质的知识 ... 90

　二、关于多元文化教育的基础和实现平等的知识 ... 98

　三、关于学习成绩和多元学生的知识 ... 103

　四、关于教与学的知识 ... 105

　五、多元文化教育领域人物介绍：G.普里奇·史密斯 ... 109

　六、案例研究：一生的梦想 ... 111

　七、本章活动和练习 ... 112

　八、本章提到的资源 ... 113

　第二部分　评估 ... 114

第三部分　意　识

第五章　理解文化身份及其对教与学的影响 116
　一、你的文化身份维度 117
　二、理解特权文化身份 126
　三、个人文化身份对教与学的影响 132
　四、多元文化教育领域人物介绍：索妮娅·涅托 136
　五、案例研究：文化身份困惑 138
　六、本章应用与练习 139
　七、本章提到的资源 140

第六章　培养对于他人文化身份的意识 142
　一、看到他人的差异 143
　二、对他人差异的反应 148
　三、对于学校文化差异的低效反应 152
　四、对于学校文化差异的积极反应 158
　五、多元文化教育领域人物介绍：詹姆斯·洛温 162
　六、案例研究：应对学生在家里学到的态度 164
　七、本章应用和练习 165
　八、本章提到的资源 166
　第三部分　评估 166

第四部分　技　能

第七章　课程开发和课时规划 170
　一、开发学校的课程 172

二、开发多元文化课程 175
　　三、分析课本和教材中的文化偏向性 178
　　四、编写多元文化课时规划 183
　　五、多元文化教育领域人物介绍：克莉丝汀·E.斯里特 193
　　六、案例研究：犹太人大屠杀 195
　　七、本章应用和练习 197
　　八、本章提到的资源 197

第八章　多元文化教育工作者所需要的教学方法 199
　　一、我们的教学方式和学习方式 200
　　二、流行的教学实践与多元文化教育 208
　　三、文化敏感性教育 217
　　四、多元文化教育领域人物介绍：克莉丝汀·艾弗森·贝内特 221
　　五、案例研究：开办新学校的机会 223
　　六、本章应用与练习 225
　　七、本章提到的资源 225

第九章　培养语言和语言多样性技能 227
　　一、语言水平与学生成绩 227
　　二、英语学习者的特点和需要 235
　　三、从多元文化角度教育英语学习者 240
　　四、多元文化教育领域人物介绍：菲利普·C.钦 250
　　五、案例研究：教育新移民的机会 252
　　六、本章应用与练习 253
　　七、本章提到的资源 253

第十章　具有文化敏感性的评估 255
　　一、评估概述 256
　　二、高质量评估的挑战 262

三、基于课堂的评估选项　　267

　　四、多元文化教育领域人物介绍: 杰奎琳•乔丹•厄文　　276

　　五、案例研究: 贾森•哈萨韦: 改变学生学习评估的教师　　278

　　六、本章应用与练习　　279

　　七、本章提到的资源　　281

　第四部分　评　估　　283

第五部分　行　动

第十一章　成为多元文化教育工作者　　288

　一、开始: 信仰、愿景和目标设置　　290

　二、设计将学生放在第一位的学习过程　　294

　三、合作: 寻找伙伴、盟友和诤友　　298

　四、使用数据检查你自己的实践　　302

　五、关注你自己的职业发展　　306

　六、多元文化教育领域人物介绍: 珍妮•奥克斯　　309

　七、案例研究: 究竟如何开始: 从"以教师为中心"转变成"以学生为中心"　　311

　八、本章应用与练习　　312

　九、本章提到的资源　　313

第十二章　在学校层面支持多元学习者　　315

　一、学校层面的行动规划　　316

　二、学校文化和改变的意愿　　318

　三、学校的改进与多元文化教育　　324

　四、支持教师在多元文化教育领域的成长　　329

　五、多元文化教育领域人物介绍: 唐娜•M.戈尔尼克　　336

　六、案例研究: 改变学校文化　　338

　七、本章应用与练习　　340

八、本章提到的资源..341
　　第五部分　评估..342

致　谢..344
附　录　重要的多元文化课堂及资源、组织和协会..346
参考文献..384

序

新版本的变化

本书（第二版）为我们提供了一个难得的机会，使我们可以重新思考我们在（第一版）中花费了大量精力的内容，以及我们处理这些内容的方式。根据审稿人及读者的评论和建议，我们保留了（第一版）中使读者感到比较满意的许多特点。同时，我们改进了这些内容的表达方式。我们相信，这种改变能够使读者更加深入地理解如何成为有效的多元文化教育工作者。和（第一版）类似，在（第二版）中，我们两个人分别以独立与合作的方式对所有内容做了检查和改写。我们之所以进行修改，是因为我们自己对多元文化教育的认识在不断进步。我们希望读者能够看到一个比（第一版）更好的版本。

第二版新增的内容

扩展探索——这个新增板块特别针对参与研究生教育项目的学生。当然，它也适用于其他读者，包括本科生和在职教育工作者。这部分内容在每一章中多次出现，它要求学生以个人或群体的形式参与问题导向性学习，或者反思我们提出的需要进行深层次思考的问题。每章至少包含三个"扩展探索"板块，每个板块都与这一章的一个重要学习目标有关。

多元文化教育领域人物介绍——本书（第一版）的每一章都会介绍多元文化教育领域的一位顶级学者或实践者；（第二版）对这些人物介绍进行了更新。此外，为了支持读者对每个人物的工作进行延伸思考，我们在每个"人物介绍"板块后面为读者添加了至少一个后续问题。这些问题可以鼓励读者对这些人物的学术贡献进行深层次思考。

参考文献、提到的资源、相关组织和协会——所有参考文献和提到的资源都得到了检查和更新。每一章添加了新的参考文献和资源。

新趋势——我们在每一章考虑到了与这一章内容有关的新趋势。（第二版）各章新增的内容反映了各领域的最新动态，包括语言多样性、性别多样性、共同核心州立标准、社交技能和语言多样性、职业发展以及学校合作文化。

预先思考——每一章的"预先思考"部分是用于实现每个学习目标的前导模块（advanced organizer）。每个"预先思考"部分的一些反思问题得到了修改，以引导读者进行深层次思考。例如，读者需要通过应用、分析、评估或综合的方式回答问题，读者可能需要进行比较、分类、总结、预测、批判、设计或者提出新的想法。

附录——这一部分得到了更新，以反映当前的资源，包括十几个可以在网上获取的免费视频。

学习目标——每一章的开头会介绍这一章的重要学习目标。（第二版）在每章结尾对各章的学习结果进行了详细总结，列出了各章的重要信息。

为何制作（第二版）？

许多教育工作者苦于无法在多元文化教育领域找到一本兼顾理论和实践的优秀教材。本书两位作者在多元文化教育领域（包括从幼儿园、学前班到高中的学校系统和再往上的教师教育）共同工作了20多年。本书凝聚了他们多年的经验，具有很高的可读性和实用性，既适用于正在参加培训的准教师，也适用于有经验的在职教育工作者。本书是一本重要的基础性书籍，包含了信息、理论、研究以及练习、研究案例和需要反思的问题，可以提高你的多元文化教育能力。

本书作者认为，这部作品的必要性主要有两点：首先，许多教师培养计划只有一个科目或一个单元涉及多元文化教育这一主题。多年来，美国教师教育认证委员会（NCATE）是教师培养计划的主要认证机构，该机构要求职前教师（preservice teacher）必须在这一领域接受培训。2013年7月，教育工作者培养计划认证委员会（CAEP）正式成为了教育工作者培养计划提供方的唯一认证机构，CAEP认证标准也于2016年得到全面执行。CAEP认证标准的要求也考虑到了教育工作者服务于多元群体（diverse population）的能力。不过，只要你检查一下"多元文化教育"或"群际关系"课程的教学大纲，就会发现，这些课程的内容存在巨大的差异。而且，根据我们的经验，在这类课程中，许多课程的理论性很强，但缺乏足够多的可以直接应用到课堂环境中的内容。当学生学完这些课程时，他们并没有做好开展文化敏感性（culturally responsive）教学的准备。具体地说，所有教师都需要对文化及其对教与学的影响获得坚实的理解。

其次，本书的出现非常及时，因为最近关于美国学生学习成绩的研究提出了教师在"如何教学"这件事上是否得到了有效培养的重要问题。在国家层面，要求提高学生学习成绩的呼声也引出了要求教师和学校更加负责的声音。州级立法机构正在通过要求"失败学校"开除校长和全体教师的法规。本书将满足培训教师应对多元群体的需求，提供坚实的理论和研究结果，同时，通过方便易用的板块使教师知道如何将这些理论和研究结果有效地应用到课堂上。

本书的一位作者在师范大学工作，另一位作者最近刚刚从州级教育机构退休。在为出版物和教师在职培训计划、大型项目和多元文化教育会议的举办而共同努力的过程中，两位作者进行了广泛的研究，完成了一本从实践角度解释教学方法、以支持教师和管理人员成为多元文化教育工作者的书籍。显然，同现有文献相比，我们需要一本更加方便实用的书。

本书以坚实的研究为基础，而且吸收了作者20多年来在多元文化教育领域（包括城区、城郊和农村学校）努力工作的成果。我们的经验是，教师真正需要的教材应该从多元文化教育的基本问题和理论概念讲起，然后帮助他们通过亲身体验提高意识，建立知识基础，培养各种技能，再向教师描述如何将这些概念运用到课堂和学校环境中。教师经常提出的一个问题就是："我知道我需要获得关于其他文化的更多知识，但我怎样将这些知识运用到课堂上呢？"

本书特别关注了从幼儿园、学前班到高中的课堂上基于研究的多元文化教育课程、教学和评估策略的提出与应用。支持这种方法的主要概念框架是两位作者1994年在一篇谈论如何培训成年人的文章中提出的多元文化教育领域"个人发展四步骤"模型。两位作者在早期合作时形成了这个模型的概念，作为多元文化教育的培训基础。四个步骤分别是意识、技能、知识和行动。

前三个步骤本身并非作者原创。这个模型的独特之处在于，加入"行动"以后，各步骤能以依次递进的方式形成一个循环。"行动"步骤是非常重要的，因为教育工作者最关心的问题似乎并不是是否接受多元文化教育或者学习多元文化理念和知识，而是当教师学习了重要的知识和技能以后，如何将文化元素融入日常实践中。对学校领导者（包括教师领导者）来说，一个重要的挑战就是如何建立一个学习社区，让教育工作者相互学习多元文化教育策略。另一个摆在机构领导者和教师领导者面前的挑战是，如何将多元文化教育制度化，确保教师同事、家长、社区和学校理事会成员给予充分的支持。本书的行动部分将提供实用的策略，提出个人和机构层面的行动计划范例。

目标群体

本书应当成为所有教师培训和各个层级教育工作者职业发展实践培训的基础教材。本书的制作目的是满足每一个教师培养计划的需求。美国的许多教师培养计划以获得NCATE认可（现在是CAEP认可）为目标，因此，他们理解满足NCATE/CAEP标准的必要性，而这些标准又特别侧重于将教师培养成多元文化教育工作者。事实上，在新的CAEP各项标准中，多样性和技术是贯穿所有标准的主题！下面的声明来自CAEP网站：

> 对每个准备获得教育职位的候选人来说，他们的个人生活地点和个人经验无法反映多样性的所有方面。不管候选人的住所在哪儿，个人环境如何，有什么样的准备经历，他们都需要获得培养职业能力的机会，使他们能够以合适的方式为他们可能在职业生涯中遇到的文化多样性调整和改变教学方法。

本书的主要目的是成为教师教育专业本科生的职前教师基本培训教材，也可以在教师教育的研究生计划中使用。不同大学提供了类似的课程，它们的名称存在细微的差别。因此，我们列出了本书适用的初级课程的一些具体例子，而不是仅仅指定其中的一门课程：

- 多元文化教育课程设计；
- 多元环境下的教育和教师领导力；
- 多元环境下的方法和课程；
- 评估、教学和课程调整；
- 开发教学材料；
- 有效的基础教学；
- 应用学习理论；
- 从幼儿园、学前班到高中的多元文化教育；
- 教育具有文化多样性的学生；
- 教育的多元文化多样性；
- 课堂和学校社区的多样性；
- 文化与群际关系。

这些课程面对的是成功完成通识教育的各门课程和各种要求、刚刚被教师培养计划录取的职前教师。作为通识教育要求的一部分，学生需要学习美术与人文、社会科学、行为科学和自然科学方面的课程。他们常常需要展示自己的沟通能力、数学能力和外语能力。因此，他们在进入教师培养计划之前打下了坚实的知识基础。教师培养计划可以让他们获得教学所需要的知识和技能，并且可以让他们对教师所需要的重要思想倾向进行思考。

有趣的是，这些课程近年来发生了重要的转变，从那种为职前教师提供一些改变教与学的"小修小补"式策略的课程，转变成了扎扎实实地将学生培养成多元文化教育工作者的承诺。目前的课程要求学生考虑重要的问题，培养对自身文化身份的深入理解，在多元文化教育方面获得坚实的知识基础和能力。导致这些变化的原因有两个：首先，这是教师培养计划的认证要求；其次，各个层级的教育工作者认识到，这是应该做的事情。我们现在需要的是能够让学生参与到有意义的学习过程之中，使他们可以在所有课程和所有科目的日常教学中满足学生多元文化需求的职前培训课程教学材料。

本书提供了关于文化如何影响学习的重要信息和策略，大多数教育工作者都可以从中受益。在这个高利害测试（high-stakes testing）时代工作的老教师将会发现，本书提供了非常有用的说明、示例和练习，可以直接应用到课堂上。本书作者强烈相信，如果教师不知道如何将学生的文化和经历融入教与学之中，学生成绩差距的缩小将是一项无法完成的任务。在这个所有工作人员都必须培养文化能力的不断发展的全球化经济体中，本书可以帮助教师为所有学生提供良好的教育，使他们能够在具有多样性的工作环境中取得事业和人生的成功。

本书作者发现，幼儿教育、社会福利工作和护理领域的教育工作者对他们的工作非常专注。各个职业群体之中有一个非常令人鼓舞的趋势，那就是这些行业在初始培训和维持许可证或认证的在职培训中添加了多样性培训或文化能力要求。

教育领导力领域的学生也可以通过使用这本教材获益，尤其是教材中关于行动规划的部分。学校人群多样性的日益提高要求学校管理者掌握更多的知识和技能，以应对具有多样性的学生，帮助所有学生为将来的多元工作环境做好准备。

本书作者有过海外教育经历。在澳大利亚、中国、韩国、南非、冰岛、阿塞拜疆、新西兰、英国和其他许多国家，多元文化教育正在成为一个日益流行的话题。如果海外国际学校和美国学校的教育工作者在面对日益多元化的学生群体和全球化经济时遇到困难，那么他们也可以通过使用这本教材上的教学方法受益。

本书的组织形式

第一部分：背景

本书分为五个章节。第一章"背景"包括两节内容，着重引导读者探索什么是多元文化教育，什么是多元文化教育工作者。

第一章：介绍了多元文化教育的概念，阐释了多元文化教育的基本原理，提出了多元文化教育领域的重要问题,包括课堂问题(以具有文化敏感性和文化责任感的方式教学,以多种方式评估学生的学习,对课程进行文化包容性扩展)、学校问题(缩小成绩差距,偏见和歧视问题,数字鸿沟,氛围)、社区和社会问题以及教师培养问题(招聘,师资力量问题,家长的角色,教师短缺以及文凭与招聘)。

我们解释了多元文化教育的主要概念模型,包括卡尔•格兰特(Carl Grant)和克莉丝汀•斯里特(Christine Sleeter)的模型以及詹姆斯•班克斯的模型。我们给出了多元文化教育领域重要词语的定义。其中,多元文化教育被定义为一个过程,它是对所有学生都非常重要的基础教育,对于平等和社会公平的实现具有重要作用。除了定义,教育工作者还必须理解多元文化教育的目标。我们还总结了常见的迷思和误解。大多数参加过教师培养计划的人似乎认为自己在这方面获得了比较充分的教育。实际上,关于美国各个文化群体的教学内容通常具有很大的局限性。第一章描述了美国学校课程以欧洲为中心的特点,以及这些课程缺乏多元视角的现状对孩子们的负面影响。

第二章:读者将探索大多数教师缺乏关于其他文化和学习风格的知识和理解这一概念——这种现象对课堂上的教与学产生了负面影响。在这一章,作者介绍了他们为多元文化教育工作者的个人发展设计的模型。这一模型是作者对在职讲习班的多年参与和对多元文化教育工作者个人发展的研究得到的结果。根据这一模型,教育工作者需要经历四个发展阶段。这些阶段反映了各种标准设置机构定义的重要知识、技能和思想倾向。我们描述了传统计划培养出来的教育工作者以及以"成为多元文化教育工作者"为目标培养出来的教育工作者。

第二部分:知识

在被问及自己所掌握的关于其他文化或群体的知识时,教育工作者往往吃惊地发现,他们了解这些信息的渠道非常有限。为了让我们成为学生的学习资源,我们需要不断致力于扩展个人的知识基础,了解与我们不同的人。这包括关于信仰和价值观、沟通和交流模式、历史、态度以及行为的知识。这是一项需要持续一生的事业。这一部分包括两章内容。

第三章:"对于美国多元文化的历史视角"回顾了美国历史上不同社群与文化的活动和运动。通过研究移民和文化转移模式,教师可以更好地理解不同人群的经历和影响、移民的共同经历、早期历史以及歧视现象。

在第四章"文化敏感性教学的基础知识"中,读者将探索教育工作者需要掌握的关于他人的基础知识。这种基础知识目前被添加到了许多标准和知识基础之中——因此它们是教师应该知道和掌握的内容。这些基础知识看上去可能很吓人。不过,教育工作者必须记住,成为多元文化教育工作者或有效的教育工作者是一个持续一生的过程。

在这一章，教育工作者还将探索文化和"教与学"之间的联系。除了关于学习风格的大量描述，读者还将探索理解学习风格并将他们对学习风格的知识运用到课堂上的途径。

第三部分：意识

这一部分包括两章内容，它们将帮助读者理解"教育承载着价值观"这一命题。作为教育工作者，我们往往没有意识到，我们的工作蕴含着一组指定的信仰和价值观。为了面对具有多样性的学生，我们必须首先研究自己的信仰、偏向性和偏见，意识到我们自身文化的本质。然后，我们可以进一步了解我们和其他群体在各个维度上的差异性的价值。对于差异的敏感性、理解、容忍和同情是这一部分的关键元素。在第五章"理解文化身份及其对教与学的影响"中，读者将探索自己的文化身份。为了有效帮助学生理解自己和他人的文化身份，教育工作者必须充分意识到他们自身的文化背景。这种自我探索过程对白人教育工作者来说可能尤其困难。

我们介绍了美国的文化身份（种族、族群、性别、性取向、阶级、宗教、残疾人、使用不同语言的人、年龄、体型），同时探索了与这些文化身份相联系的共同的信仰、观念和偏向性。

在第六章"培养对于他人文化身份的意识"中，读者将探索对其他同样具有独特文化身份的人群的感受以及与这些人的交流。在这一章，我们将讨论个体如何看待具有不同文化背景的人。教师经常说，他们希望关注人们的相同点，因为关注差异似乎是在加剧冲突。我们认为，要想实现社会平等，教师必须关注差异，理解并欣赏差异，然后学会带领学生理解和重视差异。

探索文化差异的一个重要途径就是探索各个种族、族群、性别、性取向和其他常见文化群体的个人偏向性、偏见、观念和感受。教育工作者可能认为他们具有良好的意图，需要将课程内容作为教学实践的重点，不过，关于人们"正常表现"的错误信息所导致的观念会对我们与学习者的交流产生强烈的影响。多元文化教育工作者必须学会挑战观念和发现偏向性这两种终身技能，以了解他人——包括他们的文化、视角和经历。我们必须研究和理解我们这个社会中憎恨和偏向的根源以及这种根源过去和现在对他人生活的影响。

第四部分：技能

要想有效面对具有差异性的学生群体，我们需要学习新技能，包括沟通，课时规划，关于激励、差异性和多元智能的知识整合等。我们需要学习具有包容性的性别中立性语言，制止带有偏见的语言和行为。教师还必须学习将多元文化融入课程和教学策略中的各种途径。这一部分包含四章内容。

第七章："课程开发和课时规划"解释了制定多元文化课程所需要的元素。我们总结了编写多元文化课时规划的步骤，包括检查教材偏向性的程序。这一章包含了本书最具特色的一些内容。在本书作者的四步骤模型中，一个重要的步骤就是技能培养。在这一阶段，教师将根据前面介绍的标准、模型、教学策略和知识制定多元文化课时规划。在这一章，教师将练习和培养建构主义教学与课程的开发技能，分析课本和教学材料中的偏向性。我们将介绍一个多元文化课时规划的撰写规则，并且提供几个多元文化课时的例子。

第八章："多元文化教育工作者所需要的教学方法"，读者将研究与多元学生群体有关的教学方法。我们解释了依靠更为传统的行为教学方法的弊端。接着，我们探索了可以使学生更好地参与到深度学习中的、支持文化敏感性"教与学"的建构主义方法。建构主义方法支持教师从学生入手，利用关键概念研究主题和解决问题，而不是由教师一个人传授课程内容和解题步骤。我们讨论了使用多种教学策略的重要性，对传统教学方法和非传统或更为现代的教学方法进行了比较，重点关注了建构主义方法。

第九章："培养语言和语言多样性技能"，读者将探索语言差异这一主题。任何关于最佳教育实践的讨论都必须涉及第二语言的培养。我们对于如何更好地教育英语学习者这一主题进行了大量讨论。这一主题需要了解的内容非常多，虽然我们花费了整整一章的篇幅，但是似乎仍然有一些问题没有被我们提及。第九章解释了需要学习英语的学生所面对的处境，讨论了适用于多元文化背景的重要策略和方法。

第十章："具有文化敏感性的评估"，我们延续了第八章对于建构主义这种看上去不错的教学实践的关注，讨论了改变评估实践的需要，以适应多元学习者的需求和学习风格。教师如何知道学生是否学到了本领？确定这一点的传统方法是什么？更加可靠、更加真实的方法是什么？本章将讨论测试中的偏向问题，回顾关于标准化测试的争论。

第五部分：行动

这一部分包括两章内容。为了确保行动的发生，教师必须学习如何制订个人和组织层面的行动计划，以实现多元文化教育。他们还必须学习如何与其他教师结成支持网络，建立合作关系。我们提出了有利于为这种改变努力提供制度支持的策略。

第十一章："成为多元文化教育工作者"，教师将考虑入职以后延续个人发展和成长的途径。我们总结了一些步骤和策略，用于更加轻松地实现这种转变，并且指出了其中的陷阱、拦阻和障碍，强调了制订终身自我完善计划的重要性。在这一过程中，我们需要仔细检查自己的技能、态度和经验。

这一部分的练习可以帮助读者发现和解决实施行动计划的潜在拦阻和障碍。我们提供了检查清单，以帮助读者评估他们将多元文化教育融入课堂乃至学校"教与学"之中的进展。最后，在第十二章"在学校层面支持多元学习者"中，读者将考虑在全校范围内制订行动计划的需要。读者不仅要为多元文化课堂制订个人的行动计划，而且要制订学校的行动计划。第十一章①提供了关于如何分析一家机构以及如何制订和修改计划的重要信息。在现实中，教师常常需要在孤立无援的情况下独自开展创新。只有在一个学习社区范围内开展多元文化教育，这种教育才能真正对"教与学"产生影响。在这一章，教师将对如何分析学校的变革意愿，如何打造多元文化教育团队，如何建设多元文化资源库以及如何确保以实现多元文化教育为目的的持续专注的员工发展制订计划。

以成为多元文化机构为目标的改革是一种有意识的行为。理解学校的制度文化是实现这种改革的一个关键步骤。当教师以教师领导者的身份参与到学校的转变过程中时，他们必须了解学校的文化。这种转变既有支持也有阻碍，教师必须知道如何寻找盟友，在哪里寻找盟友，如何做出改变以及掌权的人是谁。

本书的重要特点

为了尽可能地便于理解和使用，尽可能地提高可读性，本书添加了一些新颖的特点。

每章开篇综述：这个简短的概述可以使读者对每章内容获得基本了解，同时鼓励读者进行批判性思考。

开篇案例研究：每章开头的案例研究板块可以引导读者提前思考每一章讨论的重要概念。每个案例研究后面还有一个向读者提出问题的板块，叫作"你对这个案例的看法"。

每章主体：这一部分依次针对每个学习目标进行讨论，其中每小节的开头有一个"预先思考"板块，用于介绍学习目标，向读者提出问题，使读者能够在阅读正文之前对这些问题进行思考。

每个学习目标对应的正文结尾还有一个"反思"板块。这个板块对前面讨论的内容进行总结，同时提出一些问题，以澄清读者的观念，引导读者进行深层次思考。

多元文化教育领域人物介绍：对多元文化教育领域一位顶级学者/实践者的介绍是每章的一个精彩板块。每个人物需要回答两个问题：（1）您认为您对多元文化教育领域最重要的贡献是什么？（2）关于为什么应当成为多元文化教育工作者这一问题，您认为最能说服职前教师的观点是什么？在本书中，我们还提出了一个后续问题，以引导读者思考每位学者/实践者的工作对教学实践的影响。

结尾案例研究：每章结尾还有一个案例研究板块，以说明本章提出的重要主题。

---

① 这里疑为作者笔误，应为"第十二章"——译者注。

每个案例研究将在开头概括一些重要问题,并在结尾提出一些需要讨论的问题。

本章活动与练习:每章结尾提供了一些活动与练习,作为学习的延伸。

词汇表:每一章的重要词语第一次出现时以斜体显示,每章结尾的词汇表提供了对这些词语的解释。

提到的资源:这一板块列出了与每章内容有关的组织和网站的链接,以便为读者提供更加全面、更具时效性的信息。

其他重要特点

本书提供了有助于将多元文化教育理论运用到实际生活中的大量活动、练习和课时规划,对处于培训阶段的教师和有经验的教育工作者来说,这应该是一个很有吸引力的重要特点。这些内容有助于将理论和实践联系在一起,它们为读者提供了加深理解的机会和可以直接应用到课堂上的资源。对于教师教育者、从幼儿园和学前班到高中的学校系统中希望获得职业发展的职员、课程指导人员以及学校管理者来说,这本书也是培训和教育过程中一份宝贵的指导材料。

评估清单——除了上述特点,本书还有其他一些新颖的特点。讨论多元文化课程设计的章节加入了作者为制定多元文化课时规划而设计的评估清单。这份评估清单是我们与教师合作制定的,并且得到了进一步完善,以满足新手和有经验的教育工作者的需求。这份清单已经被教师培养计划所采纳,用于向学生展示如何制定多元文化课时规划。

分析学校进展——另一个重要特点是一款评估工具,用于分析学校在多元文化课程和环境方面的进展。这款工具是应一些教师的请求而设计的,这些教师需要确定学校在实现平等的多元文化教育过程中的进展以及还需要采取的步骤。随着学校在实施合作式工作模式(尤其是专业学习社区)的道路上越走越远,他们需要利用一些评估工具收集数据,以便在公共论坛上对他们在"教与学"和学校改进等重要领域取得的进展进行共同讨论。教师在行动研究、自我评估与基于数据的决策制定方面将会得到支持和培训。

重要评估——我们还为五个主要部分分别设置了重要评估板块。这些评估板块位于每个部分的末尾,可以使学生获得多层次、多角度解决问题的体验。

附录:重要的多元文化课堂及资源、组织和协会对"在哪里寻求帮助"这一问题提供了大量信息。这个附录列出了大量图书、期刊、视频、职业组织、文化协会和互联网资源。

背 景

第一部分

第一章　多元文化教育：历史、理论和演化

第一章是对多元文化教育领域的介绍，包括定义、历史、理论和模型。读者将从整体上了解这个领域及其目标。随后各章将对这个领域的各个方面进行展开，提出更加详细、更加贴近实际的应用。

一、具有多元文化特点的教育

1. 变化的人口结构

本书将会经常提及种族和族群。因此，我们应该解释一下我们所使用的术语。英语是一种具有生命力的语言，它会随着时代的变化而演进、成熟和变化，以反映不同时代的文化特点。词语的选择和使用是非常重要的，因为它们传达了人们的信仰和价值观。例如，"女服务员"（stewardess）和"老处女"（spinster）等词语传达了关于女性的负面信息，随着社会对女性权利和女性角色的承认，这些词语目前已经很少被人使用了。类似地，"东方人"（oriental）和"有色人种"（colored）属于历史词汇，可以让人联想起不光彩的历史，因此人们现在也很少用这些词语来描述别人。

"种族"（race）与"族群"（ethnicity）的定义和分类总是存

预先思考

2010年的电影《等待超人》（*Waiting for Superman*）重新引发了全国范围内关于白人学生与有色人种学生之间巨大成绩差距的讨论。鉴于学校人口结构的变化以及"为学生成绩负责"的日益高涨的呼声，掌握关于多元文化教育的应用知识对理解和缩小成绩距离是非常重要的。

（1）根据你自己的经验，解释一下教师如今面对的主要挑战。为这些挑战排序。你做出这种排序的理由是什么？

（2）什么是成绩差距？你认为成绩差距的原因和解决方案是什么？

（3）如果你有权改变美国教育系统，你的前三项行动是什么？解释一下你选择这些行动的理由，然后预测一下，如果这些改变或行动得到实施，将会发生什么情况？

我们应该在这里插入一个提醒，那就是，术语和语言是非常重要的。英语是一种具有生命力的事物。随着时代的发展，语言也在变化。"尼格罗人"和"有色人种"过去都是可以被人接受的词语，但是现在，这些词语常常被许多人视作非常不礼貌的说法。"黑人"和"非裔美国人"是如今更加常用的词语。"美洲原住民"和"美洲印第安人"也是两个常用的词语，但是这个群体的许多成员更希望人们用部落联盟的名称来称呼他们（如彻罗基人、苏人等）。

在问题。每当美国进行人口普查时，争议都会重新出现。在2000年的人口普查中，关于种族和族群的联邦数据标准包含6个类别：美洲印第安人或阿拉斯加原住民、亚裔、黑人或非裔美国人、夏威夷原住民或其他太平洋岛屿居民、白人以及"其他一些种族"。此外，还有两个族群类别：西裔或拉丁裔以及非西裔或非拉丁裔。西裔或拉丁裔可能属于任何种族。

> **案例研究：美术教师**
>
> 我经常访问一所只有20名学生、实施"替代性计划"的小学校。作为一名学校监督员，我需要定期到城区学校进行实地考察，以评估这些学校的进展。我要说的这所学校位于城市不良地段一个社区的中心，是处于辍学边缘的高中学生学业生涯的最后一站。教学团队由一名男老师和一名女老师组成，分别是非裔美国人贾马尔和拉丁裔美国人玛丽亚。两个人似乎很想展示学生的成绩，同时对于自己为成功维持学校运转而付出的努力却很谦虚。
>
> 当我参观这所学校时，我看到了学生制作的许多美丽的刺绣、流苏花边和其他手工作业。当我问到这些学生作业时，贾马尔和玛丽亚回答说，他们觉得在严格的学习生活中，让学生获得具有创造性的体验是一种非常重要的调节手段。我知道这所学校在预算方面一直处于紧张状态，因此问他们如何在这种预算条件下请到美术教师。他们回答说："我们很幸运。"我这个人天性好奇，因此又问了几个问题，试图弄清他们是如何获得聘用新教师的资金和许可的。结果，两个人仍然给出了非常暧昧的回答。出于对挪用预算和教师资格问题的担心，我决定对这件事进行深入调查。结果，我很快发现了事情的真相。
>
> 每到发薪日，两位教师都会在狭窄的办公室里会面，从他们的薪水里拿出一些钱放在一个信封里。他们把这些钱秘密地交给一位已经退休的老教师，请她每个星期为学生进行两次授课，使学生有机会运用自己的创造力和才能。每当这位老教师过来授课的时候，学生们都对她非常亲切，他们称她为"奶奶"。这个社区里的每个人都知道这件事，而且大家都默许了这种做法。
>
> ①你如何看待这两个教师的行为？
> ②他们和那位老教师的行为将会对学生的教育产生什么影响？
> ③这个故事让你了解到了关于美国教育状况的哪些事情？

2010年的人口普查表格列出了15个种族类别：

- 白人；

- 黑人，非裔美国人或尼格罗人；
- 美洲印第安人或阿拉斯加原住民；
- 印度人；
- 日本人；
- 夏威夷原住民；
- 中国人；
- 韩国人；
- 关岛人或查莫罗人；
- 菲律宾人；
- 越南人；
- 萨摩亚人；
- 其他亚洲人；
- 其他太平洋岛屿居民；
- 其他一些种族。

2010年人口普查的种族和族群分类表明，在美国这样一个不断演化的社会里，你不能将人们整齐划一地放进一个模子里。异族通婚和混血儿数量的不断增长以及认识与理解一个人所属种族和族群的重要性的提高既为任课教师带来了机遇，也为他们带来了挑战。

2．理解种族和族群的重要性

今天的教师面临的最大挑战之一就是学生人口结构的迅速变化。教学活动不是在真空中进行的。"教与学"的参与者——包括学生、教师、管理者、家庭成员、社区成员——都具有文化身份。他们为教育过程带来了不同的文化背景，包括各种不同的经历、价值观、信仰、历史、语言、沟通模式和需要。当教师和学生走进教室时，他们会自然而然地带着自己的文化背景进入和参与到"教与学"过程中。在20世纪60年代的民权运动以前，大多数教育工作者并没有认真考虑过多元文化背景对学习的影响。那时候，学生基本上被看作单一群体，教育工作者使用"一刀切"的教育方式。人们认为文化是一个无关紧要的因素，它和教育之间没有关系。

来到学校的学生拥有各种不同的母语、文化背景以及截然不同的经历、价值观和信仰，这显然会影响他们的学习过程。有人曾经提出"熔炉"理论，但目前的美国在繁荣中依然存在着"族群延续"现象。更适合这个国家的比喻是"沙拉碗"，每个成员（沙拉的配料）保持着他们独特的文化，同时所有成员拥有共同的风俗习惯（因而组成了一道更加可口的沙拉）。

随着成绩差距的持续、人口的日益多元化以及经济的全球化，教育领域需要维持自身与学生教育需求的相关性。而且，用人单位也需要员工具备更高的文化能力。学校必须考虑到它们所教授的内容是否适应学生未来的工作环境。课堂必须随着时代的变化而改变。

练习1.1　你属于哪个群体？

回顾上面美国人口普查局定义的种族类别：
（1）你属于哪个或哪些种族和族群类别？
（2）想出10个与你最亲密的朋友。制作一张表格，在一个方向上列出15个族群或种族类别，在另一个方向上列出你朋友的名字。选择每个朋友的种族或族群类别，以完成这张表格。
（3）现在，想出10个你现在或过去的同学。为这些同学制作一张与问题2相似的表格。
（4）对你在问题2和问题3中得到的答案进行思考，用一段话扼要地总结出你与不同人群之间的联系。

3．缩小成绩差距的需要

在教师对于自身角色的各种理解中，最基本的一点就是，他们不仅仅是阅读教师或数学教师——他们也是学生的教师。教师的职责不仅仅是教授一门学科。教师对学生生活的许多方面都会产生影响。在课堂上，教师可以充当社会工作者、心理学家、导师、忏悔牧师、代理家长和朋友。你不可能闭着眼睛去教书。学生可能会在日常生活中遇到一些拦阻、障碍和危机，比如种族主义、性别主义、阶级主义和恐同症，这些因素阻碍或威胁着他们的学习和生活。多元文化教育不仅仅是采用传统的教学方法。在当今学校中，良好的教学方法包括处理平等和社会公平问题的愿望与能力。这种愿望和能力是教师责任与任务的本质。伟大的巴西教育家保罗·弗莱雷曾说过："除了学习行为，教育也是一种政治行为。这就是所有教学方法都具有政治倾向性的原因。"

作为一个研究领域和一种教育过程，多元文化教育的发展受到了许多因素的影响。美国学生人口结构的变化非常迅速。许多成绩指标显示，过去面向以白人为主的学生群体的教学实践和程序并不适合目前更具多样性的学生群体。标准化测试成绩、毕业率、辍学率和其他学术指标表明，来自少数群体的学生学习成绩普遍偏低，尤其是贫困学生。他们获得了较低的平均分数和更多的不及格分数。少数群体的贫困学生毕业人数偏低，辍学人数偏高。这种成绩上的差距或不平衡是我们需要保持警惕的一个原因。

白人学生与非裔美国学生和拉丁裔学生成绩差距的扩大、关于成绩测试结果和辍学率的统计数据以及校园暴力的增长使我们相信,我们必须采取完全不同的方式开展"教与学"活动,这不仅有利于有肤色的学生,也有利于所有学生。"哈佛民权项目"研究对于成绩差距的影响提供了有趣的视角:

- 来自少数群体的孩子在特殊教育中的比例偏高;
- 在富裕学区,同白人学生相比,非裔美国学生以及一部分美洲原住民学生更有可能被贴上"智障"的标签;
- 同白人孩子相比,带有情绪困扰的非裔美国孩子接受的教育服务质量较差,智力发育较晚;
- 同其他学生群体相比,非裔美国学生的休学率和开除率较高;
- 内城有肤色的学生辍学率明显偏高;
- 内城有肤色的学生高中毕业率明显偏低;
- 非裔美国学生、拉丁裔学生和美洲原住民学生在标准化测试中的成绩普遍偏低;
- 同欧裔美国学生和亚裔学生相比,非裔美国学生、拉丁裔学生和美洲原住民学生进入大学和毕业的比例低得多;
- 同其他学生群体相比,非裔美国学生、拉丁裔学生和美洲原住民学生出现贫困、吸毒、酗酒、入狱、未成年怀孕等现象的比例要高得多;
- 学校的种族隔离程度日益提高;
- 对有肤色的学生、女生和同性恋学生的仇视性犯罪、偏向、偏见和歧视现象仍然很多,这很令人尴尬。

显然,我们需要采取更多行动,以解决这些问题。其中,改善教育工作者的教学内容和方式是一个重要策略。

2001年《不让一个孩子掉队法案》(*NCLB*)制定了缩小成绩差距的宏大目标——一些人认为这些目标过于宏大,有脱离实际之嫌。尽管人们在立法方面做了很多工作,美国学校的资源分配仍然存在不公平现象。不是所有学校都能满足所有学生的教育需求。许多学校缺乏帮助所有学习者取得最佳成绩的制度。此外,整个教育系统还没有发展出一种有效的方法,可以让学生成为了解重要社会问题并且致力于以积极态度解决这些问题的具有社会责任感的公民。我们必须确保所有学生接受平等的教育,取得高水平的学习成绩。实现这一点也许并不像人们想象的那样艰难。我们首先必须从根本上致力于让所有学生取得优异的成绩。

如何提高学生的成绩呢?肯·蔡克纳概括了支持学生取得好成绩的关键要素。下面是其中的几个要点。

（1）来自教师的高期望

教师必须将每个学生看作有潜力达到个人最高能力水平的个体。对学生能力的模式化印象、先入为主的观念和事先判断都会造成不公平的限制。大多数教师都会不假思索地表示，他们对所有学生寄予同样的期望。不过，教师必须扪心自问，这种说法是否适用于接受特殊教育的学生、具有发展障碍的学生、接受职业技术教育的学生以及具有直刃文化或哥特文化等另类学校文化的学生。萨德克在其开拓性研究报告中引用了许多例子和插图，以说明教师区别对待不同种族学生，甚至区别对待男生和女生（偏向男生）的现象。例如，他们在研究中发现：

- 教师向男生提问的次数比女生多，向白人女生提问的次数又比非裔美国男生和美洲原住民男生多；
- 白人教师对白人女生在学习上的关心要多于非裔美国女生，而且他们更加担心非裔美国女生的行为。

（2）教学中的文化一致性

学生必须在教师提供的教学策略和教学内容中看到个人意义。这样，他们就可以将过去的学习经历与新的学习经历联系起来。当教师使用学生在自身文化中见过的语言、例子和插图时，学生将会获得更强的学习动力。教师可以利用以珍妮•奥克斯、马丁•李普顿、劳伦•安德森和杰米•斯蒂尔曼等学者描述的行为主义、认知科学和建构主义为基础的教学策略，运用他们所掌握的学生文化背景知识实现有效的关联学习。

（3）教师对文化传统的了解和尊重

教育蕴含和联系着根深蒂固的信仰、价值观、习俗与传统。如果教师了解这些内容，他们就可以更加有效地面对学生，因为他们可以尊重这些传统，将其作为教学资产。例如，一些学生的宗教禁止研究占星术，一些学生的宗教禁止庆祝生日。具有创造性的教师不会将这些禁忌看作阻碍，他们会利用这些知识使大家理解文化差异。

对于学生在其他文化中经历的教育方式的了解可以使教师更好地理解学生。在传统美国教育系统中，我们非常重视家长对学生教育各个方面的参与，如协助完成家庭作业和出席家长会。这种观念对来自其他一些文化的家庭来说非常陌生，因为他们习惯了在教师和家长之间划出严格的界限，教师只负责教学，家长只负责抚养孩子。具有某些文化背景的家长并不习惯于过多地参与到孩子的教育中。这并不能说明家长对孩子缺乏关心和支持，它只能说明在某些社会中，孩子的正规教育责任完全由职业教育工作者承担。

（4）能够促进学生在理解的基础上参与学习的教学策略

对于一代又一代的学生来说，不管在哪个年级，讲课都是他们所经历的主要教育方式。虽然讲课是最常见的教学策略，但是许多研究表明，一些学生可以通过其他许多方式实现更加有效的学习。直接指导显然只适用于一定的时间和场合。霍华德·加德纳（Howard Gardner）对多元智能的研究就是支持使用多种教学策略、以各种不同的标准将知识传授给学生的一个例子。教师可以设计出主要依赖于学生的大量积极参与而不是教师讲课的课时规划和课程。

4．偏见和歧视问题

许多教育工作者认为自己在教学中是一视同仁的。不过，偏向、偏见和歧视仍然深深地根植于我们的教育系统中。侧重于某种学习风格的教学策略，描绘有限几个族群和种族的经历与文化的课程材料，支持某些学生群体的政策和程序，这些都促成了一个带有歧视性的教育系统。每个多元文化教育模型（本章稍后会讨论）的核心要求就是支持教师获得文化能力，同时向学生灌输获得公民意识以及努力追求社会公平和教育平等的愿望。

多元文化教育需要个体——包括教育工作者和学生——超越他们自己的圈子和世界观，理解各种人群面对的障碍。下面是一些需要考虑的事实：

- 在美国，每两分钟就有一个人遭到性侵犯。从1995年到1996年，超过67万女性成为了强奸、强奸未遂或性侵犯的受害者；
- 在美国12岁以下的孩子中，1/8的人每天晚上需要饿着肚子睡觉；
- 在2007年10月1日到2008年9月30日的一年时间里，大约160万人有过无家可归的经历，只能住在应急避难所或过渡性住房里；
- 目前，基于性取向的仇视性犯罪成了美国有记录的第三大仇视性犯罪类别，占所有仇视性犯罪记录的16.6%；
- 2009年，在12到18岁的学生中，28%的学生表示他们在学校受到了欺凌；6%的学生表示他们在这一学年受到了网络欺凌；
- 反诽谤联盟2009年的《反犹事件审计》（Audit of Anti-Semitic Incidents）"记录了美国范围内针对犹太人个体、财产和社区机构的总计1 211起故意破坏、骚扰和身体攻击事件"。

我们的学校和社会存在多种偏向形式。偏见和歧视对教育具有阻碍作用，因此影响着整个社会的发展。在这个全球化经济体中，我们必须培养一支具有文化能力的职工队伍，以纠正那些由于偏向而导致的错误行为——这是非常重要的。

5．贫困和阶级问题

一方面，除了我们必须解决的偏向、偏见和歧视这些重要问题；另一方面呼唤多元文化教育的重要问题就是贫困和社会经济地位问题。美国可以说是世界上最富裕、最强大的国家，但是这个国家的贫困问题却普遍存在于所有种族和族群之中，这不能不说是一种巨大的耻辱。近年来，我们国家也开始谈论生活在巨大特权之中的"1%"最富有的美国人和通常被认为存在于"第三世界"国家的忍饥挨饿、无家可归的人。"占领华尔街"运动和其他类似的运动清晰表明了中产阶级的困境以及我国教育系统不公平、不平等现象的持续。许多人听说过这样一种常见的说法："学生在学校里的表现取决于所在地区的邮政编码。"这种说法很有道理。

美国儿童贫困中心的报告指出：

> 18岁以下的孩子占总人口的23%，但他们在贫困人口中的比例却达到了34%。在所有孩子中，45%的人生活在低收入家庭，大约1/5（22%）的人生活在贫困家庭。类似地，在6~11岁的儿童中期阶段，45%的人生活在低收入家庭，22%的人生活在贫困家庭。这些低收入家庭和贫困家庭的分布并不是毫无规律的。父母的教育和就业、种族/族群以及其他一些因素都与儿童缺乏经济安全的状况有关。

任何关于多元文化教育的讨论都必须涉及更好地为贫困孩子提供教育的具体策略和规划。美国人口普查局根据家庭成员的数量及其收入之和来定义贫困。例如，一个家庭收入为23 624美元的四口之家将被视为贫困家庭。戈尔斯基将这一定义与教育联系起来，认为贫困导致了"机会差距"和"成绩差距"。贫困学生和低收入学生无法获取平等教育所需要的资源。纽曼在《改变高危儿童的机会》（*Changing the Odds for Children at Risk*）中说明了这一点，他举了一个例子：在规模相对较大的班级中（20人以上），教师会直接使用他们认为学生已经知道的观念。当那些由于缺乏阅读资源而在语言发展上处于不利地位的低收入家庭的孩子无法跟上儿歌和童话的学习时，他们将处于落后状态。教育工作者需要关注如何为他们提供额外支持，因此，他们的教学受到了影响。学生并没有学到真正的东西。一些学生对学习失去了希望，而另一些在经济上处于有利地位、语言基础比较好的学生则无法得到满足。

6．课程、教学和评估问题

书籍和其他形式的书面文献曾经帮助我们塑造了社会的信仰和价值观。想象你站在国会图书馆的最底层,仰望上面的数千卷图书。这些图书大部分是由谁写的呢?历史上,欧洲男性是大部分书籍的主要作者。在我们国家发展早期,女性和有色人种进入写作行业是不被支持的,他们被禁止出版书籍。因此,在美国早期历史中,我们很少听到他们的声音。教育工作者目前正在意识到,他们的教学内容非常狭隘。原有的课程中缺少对当今所有学习者非常重要的内容。

> **练习1.2 你在哪里阅读关于不同人群的书籍?**
>
> (1)说出你读过的10部由女性写成的文学作品的名称。
> (2)说出你读过的10部由有色人种写成的文学作品的名称。
> (3)说出10部由有色人种写成的、可以在高中使用的文学作品的名称。解释你做出这些选择的原因。
> (4)说出10部由女性写成的、可以在高中使用的文学作品的名称。解释你做出这些选择的原因。
> (5)如果你在国会图书馆里看到的大部分书籍都是由欧洲女性写成的,你认为我们这个社会的信仰和价值观会有哪些不同?解释你的理由。
> (6)如果美国国会的大多数成员都是女性,而不是男性,我们国家的管理方式会有哪些不同?至少说出5个具体的不同点。你认为国家的管理会变好、不变还是变差呢?解释你的理由。

课程

教育工作者正在意识到,大多数美国学校的课程和教学实践受到了以欧洲为中心的白人传统的强烈影响。进步教育圈中流传着这样一句话:"学校现在面临的问题并不是它们和以前不一样了,而是它们和以前一模一样。"言外之意,在许多方面,我们并没有从根本上改变课程和教学方法。在大部分时间里,大多数教师接受到的培训仍然以"所有学生都是白人中产阶级"作为基本假设。学校的课程常常以欧洲为中心,这意味着课程提供的内容和视角由盎格鲁男性中产阶级新教徒思想所主导。女性、有色人种和其他族群的声音和视角处于缺失状态。

今天,以欧洲为中心的教学方法无法反映这个国家的种族组成。我们所有人都受到了自身文化的影响,可能会通过自身狭窄的文化视角观察和感受这个世界。如果没有意识到和接受"具有不同视角的其他人可能以不同方式判断历史和当前现实"这一事实,我们可能会认为,只有我们的视角才是合理的。因此,以欧洲为中心的课程仅仅提供了一种视角,忽视了其他文化的观点。

以欧洲为中心的教学方法的一个例子就是许多小学生学过的"西进运动"或"命定扩张论"概念。学生曾经被告知(现在也许仍然在被告知),在我们国家的早期岁月里,定居者获得了上帝赋予的权利,可以向西移动,将土地据为己有,然后将"文明"和基督教带给野蛮人。这是一种以欧洲为中心的视角。它没有认识到,在这片土地上生活了数百年的美洲原住民并不认为他们是未开化民族,他们认为他们的信仰传统非常适合自身的需要。

人们正在意识到这种教学方法以欧洲为中心的特点，并且正在将其替代为融入多元人群的历史、经历和工作成果的、更加平衡的课程。这一过程虽然缓慢，但具有必然性。不过，许多学校的课程仍然具有偏向性。当不同人群被纳入课程材料中时，他们通常出现在各章的边边角角。或者，教育工作者在一年中的某些时期分享关于不同人群的信息（如2月关注非裔美国人的历史，或者设置"黑人历史月"）。要想实现具有文化敏感性的课程，我们还有很长的路要走。

美国各地都在使用关于所有学生应该掌握的知识和能力的共同标准或期望，这是一项重要的进步。涉及主要学科领域的共同核心州立标准已经得到了大多数州政府的采纳，这些标准正在推动全国范围内的各个学区调整从幼儿园、学前班到高中的课程，使之符合国家标准，变得更具活力。许多州级教育部正在发布主要学科领域的课程框架，作为对当地学区的指导。这些标准在内容上虽然并不完全支持具有不同文化背景的学生，但它们正在使"上大学"成为学校的发展方向。不过，学校和学区实施这些标准的具体方式决定了多元学生所获得的支持。

教学

教师正在意识到，他们需要学习多种教学策略，想办法将多元视角融入所有学科领域之中。教育工作者意识到，"一刀切"的方法无法使所有学生获得比较好的学习成绩。今天的教室里呈现出的巨大差异性要求教师掌握一套能够适应这些群体具有多样性的教学策略。

越来越多的研究机构鼓励教育工作者放弃缺陷教育模型，这种模型关注学生技能和能力的缺陷或欠缺。雷耶斯（Reyes）、斯克里布纳（Scribner）夫妇在《来自优秀西裔学校的启示：创建学习社区》（*Lessons From High-Performance Hispanic Schools: Creating Learning Communities*）中描述了成功教育西裔学生的关键。他们把重点放在了学生的学习环境及其与家庭、社区和学校组织文化的联系上。教育工作者不应该强调学生不能做到的事情，他们应该关注学生能够做到的事情，即他们的强项。

幸运的是，这些文献所强调的教学元素包括合作学习、跨学科学习、体验式学习、基于项目的"解决问题式"学习以及批判性思维等策略。这些教学策略是教育多元学生的良好基础。当学校将这些策略与对自身和他人的探索、多元文化课程材料的使用以及多元视角的采用联系在一起时，"教与学"的整体状况会得到进一步改善。

评估

如果教师正在改变课程和教学，使之更加负责，更加适应学生的需要，那么他们必须以全新的方式评估学生的学习。测试、小测验和其他简答式评估无法真正反映出每个学生的知识和能力。评估实践常常偏向于某些特定的学生群体。要想知道这种做法的问题,你可以翻阅本章前面讨论过的支持学生取得好成绩的关键要素。

此外,教师越来越意识到,他们需要支持学生的情感发展,使学生重视自己,欣赏自己独特的差异性,并能与各种人群有效交流。教师需要使学生成为具有社会责任感、能够为社会做贡献的人。

7．教师培养和职业发展问题

课堂"教与学"问题还混合了其他一些因素,如我们目前无法有效培养教育工作者,使之理解和重视文化差异。教师缺乏足够的多元文化教育可能是他们无法意识到或理解多元学生教育需求的一个原因。作为教育工作者,我们必须批判性地分析教学实践,发现我们由于缺乏知识、意识和能力而无法为教室里的所有学生提供良好教育的领域。

教师往往没有做好应对多样性的准备。教师往往只能使用5～7种主要的教学策略。这些策略主要是由教学内容驱动的,以教师为中心,具有传统的说教式特点。我们需要的是以学生为中心的课堂,教师应该关注学生最佳学习模式的需求,而不是教师的教学偏好。文化精熟型(culturally proficient)教育工作者可以掌握大约15～30种教学策略。其中,许多新的教学策略关注以学生为中心的学习,强调教学与认知之间的联系,或者强调教学与学生对自身的观念之间的联系。

教师必须成为所在学区多元文化教育的主要推动者和发起者。教师的领导地位对于多元文化教育的长期存在是至关重要的。向教师分发教育材料、举行短期培训的做法只会产生消极的结果。用应对种族关系和多样性问题的"权宜之计"代替深入理解的做法与理论相悖,因为大量研究表明,这些问题是非常复杂的。没有接触过其他文化、种族和人群的学生可能对多样性和多元文化知识有许多疑问,这些问题无法通过一卷录像带、一下午的谈话或一次讲座得到解答。考虑到一些课堂活动的敏感性,教师应该获得亲自检验这些材料的机会和充足的提问时间。还有一点也很重要,那就是教师应当有时间在专业顾问的协助下对多元文化教育进行实验。只有向教师提供这些深入学习体验,教师才会心甘情愿地将多元文化教育引入课堂,并且成为同事之中的教育领导者。

> **扩展探索：让教育工作者适应多元文化教育**
>
> 在互联网上搜索关于多元文化教育的本科生和研究生课程大纲。有时，这些课程大纲被称为"教育多样性"或"群际关系"。至少寻找两个本科生课程大纲和两个研究生课程大纲。
>
> 比较四个课程大纲，并将你的结论填在表格中或其他图形组织工具中。特别地，请回答下列问题：
> （1）各门课程有哪些重要主题？你认为这些主题重要吗？为什么？
> （2）各门课程有哪些主要资源和阅读材料？你认为它们是必不可少的重要资源吗？
> （3）这些课程的教学采用的是理论角度还是实践角度？
> （4）各门课程是否关注第二语言学习、压迫或本书所认为的多元文化教育内容？
> （5）你感觉哪个课程大纲可以更好地让教师为教学做好准备？说出支持这种立场的理由。
> （6）提出改进每个课程大纲的三个具体建议。

8．现有师资力量问题

虽然我们认识到了所有学生都需要接受具有多样性的教育工作者的指导，以直接了解多样性，但是大多数任课教师仍然是白人，而且常常是女性，这一现象使问题变得更为复杂。招收和培养多元教师群体的努力遇到了很大的挑战。你很难鼓励有色人种进入教师行业，原因有很多，包括其他行业的待遇更好，从事教学工作缺乏足够的鼓励，童年时代糟糕的学校体验以及严格（可能带有偏向性）的教师考试要求。市郊的学区几乎全部由白人组成，被分到这里的有肤色的教师更容易离开这个领域，或者转移到更具多样性的环境中，因为他们在那里更受欢迎，过得更加自在。结果，学生缺少具有多样性的角色榜样，学校也缺少能够提供不同视角和教学方法、丰富教师队伍、有利于所有学生均衡发展的具有多样性的教师。

9．社区和家长的角色

今天的学校要想取得最佳效果，必须将社区包含到学校结构中。教学日和教学楼内部的有限资源无法提供学生需要学习的所有知识。仅仅凭借教师的力量也无法提供学生需要学习的所有知识。父母、其他对孩子负责的成年人乃至整个社区丰富和补充了学生的教育。将父母和监护人看作教师合作伙伴的模型可以确保学生在家里获得更多的后续跟踪、学习强化和支持。

10．道德义务和职责

从非常基本的层面上说，在这个国家的所有公共机构中，学校应该成为孩子最重要的安全港湾。学生应当能够进入学校，将注意力放在学习过程中。不过，这种最佳状态受到了不健康的学校和班级氛围的挑战。尽管我们颁布了保护公民的法律，但偏见和歧视仍然对我们教育孩子的方式以及教师所接受的培训造成了不利影响。

除了与人口结构、经济和成绩相关的好处，学生还可以从多元文化教育中获得其他许多好处。当课程数量和课程内容得到扩展时，学生可以学到更多的东西。多元文化教育并不意味着取消某些内容，它意味着开启可能性，扩大学生的接触面。此外，教育的一个主要目标就是让学生获得社会能力和文化能力。如果我们有意识地重点培养学生重视差异的能力和态度，我们就可以帮助学生做好准备，使他们将来能够有效参与到这个全球化社会中。

11. 总结

上面就是各个学校的教师必须面对的挑战。教育的一个重要作用就是使学生做好生活在全球化社会中的准备。因此，多元文化教育是包括内城、城郊和农村在内的所有学区的一个工作重点。"具有多元文化特点的教育"这一说法比"多元文化教育"更加准确。二者之间的重要区别在于，所有教育都应当与文化有关，都应当具有文化敏感性。不管学生的肤色、族群或收入如何，这一结论都应当成为学校教育的前提。教师需要接受多元文化教育方面的培养，以获得必要的知识和技能，以直接而有效的方式应对这些挑战和其他难题。

12. 反思与问题

理解理论背后的原理常常可以帮助我们确定自己应该采取的行动。
（1）美国真的是"机遇之地"吗？为什么？
（2）根据你过去读到的这个国家其他人群的生活和悲惨经历，评价你目前的生活。
（3）在本节描述的问题中，你认为哪些问题是最紧迫的？如果让你在你的教育工作中选择一个问题来解决，你会选择哪个问题？为什么？描述你解决这个问题的工作规划。

二、多元文化教育的历史

1. 最初对族群研究的关注

多元文化教育并不是一个新鲜事物，它经历了几十年的发展。最初，在20世纪20年代，人们关注跨文化教育和族群研究。现在，人们关注教育平等的实现和多元学生需求的满足。教育领域最初之所以关注"族群研究"，是因为主流文化成员参加工作以后，需要理解美国的少数群体。这种以关注族群研究作为多元文化教育主要方式的做法持续了几十年，它和20世纪60年代的民权运动共同促成了这段时间族群研究计划在学院和大学的创建。在中小学，人们号召教育工作者在课堂上引入一些经历过歧视的族群成员的事迹。这种努力导致了"多族群研究"的诞生。

法制领域的一些标志性事件也促进了多元文化教育作为一门研究领域的发展。从1954年著名的"布朗诉教育局案"（Brown v. Board of Education），到1964年《民权法案》的通过，到1965年的《投票权法案》，再到"刘先生诉尼考尔斯案"（Lau v. Nichols），民权法律的重要变化鼓励和要求教育界正视有色人种的困境与视角。

20世纪六七十年代的民权运动不仅使人们产生了进一步了解不同族群的兴趣，而且使人们对"跨群体和人际关系研究"（intergroup and human relations studies）产生了兴趣。面对不同族群之间明显而重要的文化差异，教育工作者想知道怎样才能增进理解，解决冲突，培养人们的积极态度。这种努力的主要关注点是帮助主流文化成员接受差异。在大约同一时期，正在经历歧视的其他群体——包括妇女、具有身体缺陷的人、社会经济地位不高的人——希望他们遭受的歧视得到正视和解决的呼声也越来越高。此时，"多元文化教育"的说法开始出现。戈尔尼克和钦曾写道：

> 这种宽泛的概念关注个体所归属的不同微文化，着重于微文化成员之间的相互交流。这些微文化主要涉及种族、族群、阶级和性别。这一概念还要求人们消除个体所遭受的由于群体身份导致的歧视。

预先思考

过去40年，多元文化教育已经演变成了一门研究领域。最初，人们只是想满足有肤色的学生的需求，保留和促进族群自豪感。如今，我们已经制定了实施多元文化教育策略和问责制的教育政策，以支持所有学生取得好成绩。

问题：

（1）列出我们的教育系统发生这种演变的5个原因。

（2）考虑到有肤色的学生人数的增长和"增加学校对于提高学习成绩的责任"这一呼声的日益高涨，你认为我们目前支持所有学生取得好成绩的方法有效吗？为什么？

（3）你很可能熟悉获得教师资格的"快速通道"或其他途径。如果不熟悉，你可以在互联网上找到介绍替代性认证计划的一两篇文章。对替代性认证途径以及传统的教师培养与认证途径进行比较和对比。你认为哪种途径在培养教师的文化能力方面更具优势？说出你的理由。

扩展探索：多元文化教育简史

前文说过，多元文化教育这一研究领域出现的时间并不长，只有短短40年时间。找一篇介绍多元文化教育领域早期工作的文章。最初，这一领域关注族群或种族研究。不过，在短短的40年时间里，这一领域已经发生了巨大的变化。假设你是预测未来的"水晶球"，请写出一篇短文，介绍你在多元文化教育领域看到了什么。请做出未来5年的短期预测和未来25年的长期预测。别忘了为你的观点添加理由。

2．具有影响力的出版物和组织力量

20世纪20年代，W.E.B.杜波依斯（W. E. B. DuBois）和卡特·G.伍德森（Carter G. Woodson）等著名学者出版了多元文化教育领域的早期作品，这些作品研究了奴隶制度的历史和非裔美国人的生活。20世纪60年代，随着人们对族群研究的日益关注，出现了一些讨论族群问题的出版物，其作者詹姆斯·A.班克斯被许多人视作多元文化教育的创始人。这些出版物包括一些具有开创意义的作品，如《黑人教育经验：方法和材料》（*Teaching the Black Experience: Methods and Materials*）以及《族群研究的教学策略》（*Teaching Strategies for Ethnic Studies*），后者也许是班克斯最受欢迎的作品，最初出版于1975年。

在多元文化教育的发展过程中，旨在帮助教育工作者与其他人理解和重视文化差异的出版物起着很重要的作用。鉴于人们对族群自豪感的日益关注，罗纳德·高木等学者出版了一些书籍，提供了关于特定文化群体的深刻见解。高木的《来自另一个海岸的陌生人：亚裔美国人的历史》（*Strangers From a Different Shore: A History of Asian Americans*）被视为具有开创性的经典文本，让人们了解了许多不为人知的移民故事。

最初出版于1983年的《多元化社会中的多元文化教育》（*Multicultural Education in a Pluralistic Society*）、索妮娅·涅托和帕蒂·博德（Patty Bode）最初出版于1992年的《肯定多样性》（*Affirming Diversity*）、克莉丝汀·斯里特和卡尔·格兰特最初出版于1988年的《多元文化教育的选择》（*Making Choices for Multicultural Education*）以及关于多元文化教育的其他文本为这一领域提供了坚实的理论和实践基础。1995年，《多元文化教育研究手册》（第一版）（*Handbook of Research on Multicultural Education*）正式出版。这本书由多元文化教育领域的60多位顶级学者共同撰写，包含丰富的知识内容，确立了这一领域的正统地位。

为了应对民权时代的到来，增加教育领域族群内容的要求，教科书出版商开始修改他们的教材，以体现更具多样性的视角。最初的尝试往往流于形式，比如加深插图人物的肤色，或者将具有欧洲特点的名字约翰改成胡安。社会研究课本成了主要的修改目标，这使人们长期以来形成了一种错误观念，认为多元文化教育是一门科目，而不是一种基础性的核心理念。在以后的岁月里，人们越来越清醒地认识到，多元文化教育应当而且可以融入所有学科中。《转变学习方式》（*Turning on Learning*）等书籍向教师展示了如何为所有科目撰写多元文化课时规划。

3．在多元文化教育的发展过程中具有影响力的机构和组织

许多国家级、州级机构与组织对多元文化教育的发展和前进方向产生了影响，这些机构和组织参与的决策涉及认可、教师培养、课程、教学、评估、政策制定和资助以及职业发展等领域。

高利害测试运动的盛行凸显了提高有色人种学生成绩的迫切需要。今天的教育工作者意识到，要想提高考试成绩，必须解决学生的教育方式、学生的学习风格和文化背景以及如何利用课程支持学生进行深层次学习等问题。人们认识到，文化会对学习产生影响，而且我们的大部分课程都具有欧洲中心主义视角，因此我们需要更具文化敏感性的课程。联邦和各州发起的计划以及各个认可机构和职业群体也在日益强调"理解文化在教与学中的作用"的重要性。

1990年，美国多元文化教育协会（NAME）正式成立。该协会是第一家致力于促进多元文化教育成为从学前教育到高等教育的全国教育系统基础理念的职业组织。

美国教师教育认可委员会（NCATE）是一家职业机构联盟，负责为教师的培养制定标准。如果一家教师培养机构选择通过冗长而严格的程序获取NCATE认可，该机构及其全体教员必须证明他们能够有效满足每一项认可标准。其中的一项重要标准关注的就是多样性问题。

州级教育机构对于人们对多元文化教育的关注也起到了重要作用。戈尔尼克在为《多元文化教育研究手册》（第一版）（*Handbook of Research on Multicultural Education*）的第一章收集材料时发现，有40个州要求教师教育计划包含对于种族群体、人际关系、文化多样性或者涉及多元文化教育的其他标准或政策的学习。各州的机构支持和强制规定不尽相同，其中一种促进多元文化教育融入教育实践的途径就是制定课程框架或指导准则。

"福沃德学习"（前身为美国职工发展委员会）等为了支持持续职业发展而成立的职业机构也涵盖了关于多样性的重要内容标准。

高利害测试运动

基于标准的重要测试并不是最近才出现的，它在我们国家已经经历了几十年的发展。近年来，这一运动呈现出了愈演愈烈的趋势，部分原因在于，许多研究表明，美国学生在学术性科目上的表现与其他国家的学生差距很大。而且，人们也认识到，美国学生的学术表现正在下滑。这些原因导致联邦《不让一个孩子掉队法案》得到了迅速通过。目前关于标准化测试的争议集中于两个方面，一是这种测试对于没能按照严格的时间期限满足高标准的学生给予惩罚性制裁（"高利害"）；二是人们普遍认为，标准化测试导致教师"为了考试而教学"，不利于以深入理解为目的的学习。

4．与其他文化研究的相同点和不同点

教师的一个常见错误就是将多元文化教育与全球教育或跨文化教育相混淆。一位教师可能会在一个单元里讲授肯尼亚或非洲大陆。学生将会学到这里的人口结构、文化、风俗习惯、宗教、政体等内容。人们认为这是一种多元文化教育，因为他们觉得学生可以由此了解非裔美国人。研究非洲的确可以使学生对非裔美国人的文化获得一定的了解。不过，不是所有非裔美国人都是从非洲来的。要想理解非裔美国人，你必须研究生活在美国的黑人，他们的经历、价值观和其他特点与生活在非洲的黑人是不同的。类似地，研究生活在意大利的意大利人这一活动本身并不能让我们理解意大利裔美国人。

5．反思与问题

理解你自身的文化及其对你所进行的"教与学"的影响是成为多元文化教育工作者的一个必要步骤。在你反思自己的文化时，请回答以下问题：

（1）描述你上学时的经历，包括对和你不同的人群的学习。
（2）你的文化对你的学校教育有何影响？
（3）你的学习增强或减弱了你的哪些文化特点？

三、多元文化教育的定义

> **预先思考**
>
> 美国多元文化教育协会认识到，关于多元文化教育的定义和目标，人们过去一直没有完全取得一致，未来似乎也永远无法完全取得一致。另外，这种持续辩论是有好处的。
>
> 问题：
> （1）你过去对多元文化教育的定义是如何理解的？在目前这个学习阶段，你又会对其做出怎样的描述？
> （2）你认为多元文化教育的6个目标是什么？
> （3）要想让所有人获得真正的社会公平和教育平等，你认为需要做出哪些改变？

多元文化教育及其特点和目标有许多定义方式。让我们先来看看这个领域一些著名的研究人员、学者和教育工作者是如何定义多元文化教育的。

索妮娅·涅托和帕蒂·博德

涅托和博德的定义被称为最全面、最具折中性的定义之一。他们的定义描述了全面学校改革过程和对所有学生的基础教育、对歧视的拒绝以及将多元文化教育融入所有课程和教学策略中的做法，包括教师、学生和家长之间的互动。

涅托和博德进而概括了多元文化教育的7个基本特点：

（1）它是一种反种族主义教育。多元文化教育的根本目的是对抗种族主义。

（2）它是一种基础教育——这种教育不是附加的科目，而是所有学科领域的背景。

（3）多元文化教育有利于所有学生，而不是仅仅有利于有肤色的学生。

（4）它是普遍存在的——充分融入学校生活中的各个方面。

（5）它是一种以社会公平为目标的教育。教育的一个主要目标就是使学生理解社会的不平等，学习如何通过斗争改善社会。

（6）多元文化教育不是一门学科，而是一个过程——它是一种综合性方法。

（7）最后，它是一种批判性教学方法——这是平等的"教与学"的本质。

詹姆斯·A.班克斯

根据班克斯的观点，多元文化教育至少具有三种属性：它是一种思想，一种改革运动，同时又是一种持续的过程。

- 它包含了这样一种思想：不管学生在性别、社会地位、族群、种族和文化方面有什么特点，所有学生在学校里应当拥有均等的学习机会；
- 它是一种改革运动，旨在对学校和其他教育机构做出重要改变，使来自所有社会阶级、性别、种族和文化群体的学生拥有均等的学习机会；
- 它是一种持续的过程，其目标包括教育平等和学习成绩的改善，但是这些目标永远无法实现，因为它们属于那种人类可以为之努力但是永远无法实现的理想。

班克斯描述了多元文化教育的6个目标：

（1）使个体通过其他文化视角审视自己，以便更加深入地理解自己。

（2）使学生了解其他文化和族群。

（3）使所有学生获得在自身的族群文化中立足、在主流文化中立足以及在其他族群文化中立足和跨文化交流所需要的技能、态度和知识。

（4）减少某些族群和种族群体由于独特的种族特点、物理特点与文化特点而经历的痛苦和歧视。

（5）帮助学生掌握重要的阅读、写作和计算能力。

（6）帮助学生获得必要的知识、态度和技能，使他们能够通过参与公民行动使社会变得更加平等和公平。

克莉丝汀·贝内特

根据贝内特的观点，美国的多元文化教育是一种"教与学"模式，这种模式基于民主价值观和信仰，承认具有文化多样性的社会和相互依赖的世界中存在多元文化。

这种模式基于一个基本假设：公共教育的首要目标是使几乎所有学生在智力发展、社会发展和个人发展方面发挥出最大的潜力。

贝内特还概括了多元文化教育的6个目标：

（1）培养多元历史视角。

（2）加强文化意识。

（3）提高跨文化能力。

（4）对抗种族主义、性别主义以及其他形式的偏见和歧视。

（5）加强对于全球现状和动态的意识。

（6）培养社会行动技能。

美国多元文化教育协会

美国多元文化教育协会在对多元文化教育的定义中谈到了"社会公平、平等、公正和人的尊严"；帮助学生形成"在民主社会中生活所需要的态度和价值观"；以及创建一种能够让"所有学生取得最高学术水平"的教育。该协会的一项核心使命就是通过教授不同人群的历史和文化，帮助学生树立积极的自我形象。

1．多元文化教育的一个新定义

多元文化教育在理论和实践上承认，历史上，教育曾偏向于单一视角。我们的教育系统在内容（课程）和过程（教学策略）上受到了以欧洲为中心的上流社会男权视角的影响。这一视角尽管具有很大的力量和价值，却缺少妇女、有色人种、经济弱势群体以及其他群体的声音。通过建立按比例包含这些个体内容的课程，现代教育系统可以更好地反映当今学生的需求。

多元文化教育在理论和实践上寻求进一步应对教育系统少数群体学生人数日益增加这一现实。当前，教师必须做好教育多元学生的准备。而且，在这个全球化日益加深的经济体中，不管是从经济角度看，还是从政治角度看，不管学生在种族、族群、宗教、性别、性取向、性别身份或表达、阶级或其他方面存在何种差异，所有学生都必须做好在多元文化世界中生活和工作的准备。所有教育都应当是多元文化教育。

为实现这一点，多元文化课程必须拥有以下几个目标：

（1）通过教学，消除种族主义、性别主义、恐同症以及其他偏执形式。

（2）建立平等的教育系统，使所有学生都能达到较高水准。

（3）使用满足多元学生需求的内容和过程。

（4）认识到偏向性以及在教学中采用多元视角的重要性。

（5）让所有学生做好在全球化的多元文化世界中生活和工作的准备。

（6）让学生形成一种公民责任感和社会意识。

这些思想可以总结成多元文化教育的如下定义：

> 多元文化教育是一种完整的教育模式，这种模式认识到了文化对教学、学习和学生成绩的重要影响以及解决社会公平和平等问题的重要需求。

多元文化教育的目标是确保所有学生接受平等的教育，使学生能够在人生中为促进社会公平做贡献。在这种模式中，教师鼓励学生将他们的文化、经历与视角融入课程和各种不同的文化敏感性教学策略的制定中，以便在学习上取得成功。多元文化教育强调学习和培养对自身文化的自豪感以及理解文化对个人信仰、价值观和行为的影响方式的重要性。同时，学生也需要学习和理解其他人的文化和多元视角以及如何更好地在差异中实现和谐。

多元文化教育的基础之一就是理解社会上存在的偏见和歧视所产生的有害影响以及为何教育是消除种族主义、性别主义、恐同症、宗教敌意以及所有其他偏向形式的一个重要途径。多元文化教育还认识到，我们生活在一个全球化社会中，要想在生活和工作上取得成功，文化能力是一个至关重要的因素。

2. 成为多元文化教育工作者

要想成为多元文化教育工作者，需要四个步骤：第一，教育工作者必须"意识"到其他人在现实中面对的偏向、偏见和歧视，并且承认他们自身的偏向性；第二，教育工作者必须拥有关于其他文化和视角的健全的"知识"；第三，他们需要培养出应对多元学习风格和文化所需要的"技能"；第四，他们需要制订一项个人终身"行动"计划，以完善自己关于多样性的知识、技能和思想倾向，并且努力为所在机构制订一项支持多元文化教育的行动计划。

那么，什么是多元文化教育呢？

多元文化教育的各种定义在整体上是一致的。总体而言，它们都涉及内容和过程问题。在这些定义中，有四个比较突出的主题：

（1）对于文化敏感性和文化责任感的承诺

多元文化教育工作者承认文化对学习的影响。教室里的学生具有不同程度与深度的生活和文化经历。他们具有独特的价值观和信仰。为了使学生参与到学习中，有经验的教师会努力理解学生的背景和视角。接着，教师将这种信息与教学策略和课程内容的使用结合在一起。这种教育形式更加贴近学生的生活，更加便于学生理解。

多元文化教育工作者可以更好地发现多种差异形式，而且可以通过教育的内容和过程肯定这种差异。他们教导学生将差异看作优势，而不是缺陷。他们质疑关于种族、族群、宗教、阶级以及其他差异形式的成见，并且展示这些成见的盲目性。教师需要研究教学的本质——理念、定位、信仰和价值观——从而更加清晰地认识到，完全以欧洲为中心的课程对所有学生都会产生不利影响。

（2）改变教学方法的过程

一方面，学生及其学习风格具有多样性；另一方面，研究表明，学生在某些"教与学"模式下可以取得非常好的学习效果。因此，今天的教师需要使用多种教学策略。评估策略也需要得到改善，以检验学生真正的学习效果，而不是检验学生的应试策略。

（3）扩展课程的过程

在多元文化特点日益加深的社会中，我们必须想办法扩展我们的课程。课程的内容必须贴近学生的生活，必须得到学生的理解，否则，这些课程将成为一种缺乏目的的学术练习。这涉及多元文化教育的一个主要争议：我们教授的是谁的历史？我们是否为了让学生体验多样性而对某些文化元素给予了过度的重视？所有人都承认，教育必须取得某种视角上的平衡，其目的不是重写历史，而是讲述妇女和有色人种不为人知的故事。通过添加这段被遗忘的历史，可以认识到我们的所有祖先为塑造这个国家做出的贡献。这样一来，我们所有人都可以成为历史的一部分，没有人需要充当旁观者的角色。

由于教育的一个主要目的是帮助培养具有公民意识和社会意识的公民，因此教育还需要解决重要的社会问题。对于族群、权力、压迫、阶级、种族主义和性别不平等的学习也是完整课程体系的一个重要组成部分。

（4）系统改变

学校是社会的一个缩影。因此，学校必须与社会中不断变化的新情况相适应。否则，学校就放弃了将学生培养成世界公民的责任。课程、"教与学"的性质以及社区在教育中的作用是学校系统中可以做出调整的重要元素。教育政策和实践必须考虑到所有学生及其家庭的需要。

3. 反思与问题

请思考多元文化教育的定义和目标，并回答以下问题：

（1）制作一张表格或图表，用于比较和对比多元文化教育的不同定义。它们有什么共同点？它们的主要区别是什么？

（2）对不同定义做出评价，以确定你在每个定义中最重视的部分。将你所认为的每个定义中最重要的部分结合在一起，组成你对多元文化教育的定义。

（3）列出每个定义中你不同意或难以理解的部分。你不同意或难以理解的原因是什么？

四、多元文化教育的概念模型

多元文化教育是一个相对年轻的领域，不过，人们已经对多元文化教育进行了大量研究，提出了许多完善的理论。通过查阅文献，研究多元文化教育的学生将会发现，关于如何实现多元文化教育，人们的观点具有很高的一致性。根据多元文化教育的研究和理论，人们提出了实施多元文化教育的一些非常有用的模型。这些模型在各个阶段可能具有不同的名称，使用不同的术语。不过，所有模型都认为，多元文化教育最终需要使学生适应这个社会并负起社会责任，掌握解决社会问题的能力，更好地在多元文化社会中生活。

> **预先思考**
> 我们已经探索了多元文化教育的定义，现在我们来研究多元文化教育的具体形式和表现。作为教师，你需要形成自己的教育概念模型。
> 问题：
> （1）你认为多元文化教育在实践中是什么样的？
> （2）画出一张图表，展示你所认为的多元文化教育的组成部分。
> （3）描述成为有效的多元文化教育工作者所需要的个人能力。然后，指出多元文化教育工作者的具体挑战。

詹姆斯·班克斯提出了一个四步骤模型，以描述"对族群内容的整合等级"。

班克斯将这个模型的第一个等级称为"贡献阶段"。在这个阶段，教育工作者的多元文化特点体现为关注文化群体较为明显的特征。这可能包括关注名人、饮食、艺术和其他孤立元素。这种策略的一个例子就是一所学校在一个学年中的某个时间点举办多元文化节。这种活动可能仅仅触及了文化的表象。不过，使用这种策略的教师至少在这方面做了一些事情。

不过，当教师扩大他们的知识基础以及对文化责任感和文化敏感性的投入时，他们可能会进入第二阶段，即"添加阶段"。在这一阶段，教师开始向课程中添加概念、内容和主题，但是不改变课程的基本结构。当教师仅仅在一年中的某个阶段（如黑人历史月，"五月五日节"）关注某个族群（如非裔美国人，西裔）时，他们所处的就是这个阶段。

第三个等级被班克斯称为"转变阶段"，这个阶段的教育工作者努力改变课程结构，以允许学生通过多种视角观察各种事件、问题和概念。当教师让学生思考美洲原住民如何看待西进运动或哥伦布到达美洲时，他所处的就是这个阶段。最后，当学生参与到重要社会问题的决策中时，他们所处的就是第四阶段，即"社会行动阶段"。

学校很容易达到班克斯模型中的前两个阶段，因为这些阶段不需要从整体上对课程做出重大改变。只有到了第三个阶段，课程才会发生整体性改变。

1. 多元文化教育的五种方法

卡尔·格兰特和克莉丝汀·斯里特提出的多元文化教育模型包含五种方法。

（1）教育具有文化差异的学生。教师以正常方式开展教学，不过，由于一名学生来自另一个文化，因此教师需要做出调整。例如，教师可能会单独向这名学生提供进一步的指导，以免他掉队。课程没有得到更改，新学生需要适应标准课程。

（2）人际关系方法。教育的关注点是培养不同文化之间的积极关系，其目标包括培养同情心、理解和宽容。

（3）单一群体研究。单元学习针对单独的文化群体，比如美洲原住民或日本人。

（4）多元文化教育。每个科目的教学都融入了族群内容和视角。教学策略得到了多元化，以适应各种学习风格。多种教学策略和评估方法得到了使用。

（5）具有多元文化属性和社会重建属性的教育。一个常见的教学目标是培养社会意识和公民责任感。

以上五种方法都很重要。教师不应该过于关注一种方法，应该对这些方法进行调整，以满足多种学习风格的需求。

我们应该讨论一下关于多元文化教育的迷思和误解。这些迷思和误解并不是不同理论对于多元文化教育的不同定义，因为这些定义仅仅是对于这种术语的各种理念性解释。下面是围绕多元文化教育的一些错误观念和误解。

2. 反思与问题

现在，在对于多元文化教育的理解上，你应该更有底气，更加自信。

（1）你最认同哪个概念模型？解释你选择这个模型的理由。

（2）提出你自己的多元文化教育概念模型。

（3）你已经知道了自己应该做的事情。现在，你认为多元文化教育最重要的概念是什么？

五、错误观念和误解

1. 8种错误观念

（1）多元文化教育只适用于内城有肤色的学生。在市郊和农村学区，一个常见的说法就是，学校里没有来自少数群体的学生，因此不需要实行多元文化教育。这种错误观点认为多元文化教育仅仅有利于来自少数群体的学生。多元文化教育要求教学策略和内容适应所有学生的文化。它还要求培养学生在多元世界上生活和工作的能力。这种教育涉及种族主义、性别主义、阶级主义和其他形式的歧视和压迫问题。上述说法适用于所有学生，与他们的肤色、收入或地理位置无关。

（2）多元文化教育制造了巴尔干化。"巴尔干化"（Balkanization）一词源自21世纪初巴尔干半岛的分裂。巴尔干半岛包括阿尔巴尼亚、波斯尼亚、克罗地亚等欧洲东南部国家。各种族群研究计划和族群自豪感教育所导致的一个结果就是服务于独特文化群体的组织、俱乐部和社会机构的形成。在大学校园里，这通常表现为非裔美国人中心、华裔学生协会或者西裔文化俱乐部。这些俱乐部的成立原因和其他许多俱乐部的成立原因相同，那就是帮助社区中有困难的成员，教授某种语言和文化，促进某种社会目标或政治目标的实现。它还充当了安全港湾的角色，在这里，人们可以公开赞美他们的

> **预先思考**
>
> 关于多元文化教育的错误观念和误解层出不穷。许多批评者并没有认识到文化敏感性课程是如何提高学生学习成绩的。另外，对于那些不太容忍差异的人来说，多元文化教育对于社会公平的关注也不是很受欢迎。
>
> 问题：
>
> （1）人们对于多元文化教育的主要批评是什么？
>
> （2）你认为抵制多元文化教育的人给出的理由是什么？
>
> （3）关于通过多元文化教育途径实现教育平等，你最大的担心是什么？
>
> （4）讨论教育的政治化以及立法者和法律支持或不支持教育平等的方式。

文化，无须担心别人的嘲笑。唐人街和小意大利等族群街区的形成是这一现象的某种大规模体现。

反对者宣称，这种组织向人们灌输对其他文化的恐惧和仇恨，只会导致社会的隔离程度进一步加深。这种说法并没有注意到，在目前的族群组织产生以前，白人男性的专属俱乐部和组织很早就出现了。其中，许多组织今天仍然存在，包括一些明显具有排外特点的团体，如某些高尔夫俱乐部，以及所有者和管理者全都是白人男性而且往往全都是新教徒的企业和公司。

多元文化教育鼓励所有种族和族群的学生探索、学习和赞美他们的文化。这种教育还强调通过探索、学习和赞美其他文化成为多元文化主义者的需要。这种过程从一个人的自身文化扩展至其他文化，以吸收和同化其他文化的丰富营养。

（3）多元文化教育会降低标准。实际情况恰恰相反。多元文化教育努力通过提供具有文化敏感性的教育来缩小成绩上的差距。因此，所有学生可以获得平等的学习和成功机会。具有文化偏向性的教学方法、教学内容和评估方式将得到最大程度的缩减。

（4）多元文化教育仅限于社会学、语言艺术、音乐和美术。一开始，人们仅仅将多元文化教育引入这些科目中，因为它们似乎是最容易融入多元文化教育的科目。遗憾的是，人们并没有将多元文化教育与科学、数学、物理、化学等"硬"科目联系起来。这是一种错误的做法，因为人们过于关注内容，忽视了教学策略的多样性。另

外，人们过于强调种族和种族主义，这使多元文化教育与其他学科的融合变得更加困难。数学是最容易引入多元文化视角的科目之一，因为数学教材所依赖的文字问题很容易改成体现其他文化内容的语句。同样的道理也适用于其他学科领域。此外，还可以通过变换教学方法引入多元视角。

（5）多元文化教育以忽视主流文化为代价强调对少数群体文化的学习。在民权运动时代以前，美国教育系统所采用的视角几乎完全以欧洲为中心。族群研究计划的出现强调了学校课程将美国所有人群的视角包括在内的需要。之前被人忽视的非裔美国人、西裔美国人、美洲原住民、亚裔美国人、妇女和其他群体的声音现在已经出现在了课本和其他教学材料中。过去具有偏向性的单一视角已经变成了来自不同人群的各种故事的积极融合。我们之所以增加这些相互对立的视角，是为了展示美国的全貌，而不是为了消除欧洲视角。

（6）只有存在种族问题的学校才需要多元文化教育。教导学生认识、理解和欣赏其他文化有助于阻止态度、感觉和行为上的偏见与歧视。学校的目的是使学生为未来在全球化经济体和日益多元化的社区中生活做准备，多元文化教育完全胜任这一工作。种族关系紧张的学校很可能对性别、性取向、残疾、阶级、收入等其他差异形式也不够宽容。因此，所有学校都应该采用一种能够让学生认识和理解其他视角的课程体系。

（7）多元文化教育只涉及种族。多元文化教育源于民权运动时代，当时非裔美国人终于在某种程度上取得了平等的宪法权利。从那时起，在族群研究计划的帮助下，人们越来越意识到非裔美国人所遭受的不平等对待，以及他们做出的巨大贡献。高木的作品探索了移民群体、美洲原住民以及以奴隶身份来到这片大陆上的非裔美国人面临的困境和做出的贡献。在1974年为不讲英语的学生争取权利的"刘先生诉尼考尔斯案"（Lau v. Nichols）、为美国人争取权利的《残疾人法案》（ADA）等标志性法律事件和纽约石墙骚乱等其他事件的帮助下，其他"少数"群体也开始要求人们尊重他们的权利。多元文化教育要想真正符合将"无人倾听"的声音包括在内的理念，必须容纳妇女、男同性恋和女同性恋、具有学习障碍和身体障碍的人以及其他之前被忽视的群体的视角。担心偏离种族问题的多元文化教育会遭到削弱的想法是没有根据的。偏执就是偏执。对于一个群体的偏见和歧视会滋生对其他群体的偏见和歧视。

（8）多元文化教育是不爱国的。多元文化教育提倡教育平等和社会公平。它承认所有学生目前并没有取得平等的成绩，因为根据文献资料，有肤色的学生和白人学生、低收入学生和在经济上占据优势的学生之间存在巨大的成绩差距。多元文化教育还试图指出，尽管法律上的平等已经取得了巨大进步，但妇女和少数群体在政府与企业的表现仍然不如白人和男性。

> **扩展探索：迷思和误解**
>
> 　　请亲自对教育上的迷思和误解做一项调查。采访3～5位有经验的教育工作者，请他们说出在他们眼中教育领域强烈而普遍的迷思和误解。
> 　　将你的采访结果综合在一起，归纳出最普遍、最常被人提起的迷思和误解。
> 　　确定你所归纳的迷思和误解可能给多元文化教育带来的具体阻碍。

2. 反思与问题

你已经对多元文化教育取得了更好的理解，现在请思考其应用。

（1）在成为多元文化教育工作者这一点上，你认为自己最大的优势是什么？

（2）在求职面试中，你如何解释你对多元文化教育的立场？

（3）你如何回应对于多元文化教育最常见的批评？

六、多元文化教育领域人物介绍：詹姆斯·A.班克斯

詹姆斯·A.班克斯

　　华盛顿大学西雅图分校克里和琳达·基林格多样性研究教授以及多元文化教育中心主任。他是多元文化教育和社会研究教育领域的专家，其作品涉及这些领域的许多问题。他曾担任美国教育研究协会（AERA）和美国社会研究委员会（NCSS）主席。他是2005—2006学年斯坦福行为科学高级研究中心的斯宾塞研究员以及是国家教育研究院成员。

　　班克斯著的书包括《族群研究的教学策略》（第八版）（*Teaching Strategies for Ethnic Studies*），阿林和培根出版社，2009；《多元文化教育：问题与视角》（第七版）（*Multicultural Education: Issues and Perspectives*），与彻丽·A.麦吉·班克斯（Cherry A. McGee Banks）合著，约翰威利父子出版社，2010；《文化多样性与教育：基础、课程和教学》（第五版）（*Cultural Diversity and Education: Foundations, Curriculum, and Teaching*），阿林和培根出版社，2014；《多元文化教育，具有变革性的知识以及行动》（*Multicultural Education, Transformative Knowledge, and Action*），教师学院出版社，1996；《多元文化社会中的公民教育》（第二版）（*Educating Citizens in a Multicultural Society*），教师学院出版社，2007；《多样性和公民教育：全球视角》（*Diversity and Citizenship Education: Global Perspectives*），乔西-巴斯出版社，2004；《种族、文化和教育：詹姆斯·A.班克斯作品选》（*Race, Culture, and Education: The Selected Works of James A. Banks*），劳特利奇出版社，2006。

　　班克斯教授与彻丽·A.M.班克斯共同编辑了《多元文化教育研究手册》（第二

版）（*Handbook of Research on Multicultural Education*）乔西-巴斯出版社，2004。这本标志性出版物是多元文化教育领域出版的第一本研究手册。1997年，这本书的第一版获得了美国多元文化教育协会的图书奖。班克斯是从幼儿园到七年级的"麦克米伦-麦格劳-希尔"社会研究计划的作者。他还编辑了四卷本《教育多样性百科全书》（*Encyclopedia of Diversity in Education*），塞奇出版社，2012。

班克斯教授撰写了100多篇文章、图书章节和专业出版物的书评。他曾在《教育研究者》（*Educational Researcher*）、《法伊·德尔塔·卡帕》（*Phi Delta Kappan*）、《社会教育》（*Social Education*）、《学校评论》（*School Review*）、《教育领导力》（*Educational Leadership*）、《黑人教育杂志》（*The Journal of Negro Education*）和《教育评论》，（*Educational Review*）等期刊上发表过文章。他曾担任《法伊·德尔塔·卡帕》关于"族群教育必要性"一期刊物的客座编辑。他还是《法伊·德尔塔·卡帕》1983年4月刊"位于十字路口的多族群教育"一部分内容以及《法伊·德尔塔·卡帕》1993年9月刊"多元文化教育：进步与希望"一部分内容的客座编辑。

班克斯教授编辑了国家社会研究委员会第43期年刊《族群研究的教学：概念和策略》（*Teaching Ethnic Studies: Concepts and Strategies*）。他曾担任国家社会研究委员会特别小组的组长和资深作者，这个小组为国家社会研究委员会编写了《多族群教育课程指导》（*Curriculum Guidelines for Multiethnic Education*）这一立场声明，该出版物获得了教育出版协会1977年颁发的埃莉诺·菲什伯恩奖。这篇文档的一个修改版本曾在1992年以"多元文化教育课程指导"（*Curriculum Guidelines for Multicultural Education*）的题目得到发表。

1986年，美国教育研究协会"少数群体在教育研究与发展中的作用和状态委员会"授予班克斯教授"少数群体教育杰出学者/研究人员"的称号。1996年，他获得了该委员会颁发的杰出职业生涯奖。1994年，他获得了美国教育研究协会研究评论奖。1998年，他获得了对外英语教师公司（TESOL）1998年的主席奖。2001年，他获得了国家社会研究委员会社会研究杰出职业生涯奖。

2004年，凭借通过教育研究推动社会公平的职业研究生涯，班克斯教授第一个获得了美国教育研究协会新设立的教育社会公平奖。2005年，他获得了加州大学洛杉矶分校的UCLA奖章，这是该学校的最高荣誉。同年，班克斯在华盛顿大学发表了"29周年教员演讲"，这是该学校给予教授的最高荣誉。他还于2005年获得了密歇根州立大学的杰出校友奖。2007年秋，班克斯教授还担任了哥伦比亚大学教师学院的蒂施杰出客座教授。

班克斯教授最初是小学教师，后来获得了芝加哥州立大学小学教育和社会科学学士学位，并在密歇根州立大学获得了这两个领域的硕士和博士学位。班克斯教授曾在美国各个地区（包括夏威夷和阿拉斯加）以及加拿大、英国、维尔京群岛、关岛、荷兰、瑞典、澳大利亚、以色列、葡萄牙、日本、中国和爱尔兰的学区、职业机构和大学担任顾问。

1973年，班克斯教授成为了国家教育研究院的斯宾塞研究员。1975年，他被卫生、教育和福利部部长卡斯珀•W.温伯格任命为美国教育部负责族群遗产研究的国家咨询委员会成员。

1980年，班克斯获得了凯洛格和洛克菲勒基金会的研究员职位。班克斯博士关于在白人占据主体地位的郊区社区成长起来的非裔美国孩子的研究在1984年7月30日的《纽约时报》（New York Times）上得到了总结，并在《黑人教育杂志》（Journal of Negro Education）上得到了发表。

班克斯教授的工作得到了广泛的赞誉。他获得了六所学院和大学的人文主义文学荣誉博士学位，分别是：银行街教育学院（纽约市）、阿拉斯加大学（费尔班克斯）、威斯康星大学派克赛得分校、德保罗大学（芝加哥）、刘易斯和克拉克学院（波特兰、俄勒冈）和格林内尔学院（爱荷华）。

班克斯教授的传记曾刊登在《国际传记辞典》（Dictionary of International Biography）、《当代作家》（Contemporary Authors）、《教育领导者》（Leaders in Education）、《美国教育名人录》（Who's Who in American Education）、《成就名人录》（Men of Achievement）、《西方名人录》（Who's Who in the West）、《美国名人录》（Who's Who in America）和《世界名人录》（Who's Who in the World）上。

笔者：您认为您对多元文化教育领域最重要的贡献是什么？

班克斯博士："多元文化教育的维度"。我对多元文化教育领域所做的最重要的贡献之一就是我所提出的一系列概念和理论框架，研究人员和实践者正在使用这些框架指导研究、策略和实践。其中，使用最广泛的一个框架就是"多元文化教育维度"。我之所以提出这个框架，是因为我曾在东岸一所著名的私立学校发表了一篇主题演讲。当时，观众席上一位尊敬的科学教师对我说："你所讲的内容非常适合社会学教师，但它和我没有任何关系，因为科学就是科学，它与我们所面对的学生的文化和种族没有关系。"最初，我对这位教师的说法感到非常沮丧。不过，他的话对我很有价值，因为它使我意识到，许多教育工作者乃至公众对于多元文化教育存在严重的误解。他们认为，多元文化教育仅仅是将关于各个族群、种族、文化与语言群体的内容添加到教材和课程之中。

由于这次经历，我提出了"多元文化教育维度"框架。这一框架清晰表明，"内容集成"只是多元文化教育五个维度中的一个。其他维度分别是"知识构建过程""平等教学法""减少偏见"以及"具有感染力的校园文化和社会结构"。对于大多数科学和数学教师来说，创建平等的教学方法比内容整合更加重要。也就是说，教师需要采取能够支持多元学生群体取得学术成功的教学策略。

笔者：关于为什么应当成为多元文化教育工作者这一问题，您认为最能说服职前教师的观点是什么？

班克斯博士：人口结构的要求。我所说的"人口结构的要求"是职前教师应当成为多元文化教育工作者最令人信服的原因之一。美国正在经历19世纪末20世纪初以来最大的移民潮。根据美国人口普查局的预测，有肤色的族群——或少数族群——将从如今全国人口的28%提升至2050年的50%。在美国乃至其他国家的学校中，种族、文化、族群、语言和宗教多样性的程度也在加深。2002年，在美国学校招收的学生中，有肤色的学生占40%。这个比例还在提高，其主要原因在于墨西哥裔美国学生数量的增加。

在美国学生人群中，语言和宗教的多样性程度也在加深。大约20%的学龄人口在家里使用的语言不是英语。移民学生是美国公立学校人数增长最快的群体。教师和学生之间存在巨大的种族差异和文化差异。美国40%的学生是有肤色的学生，但大多数教师都是白人，只会说英语。白人教师占据全国教师总数的86%。

留给读者的后续问题：

根据目前分裂的政治环境，包括性取向、宗教、政治、茶党抬头、"占领"运动、关于移民政策的辩论以及其他问题面临的挑战，对班克斯博士的回答做出评论。班克斯博士的观点是现实而且可实现的吗？

七、案例研究：当人口结构发生变化时，你应该做什么？

案例中需要探索的重要问题

①理解你在成长过程中经历的文化影响。
②注意新移民和有色人种有时面对的障碍。
③调整教学策略，以适应变化的学生群体。

斯塔斯维尔是一个普通而宁静的新英格兰小镇，几乎完全由世代生活在这里的中产阶级白人家庭组成。和许多小镇一样，这里的居民似乎拥有这样一种观念：他们彼此都很熟悉，而且拥有共同的娱乐方式、价值观、信仰和生活方式。

后来，镇上的一个教堂决定收留来自南美某国的一个难民家庭。最初，小镇居民聚集在这个家庭周围，帮助他们找工作，找住所，将他们的孩子送到学校读书。不过，这些不以英语为第一语言的学龄儿童为学校系统带来了新的挑战，因为教师之前没有遇到过不讲英语的孩子。

再后来，由于斯塔斯维尔靠近大都市区，来自城市的非裔美国人和西裔美国人家庭——社会地位有所提高的专业人士——开始在小镇购买房屋。斯塔斯维尔很快成了一个具有多样性的社区。

由于新移民越来越多，而且人们没有机会相互认识，因此学校和小镇开始出现问题。一些人欺负一个波斯尼亚难民，向他扔石头，将他撵到了家里。一群越南女生在穿过高中走廊时遭到了其他女生的奚落。镇上开始出现种族主义涂鸦。学校里的打架事件变得更为频繁，而且主要发生在外来学生和本地学生之间。贬低少数群体学生的言论在教师休息室里变得越来越常见。

面对学校和社区里的学生受到的对待，一名擅长帮助和支持困难学生的教师感到很痛苦。更让他感到痛苦的是，他意识到教师并不知道如何更好地教育这些新学生。

问题讨论

①斯塔斯维尔的问题是什么？
②学校和社区怎样做才能恢复正常秩序？
③将这个案例中的事件与你熟悉的一所学校的情况进行比较和对比。二者的问题有哪些相同点和不同点？人口结构的改变对二者的影响是什么？为解决所有学习者的需要，学校领导者做了什么？

八、本章应用：活动与练习

个人

（1）将自己沉浸到另一种文化之中。参加与你的信仰传统不同的另一种宗教仪式。参加另一个文化群体组织的俱乐部会议。参加文化展览会或活动。参加男同性恋/女同性恋/双性恋/跨性别者（GLBT）俱乐部会议。在员工或其他顾客使用另外一种语言的商店购物。去一个没有人与你属于同一种族或信仰同一宗教的地方。将这些经历写在日志上。你觉得属于少数群体的学生在学校里会有怎样的感受？将你的想法写在日志上。

（2）为当地报纸写一篇专栏稿件，讨论你们社区的社会不公平现象。

（3）参与一次示威游行。采访其他参与者。将你的经历写在日志上。

小组

（1）两人一组，每组将一张纸分成两个部分。在左边写下"模范学校"的标题，以头脑风暴的形式列出模范学校的特点。在右边写下"多元文化学校"的标题。以头脑风暴的形式列出多元文化学校的特点。与其他小组比较这些清单。你们有哪些相同点和不同点（如果有的话）？

（2）每个人列出学校不应当采用多元文化课程的三条理由。摆出两排等长的椅子，让所有学生面对面坐在椅子上，相隔大约一英尺的距离。一排椅子上的每个人向坐在对面的人提出反对多元文化教育的一个理由。设置一个60秒的定时器。对面的人同样有60秒的时间做出回应。当定时器再次停下来的时候，对面的人停止回应。这时，每个人站起来，像玩音乐椅子一样，向右移动一把椅子。对讨论进行总结，将大家对"学校不应该采用多元文化课程"这一观点的回应制作成图表。

（3）展开一次"独立思考/结对合作/分享观点"活动。根据你所阅读的文献和课堂讨论提出"多元文化教育"的初步定义。和另一个人结成对子，商议出一个一致的定义。和全班同学分享你们的新定义并进行讨论，得出全班一致同意的定义。将这个定义作为多元文化教育学习过程中所有讨论的基础。定期回顾这个定义，看看是否需要对其做出改动。

自我评估

对于下列问题，在"是"或"否"上做标记，然后和另一名同学比较你们的答案。

（1）我成长在明显具有多样性的社区里。	是	否
（2）我和属于其他种族和族群的人相处得很融洽。	是	否
（3）我了解不同人群的经历。	是	否
（4）我亲身经历过歧视。	是	否
（5）我在学校和工作以外有一个具有多样性的朋友群体。	是	否
（6）我愿意学习如何在内城环境下教学。	是	否
（7）如果在教室里遇到种族问题导致的事件，我有办法应对它。	是	否
（8）我愿意谈论种族、族群、性取向以及人类的其他差异形式。	是	否
（9）我能回忆起童年时期接收到的关于我的种族、族群或性别的负面信息。	是	否
（10）我相信，我能澄清现有的关于多元文化教育的迷思和误解。	是	否

九、本章提到的资源

民权项目

http://civilrightsproject.ucla.edu

"民权项目"（CRP）是民权研究领域的一家顶级机构。该机构得到了全国许多研究人员的积极参与以及宣传组织、政策制定者和记者的大力支持。该机构最初关注教育改革，现在已经召开了几十次全国会议和圆桌讨论会，开展了300多项政策研究和调查计划，制作了关于废除种族隔离、学生多样性、学校纪律、特殊教育、辍学率和"第一款"计划的重要报告，出版了6本书，还有4本书正处在编辑阶段。

美国多元文化教育协会

http://www.nameorg.org

美国多元文化教育协会成立于1990年，它将所有学术层级、学科以及各种教育机构和其他组织、职业与社区中对多元文化教育感兴趣的人组织在一起。美国多元文化教育协会是美国以倡导"从学前班到高等教育的全国教育系统采用多元文化教育作为基本理念"为唯一目标的发展最快的职业组织。

美国教师教育认可委员会

http://www.ncate.org

美国教师教育认可委员会是教师职业实现高质量教师培养的机制。通过为学校、学院和教育部提供职业认可，美国教师教育认可委员会努力改善当前、未来和下个世纪教学和教师培训的质量。该委员会基于表现的认可系统培养了有能力的任课教师和其他努力改善从幼儿园、学前班到高中的学生教育的教育工作者。该委员会相信，每个学生都应当拥有一个有爱心、有能力的高水平教师。该委员会目前为656家机构提供认可服务，还有近70家机构希望获得该委员会的认可服务。

州级新教师评估和支持联盟

http://www.ccsso.org/projects/Interstate_New_Teacher_Assessment_and_Support_Consortium

州级新教师评估和支持联盟（InTASC）是致力于改变教师培养、许可和持续职业发展的州级教育机构和国家教育组织结成的网络。该联盟成立于1987年，其主要成员州级教育机构负责教师许可、计划审批和职业发展。该联盟的工作有一个基本的指导前提：有效的教师必须能够将知识内容与学生的具体优势和需要相结合，以确保所有学生取得较好的学习成绩和表现。

第二章 什么是多元文化教育工作者？一个四步骤模型

根据美国劳工统计局的数据，2012年，从幼儿园到高中，美国共有350万名教师，包括高中教师、初中教师、小学教师和特殊教育教师。这意味着教育工作者的数量比医生、护士和律师加在一起的数量还要多。大约1 250万人在教育领域工作。每年，美国学校都要招收20多万名新教师。你会成为哪种教师？考虑到我们的学生、教师和学校面临的重要挑战，只有掌握成为有效教师所需要的大量知识，我们才能为国家的每一名学生提供高质量的教育。

在本章，我们将研究有效教育工作者的特点以及如何将这些特点应用到成为多元文化教育工作者的过程中。我们将从几个角度探索这些特点：（1）关于有效教学的研究和文献；（2）描述教师应该掌握的知识和能力的职业标准；（3）文化角度。最后，我们将描述笔者提出的培养多元文化教育工作者的四步骤模型。该模型是本书其余章节的组织框架。在这个过程中，我们将讨论有助于提高多元文化教育工作者有效性的知识、技能和思想倾向。

具体地说，通过参与本章的学习和任务，学生可以学到关于有效教学的研究以及关于有效多元文化教育工作者特点的研究。学生还可以了解关于有效教师和多元文化教育工作者应该掌握的知识与能力的标准或期望，并且能够分析他们自己与职业教学标准有关的正在发展的能力。最后，他们将思考文化对"教与学"实践的影响和重要性，理解多元文化教育工作者职业发展的一个四步骤模型。

案例研究——一位教师对文化的使用

45岁的克里斯多夫之前是一名软件程序员，目前正在参与教师培养计划。在20年的工作生涯中，他一直在一家快节奏的高科技公司工作，享受到了那里的种种好处。不过，他最终受够了那里的紧张氛围，辞去了工作，准备成为一名教师。他希望自己能够站在教师的位置上重新体验课堂上的欢乐。

他的第一份教学工作被安排在一个大学城里，这和他小时候经历过的小型蓝领社区完全不同。学生来自各个社会阶层——大学教授的儿子和女儿与小店主和工厂工人的儿子和女儿坐在一起。许多学生最近刚刚来到美国。学校里的学生使用着30多种语言。在克里斯多夫小时候的学校里,几乎所有人都和他一样,他们都是白人,他们的家庭世世代代生活在镇上。

虽然他很紧张,但他遵从了教学导师的建议,在第一天开展了一些让大家相互熟悉的活动。学生们似乎很喜欢这些活动。在他的学生时代,学生们很有礼貌地坐在一排排座位上,以敬畏的态度听教师讲解辉煌的历史和复杂的算术。他被这些回忆所鼓舞,急于开始正式教学。

第二天,情况发生了变化。在他的第一堂关于美国革命的讲座上,学生们开始变得躁动不安。他们无法安静地坐在座位上听他讲课。他们拒绝回答他所提出的问题。当他要求他们完成课本上的数学题时,情况变得更加糟糕。在一个小时的时间里,他无法安静地监督他们做题,因为他需要反复停下来维持课堂秩序。他努力遵守教师工作手册上的课时规划,但他的努力无法在学生身上起到任何效果。一些学生的母语不是英语,他们在完成他所布置的任务时需要翻译帮助和额外辅导。其他一些最近来到美国的移民不熟悉他所使用的短语(主要是习语),不理解他所讲授的某些内容的文化背景。他提到了过去的电视节目,这使一些学生感到非常困惑。

他还注意到了白人学生和有肤色的学生之间的一些紧张关系。女生们似乎也在抱怨许多男生的行为。学生之间缺乏凝聚力,班上出现了一些令人不快的种族、宗教和性别歧视言论。对此,他感到很头疼。他的指导教师注意到,克里斯多夫缺乏课堂管理能力。克里斯多夫所知道的一切教学方法似乎都无法奏效。

你对这个案例的看法

①根据你目前对于文化重要性的理解,你认为这位教师难以实现有效教学的原因是什么?

②想象你是克里斯多夫所在部门的同事。由于你在学校里教了几年书,而且参加了关于文化敏感性教学的职业发展项目,因此领导让你做克里斯多夫的导师。你想对克里斯多夫提出怎样的短期建议和长期建议,以提高他的教学有效性?

③将这种场景与你目前的教学经历进行比较。这种场景中的哪些方面与你的经历类似?你是怎样改变这些经历的?如果你还没有在教室里工作过,请将这种场景与你作为学生、实习教师或者观察员经历过的某个教室场景进行比较。

④根据你的个人经历,在你的教师培养计划中,哪些部分能够让你为有效面对多元学生做好准备?你特别希望你的培养计划中包含哪些内容?

一、有效教学与成为多元文化教育工作者

1．什么是有效教学？

> **预先思考**
>
> 当你即将开始教学实践或者希望改善教育实践时，回顾你自己所经历的学校教育，想一想你所经历的教师的形象和作用。
>
> 问题：
>
> （1）谁是你最喜爱的教师？
>
> （2）谁是你最不喜爱的教师？为什么？
>
> （3）制作一张表格，在每一列的顶部列出每个教师的名字。在名字下面比较和对比两位教师的重要特点。例如，考虑他们与学生的互动、他们对学生背景知识的使用、他们与每个学生的积极交流、他们评估学习的方式以及他们的主要教学策略。
>
> （4）你希望成为怎样的教师？用10个不同的单词或短语描述这种教师。

每个人在学生时代都经历过不同类型的教师。如果你回忆自己学生时代的经历，你很可能会回想起对你的生活真正产生影响的教师和缺乏有效性的教师。教师怎样才能有效教育每个学生？面对这个重要的问题，我们需要讨论多元文化教育工作者的特点。有效的教师和多元文化教育工作者这两个概念基本上是一致的。如果一个人可以有效教育具有不同背景的学生，那么这个人很可能也是一个多元文化教育工作者。

关于有效教师的特点，人们做了许多研究。多年来，在美国学校里，当学生群体的组成相对单一时，有效教学的概念受到了行为主义理论和研究的影响。课堂教学得到了设计，学生需要被动倾听教师讲课，教师需要对学生的学习程度尤其是记忆能力进行评估。人们相信，有效的教师需要设置学习目标，根据课本开展教学，而这些课本显然偏向于以欧洲中心主义为主要特点的课程。对一些学生来说，这种方法非常有效。不过，对于许多学生来说，由于种种原因，这种方法缺乏有效性。

如果考察最近关于学习和教学的研究，你就会发现，这种较为局限的早期方法并不支持学生的深层次学习。我们现在知道，不同的学生以不同的方式学习，教学需要具有差异性，以适应具有多样性的学习风格和需求。我们知道，教育必须贴近学生之前的经历和文化背景。我们知道，学习本质上是解决问题，大多数学习过程发生在学生与别人相互合作的社会情境中。我们还知道，在教师和学生之间建立联系是促进深层次学习的一个重要因素。传统的"一刀切"教学方法似乎在过去几个世纪和过去几十年表现得不错，但它并不能有效解决如今学校里迅速变化的学生群体的学习需求。我们需要考虑为"有效教学"做出一个基于研究的新定义。

奥克斯、李普顿、安德森和斯蒂尔曼描述了关于有效教学重要组成部分的研究结果。根据这项研究，我们似乎可以认为，有效教师向学生传达他们对于学生的兴趣

和喜爱，用"关怀伦理"塑造课堂氛围，相信师生关系对所有学习都非常重要，而且可以使课时和学习变得生动有趣。许多研究人员相信，有效教师努力做到以接受学校教育的孩子为中心，而不是以学科为中心。奥克斯等人谈到了有效教师为学生提供选项、让他们制定重要决策的重要性。

通过考察关于有效教学的研究，我们似乎可以看到一些共同的主题。这些主题尤其与适应当今学习者有关。根据人们对有效教学的研究，理查德·阿伦兹对有效教师的重要特点或品质做出了全面而简洁的描述。

首先，有效教师拥有能够在学生、家长、其他教师和社区之间建立重要联系的个人品质。教师应该坚定不移地相信，每个孩子都可以取得好成绩，都可以学有所成。这一点是非常重要的。如果教师不相信这一点，或者不强烈相信这一点，那么学生也一定不会相信这一点。根据阿伦兹的观点，有效教师所拥有的一个重要个人品质就是对孩子的社会公平承诺。这意味着教师应该致力于为每个学生提供取得好成绩所需要的一切帮助。

其次，有效教师拥有三个主要领域的知识基础：学科内容、个体发展和教学方法。具体地说，有效教师曾经研究和学习并将继续研究和学习特定学科领域的内容，如世界性语言、科学或数学。有效教师还知道人们的学习方式。有效教师也知道如何设计学习过程，用各种基于研究的教学策略传授学科内容，同时考虑到学生的学习方式。

再次，根据阿伦兹的说法，有效教师掌握一组重要的教学策略，可以激发学生的动力，创造"人人向往学习"的良好学习环境，培养出能够为自己的学习负责的学习者。有效教师了解和掌握重要的教学模型，包括偏重于教师的教学模型（比如讲课和直接教学）和偏重于学生的教学模型（如合作学习和基于问题的学习）。

最后，有效教师能够并且致力于定期反思自己的实践。他们将自己看作终身学习者，不断提高自己，从而改进自己为学生提供的教育。他们以"个人"和"与同事合作"的形式反思他们的教学内容、特定的教学方式以及改进教学的方法。

2．什么是多元文化教育工作者？

我们已经讨论了揭示有效教师重要特点的研究和文献。现在，我们可以用有效教学最新定义中的一些共同主题回答下面这个问题：什么是多元文化教育工作者？

卡尔·格兰特和莫琳·吉列特（Maureen Gillette）将杰尼瓦·盖伊（Geneva Gay）、格洛里亚·拉德森-比林斯（Gloria Ladson-Billings）和杰奎琳·乔丹·厄文（Jacqueline Jordan Irvine）等多元文化专家的思想综合成了一份多元文化教育工作者的特点清单。这些思想包括一些重要的知识、技能和思想倾向。具体地说，根据格兰特和吉列特的观点，多元文化教育工作者

- 认为所有学生都可以取得好成绩；
- 相信课堂上一种非常重要的学习过程是通过合作和学习社区实现的；
- 与家庭和社区建立清晰而有意义的联系，因为他们知道，这种联系是促进每个学生取得成功的重要因素；
- 知道并使用多种教学策略，以满足多元学习者的需要；
- 使用每个学生带到"教与学"过程中的经历、文化背景和知识，以改善所有人的体验；
- 定期深入反思如何改进自己的实践，如何消除教室里的偏向性和偏见。

关于有效教育多元学生群体的研究支持上述六个特点。例如，希茨（Sheets）的研究表明，如果表现不佳有肤色的学生被安排在高水平班级中，这些学生一样可以取得优异的表现。这里的高水平班级指的是教师维持高标准、对所有学生寄予较高期望、提供具有挑战性的复杂任务、营造温暖积极的课堂环境的班级。拉德森-比林斯发现，如果教师让多元学生获得具有挑战性的、需要动手实践的合作式学习体验，那么这些学生一样可以取得比较好的表现。

康明斯强调了"转换教学法"的力量和重要性。在这种教学方法中，面对多元学生的有效教师对学习过程进行设计，使学生能够将课程与他们自身的生活联系起来，考虑更广阔的社会问题。布里克、施奈德以及德默特和陶纳指出，当教师努力与家庭（尤其是之前被学校边缘化的家庭）建立信任和合作关系，并且努力邀请家庭成员参与制定和他们的孩子有关的决策时，这些学生可以取得更好的成绩。

我们可以将这些关于有效教学和有效多元文化教育工作者的描述与基于早期研究和思想的更为传统的方法进行比较。表2.1针对有效教学的几个重要主题，在知识基础、技能组合和个人品质或思想倾向等方面对较为传统的教师和多元文化教育工作者进行了比较。

3. 多元文化教育工作者的重要知识

成为多元文化教育工作者意味着一个人对他所教授的内容领域拥有扎实的理论知识，而且这些知识具有多元视角。多元视角是一个重要概念。这意味着教育工作者在了解某个主题的过程中对不同群体的文献、历史和经历进行了考察，这些群体对同一主题的感受可能是不同的。美国早期开拓者所说的"西进运动"被美洲原住民称为"西部侵略"，这是多元视角的一个经典例子。这个例子足以说明，教育工作者应当对他的学科或内容领域的文献进行持续深入的研究。

我们作为教育工作者所持有的视角以及我们在教与学过程中使用这些视角的方式

是非常重要的。例如，你可以在你的脑海中描绘两个不同的场景。在第一个场景中，教师告诉学生，开拓者是一批勇敢的人，他们带着随身物品和对未来的美好憧憬，乘着康斯托加宽轮篷车向西方驶去，以占领那里的土地。他们觉得这是上帝赋予他们的权利。在很多时候，他们还认为，他们需要驯服"野蛮人"，为他们带来基督教和文明。在第二个场景中，请想象一下在这片土地上生活了数百年的美洲原住民，他们看到开拓者的马车队扬起高高的尘土，向他们驶来。在他们看来，这是一种友好的标志吗？美洲原住民对自己的信仰和文化感到非常满意。他们对"拥有土地"这一观念感到大惑不解——人怎么能拥有土地呢？对美洲原住民来说，没有人能够拥有土地。这种说法就像宣布自己拥有空气一样可笑。财产是人们共同拥有的。在多元文化教学模式中，教师必须向学生讲解这两个场景。

多元文化教育工作者对于学生、学生的学习方式以及学生的文化身份对学习过程的影响也具有坚实的知识基础。多元文化教育工作者了解学习风格，知道不同学生习惯于不同的学习方式，在展示学习效果的最佳途径方面也有不同的偏好。

多元文化教育工作者知道，学生的学习过程并非发生在真空里。学生的教育受到经济、社会和政治压力的影响。如果教师不考虑学生的经济状况，那么生活贫困的孩子是不会在学校里取得良好表现的。中产阶级家长可能有时间和资源来丰富学生的生活，但贫困学生在学习和家庭作业方面常常缺乏鼓励与帮助。这些学生的家长常常从事着两三份工作，以维持收支平衡。中产阶级家庭中常见的报纸、书籍、杂志和计算机对贫困学生来说完全是一种奢望。长期在贫困中生活的学生往往缺乏成功所需要的良好学习习惯。如果教师不理解贫困文化，他们就不会对贫困学生的教育给予额外帮助和支持。

类似地，在学生的生活和学习环境中，种族主义、性别主义、恐同症以及其他一些因素也会在心理、情感和身体上伤害学生，对他们的学习权利产生影响。我们必须在教室中营造一种重视多样性的氛围。多元文化教育工作者必须理解其他人的生活，并为实现社会公平而努力。

表2.1 什么是多元文化教育工作者

较为传统的教师	具有多元文化教育工作者身份的有效教师
知识基础	
对于教学内容的理解主要基于以欧洲为中心的视角。	对于教学内容的理解基于多元文化视角。教师努力了解具有不同文化背景的人对该内容领域/学科的贡献。欣赏文化身份的多样性，并且不断努力了解关于多种不同文化的更多知识。

续表

较为传统的教师	具有多元文化教育工作者身份的有效教师
知识基础	
设计"教与学"过程的方法有限。不了解多元学习风格以及如何满足这些学习者的需要。	知道多元学生具有许多不同的学习方式,知道如何根据学习者偏爱的学习风格设计教学,以便对他们产生影响。
能够意识到自己的文化身份,对其他文化群体的了解相对有限。	探索过自己的族群、种族、性别和其他身份。知道自己的文化与学生文化的区别。理解各种身份的优势和困境。
对种族主义、性别主义、阶级主义和其他压迫形式及其对教育的影响没有了解或了解有限。	对社会不公平和不平等现象拥有深刻的个人见解,并将这种知识融入教育过程中。
教学实践与政治无关。	理解公共政策和法律的意义和联系及其在各个层面对教育和人群的影响。了解地方政府、州政府和联邦政府的最新行动。
技能组合	
在教学中采用行为主义思想,将说教和直接教学作为主要教学策略。评估策略仅限于纸笔测试。	利用许多不同的教学策略适应多元学习风格。能够使用不同的教学和评估方法,以满足多元学习者的需要。
课堂经历以教学和教师为中心。	课堂经历以学习和学生为中心。
课时规划往往以欧洲为中心,缺乏多元视角。	课时规划融合了各种文化视角。
相信内容是课堂教学最重要的成分,而且这些内容通常是以教师最喜欢的方式呈现出来的。	与各种学生有效沟通。与每个学生建立深刻而有意义的联系。
个人品质或思想倾向	
相信歧视是社会上的一个主要问题,但"教与学"过程不需要关注平等问题。	相信种族主义、性别主义和其他歧视形式非常普遍,有碍于平等教育。
相信学科领域的教学与文化无关。	相信将族群内容融入课程中对学习过程是非常重要的。
相信学生需要学习"基本技能"。	致力于将学生培养成能够改善社会的人。重视学生的经历、声音和视角。

资料来源:作者制作。

　　不同时期的研究人员和学者对多元文化教育工作者所需要的知识基础做出了不同的定义。对教育工作者来说,内容最丰富、最全面的参考资料之一就是G.普里奇•史密斯的《关于罕见知识的常识:多样性的知识基础》(*Common Sense About Uncommon Knowledge: The Knowledge Bases for Diversity*)。在这本书中,史密斯回顾了与重要文化维度有关的大量文献,描述了13种不同的知识基础。这些知识基础目前被视作成为多元文化教育工作者的重要条件，它们分别是：

（1）多元文化教育的基础。

（2）边缘化族群与种族文化中个体成长和心理发展的社会文化背景。

（3）文化性和认知性学习风格的理论和研究。

（4）边缘文化的语言、沟通方式和互动方式。

（5）文化的重要元素。

（6）文化敏感性教学和文化敏感性课程的规划原则。

（7）教育少数群体学生的有效策略。

（8）种族主义的基础。

（9）政策和实践对文化、种族、性别和其他多样性类别的影响。

（10）具有文化敏感性的诊断、测量和评估。

（11）社会文化对具体学科学习的影响。

（12）性别和性取向。

（13）经验知识。

史密斯在书中对每一项知识基础进行了深入讨论，并对如何在"教与学"过程中使用这些知识基础提出了建议。例如，史密斯强烈相信，教育工作者需要深入理解文化对个人发展的影响方式、多元文化教育的定义和模型、受文化影响的学习风格、成为文化敏感性教育工作者的策略以及种族主义等歧视形式和政策对所有学生学习成绩的影响。对于希望成为多元文化教育工作者的人来说，史密斯的书是一份非常有用的参考资料。

扩展探索：多元文化教育工作者的知识基础

在面对多元文化教育工作者所需要的知识基础这一问题时，教育工作者常常表示，他们在这些领域的能力存在一定的局限性，因为他们没有接受过这些方面的教育。他们说，他们没有得到足够的培养，无法跳出具有一定局限性的传统知识视角。

回顾普里奇·史密斯列出的13项重要知识基础。对于每一项知识基础，评估你在这方面的个人能力。就你和你的同事如何在这13项知识基础上提高个人能力制订一项计划。

2001年，史密斯又添加了两个知识基础：确定和解决学生的特殊需要；理解国际教育和全球教育。这一事实说明了具体定义一个知识基础的难度、教育工作者需要掌握的重要知识成分不断变化的特点以及不断对其进行重新定义的重要性和必要性。

关于多元文化教育工作者的重要知识基础，其他教育工作者也提出了一些建议。莫尔对这一问题进行了有力的论述，他认为重要的知识基础包括对种族主义和偏见、特权、文化和文化差异、课程和课堂的偏向性、儿童发展以及种族身份问题的深入理解。在考虑教育工作者的重要知识基础时，另一份有用的资料是汤娅·胡贝尔-沃灵编辑的《社会变革灵魂的形成：建立社会公平的知识基础》（*Growing a Soul for Social Change: Building the Knowledge Base for Social Justice*）。这本书内容丰富，讨论了教育工作者实现文化敏感性教学和制定文化敏感性课程所需要的知识、国际教育和全球教育、个人成长和发展过程中的文化身份和文化背景以及可以通过经验获得的知识。胡贝尔-沃灵根据史密斯的13项知识基础将各个章节组织成了不同的部分，这一事实再次说明，人们对重要知识的定义具有一些关键性的主题。

戈尔尼克和钦对多元文化教育工作者的基础知识进行了非常细致的描述。他们的书基于一个坚定的信念：对学生文化的理解和使用是多元文化教育的基础。他们描述了影响学生和教师身份的一些文化身份类别，包括族群和种族、阶级和社会经济地位、性别和性取向、异常、语言、宗教、地理和年龄。例如，在讨论性别和性取向时，戈尔尼克和钦提供了关于男性和女性的差异、性别身份、性取向、妇女运动、性别主义和性别歧视的背景知识。接着，他们指导教师进行亲身实践，为他们提供了大量的反思机会。

4．多元文化教育工作者的技能组合

多元文化教育工作者掌握广泛的教学策略，能够和学生进行有效沟通，使学生理解教学内容，建立丰富多彩的课堂学习环境。所有教育工作者的一个主要职责就是为所有学生提供平等的教育机会，使他们能够取得好成绩。这意味着新教师需要熟练使用基于研究的教学策略，以便更好地支持所有学生取得好成绩。实现这一目标的一个途径就是利用霍华德·加德纳在多元智能领域所做的工作。加德纳的研究表明，人们的智能具有不同的形式，不同的智能需要不同的教学策略。具体地说，教师需要使用各种与文化有关的明确的教学策略和课程设计方式，成为文化精熟型教师。他们还需要有时间设计多元文化课程。为实现教育平等和社会公平，我们必须培养文化精熟型教师，建设文化精熟型学校。

人们提出了一些模型，以支持教师设计多元文化课程。班克斯提出了一个四阶段模型：贡献阶段、族群添加阶段、转变阶段以及决策制定和社会行动阶段。处于贡献阶段的学校仅仅在课程中关注一些具有代表性的文化符号，并没有将其与课程联系起来。例如，学校可能会在2月份宣传"马丁·路德·金纪念日"，并在一年中的其他时候忽略黑人历史。在添加阶段，人们仅仅在课程中添加一些族群研究单元，比如用一个星期的时间学习纳粹对犹太人的大屠杀，同时不改变课程中的其他内容。许多学校都处于这两个阶段，因为这两个阶段不需要改变课程结构。

> **扩展探索：思想倾向**
>
> 对于新人和有经验的教育工作者来说，一种非常有用的经历就是反思自己对孩子、学习、教学、多样性、平等等问题的态度、价值观和信仰。这可能是一项艰巨的任务。幸运的是，人们在多元文化教育领域提出了一些思想倾向清单，可以支持教育工作者反思自己的能力和视角。例如，你可以找一找富兰克林·汤普森的"多元文化思想倾向指数"。找一份教育工作者思想倾向清单，对你的思想倾向做一次盘点。根据多元文化教育工作者的重要思想倾向，评估你的个人立场。接着，就具体领域个人思想倾向的改善制订一项计划。

在第三阶段，即转变阶段，每个科目都融入了族群内容，教学策略也得到了多样化，以适应不同文化的学习风格。第四阶段（决策制定和社会行动阶段）在大多数多元文化教育模型中都是类似的，其关注点是将社会变革融入课程之中。学生将接受公民意识教育，他们将被灌输改善社会和努力实现社会公平的愿望。

格兰特和斯里特提出了包含五个等级的多元文化教育模型：（1）教育特殊学生，也就是存在文化差异的学生；（2）人际关系；（3）单一群体研究；（4）以减少偏见为方向的教育；（5）具有多元文化性和社会重建性的教育。第一章介绍了班克斯的模型以及格兰特和斯里特的模型。看起来，这一领域大多数专家的终极目标都是通过教育将学生培养成在全球化和多元化社会中具有社会责任感的人。

5. 多元文化教育工作者的个人品质或思想倾向

在社会公平方面，多元文化教育工作者重视学生的多元背景，并且坚定地致力于帮助学生成为能够改变社会的人。多元文化教育工作者投入时间和精力去了解每一个学生，包括了解他们的文化背景，并且利用这些信息与每个学生建立真诚而有意义的关系。教育工作者对于文化需求拥有深刻的知识基础，因为他们必须致力于消除偏向、歧视和偏见。教师需要检查自己的态度，以积极的态度面对所有学生，并对所有学生寄予较高的期望。当教师对所有学生寄予同样的期望时，学生之间会出现更多的跨种族友谊和交流。学生之间（尤其是同一间教室里的少数群体之间）彼此接纳的课堂氛围有助于提高学生的成绩。教师必须意识到自己的偏见，这些偏见可能会使他们降低对一些学生的期望。教师必须接纳学生之间的差异性，在不减少教学内容和降低教学标准的情况下帮助所有学生取得好成绩。

多元文化教育工作者理解和重视社会公平和教育平等的重要性，知道教师对种族、阶级、性别和社会经济地位等问题的理解是非常重要的，因为这种理解可以为他们的教学内容和方式提供支持。

6. 反思与问题

回忆你在学生时代的学校经历，想一想你喜欢自己所经历的哪些教学方式，不喜欢自己所经历的哪些教学方式。这种思考可以帮助你想清楚自己希望成为哪种教师。

（1）你在上学时是否经历过影响学习的事情？你对这种经历的感受如何？它对你的考试成绩有何影响？

（2）想象你属于一个受到迫害的种族、族群或性别少数群体，正在努力完成学业。你的身份对你取得成功的能力可能产生怎样的影响？

（3）你对上述多元文化教育工作者判断标准的符合程度如何？

二、多元文化教育工作者与职业教学标准

> **预先思考**
>
> 在你理解多元文化教育工作者所具有的特点的过程中，请思考职业组织和机构在学校教学内容和教学方式的确定中起到的作用。
>
> 问题：
>
> （1）你对教育标准的作用是如何理解的？
>
> （2）教育标准对教育公平的实现起到了怎样的作用？
>
> （3）你觉得为什么教学标准过去几年的发展变得如此重要？
>
> （4）你觉得教学标准对你这个教育工作者的工作有什么影响？这是教学标准的积极意义吗？教学标准的使用存在负面影响吗？
>
> （5）未来，随着全世界的日益全球化和多样化，你觉得这些标准需要做出怎样的改变？至少描述五个重要领域。

你可能已经在教师培养过程中发现，教学标准是这种培养的一个重要组成部分。我们可以将教学标准视作一个人需要掌握的知识和能力的预期。在美国，人们已经为从幼儿园、学前班到高中的大部分内容领域制定了教学标准。人们还制定了其他一些标准，以指导教师和学校领导者的培养，以及由美国教师教育认可委员会（NCATE）对大学教育计划进行的检查和认可。教育工作者对教学标准的理解是非常重要的，尤其是当他们想要成为多元文化教育工作者时。教学标准通常是将上一节讨论的重要知识、技能、个人品质或思想倾向整合在一起的一种途径。

1. 指导多元文化教育工作者的课程标准

人们已经为公立学校从幼儿园、学前班到高中的大部分学科领域建立了课程标准，用于支持课程的设计。一方面，州级政府机关、职业组织和独立合作机构建立了一些标准；另一方面，在国家层面，人们建立了共同核心州立标准，以便对各种教育环境下各州学生在数学和英语/语言艺术领域需要掌握的知识和能力提供一致而

清晰的理解。截至2014年，43个州、哥伦比亚特区、4个属地和国防部教育活动部门（DoDEA）已经采纳了共同核心州立标准。

对于其他学术科目，职业机构已经为从幼儿园、学前班到高中的学生应该掌握的知识和能力制定了许多标准。美国社会研究委员会（NCSS）是一家职业协会，其成员包括从幼儿园、学前班到高中的教育工作者和来自高等教育的教员，涉及历史、人类学、政治科学、社会学和心理学等学科。1994年，该委员会制定了一组从幼儿园、学前班到高中的学生表现期望。2010年，委员会对标准进行了修改，出版了《全国社会研究课程标准：一个教学、学习和评估框架》（National Curriculum Standards for Social Studies: A Framework for Teaching, Learning, and Assessment）。在这本书中，有一章描述了"全国社会研究课程标准的10个主题：一个教学、学习和评估框架"。10个主题中的第一个就是文化。书中认为，社会研究计划应当为学生提供了解文化和文化多样性的机会。在《使用NCSS全国社会研究课程标准：一个满足州级社会研究标准的教学、学习和评估框架》（Using the NCSS National Curriculum Standards for Social Studies: A Framework for Teaching, Learning, and Assessment to Meet State Social Studies Standards）中，米歇尔·赫尔佐格将标准的使用与有效教学联系在了一起。有趣的是，赫尔佐格认为，与大多数标准的内容不同，由于添加了最新的社会研究标准，NCSS标准有利于社会研究重要原则的教学。10个主题提供了将重要社会研究知识组织成与学生有关的、能够被学生理解的学习体验的方式。如果这些主题得到满足，学生不仅可以获得重要的知识，而且可以掌握重要的深层次思考技能以及成为负责任的社会成员所需要的思想倾向。

扩展探索：学习标准和教育平等

找到共同核心州立标准的网站。选择你所感兴趣的一个内容领域（比如读写）和一个年级。仔细阅读这个领域和这个年级的标准。评价这些标准对于多元学习者的需要、兴趣、文化背景等方面的解决情况。根据这种评价，你认为共同核心州立标准能在多大程度上解决多元学习者需要？这些标准如何确保实现教育平等，支持所有多元学习者取得好成绩？如果它们不能做到这一点，请对学生应当掌握的知识和能力的预期提出一种新的解决方案。

---

2. 指导多元文化教育工作者的职业教学标准

实践证明，教学标准可以非常有效地指导从幼儿园、学前班到高中的"教与学"的设计。因此，人们认为教学标准也可以用于指导教师培养计划参与者的学习体验。关于教师应当掌握的知识和能力，不同的组织也已经提出了一些标准和期望。美国职业教学标准委员会（NBPTS）就是其中一个组织，该组织为有经验的教师提供了一项评估计划，通过评估的教师可以在原有州级认证的基础上获得高级专业认证。该机构提出了关于教学的5个核心命题和16个不同学科领域的标准。1号命题认为，成熟的教师应当专注于他们的学生及其学习。具体地说，这意味着成熟的教师相信所有学生都能学有所成，理解学生的成长方式，尊重学生的文化差异，并且平等对待所有学生。根据该委员会的定义，对文化的深入理解和重视似乎也是有效教学的核心要点。

隶属于各州首席教育官理事会的州级新教师评估与支持联盟（InTASC）制定的标准也许更加适合那些准备成为教师的人。该联盟制定了10项原则（或者叫作标准），并在每项原则中提出了新教师应当具备的知识、技能和思想倾向指标。这些原则对所有多元文化教育工作者都很重要，其中原则2或标准2特别提到了教师"以尊重和适应学习者带到学习环境中的文化背景和不同视角的方式进行语言性和非语言性沟通"的重要性和必要性。在阅读这些标准时，你可以注意到，每一项标准都体现了对于"教师应当如何有效应对多元学习者"的某种理解。

练习2.1

在互联网上找到州级新教师评估和支持联盟的标准

在 http://www.ccsso.org/Documents/2013/2013_INTASC_Learning_Progressions_for_Teachers.pdf 上查看该文档。对于每个InTASC标准，反思该标准对于你这个多元文化教育工作者意味着什么。要想成为能够适应多元学生群体的有效教师，你需要掌握哪些知识和技能？作为练习，将你认为自己在这一标准中需要掌握的知识、技能、思想倾向或品质填在下面的表格中。

用于反思重要的知识、技能和思想倾向的表格

InTASC标准	知识	技能	思想倾向
（1）学习者的发展			
（2）学习者的差异			
（3）学习环境			
（4）内容知识			
（5）内容的应用			
（6）评估			
（7）教学规划			
（8）教学策略			
（9）职业学习和种族实践			
（10）领导与合作			

3．反思与问题

在10项InTASC标准中选择3项。对于每项标准对你成为多元文化教育工作者这一过程的影响写一篇简短的回顾。同时，写出你选择这三项标准的原因。

反思你在InTASC标准2中的能力。你认为学生的学习方法有哪些区别？你如何为这些具有多样性的学习者创建学习机会？

三、成为多元文化教育工作者的核心：对文化的深入理解

1．为何关注文化？

在回顾关于有效教师和多元文化教育工作者的研究时，在分析支持教育工作者职业发展的标准时，我们可以注意到，有一个主题贯穿了其中的大部分内容，那就是文化的概念。人们总是发现，有效教师、多元文化教育工作者以及符合职业教学标准的教师一定对文化有着深刻的理解，并且致力于利用学生的文化指导课堂上的"教与学"过程。

最能清晰体现这一点的就是格洛里亚·拉德森-比林斯对于成功教育非裔美国孩子的教师进行的开创性研究。格洛里亚发现了文化关联性教学的4个要点。她认为，成功的教师（1）拒绝"同一性平等"观念（他们能够发现和重视学生的种族和族群差异）；（2）鼓励学习者形成一个社区；（3）对知识和课程持有建构主义观点；（4）以学生能够理解的方式教授数学和文学。

> **预先思考**
>
> 正如我们在本章概述中讨论的那样，多元文化教育工作者需要深入了解多元学生的学习方式、文化对学习过程的影响以及如何利用自己对文化的了解教育所有学生。
>
> 问题：
> （1）如果让你对一群教育工作者简单总结多元文化教育的重要性，你会说什么？
> （2）描述你自己的文化身份及其对你这个教育工作者的影响。
> （3）你对于教育多元学生有哪些了解？这些了解来自哪里？
> （4）假设现在是一个学年的开始。你拿到了班级名单，发现有几个学生是新来的移民。描述一下你在第一个月对这些学生和其他所有学生文化背景的使用规划。

格洛里亚·拉德森-比林斯和其他教育专家发现，学生文化和学校文化之间的差距越大，学生失败或成绩不高的可能性就越大。反过来，学生文化和学校文化之间的差距越小，学生成功或取得较好成绩的可能性就越大。

许多专业机构的研究和论述体现了教师关注学生文化的重要性和必要性。例如，加州大学伯克利分校教育研究生院的教育、多样性和卓越研究中心（CREDE）根据对多样性和教育的数十年研究，提出了"有效教学方法的五个标准"。这些标准代表了人们普遍接受的针对多元学生群体的有效教学的定义。这些标准认为，教师应当：（1）与学生合作；（2）在所有课程中培养语言和文学技能；（3）将课时与学生的生活相联系；（4）让学生参与到具有挑战性的课时之中；（5）通过谈话而不是讲课强化学习。

德默特和陶纳强调了教师了解和使用学生的文化以实现良好学习效果的重要性。

他们在关于美洲原住民教育的研究中发现了"基于文化的教育"（CBE）所具有的重要元素。这些元素包括理解和使用原住民的语言、制定融入文化特点的教学策略、设计融入原住民文化的课程、教师与原住民社区建立紧密的联系。

2．教师在文化使用上的角色和职责

根据研究结果，要想实现有效教学，教师亟须关注文化。那么，在文化的使用上，教师有哪些具体的角色和职责呢？首先，有效教师致力于了解学生的文化。这意味着教师不仅需要举办相关节日和特别活动，而且需要每天坚持与学生谈话、读书，深入相应的社区，参与文化活动和课程。有效的多元文化教育工作者还需要营造一个良好的环境，使学生相信他们能够学有所成，并且愿意参与到贴近他们的生活、能够被他们理解的学习过程中。有效的多元文化教育工作者应当营造一种尊重学生文化的文化。班克斯夫妇认为，教师需要清晰地意识到学生对师生关系的看待方式以及学生认为教师对他们的关心程度。

有效教师还需要在教学内容与学生的先验知识和理解之间架设桥梁。为此，他们需要开展与文化相关的有意义的活动，并且选择那些与学生的文化相联系、不存在偏向性的教学材料。研究指出，当学生的文化得到使用时，学生的学习成绩也会得到提高。有效教师选择的职业发展道路能够让他们了解学生的文化，知道如何将自己培养成为具有文化能力的教师。

有效的多元文化教育工作者设计与使用的课程能够强化和重视学生的文化知识。这些教育工作者知道，文化敏感性课程指的是将文化知识融入课程之中，而不是将其添加到一个学年中特定时期的特定课时或单元里。

具有个人文化身份意识的教师可以鼓励学生了解自己的文化背景并为之感到自豪。白人教师必须理解特权生活对我们的教学起到的指导作用，明白有色人种的生活和我们不一样。通过深入理解我们自己的生活，我们可以更好地理解学生的环境和生活。许多单一文化教师不仅不了解学生的文化，而且对自身的文化缺乏了解。我们国家有色人种的比例2025年将达到38%，2050年将达到47%。因此，教师必须了解多样性问题。

在讨论文化对于成为多元文化教育工作者的重要意义时，杰尼瓦·盖伊描述了教师的三个重要角色和职责：

（1）文化组织者。教师必须知道文化理解在课堂上的作用。

（2）文化中介者。教师必须创造机会，让学生了解和谈论文化冲突。

（3）学习的社会背景编排者。教师必须理解文化对学习的影响。

对这些重要角色和职责缺乏深刻理解的教师将在单一种族文化和多元种族文化

课堂上错过重要的教学机会。他们的教学有效性和学生的学习潜力都会受到影响。此外，教师发现，家长往往需要和他们的孩子接受同样多的教育，因为他们往往不在意或者不重视种族主义态度和行为。帕特丽夏·拉姆齐建议在文化方面与家长建立积极的关系，具体方法是回答下面这类问题，然后向家长提出这类问题：

- 你来自哪里？你在这个社区住了多久？
- 你认为你自己和你的孩子属于哪个群体？
- 你们家和哪些群体交往？和哪些群体关系最密切？
- 关于孩子的背景，你是怎样教育他的？
- 你的种族、文化和阶级背景是如何影响你向孩子传授的价值观的？

同调查问卷中通常提出的人口问题相比，这类问题的答案可以为我们提供更深刻、更有用的信息。不管来自哪个地区，不管具有何种背景，所有学生一定对自己的文化和群体有着更为深刻的理解。在21世纪，我们的许多业务交流都将具有全球性。为了在工作环境中获得竞争力，员工需要进一步了解关于其他国家及其风俗习惯的知识。在21世纪，我们所面对的合作伙伴和联系人已经和过去截然不同了，因此多元文化教育应当成为一种常识性概念。

3．反思与问题

在这一节，我们探索了了解和关注文化元素的重要意义。多元文化教育工作者可以利用这种知识设计和实现能够调动多元学习者积极性的学习过程。在这个基础上，请思考下列问题：

（1）你发现了自身文化中的哪些新元素？
（2）根据你的文化出身，你更喜欢哪些学习模型？
（3）关于适应其他文化成员的具体教学策略，你学到了什么？
（4）通过互联网搜索，研究与文化相关联的学习风格的概念。你如何利用这种信息为多元学生设计学习过程？

四、多元文化教育工作者职业发展的四步骤模型

要想理解理论的应用，我们通常可以从概念模型的角度入手。本书介绍了许多多元文化教育模型。本节将试图描绘一个人在成为多元文化教育工作者的过程中可能经历的各个阶段。这个模型基于我们对教师作为职业教育工作者的个人发展的理解，对

> **预先思考**
>
> 对多元文化教育的定义仅仅是成为多元文化教育工作者的一个步骤。要想理解多元文化教育在实践中的表现，我们需要一个概念框架或蓝图。下面我们将通过一种有效途径理解我们接下来需要采取的步骤。
>
> 问题：
>
> （1）当教育工作者努力成为多元文化教育工作者时，你认为他们需要经历哪些阶段？
>
> （2）当你思考多元文化教育工作者的各个发展阶段时，你觉得你现在处于哪个阶段？哪些证据能够证明你处在这个阶段？
>
> （3）要想成为有效的多元文化教育工作者，你认为需要采取哪些行动？
>
> （4）思考你自己成为有效多元文化教育工作者的过程，并且考虑本章讨论的主题。制作一张关于你所理解或学到的重要知识的时间表，这张表应当由日期、活动和注释组成。

成为有效教育所需要的知识基础和技能的理解，以及对学校改进过程的理解。

首先，我们必须知道，这一旅程也许存在一个清晰可辨的起点，但它可能并没有一个明确的终点。或者，用教育界经常使用的一句话来说，成为多元文化教育工作者是一段终身旅程。对知识和技能的追逐可能永远不会停止。你也许应该将这种学习过程看作一个连续的循环，而不是一条有始有终的线段。

1. 成为多元文化教育工作者

豪和利西提出了教育工作者在多元文化教育中的一个个人成长模型。该模型认为，要想成为有效的多元文化教育工作者，教师必须经历四个阶段，包括知识、意识、技能和行动（图2.1）。这四个阶段组成了一个循环过程。

首先，教育工作者必须"意识"到其他人在现实中面对的偏向、偏见和歧视，并且承认他们自身的偏向性。其次，教育工作者必须拥有关于其他文化和视角的健全的"知识"。再次，他们需要培养出应对多元学习风格和文化所需要的"技能"。最后，他们需要制订一项个人终身"行动"计划，以完善自己关于多样性的知识、技能和思想倾向，并且努力为所在机构制订一项支持多元文化教育的行动计划。

- 知识。在被问及对于其他的群体或文化的知识时，教育工作者常常吃惊地发现，他们了解这些信息的渠道非常有限。要想成为学生的资源，我们需要致力于扩展我们关于其他人群的知识基础，包括信仰与价值观、沟通与交流模式、历史、态度和行为等知识。这是一个持续一生的努力过程。

- 意识。教育的价值观是由有意识和无意识的价值观混合叠加而成的。作为教育工作者，我们往往没有充分意识到指导我们行动的所有基本假设、信仰和价值观。为了教育多元学生，我们必须首先检查我们自身的信仰、偏向性和偏见，意识到我们自身文化的本质。然后，我们可以进一步了解我们自身和其他人的各种差异维度的价值。对差异的敏感性、理解、容忍和同情是四个重要的概念。

- 技能。要想与其他人群有效交流，教育工作者必须学习新技能，包括沟通、课时规划、关于激励、多样性和多元智能的知识整合等技能。我们需要学习具有包容性的性别中立语言，了解如何制止歧视性言论和行为。教师还必须学习将多元文化思想融入课程和教学策略中的各种途径。许多课时规划模板可以帮助教师在课时规划中提供多元视角，或者着重培养对待其他文化维度的积极态度。教师可以利用不同的教学方式更有针对性地教育具有不同文化背景的学生。要想成为具有文化敏感性的教育工作者，对这些技能（包括教学策略和交流风格）的学习是非常重要的。

• 行动。最后，教师必须学习如何制订个人和组织的行动计划，以便在课堂和学校实施多元文化教育。教师必须首先了解如何走上多元文化发展道路。他们还必须学习如何与其他教师建立合作，形成支持网络。此外，他们还必须想办法确保自己获得制度支持。

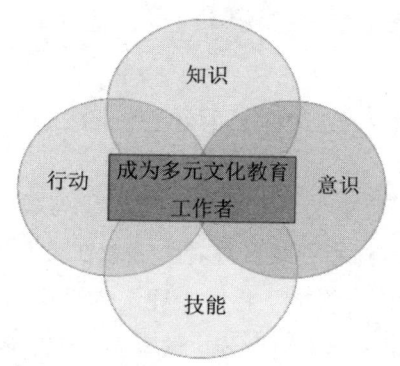

图2.1　多元文化教育工作者职业发展模型

新的知识可以带来新的意识，新的意识可以使人改变原有技能或掌握新技能。在理想情况下，人们还会制订出一项行动计划，以便完成这个循环。

开始

如果你能首先了解自己的传统、信仰和价值观，你就可以更好地帮助学生了解和重视他们的文化。有肤色的人常常表示，他们在日常生活中遭遇的偏向迫使他们形成了对自身种族和族群的终身意识。高加索人或白人基本上不会遇到这种经历，不会有人时刻提醒他们注意自己的白人身份。正如佩吉•麦金托什、加里•霍华德和克莉丝汀•斯里特等白人教育工作者所说，白人教师必须理解他们天然享有的特权——在白人占据主导地位的社会里，他们的肤色使他们获得了相对于有色人种的优势。这些教育工作者认为，教师必须理解身为一个白人意味着什么。然后，白人教师不仅要发现和理解自身的文化，而且要发现和理解有肤色的学生所拥有的文化背景对"教与学"的影响。

只有当我们充分理解和重视自己的身份时，我们才能更好地帮助学生充分理解自身传统并为之感到自豪。

2．反思与问题

本章的目的是介绍"成为多元文化教育工作者"的一个模型。你已经看到，多元文化教育工作者拥有支持多元学习者的重要知识和技能。有时，成为多元文化教育工作者的过程可能过于艰难，看上去令人无法接受。对此，你首先应该意识到自己所处的位置。接着，你可以努力为自己制定有意义的学习目标。

（1）根据你在本章中读到的内容，你认为自己在成为多元文化教育工作者的过程中处于什么位置？

（2）在"成为多元文化教育工作者"模型的四个组成部分中，你在哪个（哪些）阶段最具优势？为什么？你在这个（这些）领域有哪些优势？

（3）你认为自己最需要在哪些领域继续努力？为什么？

五、多元文化教育领域人物介绍：卡尔·A.格兰特

卡尔·A.格兰特是威斯康星大学麦迪逊分校课程与教学系教师教育霍夫斯-巴斯科姆教授。他曾做过任课教师和行政管理者，还曾在英国做过富布莱特学者。

1990年，教师教育者协会将格兰特博士评选为最优秀的70位教师教育者之一。1997年，他获得了威斯康星大学麦迪逊分校教育学院杰出成就奖。2001年，他获得了美国多元文化教育协会（NAME）G.普里奇·史密斯多元文化教育工作者奖以及种族、性别与阶级项目的安吉拉·戴维斯种族、性别和阶级奖。他著的书《多元文化教育的全球构建：理论与现实》（*Global Constructions of Multicultural Education: Theories and Realities*）获得了美国多元文化教育协会的菲利普·C.钦多元文化图书奖。

除了学术工作，卡尔·格兰特博士最著名的经历也许就是1993年到1999年担任美国多元文化教育协会主席期间所做的工作。在他的任期内，他帮助协会确立了国家级和国际级机构的地位，在华盛顿特区设立了一个办公室，雇用了首个执行理事，开办了一份专业期刊，开创了一个关于多元文化教育的年度会议，该会议的出席者包括全球顶级学者和多元文化教育工作者。这个领域如今的许多人才都是他培养出来的。目前，他还在继续为教育平等和社会公平贡献着自己的时间和才能。他对这一领域的领导曾让美国多元文化教育协会和世界各地的多元文化教育工作者受益。通过他的倡导和管理，多元文化教育成为了现代教育的一个重心。

笔者：您认为您对多元文化教育领域最重要的贡献是什么？

格兰特博士：我对多元文化教育领域最重要的贡献就是我对准教师、研究生、第二代MCE学者以及教师的教学、辅导和服务。在这个过程中，我和每个人进行了单独

谈话，指出了他们在多元文化教育领域的"天赋"——努力、知识、思想倾向、经验等。此外，我向他们介绍了成为多元文化教育工作者的挑战（和奖励）——他们需要努力工作，并且拥有一种哲学视野和行动计划，以确保他们在课堂上和校园中实现社会公平（即广泛的平等、公平和文化认同）。另一项值得一提的贡献是，我曾与许多大学以及一些从幼儿园、学前班到高中的教材出版商进行合作，以帮助他们将多元文化教育融入教育计划之中。简言之，在我看来，对这一领域的服务是我对多元文化教育最大、最重要的贡献。

笔者：关于为什么应当成为多元文化教育工作者这一问题，您认为最能说服职前教师的观点是什么？

格兰特博士：最能说服准教师的观点就是，成为多元文化教育工作者拥有一个近乎自私的个人理由——也许他们并不知道这一点。通过多元文化教育视角开展教学的做法可能会使他们避免像许多同龄人那样在一两年后希望离开教学岗位或者对这个行业产生不满。多元文化教育可以使他们的教学变得更加理性，更具文化魅力和学术丰富性，并且可以帮助他们真正理解为什么学习是动态的，为什么学生和教师都必须成为终身学习者。

留给读者的后续问题：

当我们询问格兰特博士对多元文化教育领域最重要的贡献时，他谈道，他能够指出与他合作的每个人所具有的从事多元文化教育工作的"天赋"。他谈到了这些人在努力、知识、思想倾向、经验等方面对多元文化教育领域的贡献。考虑一下你的"天赋"，并将你的反思写下来。你为多元文化教育领域带来了什么呢？

六、案例研究——现在的学校和过去不一样了

案例中需要探索的重要问题

①在设计学习过程时使用学生文化的重要性和必要性。
②关注有效教学的研究和标准。
③如何改善教师对文化和有效教学的理解。

在我检查内城学校的过程中，我经常看到一些贫穷破败的学校，这些学校聚集了市内最贫穷的学生，这些学生几乎全都是有色人种。许多内城学校缺乏资源丰富的图书馆，几乎没有户外运动场。在几个学校，学生手里的教材可能是他们的父母使用过的，现在早已过时了。学校的物资、教学材料和高科技设

备都处于短缺状态。教师需要使用从自己家里收集的或者公司和当地商人捐赠的二次用纸、废旧纸箱和其他材料。

资源仅仅是问题的一个方面。如果教师得到了良好的培养，能够满足当今社会多元学生的学习需求，他们就会拥有为每个学生创建有意义的学习体验的知识和能力。遗憾的是，由于教师缺乏足够的资源，缺少与同事共同制订丰富而有意义的教学计划的机会，几乎没有参与过解决多元学生学习需求的职业发展计划，因此教师通常只能创建自己在学生时代经历过的"教与学"环境。这种"教与学"环境在多数情况下是由教师主导的，学生只能乖乖地坐在自己的座位上，接受教师提供给他们的信息。

一天，当我走向一所内城学校的校门时，阴沉的天空和蒙蒙细雨加深了我的绝望感。进了学校以后，校长带着我走过一间间教室，我看到了简陋的陈设和不协调的桌椅。不过，根据教师的热情和学生脸上洋溢的激动表情判断，这里的教学效果相当不错。参观的最后，校长兴冲冲地想要将学校最好的一面展示给我看。我们进了最后一间教室，眼前的景象使我想起了电影《绿野仙踪》里多萝西和她的3个朋友离开黑暗森林、进入一片阳光灿烂的美丽花园的场景。教室里充满了各种鲜艳的色彩，到处都是图书、玩具、手工艺品、棋盘和其他学习材料。墙上装饰的美术作业和海报描绘了一张张来自不同文化、充满希望的脸庞。到处都是用于塑造人格的名言警句。一些用蜡笔写下的符号记录了每个孩子的良好品行或者学习上的成功。教室里有两位家长志愿者。学生们聚集成一些小组，分散在教室的各个角落，正在共同解决问题。最引人注目的是一个迷你计算机实验室——孩子们激动地围在3台计算机周围，正在参与屏幕上的电子课程。

一些孩子站起来向我打招呼。其他一些孩子跑过来拥抱校长。在完成对一组学生的指导以后，教师走过来，热情地和我握手，向我露出了灿烂的笑容。校长将这间不可思议的教室归功于这位教师。在校长的鼓励下，教师平静地解释了教室里每个教育活动的目的。她谦虚地接受了我对她和校长的热烈表扬。在参观的最后，想到我所代表的官方身份，我开始向这位教师提出一些具体问题，以了解她是如何创造出这样一个吸引人的学习环境的。这位教师以平静沉稳的语气简单回答道："我有什么办法？这间教室需要为这里的每一个学生服务。"

> **问题讨论**
>
> ①在这个案例中,哪些证据表明教师实际上用到了学生的文化?
>
> ②在这个案例中,校长起到了什么作用?要想确保这间教室里的"教与学"适应学生的文化,校长还可以做什么?
>
> ③你能否看出这位教师是否遵守了教学标准?为什么?
>
> ④这位教师在哪些方面体现出了文化敏感性教学的特点?这种教学可以在哪些方面得到改善?

七、本章应用: 活动和练习

个人

1. 亲自建立一个成为多元文化教育工作者的模型。哪些步骤或组成部分对你的个人发展非常重要?解释你创建这个模型的理由。

2. 回忆你所熟悉的具有多元文化教育工作者最佳品质的几个教师,选出他们的一些品质。利用这些品质描绘出多元文化教育工作者的整体形象。

3. 针对你的家族文化背景,开展一个个人家族史项目:

- 画一张家谱图;
- 就家族史采访近亲和远亲;
- 阅读一本书,或者观看一部电影或纪录片(其内容必须与你的文化有关);
- 对具有其他文化背景的某个人重复上述步骤。

小组

1. 作为一个小组,共同制定一个多元文化教育模型。这个模型和其他模型相比有哪些改进?你们小组内部关于模型的各个组成部分是否存在强烈的一致意见或强烈的分歧?

2. 在小规模小组中,讨论每个人在文化领域(如种族、族群、宗教、性别、性取向、阶级、能力)知识和专长方面的优势和劣势。以小组合作的形式制定出关于每个人希望在哪个文化领域进一步提高自己的目标宣言。

自我评估

1. 将你对左边各项提示的回答填写在右边。

我最擅长的多样性领域有……（如种族、性别）	
我最不擅长的多样性领域有……（如种族、性别）	
我最熟悉的文化有……	
我最不熟悉的文化有……	
作为多元文化教育工作者，我目前最大的优势是……	
作为多元文化教育工作者，我目前最需要提高的领域是……	

八、本章提到的资源

多元文化教育BUENO中心

http://www.colorado.edu/education/BUENO/html/home.html

多元文化教育BUENO中心是博尔德市科罗拉多大学教育学院的一个重要组成部分。该中心通过各种研究、培训和服务计划，积极推动高质量教育，重点强调文化多样性。该中心致力于为文化和语言不占优势的学生提供平等的教育机会。

多语言多文化研究中心

http://www.usc.edu/dept/education/CMMR/home.html

多语言多文化研究中心是位于南加州大学的一家为整个教育学院、大学乃至规模更大的社区内部的教员、学生和其他人员提供研究合作、宣传和职业发展活动的有组织的研究机构。经过"院长双语跨文化教育工作组"的深思熟虑，罗西耶教育学院的教员在1983年春天成立了这个中心。该中心为那些对多语言教育、英语强化教学和外语教学以及多元文化教育和相关领域感兴趣的人提供了一个基地与聚集在一起共同开展研究和计划的机会。

第一部分　评　估

重要评估1：制定一个信仰纲领

在下面的重要评估中，你需要把你在多元文化教育和成为多元文化教育工作者的定义方面的知识和技能整合在一起。

你需要撰写一份关于"教与学"的信仰纲领。你的纲领应当基于你对"教与学"不断加深的理解，以及你在"教与学"方面的知识基础。你还需要描述你作为教育工作者在打造能够体现个人信仰的教育环境方面的个人优势和挑战。

在评估你的个人优势和挑战领域时，对上一章评估工具和练习得到的结果进行分析。你也可以使用额外的评估工具。

你的纲领中应当包含下列部分：

（1）介绍。

（2）你对"教与学"的信仰纲领。你的纲领中可能涉及的一些重要问题包括：

- 你认为教育的目的是什么？
- 教师的作用是什么？
- （课程）应当教授什么内容？
- 人们是如何学习的？
- 你是如何将学生作为学习者看待的？
- 谁控制着学校的课程？
- 谁的知识非常重要、需要包含在纲领中？
- 州级标准和考试是否理想？
- 标准考试对学习有什么影响？
- 种族、阶级和性别问题对你所做的事情有什么影响？
- 你对有效教学的定义是什么？
- 谁影响了你的信仰，哪些事情影响了你的信仰（比如人、经历、阅读）？
- 你的信仰对面向多元学生的"教与学"有什么影响？

将你的纲领与课程阅读和讨论明确而具体地联系起来。

（3）你在推进学校的学习目标、促进所有学生取得成功、适应多元学生的兴趣和需要、理解和适应社会、经济、法律和文化背景等方面的个人优势和挑战。

（4）你未来将会为之努力的个人目标（知识、技能、思想倾向）。

（5）结论。

知 识

第二部分

第三章　对于美国多元文化的历史视角

作为世界上最伟大的国家之一，美国对待原住民、有色人种、移民、妇女以及其他一些不幸遭受攻击的群体的态度使这个国家的名誉受到了长期影响。作为教育工作者，我们有义务确保学生了解我们国家真正的历史，以阻止种族主义、性别主义、恐同症以及其他态度和偏执行为的延续。本章将分享许多群体的故事，包括这些群体的斗争和胜利。

案例研究：为未来而教学

在典型的美国学校里，我们经常可以在学生中看到乘坐"五月花"号（May flower）来到这里的人的后裔以及非裔美国奴隶、犹太人大屠杀幸存者、来自爱尔兰马铃薯饥荒的移民、逃离柬埔寨杀人场的难民的后裔。学生本人可能就是难民或者来自伊拉克和阿富汗等开战国家的移民。一个学区的学生可能使用着几十种不同的语言；一个巨大的内城学区可能存在数百种语言。不同家庭的收入可能存在天壤之别。具有发育障碍或身体障碍的孩子过去通常被送进福利院，现在基本上也融入学校系统之中。非裔美国孩子、穆斯林学生、犹太学生和其他群体都可以自由入学。

人们对教育系统的要求也在提高。随着农业和流水线工业转变成由电脑驱动的全球化和数字化经济，我们的社会要求毕业生具有不同的技能组合。社交媒体、廉价手机和其他电子设备的出现在许多方面改变了我们的生活。家庭结构也发生了变化。双职工家庭、单亲家庭的流行和离婚率的提高为学校带来了更多的问题。教师需要获得更高的文凭、更多的学位和专业化培训。《不让一个孩子掉队法案》极大地改变了教育系统的运行。

因此，如今的教师需要面对学生的各种经历、文化、语言、信仰以及其他差异。学生面对的则是一个迅速变化的多元文化工作环境。

> **你对这个案例的看法**
> ①你认为过去25年的教学发生了哪些变化？过去50年呢？
> ②今天的教师必须掌握哪些在20世纪中叶不是很重要的技能？
> ③关于学生的文化和背景，教师必须了解哪些知识？

一、美国的建立和形成

如果你站在华盛顿特区国会图书馆里，你会看到代表美国集体知识和文化的大量藏书。如果一个来自火星的人花上几年时间阅读这个图书馆里的藏书，他就可以对这个国家获得一定的了解——包括我们的文明、我们的价值观以及我们的信仰。这些书能够体现出我们属于哪一类人。

面对这些主要书写于白人开疆拓土时代的书籍，请你思考这样一个问题：这些书主要是由谁写的？正确的答案是"富裕的美国白人男性，其中大部分人是土地所有者"。原因在于，在很长时间里，妇女、有色人种和穷人缺乏写作和出版的途径、机会甚至法律权利。

> **预先思考**
> 美国有一段不为人知的历史——这段历史并不经常出现在教材中。在这一节，我们将探索美国的形成和历史，了解属于非欧裔美国人的另一个现实。它将为我们提供一个背景，用于更好地理解和服务所有学生。
> 问题：
> （1）你的家族是何时来到这个国家的？他们是怎样来到这个国家的？
> （2）他们有什么经历？
> （3）简单研究当前的移民模式以及如今新移民的经历。将当前移民的经历和故事与至少两代人以前来到这里的移民的经历和故事进行对比。二者之间有哪些相同点和不同点？

由于大部分书是由白人男性写成的，所以这个来自火星的神秘人物阅读的故事主要来自白人男性视角。如果大部分书籍是由白人女性（或者非裔美国女性或美洲原住民女性……）写成的，我们的文化和文明会发生改变吗？许多人会给出肯定的回答。如果国会里的大多数人都是白人女性，而不是白人男性，我们国家的运行方式会发生变化吗？许多人会给出肯定的回答。

谁有机会写书，谁就有影响文化的能力。任何一个写书的人都会自然而然地提供自己的视角——这种视角或者具有偏向性，或者没有偏向性，或者具有其他特点。罗纳德•高木、霍华德•津恩、詹姆斯•洛温、海伦•齐娅和詹姆斯•班克斯等作者向我们叙述了这个国家不为人知的历史。他们在讲述这些故事时采用了非主流作家或历史事件解说者的视角。

这一小节既不是完整或详细的历史，也不是社会研究回顾。相反，它为读者提供了通过其他视角简要阅读历史的机会。教师必须向学生教授边缘人群的思想和信仰，鼓励学生发现我们历史中巨大的不公平。这样一来，学生可以更好地理解为什么其他人具有看待问题的不同视角。

1. 生物学或社会学意义上的种族

在进一步论述之前，我们应该讨论一下"种族"的概念。一个重要的问题是，种族的判断到底是基于有效的生物学因素，还是基于武断的社会定义？传统上，根据人类学家和遗传学家的说法，一个人的种族是根据肤色、身体特征、语言和国籍等差异确定的。例如，如果一个人拥有黑皮肤、宽鼻子、鬈曲的头发以及来自非洲的祖先，那么他最有可能被划分为"尼格罗人"或黑人。

遗憾的是，种族划分并不是一种精确的科学。而且，由于人们对某些肤色的偏见，这种划分可能弊大于利。最高法院法官、保守党人克拉伦斯·托马斯以及演员兼社会活动家丹尼·格洛弗都是黑人，但他们的社会和政治观点却截然不同。由于白人奴隶主的攻击，这个国家的许多非裔美国人拥有欧裔美国人的血统。将社会、心理和行为特点与肤色联系在一起的意义变得越来越小。

根据族群划分人群的做法更加准确有用。而且，族群可以由群体的共同语言、习俗和特点来确定。一个人按照种族可能被划分为欧裔美国人；按照族群则可能被划分为意大利裔或爱尔兰裔美国人。

本章将使用美国行政管理与预算局（OMB）在1997年《关于种族和族群的联邦数据分类标准》（修订版）(*Revisions to the Standards for the Classification of Federal Data on Race and Ethnicity*) 中确定的分类方法，用于解释各个群体是如何来到这个国家的以及这些群体做出的贡献。行政管理与预算局对人群的划分以种族和族群等标准为依据。

行政管理与预算局对几个种族的定义如下：

- 美洲印第安人或阿拉斯加原住民（AIAN）。拥有北美和南美（包括中美洲）任何原住民血统，并且与部落或群落维持着从属关系的人；
- 亚裔。拥有远东、东南亚或南亚次大陆（包括柬埔寨、中国、印度、日本、韩国、马来西亚、巴基斯坦、菲律宾群岛、泰国和越南等）任何原住民血统的人；
- 黑人或非裔美国人。拥有任何非洲黑人种族群体血统的人。除了"黑人或非裔美国人"，也可以使用"海地人"或"尼格罗人"等词语；
- 夏威夷原住民或其他太平洋岛民。拥有任何夏威夷、关岛、萨摩亚或其他太平洋岛屿原住民血统的人；
- 白人。拥有任何欧洲、中东或北非原住民血统的人。

行政管理与预算局还定义了一个特殊的族群：

• 西裔或拉丁裔。具有古巴、墨西哥、波多黎各、南美洲或中美洲或者其他西班牙文化或血统的人（与种族无关）。除了"西裔或拉丁裔"，还可以使用"西班牙血统"的说法。

为什么要根据人们的外貌对他们进行划分呢？一些植物学家或科学家认为他们必须创造出这些区分方法——有的人是为了进行有效的研究，有的人是不信任某些种族。政府将人们区分成不同种族的做法则是出于法律和政治原因——比如纠正过去的错误，阻止就业歧视。这种目的也许是正当的，但是这种观念值得探讨。

美国上次人口普查是在2010年，当时，政府希望更加准确地定义种族，实现更加清晰的分类。一个日益明显的问题是混血儿的分类，这种分类似乎给人以弊大于利的感觉。另一个问题是西裔或拉丁裔族群对于自身的种族划分。表3.1显示了2000年和2010年美国人口普查中西裔或拉丁裔以及混血儿对于自身身份的划分。

根据美国人口普查局的人口预测，到2060年，美国人口将具有更大的种族和族群多样性。非西裔白人人口将在2024年达到1.996亿的峰值，但和其他种族或族群不同的是，这个群体的人口从2024年到2060年将减少将近2060万。与此同时，西裔人口将在2060年增长到原来的两倍以上，达到1.288亿，届时将近1/3的美国居民将是西裔。黑人人口将增长到6 180万，占比从13.1%增长到14.7%。亚裔美国人也将增长到原来的两倍以上，从5.1%增长到8.2%。美洲印第安人和阿拉斯加原住民将增长一半以上，达到630万人，占比从1.2%增长到1.5%。夏威夷原住民和其他太平洋岛民预计将增长到原来的将近两倍，从70.6万人增长到140万人。认为自己属于两个或多个种族的人预计将增长到之前的3倍以上，从750万人增长到2 670万人。到2043年，美国预计将首次成为"少数群体占多数"的国家。非西裔白人群体仍将是最大的单一群体，但是没有一个群体能够达到总人口的半数以上。

种族分类带来的问题必须在教育领域得到解决。最重要的问题是，人们具有一种错误的观念，认为某个固定类别中的所有人具有相同的行为、思想和信仰。例如，跨文化混血儿数量的增长就是对这种简单性格描述的一种挑战。此外，收入、教育水平和社会地位往往会打破人们试图根据种族划分的界限。

> **扩展探索：对分类做法的评论**
>
> 多年来，用于确定一个人所属种族的界限变得越来越模糊。例如，人们不再将西裔看作一个种族。许多个体与其他种族的个体结成了夫妻。认为自己属于两个种族的个体人数也在增加。现在，我们是否应该停止按照种族区分个体的做法呢？写一篇评论，介绍这样做的优缺点。

2．美洲原住民：是谁发现了美洲？

关于谁是最初生活在北美的人，存在许多理论。据说，维京人、西班牙人和中国人都曾访问过这片大陆。据估计，早在3万年前，这里就有人生活了。

可以肯定的是，首批大规模生活在这里的本地人是美洲原住民或印第安人。早在哥伦布到来以前，北美和南美的原住民已经拥有了丰富的历史、充满活力的社区、稳固的社会结构和文明。不过，相对来说，了解这段历史的人并不多。

表3.1 美国按西裔或拉丁裔以及按种族划分的人口结构：2000年和2010年

	2000年		2010年		2000—2010年的变化	
	数量	占总人口的百分比（%）	数量	占总人口的百分比（%）	数量	百分比（%）
西裔或拉丁裔血统和种族						
总人口	281 421 906	100	308 745 538	100	27 323 632	9.7
西裔或拉丁裔	35 305 818	12.5	50 477 594	16.3	15 171 776	43.0
不是西裔或拉丁裔	246 116 088	87.5	258 267 944	83.7	12 151 856	4.9
单算白人	194 552 774	69.1	196 817 552	63.7	2 264 778	1.2
种　族						
总人口	281 421 906	100	308 745 538	100	27 323 632	9.7
单一种族	274 595 678	97.6	299 736 465	97.1	25 140 787	9.2
白人	211 460 626	75.1	223 553 265	72.4	12 092 639	5.7
黑人或非裔美国人	34 658 190	12.3	38 929 319	12.6	4 271 129	12.3
美洲印第安人和阿拉斯加原住民	2 475 956	0.9	2 932 248	0.9	456 292	18.4
亚裔	10 242 998	3.6	14 674 252	4.8	4 431 254	43.3
夏威夷原住民和其他太平洋岛民	398 835	0.1	540 013	0.2	141 178	35.4
其他一些种族	15 359 073	5.5	19 107 366	6.2	3 748 295	24.4
两个或多个种族	6 826 228	2.4	9 009 073	2.9	2 182 845	32.0

资料来源：美国人口普查局，2000年人口普查新行政区划数据（公法94—171）总结文件。表PL1和表PL2；2010年新行政区划人口普查新行政区域数据（公法94—171）总结文件，表PL1和表PL2。

首批美洲人的历史既有光荣也有悲剧，因为欧洲侵略者撕毁了与他们签订的条约，开展了大规模屠杀，并在征服美洲的过程中犯下了其他暴行。绝大多数人承认，欧洲人对待美洲原住民的做法是这个国家的一大污点。当哥伦布1492年来到这里的时候，伟大的印第安民族有7500万人，跨越了北美洲和南美洲。据某些人估计，到1900

年，由于战争、疾病和饥饿，北美洲的印第安人已经减少到了40万。

任何关于"谁发现了美洲"的讨论都绕不开克里斯托弗•哥伦布这个人，他到底是英雄还是坏蛋呢？我们现在已经知道"哥伦布发现美洲"这一说法的谬误了，因为其他人早已"发现"了美洲并在这里生活了几个世纪。不过，一些人仍然认为，哥伦布将没有得到官方认可的土地画在了地图上，使其得到了官方认可。我们必须根据哥伦布在这场民族悲剧初期起到的作用来重新考察和探索他作为一个英雄留下的遗产。詹姆斯•洛温的《老师的谎言》（*Lies My Teacher Told Me*）和霍华德•津恩的《一个美国民族的历史：1492年至今》（*A People's History of the United States: 1492–Present*）通过图表详细叙述了美洲原住民在哥伦布和其他欧洲殖民者手中的可怕经历。我们必须在哥伦布的勇敢探险故事中加入他所犯下的暴行：奴役原住民；大规模屠杀原住民，包括妇女和儿童；传播疾病。

在哥伦布等人发现美洲后的几十年和几百年时间里，随着越来越多的欧洲人来到美洲定居，这些人签署了400多项条约和行政命令，以限制美洲原住民，占据他们的土地。随后，几乎每一项条约都被政府撕毁了。美国政府通过与部落签订的许多条约强迫这些部落生活在保留地，同时占据了印第安人将近1百万英亩的土地。作为交换，政府为印第安男性户主提供了将近160英亩的土地，并且做出了提供耕种培训的承诺。此外，政府还在住房、学校教育、就业和医疗保健等方面做出了承诺，但是这些承诺从未兑现。印第安人争取这些条约权利以及政府承认的斗争一直持续到了今天。

> **扩展探索：对美洲原住民部落的承认**
>
> 许多印第安部落试图让联邦政府承认它们是真正的印第安部落。如果获得承认，它们也许可以凭借被撕毁的条约重新获得失去的土地，建立赌场和其他赌博设施。作为一个公平的社会，我们如何补偿美洲原住民的损失，使他们从整体上脱离贫困状态呢？请对此制订一个计划。如果你不同意这种观点，也请写一篇反面论文，谈一谈为什么我们不应该对美洲原住民给予补偿。

关于美洲原住民的课堂重点

美洲原住民面临着许多问题，包括高失业率、吸毒、贫困和落后的教育。由于他们被迫离开祖先的土地，失去了原本的生活方式，因此这些年来，他们一直在恢复和重建自己的生活。

在美国境内，有500多个获得承认的部落以主权民族的形式存在。美洲原住民的文化也在朝着许多积极的方向发展。越来越多的部落获得了自治权，变得更加活跃。这些群体正在朝着经济自给自足的方向发展，并且正在重建文化纽带。2003年9月，美洲印第安人国家博物馆（NMAI）在华盛顿商城最后一块空地上成立。这一事实表明，这个群体强烈希望存活下来并且得到承认。

学校课程中经常出现的一个错误就是使学生误以为美洲原住民只存在于过去。

教师经常告诉学生，美洲原住民生活在圆锥形的帐篷里，以围猎水牛为生。如今，美洲原住民已经融入美国的各个阶层之中，具有各种不同的社会和经济地位。我们不仅要介绍印第安人的古怪形象，而且要介绍他们的现代生活。这个群体的人口一直在增长，他们为争取经济安全和夺回失去的土地而进行的斗争也一直在持续。

3．非裔美国人

非裔美国人所遭受的长达400年的奴役和压迫也许将永远成为美国历史上最大的污点。

非洲人最初以探险者和开拓者的身份来到这里。1502年的哥伦布和1513年的巴尔博亚等欧洲探险家都曾和非洲人共同出征。1565年，非洲人成了美国最古老的非印第安居住区佛罗里达圣奥古斯丁的部分居民。不过，随着大西洋奴隶贸易的出现，这种状况很快发生了变化。14~19世纪，大约1500万奴隶被带到了美洲。非洲一共失去5000万人民，其中有的人去世了，有的人成了美洲和世界其他地区永远的奴隶。

弗吉尼亚州詹姆斯敦是一座很有名的村庄，这里是美洲第一个英国人居住区，始建于1607年5月14日。同时，这里也是美洲奴隶的诞生地。1619年，最早的20个非洲奴隶被带到了这里。最终，一共有50万人以奴隶身份被带到了美洲殖民地和美国。在美国南北战争爆发时，南方大约有400万奴隶。在首批俘虏抵达詹姆斯敦的246年以后，1865年，美国《宪法修正案》第13条正式废除了奴隶制。这个新兴国家的经济是在被奴役的男人、女人和孩子身上建立起来的。

直到1868年《宪法修正案》第14条获得通过，非裔美国人才开始被视作美国公民。

在这个国家，非裔美国人需要努力克服可怕的障碍，以实现平等。其中的许多挑战目前依然存在，但是非裔美国人正在取得巨大的进步。

关于非裔美国人的课堂重点

鉴于非洲人在美洲的历史，教育工作者多年来一直在用所谓的"缺陷模型"来教育非裔美国孩子。这种方法关注这些"可怜"的孩子缺失的东西以及他们由于种族身份而无法获取的东西。偏见、歧视、贫穷、犯罪、吸毒以及糟糕的教育这些经常与内城年轻人相联系的问题当然都是非常真实的问题，不应该被忽略。不过，我们不能在大多数时候将学生看作受害者，或者看作需要怜悯和拯救的人。我们不应该从传教士的角度教育多元学生，应该更多地从啦啦队员、导师和辅导员的角度教育学生。教育工作者应该持续要求和期望所有学生取得良好表现。他们应该进行自我肯定式教育，培养学生积极的自我形象。

包括厄文和涅托在内的研究人员提到了关于非裔美国学生的研究，这些研究显示，当非裔美国教师数量较多时，这些学生可以实现更高的毕业率、更少的特殊教育转移人数、更多的天才班录取人数以及更少的纪律问题。当然，白人教师可以非常成功地教育少数群体的孩子，有肤色的教师也有可能无法取得很好的效果。要想实现对少数群体青少年的成功教育，必须要有对文化、背景和视角的理解和敏感性。对非裔美国学生的一些建议也适用于其他学生。这些建议包括：

- 关注每个孩子的强项，培养积极的自我形象；
- 让家长、教会以及整个社区参与到你的课程中；
- 理解非裔美国人面对的非常真实的种族主义问题，包括更高的入狱率、更严格的刑罚、质量不高的学校、持续的贫穷以及更少的工作机会。不过，不要让这些问题成为降低期望的借口；
- 调整教学和测试策略，以适应学生的文化。

最后，应充分利用美国非裔社区成员做出的巨大进步、贡献和改变。例如，华盛顿特区行政机构目前的有色人群数量是历史上最多的，尤其是非裔美国人。更多的非裔美国人成为了中产阶级。非裔美国人在教育、政府和商业领域取得了更高的职位。这不仅体现了非裔社区巨大的适应能力，也体现了有效教育的影响。

> **扩展探索：赔偿规划**
>
> 在第二次世界大战期间遭到拘禁的许多日裔美国家庭获得了赔偿。政府向许多受到不公正对待的群体进行了公开道歉。解释一下这种赔偿对你意味着什么。为什么你认为受到不公正对待的非裔美国人应该或者不应该获得赔偿？制订一个有效的解决方案，以解决非裔美国人遭受的不公正对待。

4．亚裔美国人

华裔美国人

19世纪中期，华人成为了首批来到美国的亚洲移民。根据美国华人博物馆的资料，华人来到这里的最早记录是在1785年，当时3名华人水手在巴尔的摩登陆。在1848年加利福尼亚淘金热期间，325名华人来到这里追逐致富梦想。1850年的美国人口普查记录了450名来到美国的华人移民。到1870年，这个数字增长到了6.3万人，其中大多数人位于加利福尼亚。许多人参与了连接美国东西海岸的铁路系统的建设。

美国白人工人很快对这些和他们竞争工作岗位的华人产生了仇恨。1877年，旧金山发生了反华暴动。1882年的《排华法案》开启了一系列限制或禁止华人移民的法案，将华人视作劣等人民。这些法案持续到了1943年，这一年，华人终于获得了成为公民的权利。

日裔美国人

19世纪后期，日本人开始以劳工身份进入美国，在夏威夷和大陆定居。1870年，美国有55名日本移民。到1920年，这个数字上升到了111 010人。在美国1882年颁布《排华法案》以后，日本移民开始接替华裔美国工人的位置，主要在农业、耕种、园艺和铁路领域工作，也有一些人成为了个体经营者。不过，日本人的成功引发了美国白人的敌意，导致了第二次世界大战期间对日本人的拘禁。

菲裔美国人

1587年10月18日，作为一支西班牙探险队的一部分，首批菲律宾人进入了加利福尼亚州莫罗贝。1763年，菲律宾人在路易斯安那建立了美国本土上的首个亚裔居民区。菲律宾人也参与了1848年的加利福尼亚淘金热。1898年的美西战争使西班牙失去了古巴、波多黎各、菲律宾群岛、关岛和其他岛屿。美国从西班牙手里买下了菲律宾，使其成为了美国的保护领地。1909年，数百名菲律宾工人被招募到夏威夷，在种植园里工作。菲律宾人最重要的移民潮似乎始于1965年的《移民改革法案》，该法案导致3.2万名菲律宾人进入美国，其中大多数人是技术精湛的专业人员。

关于亚裔美国人的课堂重点

亚裔美国人面临着独特的障碍，难以全面参与到这个国家之中，这一事实明显影响到了亚裔美国儿童的教育。首先，在族群和出身国方面，亚裔美国人是最具多样性的种族。而且，每个种族内部可能存在许多族群。例如，中国有56个少数族群[①]和多种语言，其中许多族群都有成员在美国定居。第一代亚裔美国人和他们的后代之间也存在明显的文化差异。

2010年美国人口普查表格在为"其他亚裔"留出的空格旁边列出了11个主要的亚裔群体（印度裔、华裔、菲裔、日裔、韩裔、越南裔、赫蒙裔、老挝裔、泰裔、巴基斯坦裔和柬埔寨裔）。亚裔共有1 470万人，占总人口的4.8%。华裔在亚裔美国人中占有最高的比例。

由于种族群体内部的巨大差异，亚裔美国学生的需要常常无法得到理解。亚裔美国学生面临的一个最常见的障碍就是"模范少数群体"的标签。最初被视作低人一等的亚裔目前被吹捧为刻苦努力、学习成绩优异、彬彬有礼的成功群体。亚裔学生在标准化测试中常常可以得到与白人学生一样高甚至更高的分数。

虽然这些特点通常被视为优点，但它们常常会带来不利影响。首先，这种模式化印象常常被用于种族歧视，即批评非裔美国学生没能取得同样的成绩。其次，通过强调亚裔美国人的成功，人们常常忽视他们非常真实的问题，比如住房歧视、职位晋升

---

① 与事实不符——译者注。

和民权误用。新移民在学校的表现并不理想,而且不受重视,尤其是不会说英语的贫困移民,这种经历与西裔和非裔美国人类似。在亚裔群体里,贫困、低薪工作和不良居住环境等问题并不罕见。不过,和其他种族群体一样,亚裔社区已经发起了一场声势浩大的民权运动。

> **扩展探索:不公正政策的案例**
>
> 美国有一些非常引人注目的法律诉讼,认为一些大学由于亚裔美国人较高的考试成绩而制定了对他们不利的录取政策。例如,有人指控普林斯顿大学和哈佛大学故意拒绝得到高分的亚裔美国人,以录取分数较低的其他学生。解释一下为什么这可能是逆向歧视或走入歧途的平权举措。拟定一份录取声明,以解决这种不公平问题。

此外,人们对亚裔美国人之中为数众多的不同文化和语言缺乏理解,这也对亚裔美国人造成了不利影响。其中,一些文化间的仇恨源于几个世纪以前,与南北爱尔兰或者巴勒斯坦和以色列之间的冲突一样激烈。许多亚洲文化的信仰、价值观和禁忌存在巨大的差异。教师应当保持谨慎,不能将一种文化与另一种文化混淆在一起,也不能想当然地认为它们之间存在相似之处。

在《一面不同的镜子:美国多元文化的历史》(*A Different Mirror: A History of Multicultural America*)的第一页,罗纳德•高木回忆了他与一名出租车司机进行的一段痛苦而熟悉的对话。"你来这个国家多长时间了?"司机问道。作为第三代日裔美国人,高木不得不再次澄清,他出生在美国。也许,没有哪个少数群体的成员需要不断宣布自己的公民身份。大多数人仍然会把亚洲面孔和外国人画上等号。

5. 西裔美国人

西裔美国人包括任何具有古巴、墨西哥、波多黎各、南美洲和中美洲或者其他西班牙文化或起源的人,它与种族无关。根据美国人口普查局2010年的人口估计,大约有5 050万西裔生活在美国。这个群体在美国总人口中的占比为16%。2010年,在西裔子群体中,墨西哥裔是规模最大的群体,随后是中南美洲裔、波多黎各人和古巴裔。表3.2显示了2010年这些子群体在所有美国西裔人群中的比例。

和亚裔美国人类似,不同西裔群体之间存在巨大的文化差异。虽然他们拥有西班牙语这一共同纽带,但是这些群体具有不同的历史和文化,因此他们需要得到区别对待。

墨西哥裔美国人

同其他群体相比,墨西哥裔美国人几个世纪的探索和对美国发展过程的参与更加值得肯定。墨西哥裔美国人的文化始于美洲印第安人。在西班牙探险家1517年到来这里的时候,北美、中美和南美生活着2 500万印第安人。西班牙人不仅直接与当地人交战,而且怂恿不同部落相互厮杀。最终,西班牙人成功征服了他们所遇到的美洲人。

西班牙文化的引入以及随后盎格鲁文化的渗透，创造出了美国西南部丰富的"得克萨斯—墨西哥"文化，这种文化目前已经成了美国生活充满活力的组成部分。

如果你想研究墨西哥裔美国人的历史，那么你一定绕不开导致美国获得墨西哥土地的1846—1848年美墨战争、墨西哥劳工的引入以及这些劳工随后遭到的严厉对待、种族偏见和歧视。墨西哥裔美国劳工曾多次受到欢迎和拒绝。大萧条期间，他们的工作受到了限制。随后，在第二次世界大战期间，由于工人短缺，这些人被再次接回了美国。战争期间，大量墨西哥裔美国人在美国武装部队中进行了英勇的战斗。

波多黎各人

哥伦布在1493年的第二次航行中到达了波多黎各，并且立即宣布该岛为西班牙所有。当时，多达6万名阿拉瓦克人（或者叫作泰诺印第安人）和平地生活在岛上。哥伦布将数千人征做奴隶，并且消灭了抵抗他的人。1508年，胡安·庞塞·德·莱昂成了岛上的总督。岛屿的历史充斥着残酷的奴役、贫穷和失业，其国家地位一直处于变化之中。许多波多黎各人在美国本土建立了大规模居民区，主要位于纽约和新泽西，其他州也有一些繁荣的波多黎各社区。人们常常频繁往返于这些岛屿和美国本土之间。波多黎各人以其丰富的文化、历次战争期间代表美国作战的意愿和战备以及对美国政治、体育和娱乐文化的诸多贡献而感到自豪。

表3.2 西裔美国人的子群体

群体	在美国所有西裔人口中的百分比（%）
墨西哥裔	63.0
中南美洲裔	13.0
波多黎各人	9.2
古巴裔	3.5
其他西裔	11.3

资料来源：2010年美国人口普查。

古巴裔美国人

和拉丁美洲的其他大部分地区一样，古巴也受到了西班牙的占领和殖民。和波多黎各不同的是，这座岛屿有着基于商业企业和农业的健康的经济。过去，这里经常发生针对西班牙人的反叛和动乱，这使古巴成了一个盛产革命者的国家。在最近的历史中，一个明显的特点就是菲德尔·卡斯特罗的专政及其与美国的紧张关系。两国之间存在坚实的家庭纽带。作为"冷战"的遗留问题，古巴在战略军事领域仍然备受关注。许多人在获得和没有获得古巴政府支持的情况下离开了岛屿，创建了深厚的古巴裔美国文化。

关于西裔美国人的课堂重点

美国历史书将1620年清教徒抵达普利茅斯岩作为国家的开端，对其进行了重点介绍，并且强调了殖民地的形成和"西进运动"。不过，这类书籍似乎忽视或轻视了"五月花号"到来之前探索这个国家并在此定居的人。在英国定居者抵达之前早已存在于西南部的西班牙居民区并没有得到太多的介绍。墨西哥裔美国人、波多黎各人和古巴裔美国人为这个国家的艺术、体育、政治做出了很大的贡献。西班牙语是这里除英语外第二常用的语言。这种丰富的历史可以用于在多个学科中有效地吸引学生的注意力。

美国一直存在反移民情绪，尤其是反对无证件移民。这种态度在孩子的教育上制造了一些问题。教师不应该被学校里的孩子所具有的移民身份分散注意力，他们应该关注如何针对课堂上的每一个孩子开展有效的教学。美国最高法院在美国457卷202号案件"普莱勒诉多伊案"中裁定，孩子必须得到公立学校的接收，不管他们具有何种移民身份。唯英语运动（尤其是加利福尼亚以及其他州要求将英语作为"官方"语言的主张）以及取消双语教育的运动体现了那些不重视或不理解西裔文化所做贡献的人明显具有的排外情绪，这是一件令人遗憾的事情。

> **扩展探索：美国的官方语言**
>
> 加拿大认识到了国家的多样性，因此将法语和英语定为所有国民的官方语言。调查五个具有影响力的人，询问他们是否认为美国应该通过颁布联邦法律的形式将英语和西班牙语确定为国家的官方语言。然后，对于美国应该或者不应该这样做的原因提出你自己的观点和理由。

6．欧裔美国人

欧裔美国人是来自英格兰、爱尔兰、苏格兰、波兰、德国和澳大利亚等国家和地区的移民。欧裔美国人（白人）还包括来自巴林、加沙地带、伊朗、伊拉克、以色列、约旦、科威特、黎巴嫩、阿曼、卡塔尔、沙特阿拉伯、叙利亚、阿联酋、约旦河西岸以及也门的移民。

1565年，西班牙人成为了首批在此定居的欧裔美国人。随后，许多英国人、法国人、荷兰人、德国人和爱尔兰人也来到了这里。许多人非常贫穷，他们来到这里的目的是寻求经济机会，或者逃离宗教迫害，或者二者兼而有之。

根据美国人口普查局的数据，1900年，大约90%的美国人被视作欧裔美国人，其他人被统计成了非裔美国人。这次普查没有统计其他种族。在2010年美国人口普查中，在美国最大的100个城市中，欧裔美国人在48个城市成为了少数群体，这个数字同1990年的30个城市相比出现了上升。在20个人口增长最快的城市中，西裔（72%）和亚裔

（69%）人口的增长速度比白人（5%）和黑人（23%）快得多。目前，白人在加利福尼亚州、夏威夷州和哥伦比亚特区成为了少数群体。在得克萨斯州和新墨西哥州，白人也许很快就会成为少数群体。

根据人口预测，美国人口将在2050年增长到4.03亿。在欧裔美国人的出身国之中，英国、德国、意大利、爱尔兰、瑞典和挪威排在前列。表3.3显示了2011年到2013年来自全世界的移民群体中人数最多的一些群体的出身国。

表3.3 按地区和出身国统计的合法永久居民流：2011到2013财年
（各个国家按2013财年合法永久居民流排列）

地区和出身国	2013年		2012年		2011年	
	数量（%）	百分比（%）	数量（%）	百分比（%）	数量（%）	百分比（%）
地　区						
总计	990 553	100.0	1 031 631	100.0	1 062 040	100.0
非洲	98 304	9.9	107 241	10.4	100 374	9.5
亚洲	400 548	40.4	429 599	41.6	451 593	42.5
欧洲	86 556	8.7	81 671	7.9	83 850	7.9
北美洲	315 660	31.9	327 771	31.8	333 902	31.4
加勒比地区	122 406	12.4	127 477	12.4	133 680	12.6
中美洲	44 724	4.5	40 675	3.9	43 707	4.1
北美其他地区	148 530	15.0	159 619	15.5	156 515	14.7
大洋洲	5 277	0.5	4 742	0.5	4 980	0.5
南美洲	80 945	8.2	79 401	7.7	86 096	8.1
未知	3 263	0.3	1 206	0.1	1 245	0.1
国　家						
总计	990 553	100.0	1 031 631	100.0	1062040	100.0
墨西哥	135 028	13.6	146 406	14.2	143 446	13.5
中国	71 798	7.2	81 784	7.9	87 016	8.2
印度	68 458	6.9	66 434	6.4	69 013	6.5
菲律宾	54 446	5.5	57 327	5.6	57 011	5.4
多米尼加共和国	41 311	4.2	41 566	4.0	46 109	4.3
古巴	32 219	3.3	32 820	3.2	36 452	3.4
越南	27 101	2.7	28 304	2.7	34 157	3.2
韩国	23 166	2.3	20 846	2.0	22 824	2.1
哥伦比亚	21 131	2.1	20 931	2.0	22 635	2.1

续表

地区和出身国	2013年 数量（%）	2013年 百分比（%）	2012年 数量（%）	2012年 百分比（%）	2011年 数量（%）	2011年 百分比（%）
海地	20 351	2.1	22 818	2.2	22 111	2.1
牙买加	19 400	2.0	20 705	2.0	19 662	1.9
萨尔瓦多	18 260	1.8	16 256	1.6	18 667	1.8
尼日利亚	13 840	1.4	13 575	1.3	11 824	1.1
巴基斯坦	13 251	1.3	14 740	1.4	15 546	1.5
加拿大	13 181	1.3	12 932	1.3	12 800	1.2
埃塞俄比亚	13 097	1.3	14 544	1.4	13 793	1.3
尼泊尔	13 046	1.3	11 312	1.1	10 166	1.0
英国	12 984	1.3	12 014	1.2	11 572	1.1
伊朗	12 863	1.3	12 916	1.3	14 822	1.4
缅甸	12 565	1.3	17 383	1.7	16 518	1.6
其他所有国家	353 057	35.6	366 018	35.5	375 896	35.4

数据来源：美国国土安全部计算机链接应用信息系统（CLAIMS）2011到2013财年合法移民数据以及电子移民系统（ELIS）2013财年合法移民数据。

关于欧裔美国人的课堂重点

欧裔美国孩子常常对他们的文化背景知之甚少，而且不知道身为白人意味着什么。因此，我们必须在所有孩子的童年时代向他们灌输对于自身文化的意识和自豪感，以及对于肤色带来的特权和障碍的理解。以《更大的记忆：我们多样性的历史及其声音》（*A Larger Memory: A History of Our Diversity, With Voices*）等书籍为代表的对不同文化口述史的研究有助于帮助人们认识到，所有美国人在我们的文化中拥有许多共同的历史。

大量文本、视频和通俗文学涉及美国移民的经历。如果学生所在家族在美国拥有较长的历史，他们可以了解到自己拥有一种丰富而有意义的文化，并且可以从中受益。例如，研究自身文化的意大利裔美国学生可以更好地欣赏其他人的文化。这种课堂重点还应该放在共同点和共同经历上。不同文化群体之间的冲突应当在合适的年龄段得到讨论，它不应该被忽视。教育工作者将会发现，如果他们能够首先了解自身的背景，那么他们可以更容易地提升学生的文化意识。

> **扩展探索：学校的招生变化和教师培养**
>
> 2014年秋天，美国学校招收的白人学生人数没有过半，这是历史上的第一次。写一篇可以和当地学校分享的短文，以介绍这一变化对学校课程设计的影响。指出这种招生变化对职前和在职教师培养的影响。

7．今日美国

本章的讨论只关注了组成美国社会的少数几个种族和族群。我们建议教师考察与自己最为接近的社区和州，以确定自己应当了解的、组成这个特定社区的其他种族群体，比如波斯尼亚人、阿尔巴尼亚人和伊朗人。多元文化课程的目标不是被迫讲授关于所有种族的知识，而是从根本上了解和欣赏不同文化。此外，我们还必须将同性恋权利运动等当前的社会问题及其对学校的影响纳入这个框架之中。另外，宗教在学校中的作用也在日益成为一个重要的辩论话题。

练习3.1　关于美国历史的自我评估

评价每一种说法是否正确。正确答案在本章结尾。

《修正案》第18条为妇女赋予了投票权。	正确	错误
禁止跨种族婚姻的法律直到1967年才在全国每个州得到废除。	正确	错误
在这个国家，只有非裔美国人曾被人用私刑处死。	正确	错误
耶鲁大学拒绝招收曾在第二次世界大战期间在拘禁营中生活过的日裔美国学生。	正确	错误
非裔美国军队是最先解放纳粹集中营的军队之一。	正确	错误

8．反思与问题

美国文化的丰富性在很大程度上来自其多样性。

（1）你在本章学到的知识与你在学校学到的知识存在多大区别？

（2）其他文化群体经历的历史与你自己的家族历史之间存在哪些相同点和不同点？

（3）你如何将你在本章学到的知识融入未来的课时规划和教学策略中？

（4）至少从五个视角谈谈你对美国历史的认识与你之前学到的知识之间的差异。

二、美国不同人群的历史视角

本节提供了美国历史上的一组重要事件。要想理解我们的社会、法律和习俗的演化，对这些事件的了解是非常重要的。本节以时间表为框架，列出了美国不同人群的视角、情感、态度和行动。为获得平等而进行的斗争是许多人群的共同经历。

1．重要历史事件

一些内容丰富的文本资源对我们国家的多元文化历史做出了更加完整的描述。这些文本通常会讲述一些传统历史书上没有提到的故事，以及与传统历史书不同的视角。多元文化教育工作者可以利用这些资源更好地理解学生，将他们的历史融入课程之中，提出具有文化敏感性的教学策略，帮助所有学生做好在多元世界中生活的准备。下面仅仅列出了少数重要的历史事件。

> **预先思考**
>
> 非洲有句谚语："在狮子拥有历史学家之前，猎人的故事总是在赞美猎人。"这意味着历史是由占据统治地位的人写成的。其他人的视角和经历常常被边缘化，或者被忽略。本节将回顾美国历史中的一些重要知识点，这些知识点可能会使许多人感到陌生。
>
> 问题：
> （1）对重要历史事件的认识有什么重要意义？
> （2）这种信息在讲授非历史科目时有什么用处？
> （3）解释一下修正主义历史学对你意味着什么。在讲述历史时，应该讲述谁的历史？为什么？提出你的观点，并为你的立场做出辩护。

美洲原住民历史上的重要事件

1513年，探险家胡安•庞塞•德•莱昂来到佛罗里达，开始了西班牙人与美洲原住民的接触。虽然最初来到这里的探险家可能存在争议，但这个日期仍然很重要，因为它是外界第一次与这个国家最初的人民即美洲原住民进行接触的日期。历史和文明并不是从欧洲人到来时开始的。

1830年，美国国会通过了《迁移法案》，强迫美洲原住民从密西西比河以东搬到密西西比河以西。这是美国历史上不应该被人遗忘的一个可耻法案。该法案和随后的法案成为了"西进运动"的象征，这一运动认为来自东部的拓荒者获得了上帝赋予的权利，可以将土地从几个世纪以来一直生活在这里的人们手中夺走。

1876年，在如今位于蒙大拿州的小比格霍恩河附近，坐牛酋长领导苏族部落歼灭了卡斯特将军的第七骑兵团。这起重大事件标志着这个国家原住民生活时代的终结拉开了序幕。

1890年，在南达科他州伤膝河，300名苏族人在一场与美国第七骑兵团的战斗中被杀。《将我的心埋葬在伤膝河》（*Bury My Heart at Wounded Knee*）一书回顾了联邦政府与各个印第安民族之间悲剧性的历史冲突。历史学家通常将此次事件看作这类战争的结束。

非裔美国人历史上的重要事件

1619年，首批非洲人和白人定居者来到詹姆斯敦。我们不知道他们是以契约仆役还是奴隶的身份来到这里的，但他们是历史上有记录的首批非裔美洲人。

1863年，南北战争期间，亚伯拉罕•林肯签署了《奴隶解放宣言》，使许多（并非所有）美国奴隶获得了自由。

1896年，美国最高法院在"普莱西诉弗格森案"（*Plessy v. Ferguson*）中裁定"分隔而平等的"设施是合法的。这一臭名昭著的裁定使种族隔离设施获得了联邦法律的保护。

1954年，美国最高法院在美国347卷483号案件"布朗诉教育局案"（Brown v. Board of Education）中判定学校的种族隔离是不平等的。据称，这一裁定结束了黑人学生和白人学生的种族隔离。科佐尔在《国家的耻辱：美国学校的种族隔离卷土重来》（The Shame of the Nation: The Restoration of Apartheid Schooling in America）中报告说，目前的学校仍然存在严重的种族隔离，一些学校的种族隔离几乎与"布朗诉教育局案"发生之前一样严重。

1955年，由于拒绝在公共汽车上为一名白人男性让座，43岁的黑人女裁缝罗莎·帕克斯在亚拉巴马州蒙哥马利被捕。长达一年的蒙哥马利巴士抵制运动开始了。在一年多的时间里，数千名非裔美国人以步行、拼出租车和拼汽车的方式上班。最终，最高法院裁定种族隔离公共汽车违宪。这场抵制运动是民权运动的开始，也是马丁·路德·金的行动主义登上全国舞台的开始。

1960年，占座抗议运动在北卡罗来纳州格林斯博罗爆发。在伍尔沃斯百货商店里，4名大学生公然坐在仅供白人使用的午餐柜台上。他们的行动引发了其他占座抗议活动。6个月后，这家连锁集团取消了所有店铺的种族隔离制度。

1963年3月，在华盛顿特区，将近250万人聚集在国家首都，举行了当时历史上规模最大的示威活动。在这场民权示威活动中，马丁·路德·金博士发表了题为"我有一个梦想"的演讲，这段演讲现在非常有名。

1964年，《民权法案》获得了通过。该法案由约翰·F.肯尼迪发起，并在林登·B.约翰逊的坚决努力下获得了通过，它使公共设施的种族隔离成为了非法行为。

1965—1968年，美国许多城市爆发了民权骚乱。

1968年，马丁·路德·金遇刺。

亚裔美国人历史上的重要事件

1587年，菲律宾人在加利福尼亚州莫罗贝登陆。

1763年，菲律宾人在路易斯安那州建立了美国本土上的第一个亚裔居民区。

1882年，联邦通过了禁止华人移居美国的《排华法案》。该法案直到1943年才被撤销。

1910年，旧金山开放了天使岛，这里成为了中国移民的主要入境点。

1941年，日本袭击了夏威夷珍珠港海军基地。美国加入第二次世界大战。

1942年，富兰克林·D.罗斯福签署了9066号行政命令，将11万日裔美国人强制迁移到拘禁营里。

1943—1945年，在意大利和法国南部服役的第442步兵团（完全由第二代日裔美国人组成）成为了美国军队史上获得勋章最多的队伍。

1974年，在美国414卷563号案件"刘先生诉尼考尔斯案"中，加利福尼亚华裔美国学生提起了诉讼，认为他们由于不会说英语而没有得到公平的教育。美国最高法院判定学生获胜。这使全国的英语学习者获得了接受平等教育的权利。

1988年，国会通过了一项法案，为6万名曾被关押在拘禁营里的幸存日裔美国人每人提供2万美元赔偿（正式付款）。

西裔美国人历史上的重要事件

1513年，西班牙探险家胡安•庞塞•德•莱昂在佛罗里达登陆。

1565年，西班牙探险家在佛罗里达建立的圣奥古斯丁成为了北美首个欧裔美洲人居住区。

1846年，美国侵略墨西哥，占据了墨西哥的一半领土，包括得克萨斯、加利福尼亚、亚利桑那的大部分地区、新墨西哥、科罗拉多、犹他以及内华达。

1954年，美国最高法院将西裔视作一个单独的群体。

20世纪60年代，争取公民权利的奇卡诺运动爆发。

1962—1965年，塞萨尔•查韦斯领导加利福尼亚"联合农场"工人举行了一场成功的罢工，并且组织了首次全国抵制运动。

1965年，在1973年菲德尔•卡斯特罗终止移民计划之前，超过25万古巴人乘坐飞机来到了美国。

1974年，《平等教育机会法案》使西裔青少年可以获得双语教育，促进了公立学校的平等。

1998年，加利福尼亚选民通过了227号提案，取消了双语课堂教育和英语强化计划，将其替换成了为期一年的高强度英语沉浸计划。

2003年，西裔被视作美国最大的少数群体，该群体2001年7月达到了3 710万人。

欧裔美国人历史上的重要事件

1513年，西班牙探险家胡安•庞塞•德•莱昂抵达佛罗里达。

1524年，意大利探险家乔瓦尼•达•韦拉扎诺抵达目前的纽约港。

1540年，西班牙探险家弗朗西斯科•瓦斯克斯•德•科罗纳多探索了后来的美国西南部地区。

1565年，西班牙探险家在佛罗里达建立的圣奥古斯丁成为了北美首个欧裔美洲人居住区。

1607年，美洲首个英国人居住区在弗吉尼亚詹姆斯敦建立。

1620年，清教徒抵达美洲，在马萨诸塞建立了第一个殖民地。

1699年，法国殖民者来到密西西比和路易斯安那。

1845—1849年，由于爱尔兰马铃薯饥荒，数千名爱尔兰人来到了美国。

20世纪前10年，将近900万移民来到美国。反移民情绪出现了很大的增长。

1921年，《约翰逊法案》为欧洲移民分配了限额。

1965年的《移民法案》取消了移民限额，使移民可以按照更加公平的方式进入美国。

2．民权运动大事年表

每个教育工作者必须了解这个国家民权运动的进程。上面已经列出了一些重要事件，下面是另外一些重要事件。

1857年，在美国60卷393号案件"德雷德·斯科特诉桑福德案"（Dred Scott v. Sanford）中，支持奴隶制的美国最高法院加强了奴隶制的合法性。这项判决是引发美国南北战争的重要事件之一。

1896年，在美国163卷537号案件"普莱西诉弗格森案"（Plessy v. Ferguson）中，最高法院宣布将黑人和白人"分隔"开的设施符合宪法，而且是"平等的"。这导致公共生活中的许多场所出现了合法的种族隔离，包括餐厅、剧院、盥洗室和公立学校。

1920年，《修正案》第19条获得通过，妇女获得了投票权。

1948年，杜鲁门总统废除了军队中的种族隔离。

1956年，超过100名国会成员在《南方宣言》上签字，抗议废除种族隔离的做法。只有林登·约翰逊、埃斯蒂斯·基福弗和阿尔伯特·戈尔拒绝签字抗议。

1957年，9名黑人学生试图进入阿肯色州小石城全部由白人组成的中央高中，遭到阿肯色国民警卫队的阻止。艾森豪威尔总统向小石城派遣了超过1000名空降兵，这才使学生进入学校，结束了学校的种族隔离。

1961年，在被称为"自由之行"的运动中，全国各地的人民占领了公共汽车，要求结束车站的种族隔离。

1962年，约翰·F.肯尼迪总统命令5000名联邦军人护送首个被密西西比大学录取的黑人学生詹姆斯·梅雷迪思进入校园。此次行动导致了一场骚乱，两名学生遇害。

1962年，伊利诺伊州宣布达到合法年龄的成人私下进行的同性恋行为合法，成为了美国首个作出此项决定的州。

1963年，在阿拉巴马大学，州长乔治·华莱士站在校舍门前，承诺"今天、明天和永远"实行种族隔离制度。在肯尼迪总统的强制要求下，华莱士这才允许黑人入学。

20世纪60年代，阿拉巴马州伯明翰市是美国种族隔离最严重的城市之一。男女黑人在无法获得服务的午餐柜台上进行了静坐抗议。他们在不被允许入内的教堂门前的台阶上进行了"祈祷示威"。数百名抗议者被捕入狱。1963年，马丁·路德·金、拉尔夫·阿伯内西和沙特尔斯沃思教士在伯明翰举行了一场大型抗议游行，遭到了警察和警犬的袭击。3名牧师随后被捕入狱。

1963年，密西西比全国有色人种协进会会长梅加·埃弗斯在家门口遇害。

1963年，4名黑人女生——艾迪·梅·柯林斯、卡罗尔·德妮丝·麦克奈尔、卡罗尔·罗伯森和辛西娅·黛安·韦斯利——被安装在伯明翰一座教堂里的炸弹炸死。

1964年，《修正案》第24条获得通过，强迫黑人投票时支付人头税的做法遭到禁止。

1964年，《民权法案》获得通过，公共场所基于"种族、肤色、宗教或出身国"的歧视遭到禁止。

1964年，民权工作者在夏天开展了为黑人选民登记的工作。迈克尔·施沃纳、安德鲁·古德曼和詹姆斯·钱尼遇害。

1965年，马丁·路德·金领导一支长达54英里的游行队伍从塞尔玛前往蒙哥马利，以支持选民登记。

1965年，《投票权法案》获得通过，该法案鼓励更多非裔美国人投票和参选需要选举的政府岗位。

1965年，位于洛杉矶市郊的瓦茨发生了100多起骚乱。

1965年，马尔科姆·艾克斯遇刺。

1967年，底特律、密歇根和新泽西州纽瓦克发生种族骚乱。

1968年，马丁·路德·金在田纳西州孟菲斯被詹姆斯·厄尔·雷伊刺杀。随后，骚乱波及整个美国。

1969年，纽约格林威治村同性恋酒吧"石墙客栈"的顾客在6月27日警方搜捕过程中进行了反击。冲突演变成了持续3天的骚乱。"石墙"成了同性恋公民权利的一个重要转折点。

1973年，美国精神病协会将同性恋从精神失常的正式清单中删除。

1974年，《平等就业机会法案》获得通过，该法案禁止各州由于学生的种族、肤色、性别或出身国而拒绝向他们提供教育机会。

1978年，在美国438卷265号案件"巴基诉加利福尼亚大学学监案"中，最高法院判定固定种族配额违法。

1982年，威斯康星州宣布基于性取向的歧视违法，成为了第一个作出此项决定的州。

1982年，在美国457卷202号案件"普莱勒诉多伊案"中，最高法院裁定学生有权进入公立学校，这与他们的移民身份无关。

2000年，佛蒙特州在法律上承认两个男女同性恋者的民事结合，成了全国第一个作出此项决定的州。

2003年，最高法院支持密歇根法学院的政策，认为大学在选择学生时可以将种族作为众多考虑因素之一，因为它促进了"获取来自多元学生群体的教育优势这一令人信服的利益"。

2004年，马萨诸塞州宣布同性婚姻合法。从那时起，同性婚姻已经在37个州和哥伦比亚特区获得了合法地位，这些州包括：亚拉巴马州、阿拉斯加州、亚利桑那州、加利福尼亚州、科罗拉多州、康涅狄格州、特拉华州、佛罗里达州、夏威夷州、爱达荷州、伊利诺伊州、印第安纳州、爱荷华州、堪萨斯州、缅因州、马里兰州、马萨诸塞州、明尼苏达州、蒙大拿州、内华达州、新罕布什尔州、新泽西州、新墨西哥州、纽约州、北卡罗来纳州、俄克拉荷马州、俄勒冈州、宾夕法尼亚州、罗德岛州、南卡罗来纳州、犹他州、佛蒙特州、弗吉尼亚州、华盛顿州、西弗吉尼亚州、威斯康星州和怀俄明州。

2009年,《马修·谢泼德和小詹姆斯·伯德仇视性犯罪预防法案》对联邦仇视性犯罪法律进行了扩充,包含了由受害者实际或被感受到的性别、性取向、性别身份或残疾引发的犯罪。

2015年6月26日星期五,美国最高法院在一个具有历史意义的民权案件(美国576卷__号案件"奥伯格菲尔诉霍奇斯案")中判定,宪法保证了同性婚姻的权利。

3. 反思与问题

回顾过去的历史事件不是一件很容易的事情,因为过去的人们经历了许多悲剧、不平等和苦难。

(1)在民权方面,你觉得我们今天进步了还是退步了?做出解释。

(2)哪些事件对你最有意义?为什么?

(3)你在这张大事年表中看到了哪些英雄?为什么?

(4)关于历史上的不公平,研究美国与其他国家至少五个相同点。

美国在民权法律方面取得了巨大的进步。现在,对法律支持下的不平等的回顾尤其重要。随着《爱国者法案》和其他对公民自由带来新挑战的法律的通过,我们所有人都有义务精通这个国家的法律历史和当前的法律问题。

三、影响教育的重要法律

预先思考

立法的目的常常是改变公民的行为。法律保护我们的自由,为我们提供平等和公平。教育领域的许多进步来自立法。

问题:

(1)各种民权法律为你带来了哪些利益?

(2)想象这些法律通过之前的生活状态。

(3)写出一篇短文,论证政府为什么应该或不应该被用作社会变革的工具。

我们希望生活在没有法律的社会里。遗憾的是,要想在社会中获得秩序和平等,我们必须拥有法律。影响教育的法律通常不是随随便便产生的,它们的背后隐藏着人们所遭受的痛苦。在本节中,我们将回顾教师应当熟悉的、对"教与学"存在影响的重要法律和诉讼案件。

1. 联邦民权法律

美国教育部民权办公室（OCR）负责实施五项民权法律：

- 1964年《民权法案》第6条，该条款禁止接受联邦财政资助的所有计划或活动中基于种族、肤色或出身国的歧视现象；
- 1973年《康复法案》第504款，该条款禁止接受联邦财政资助的所有计划或活动中基于残疾的歧视现象；
- 1973年《教育修正案》第9条，该条款禁止接受联邦财政资助的所有计划或活动中基于性别的歧视现象。这项具有标志性意义的法律提高了女童和妇女接受教育和参与体育运动的机会，促成了"将性骚扰定义为歧视"的结果；
- 1975年《年龄歧视法案》，该法案从总体上禁止接受联邦财政资助的所有计划或活动中基于年龄的歧视现象；
- 1990年《美国残疾人法案》第2条，该条款禁止公共机构中基于残疾的歧视现象。在它的帮助下，残疾学生（主要是有身体残疾的学生）可以更好地使用学校里的各种设施。

2. 其他教育法律

对于律师群体以外的人来说，因伯和凡·吉尔的《教育法律》是一份关于教育法律的优质资源。

- 1997年《残疾人教育法修正案》（IDEA）确保所有残疾儿童可以接受免费而合适的公共教育；
- 1974年《家族教育权利和隐私法案》（FERPA，也叫巴克利修正案）确立了关于学生档案隐私的联邦指导方针。该法案规定了学生教育档案的保密性以及有权查看档案的人员；
- "免费适当公共教育"（FAPE）为1973年的《康复法案》第504款提供了支持，规定所有残疾儿童有权接受免费而适当的公共教育，包括特殊教育和相关服务，孩子及其父母不需要支付任何费用；
- 1984年《平享法案》允许学校里的课外宗教俱乐部拥有与其他课外俱乐部相同的集会权利和特权。

3．学生的言论自由权利

一些诉讼案件澄清了学生的言论自由权利。这些案件进一步加强了在校学生的宪法权利。下面是最著名的一些判决。

- 美国478卷675号案件"贝瑟尔学区43号诉弗雷泽案"认为高级中学管理者有权惩罚违反校规、扰乱合法教育目标和纪律目标的学生言论；
- 在美国484卷260号案件"黑泽尔伍德学区等诉库尔迈耶等案"中，法院在判决时引用了"贝瑟尔案"，允许学校管理者审查由学生编辑的、包含关于学生怀孕等敏感话题的文章的，或者可以被视为对他人隐私构成侵犯的校报；
- 在美国410卷667号案件"佩皮什诉密苏里大学理事会等案"中，法院裁定密苏里大学由于学生在校园内分发争议性传单（包括粗话和显示自由女神像遭到踩踏的漫画）而将其开除的做法违反了学生的第一修正案权利；
- 在美国393卷503号案件"廷克等诉得梅因独立社区学区等案"中，法院裁定第一修正案保护高中学生在公立高中以佩戴黑色袖标的形式抗议越南战争的权利。只有当"象征性言论"对学校教育任务造成实质性破坏时，这种言论才可以被学校管理者禁止。

近年来，最著名的教育法律也许就是2001年的《不让一个孩子掉队法案》了。作为《中小学教育法案》的修订版本，该法案关注通过要求实行综合标准化测试和遵守一组标准的措施提高所有学生的成绩。其备受争议的条款中包含下列要求：

（1）基于联邦指导方针的一组覆盖全州的单一问责标准。
（2）对每个公立学区和每个学校采取"年度进度"（AYP）目标措施。
（3）惩罚未能制定年度进度目标的学校。
（4）学校只雇用"高质量教师"。
（5）州级和地方级学校成绩单。
（6）根据"基于科学的研究"发展教学、课程、教材和员工。

这些要求在各个方面都引发了抗议，但人们主要关注大量测试和年度进度。许多人认为年度进度导致学生和教师士气低落。支持者指出了该法案使学校对英语学习者、特殊教育学生、少数群体学生以及残疾学生的成绩进步持续负责的积极意义。

最后，另一项得到重要应用的联邦法律是"1983款"，该条款关注对公民权利的剥夺。它为个体提供了向违反自身"联邦、宪法和法律权利"的学校和教育工作者索赔的途径。例如，一些学生和教师曾利用该条款使违反正当程序和言论自由权利的主体遭受财务损失。

练习3.2 这种行为违反了哪条法律？	
对于下面描述的每一起事件，填入适用的法律。正确答案在本章结尾。	
事件	法律
学校允许当地一家景观美化公司张贴"求助"广告，邀请身体强壮的男生提交申请。	
学校每年在遵守犹太节日的学生缺席的日子拍摄班级照片。	
在去往核电站的实地考察旅行中，只有中东学生被拦下来接受检查。	
城里的三所中学都没有残疾人通道。为了上学，玛丽不得不每天多次驾驶电动轮椅离开教学楼，沿着道路绕到后门。	
每当马克来到学校时，他都会宣扬自己的信念：同性恋是一种罪恶，男女同性恋学生不是上帝的孩子。这种做法激怒了许多学生，并导致一些学生向社会工作者寻求咨询。他的言论引发了一些打架事件，许多学生准备离开学校，以示抗议。	

4．反思与问题

不是所有法律都是公平的。一些法律为社会带来了很大的益处，另一些法律处于空缺状态。从教学的角度回答下列问题。

（1）哪些法律对你具有最大的意义？

（2）你希望看到哪些法律得到取消或更改？为什么？

（3）你希望看到哪些法律获得通过？

（4）调查阻止"仇视性言论"的法律侵犯一个人"言论自由"权利的例子。

四、多元文化教育领域人物介绍：罗纳德·高木

罗纳德·高木，我们国家多样性领域最卓越的学者之一。他是加州大学伯克利分校族群研究教授。在32年时间里，他在这所大学教育了1万多名学生。

高木出生于1939年，是移民到夏威夷的日本种植园工人的孙子。他在1961年毕业于俄亥俄州伍斯特学院。6年后，在从加州大学伯克利分校获得美国历史博士学位以后，高木前往加州大学洛杉矶分校教授该校首门黑人历史课程。在这所学校任职期间，他帮助学校成立了非裔美国人、亚裔美国人、墨西哥裔美国人以及美洲原住民的研究中心。

1972年，高木返回伯克利，在刚刚成立的族群研究系担任教员。这个部门为他颁发了杰出教学奖。1988年，高木在康奈尔大学获得了"戈尔德温·史密斯大学讲师"职

位。1993年，他又获得了康奈尔大学的"杰出信使讲师"职位，这也是该校最有声望的讲师职位。

高木教授著了11本书，包括《来自另一个海岸的陌生人：亚裔美国人的历史》（*Strangers From a Different Shore: A History of Asian Americans*）；《更大的记忆：我们多样性的历史及其声音》（*A Larger Memory: A History of Our Diversity, With Voices*）；《一面不同的镜子：美国多元文化的历史》（*A Different Mirror: A History of Multicultural America*）。《双重胜利：第二次世界大战中的美国多元文化历史》（*A Double Victory: A Multicultural History of America in World War II*）是唯一从我国各个少数种族和族群角度研究"最伟大的一代"的文献。这本书挑战了电影《拯救大兵瑞恩》所反映的将这场战争看作仅仅由美国白人进行的战争的记忆。

1995年，高木在副总统阿尔·戈尔家中出席了两场关于种族的研讨会，以便为戈尔提供建议；1997年，他和比尔·克林顿总统共同出席了一场白宫会议，以便通过头脑风暴的形式为克林顿的重要演讲"21世纪的美国：总统关于种族的倡议"建言献策。值得注意的是，克林顿这场关于种族的演讲超越了黑人与白人的二元关系，展示了将美国人看作一个国家内部不同人群的兼容并包的观点。《洛杉矶时报》（*Los Angeles Times*）将高木称为"少数群体的普通人。他是一个罕见的混血儿，是一位多元文化学者"。

高木博士2009年的去世是多元文化教育领域的一大损失。他的工作仍然具有生命力。七故事出版社很快就会出版《一面不同的镜子》（*A Different Mirror*）的青少年改编版，其编辑工作是由罗恩①的妻子卡罗尔·高木完成的。

笔者：您认为您对多元文化教育领域最重要的贡献是什么？

高木博士：我经常面对这样的问题："你来这个国家多长时间了？"或者"你在哪儿学的英语？"实际上，我的祖父1886年就从日本来到了这里，这比许多欧洲移民还要早。不过，对于一些人来说，我看上去不像美国人，我的名字听上去也不像美国人的名字。人们对美国历史的叙述可以被称为"主导叙述"——这个国家是由欧洲移民建立的，美国人的祖先是白人或欧洲人。这种说法虽然很常见，但是并不正确。

作为教师和学者，我一直在努力提供关于美国各个人群的更加全面的历史，以超越对这种叙述的批评。我的方法是比较性的——研究不同群体在创建美国的过程中相互交流的经历。我所说的"群体"指的是少数种族以及爱尔兰人和犹太人等少数族群。我的方法还包括自下而上研究历史——研究普通人的生活、故事和声音——将他们作为具有代表性的个体和历史上的角色记忆下来。我为什么要用这种方式研究历

---

① 罗纳德的昵称——译者注。

史？因为我希望美国人不仅了解他们所在的群体，而且了解其他群体，意识到我们是属于一个国家的具有多样性的人群。我们可以证实赫尔曼·梅尔维尔100多年前认识到的真理："美国是由所有国家的人民建立的。如果你欺负一个美国人，那么你也欺负了全世界。我们并不是一个狭隘的部落。"

笔者：关于为什么应当成为多元文化教育工作者这一问题，您认为最能说服职前教师的观点是什么？

高木博士：我们的孩子将拥有怎样的未来？我们可以用数字说话。2000年人口普查显示，在加利福尼亚，白人已经成了少数群体，同非裔美国人、亚裔美国人、拉丁裔美国人和美洲原住民处于同等地位。这个黄金之州发生的事情将于新世纪中叶在全国范围内发生。我们所有人都将成为少数群体。这种巨大的人口结构转变为教育工作者带来了重新思考教学内容与方式的机会和责任。

多元文化课程不仅仅是更具包容性的课程，它也是更加准确的课程。在教授这种新课程时，教育工作者将会发现，他们的学生欢迎这种既能将彼此联系在一起、又能将他们与社会联系在一起的阅读和课时。教师将会发现，他们的生活和思想得到了扩展与丰富。谢谢你们为我提供了与21世纪教师分享学问和教学思想的机会。在莎士比亚的《暴风雨》中，米兰达曾在看到21世纪时惊呼："哦，勇敢的新世界，那时居然有这样的人物！"在你们的帮助下，我们正在成为"这样的人物"。

留给读者的后续问题：

想象你今天与高木博士进行了一番对话，写出他可能提出的关于这个国家当前反移民情绪的一份声明。

五、案例研究——面对移民和难民学生

案例中需要探索的重要问题

①教师理解多元文化学生群体具体困难［包括创伤后应激障碍（PTSD）］的需要。

②理解移民经历的重要性。

③探索教师需要了解的关于教育英语学习者的知识。

对于土伦来说，这所学校、这个叫作"里弗瓦利"的小镇以及这个国家都很陌生。他和他的父母几个月前刚刚以难民身份来到这里。他们的国家发生了一场持续多年的内战，许多无辜平民遭到屠杀。他的家庭失去了一切。他们在

一个难民重新安置营度过了两年时间,等待着被另一个国家接收。在这段时间里,他的弟弟妹妹全都病死了。

虽然土伦一句英语也不会说,但他还是被人根据年龄分到了比曼女士的五年级教室里。他之前从未上过学。他似乎对自己的新环境感到恐惧。比曼女士是一名相对年轻的教师,她尽了最大努力教他读写,但她不知道如何从最开始教育学生。土伦的一些同学试图与他交流,但是巨大的语言差异,他们很快放弃了这种尝试。其他人开始戏弄他,这迅速演变成了学校校霸们对他的羞辱。有一次,抵制吸毒教育官来到班里向学生讲话,结果土伦跑到衣柜里藏了起来,因为他害怕穿军装的人。如果遇到巨大的声响和明亮的光线,他会不受控制地哭起来。他的同学要么对他感到害怕,要么更加大胆地欺负他。他所受到的辱骂越来越多;走廊成了他的障碍赛道,因为人们经常在这里对他拳脚相加;上学和放学的巴士旅行成了最可怕的煎熬。他始终无法理解为什么其他孩子这么恨他。比曼女士对他所经历的事情毫无觉察。难道他和他的家人在祖国遭受的痛苦还不够吗?

他独自一人吃午餐,并在休息时躲在操场的树木后面。土伦是一个孤独的小男孩,他在祖国的战争中看到了足以持续一生的大量恐怖场面。现在,在陌生的土地上,他面临着新的恐惧。

问题讨论

①你认为土伦需要什么?
②你认为他的同学和学校其他人需要什么?
③如果你是他的教师,你会从哪里入手?
④你准备如何解释土伦与其他移民和难民在新的国家可能面对的生活?
⑤故事中可能存在哪些违反民权的行为?

六、本章活动和练习

个人

1. 许多年轻人对他们的祖先知之甚少。利用http://byub.org/ancestors等网站研究一下你的家族历史。

2. 你的祖先在这个国家遇到了哪些障碍？将你的发现与你的同学进行比较，寻找相同点和不同点。

3. 调查城里的档案馆，寻找不是特别有名的当地历史。你所在城镇的创始人中有奴隶和奴隶主吗？你所生活的地方发生过哪些骚乱？

小组

1. 作为一个小组，访问能够代表每个人所属文化的文化俱乐部，或者参与能够代表每个人所属文化的会议和社交活动。

2. 相互采访对方过去的文化。将你所发现的事情与小组里的其他成员分享。和之前一样，对相同点和不同点进行比较。

3. 参与当地退伍军人团体的会议，或者采访"退伍军人管理医院"的住院病人。聆听他们的故事并进行反思。

自我评估

对于每一种说法，标出是否正确。

"联邦第九款"要求每个学区拥有一个明确的第九款协调员。我知道我们城里的协调员是谁。	是	否
我的大学将第九款协调员的身份告诉了我。	是	否
我知道提出民权投诉的学校政策和程序。	是	否
我能回忆起我的公民权利遭到侵犯的例子。	是	否
我知道学校违反联邦民权法律的行为。	是	否

练习答案

练习3.1——关于美国历史的自我评估

1. 错误——是修正案第19条。

2. 正确。

3. 错误。

4. 正确。

5. 正确。

练习3.2——这种行为违反了哪条法律？

1. 第9款——性别歧视。

2. 《民权法案》第6款。

3. 《民权法案》第6款。

4. 《美国残疾人法案》第2款。

5. 一些州的法律禁止学校出现基于性取向的歧视现象。学校有权控制对教育环境造成明显扰乱的局面。

七、本章提到的资源

Civilrights.org

http://www.civilrights.org/resources

Civilrights.org是民权领导大会和民权领导大会教育基金的合作成果，其任务是充当记录与民权有关的最新新闻和信息的网站。作为关心社会、以问题为导向的原始音频、视频和文本式规划的大本营，Civilrights.org致力于成为反抗所有歧视形式的在线神经中枢，使公众更好地认识到我们的国家必须继续向社会公平和经济公平的目标迈进。

格雷格·D.菲尔德麦斯（Greg D. Feldmeth）的美国历史资源

http://faculty.polytechnic.org/gfeldmeth/USHistory.html

这个网站的目的是为学生和教师提供关于美国历史课程的帮助。在历史概述课程中，学生和教师面临的挑战之一就是需要学习的材料过于庞杂。一些人迷失在大量事实、日期、人物和运动之中，无法理解历史的整体面貌。因此，这个网站试图在不过分简化历史的情况下对史实进行澄清、简化和总结。

国会图书馆

http://memory.loc.gov/learn/features/immig/timeline.html

这个专题展示链接可以将历史生动地呈现在学生面前。这个网站介绍了关于美国移民的研究。它没有展现历史的全貌，而是关注19世纪和20世纪初大规模来到这里的移民群体。这种展示使用了图书馆在线收藏中可以使用的主要资源。

原住民村庄

http://www.nativevillage.org

"原住民村庄"的创建目的是为美洲原住民年轻人、青少年、家庭、教育工作者和朋友提供教育和时事资源。周刊《原住民村庄青少年和教育新闻》（*Native Village Youth and Education News*）以及《原住民村庄的机会和网站》（*Native Village Opportunities and Websites*）每周三出版一期。每一期刊物以简明扼要、便于阅读的形式分享整个美洲的印第安新闻和教育。原住民村庄的图书馆之家带有优质学习机会和网站链接。这些档案资源包含过去发行过的刊物。该网站不断更新其他地区的信息，使人们可以掌握美国第一民族和人群的最新动态。

第四章 文化敏感性教学的基础知识

本章探索希望具有文化敏感性和负起文化责任的教育工作者需要掌握的基础知识。正如本章开篇约翰逊总统的引文所指出的那样，长期以来，教育工作者对文化和文化敏感性教学的知识一直非常匮乏。这是一个严重的问题。作为根据更为传统的教学理念培养出来的新教师，约翰逊总统痛苦地意识到，他缺少解决语言差异和贫困等课堂问题的知识与技能。幸运的是，许多学者和专家已经对有效教师需要掌握的具体知识领域做出了定义。

这些知识领域既令人欣喜，又令人望而生畏。一方面，这些知识巨大的深度和广度可能使教育工作者感到难以应对，不知道如何将其全部掌握。实际上，要想成为教育工作者，你需要掌握许多知识，其中许多知识与文化有关。另一方面，当教育工作者需要掌握的基础知识得到分类时，职业发展的目标设置将变得更加清晰、更加容易。教育工作者必须记住，成为多元文化教育工作者或者成为这方面的有效教育工作者是一个持续一生的过程。

> **案例研究：良好的教学就是良好的教学（吗？）**
>
> 1994年，我们提出并开启了一个为期3天的关于多元文化教育的短训班，叫作"开发多元文化教育课程"。这种高强度课程用于支持参与者培养意识，增长知识，开发多元文化课时规划，并将这些知识运用起来。
>
> 多年来，关于学习文化和文化敏感性课程知识的重要性，学员们表达了自己的感受，我们也注意到了其中的一些趋势和主题。下面是一个具体的例子。有一年夏天，我们遇到了一个名叫纳特莉的学员。纳特莉是一名任职5年的白人小学音乐教师。在短训班开始时，在被问及对于文化敏感性教学的准备时，纳特莉说："我之所以来到这里，主要是因为一个朋友怂恿我陪着她过来。我必须说明，我对这种多元文化教育存在一定的怀疑。我坚信，好教师就是好教师。我认为我不需要关注种族、文化、性别、种族主义以及其他形式的歧视。我只需要做到认真、公正，熟悉自己的学科领域。"
>
> 纳特莉完成了为期3天的短训班。在总结采访中，纳特莉表示，她的确了

解到了关于优秀教师内涵的新信息。她表示，她知道为了向所有学生提供真正有效的教育，她还需要许多重要的知识、技能和经历。纳特莉还表示，她对自己有了更加深入的了解，也许这才是最重要的事情。她现在知道，作为白人，她往往认为她在面对白人学生时使用的似乎有效的教学策略不一定适用于具有文化多样性的学生①。她现在知道，她需要更加详细地关注可能对多元学生带来不利影响的分组做法和其他做法。最后，纳特莉发现，这次培训为她敲响了警钟，她开始反思自己的假设以及自己关于"教与学"的知识。

你对这个案例的看法

①思考纳特莉的说法"好教师就是好教师"。通过这句话，纳特莉想表达什么意思？这句话对你来说意味着什么？

②纳特莉的白人身份是否影响了她对文化在"教与学"中的作用的看法？为什么？你的种族身份是否影响了你对你的文化在"教与学"过程中起到的作用的看法？描述它是如何影响或不影响这个过程的。

③你是否觉得纳特莉怀疑多元文化教育的说法很有道理？为什么？

④你正在阅读这本教材，这说明你可能参与了一门大学课程，或者正在接受学校职业发展培训。对于你在开始这门课程或这次职业发展培训之前的感受写一篇短文。如果没有人要求你，你会参与这种课程或培训并且满怀期待吗？为什么？然后，描述一下你目前对自己作为教育工作者的了解（如果有的话）。

一、关于文化、多样性和学生资质的知识

这段"预先思考"中提出的问题展示了教师深入了解文化的重要性。我们知道，如果另一个国家的教师了解我们的历史、经历、学习风格、沟通风格、语言等特点，他们可以更加有效地为我们提供教育。同样的道理，如果美国课堂上的教师对于不同文化的各个方面有着深入的了解，学生也可以实现更加有效的学习。遗憾的是，当教育工作者结束教师培养计划，走上教育岗位时，许多人认为他们已经接受了足以应对学生的教育，而且了解不同文化。在某种程度上，这的确是事实。

由于他们自身的受教育经历和他们所成长的社区，如今进入教学行业的人很可能遇到过在社会经济地位（SES）、性别、族群、种族、宗教、性取向和能力方面具有文

---

① 原文如此——译者注。

化多样性的人群。不过，由于教育的性质，虽然学生体验过这种多样性，但是这些经历很可能没有得到深入讨论。而且，他们对多样性的体验处于相对肤浅的级别，有时被称为"冰山一角"。这种表述意味着白人可能获得了一点信息，也许是关于饮食、艺术、庆典以及一部分文学的知识，但是他们很可能没有深入探索更加重要、更具实质性的文化元素，比如传统、信仰、态度、偏好、模式以及沟通方式。

教育工作者一直不愿意让学生对多样性进行讨论，原因有很多，包括他们自身缺乏对不同文化的理解，缺乏协调具有挑战性的对话的能力，坚持认为在校时间是用来学习知识的，相信既然学校里的学生具有多样性，而且生活在一起，因此他们相互之间已经有了深入的了解。如果我们致力于建立支持所有学习者取得好成绩的学习环境，那么教育工作者必须形成关于文化的坚实知识基础。

> **预先思考**
>
> 如今，教师的培养和职业发展计划的指导标准要求教师运用关于文化多样性的知识。有时，这一要求被理解成运用文化中较为明显的部分，这导致人们在"教与学"的过程中以更为肤浅的方式处理文化。要想为所有学生提供有效的教育，教师必须对文化的各个方面拥有深刻的理解。
>
> 问题：
>
> （1）想象你需要了解另一个国家的文化，因为你需要在那里停留一段比较长的时间。为了获得关于这种文化的重要经历，你认为了解哪些文化元素比较重要？
>
> （2）想象你需要在你所访问的这个国家上学。为了和其他人获得同样的深入学习机会，你希望教师了解你和你的文化中的哪些方面？
>
> （3）想象你需要访问州里一所陌生的学校。为了深入理解这所学校教与学的过程，关于这所学校的学生文化，你想知道哪些内容？
>
> （4）支持你和其他人深入了解文化及其对教与学的影响的有效教师培养计划应该包含哪些内容？描述一下你的规划。

刘、于和陈奈国描述了成为有效教师所需要的两类知识。

"为教师提供的知识"指的是研究人员在大学里研究、开发和重点传授的核心知识基础……"教师知识"指的是教师掌握的、被运用在行业实践中的知识……"教师知识"需要个体教师通过积极的自我学习过程发现、提出和改进。

在培养具有文化敏感性、能够负起文化责任的教师时，一个重要挑战就是让他们同时深入沉浸在为教师提供的知识和教师知识中。对于教师知识，或者叫作经验知识，有抱负的教师必须学会深入反思自己关于多样性的经历。要想让教师反思自己关于多样性的亲身经历，比较好的做法包括让他们撰写事例日志、个人叙述和自传。他们需要考虑自己对于不同文化的知识、感受、价值观和理解。

1．文化的重要元素

在了解一种文化时，一些人往往认为，当他们吃过具有代表性的食物、听过具有代表性的音乐或者看过具有代表性的艺术品或服装时，他们就了解了这种文化。遗憾的是，正如前文所说，以这种方式了解一种文化只能了解到它的"冰山一角"。一些学校致力于成为"多元文化学校"，通过举办多元文化节或者在相对较短的一段时间里研究某个文化群体的方式对待多样性问题。例如，在被定为"黑人历史月"的2月，教师可能会为学生提供了解非裔美国名人以及非裔美国人的一些历史经历的机会。或者，学生可能会在五月五日节那段时间了解西裔美国人，或者在3月"妇女历史月"期间了解妇女在美国历史中的贡献。这并不是一种糟糕的做法。如果学校不采取将多元文化思想融入主流课程的其他措施，这些纪念活动至少在一定程度上考虑到了多样性问题。不过，关于一种文化，我们需要了解和深入理解的东西还有很多。

什么是文化的重要元素？多元文化教育工作者需要了解并且需要善于帮助学生了解一种文化的信念、价值观、风俗、传统、禁忌、规范或行为方式、习惯以及精神信仰。所有来到学校的学生都带有基于这些重要文化元素的独特文化身份。教育工作者可以将这些元素和身份视作学生的资质，这是一种很有用的做法。涅托明确指出了教育工作者尊重学生身份的重要性和必要性。如果教育工作者能够理解学生极其独特的资质，他们就可以更好地营造学习环境，支持每个学生在理解的基础上实现深入的学习。遗憾的是，一些教育工作者相信，这个世界上也许存在一种正确的行为和感受方式，他们可能会认为学生缺乏资质，资质有限，或者在资质上处于不利地位。对于希望利用学生的文化知识营造学习环境的教育工作者，格兰特和斯里特提出了四点建议：

（1）将学生的兴趣和背景置于教学的核心地位。

（2）利用学生的学习风格规划教学。

（3）将学生的语言作为学习资源。

（4）与家长和社区建立联系。

迪勒和莫尔以另一种方式对文化元素进行了探索，他们基于布朗和兰德勒姆-布朗的工作描述了文化的维度。布朗和兰德勒姆-布朗最初描述的维度包括"心理行为模式、价值论、指导信念、认识论（一个人获得认识的方式）、逻辑（推理过程）、本体论（现实的本质）、时间观念以及自我概念"。迪勒和莫尔指出，为了支持这些维度，一种文化形成了文化过程或传统、仪式以及可以接受的行为方式。他们相信，"因此，一种文化的独特之处在于其在各个维度的特定表现以及它所演化出的特定文化形式"。对于有志于成为多元文化教育工作者的人来说，理解这些维度的存在是非常重要的。

需要注意的是，在评估少数群体的学生时，教师不能使用基于其他文化群体的标准。多元文化技能（至少是二元文化技能）可以帮助我们在不同的世界之间架设桥梁。考虑表4.1描述的场景。答案的对错与否显然体现了相应的文化规范。

当你思考练习4.1中的信息时，你很可能会意识到，不同文化中的规范是不同的，它会受到政治、宗教和过往经验等因素的影响。带着这种观念，考虑具有不同背景和经历的学生如何从其他视角看待人生。作为教育工作者，当你考虑覆盖所有学生的教与学时，你的课时规划中应当经常包含这一主题。

2．社会经济地位与教育

社会经济地位是教育工作者应当熟悉的多样性来源之一。戈尔尼克和钦将社会经济地位描述为我们这个社会衡量经济成功的一种方式。总体而言，社会经济地位是由一系列因素共同决定的，包括职业、教育和收入。社会经济地位还可以通过考察个体或家庭的财富和权力得到进一步衡量。根据戈尔尼克和钦的说法，这五个因素共同影响着个体的生活方式。通常，要想判断一个学生的社会经济地位，你可以考察他是否有资格获得免费和/或减价午餐。

表4.1 文化规范

1	在家庭聚会中面对老人低头，可能会被解释成一种尊敬。	正确	错误
2	面对正在盘问你的警官低头，可能会被解释成一种尊敬。	正确	错误
3	在遇到一群美国商人时和每个人紧紧地握手，可能会被视为一种自信。	正确	错误
4	最好不要在某些南美国家将两个手指举成表示"胜利"或"和平"的"V"字形。	正确	错误
5	笑容满面总是意味着同意。	正确	错误
答案全部正确			

资料来源：作者制作。

练习4.1 各种文化中个体发展规范的例子

根据你的个人知识，回答下面所有四个类别中的问题。然后，在互联网上搜索支持或反对这些回答的资料。做好对这些资料的意义进行讨论的准备。

欧裔美国人的美国发展规范	非裔和西裔美国人的美国发展规范
1. 白人孩子开始爬行、站立、走路和判断左右手的平均年龄是多少？	2. 非裔或西裔美国孩子开始爬行、站立、走路和判断左右手的平均年龄是多少？
3. 关于白人女生相对于白人男生的成熟时间，有哪些研究结论？	4. 为什么你对问题3的回答不一定适用于其他文化？

在社会经济地位方面，大多数人认为自己属于五种主要的社会阶级之一：失业和无家可归者，工人阶级，中产阶级，上中产阶级，上层阶级。

对教育工作者来说，深入理解社会经济地位或阶级是非常重要的，因为它对于学生接受教育的机会具有特别的影响。在帮助学生克服经济不平等方面，教育可以起到重要作用。在获取平等教育方面，来自低收入和工人阶级家庭的学生特别容易遇到挑战。教育是帮助学生提高财富和力量感的途径。遗憾的是，与社会经济地位相关的许多元素是教育为学生提供帮助的有力障碍。例如，资金和资源的匮乏会限制学生的受教育机会。具有贫困背景的学生可能会得到错误诊断，被不恰当地分到特殊需求班级。没有足够资金支持、没有家庭资源的学生可能会被学校分到"低轨"班级，而且无法脱离这种班级。家庭社会经济地位不高的学生可能没有有效的代言人，无法获得平等的受教育机会。研究表明，对于来自较低社会经济阶层的孩子，教师的期望往往不高。到最后，父母失业、没有住所以及/或者工资不高的家庭抚养出来的一些学生可能会接受自己的阶级地位，相信自己的生活方式是无法改变的。研究表明，同其他社会经济阶层的学生相比，来自较低社会经济阶层的学生辍学率较高，进入特殊需求班级的人数比率较高，掌握技能的速度较慢。

　　要想对抗社会经济地位对学生受教育机会的隐性影响，教育工作者应该怎样做呢？首先，教育工作者必须对班上的每个学生抱有较高期望。教育工作者还必须设计出与每个学生有关、能够被每个学生接受的课程。其次，这里的"有关"指的是所有孩子应当能够在课程中看到反映自己所在群体的内容。最后，教育工作者必须不断努力争取平等的教育资金支持。这意味着每个孩子都应当获得取得好成绩所需要的资源，不管他来自哪个社区。

> **扩展探索**：社会经济地位与教育
>
> 考虑你自己成长和上学时的社会经济地位。描述社会经济地位对你的教育、教你的人以及你所拥有的机遇的具体影响。评估你小时候的社会经济地位对你成人后的机遇的影响。

3．宗教与教育

　　宗教身份是全世界各个人群都非常珍视的一种文化身份。几个世纪以前，立法者相信，为美国公民确保政教分离的基本原则以及宗教自由是非常重要的。1791年通过的美国宪法第一修正案是这么说的：

> 　　国会不应制定与成立宗教有关的法律、阻止自由成立宗教的法律、限制言论或出版自由的法律、限制人民和平集会权利或向政府提出平反申请权利的法律。

　　宗教对人类的身份非常重要，因此这份修正案在解释上遇到了许多挑战。人们遇到了关于在校祈祷、合适着装、使用教育券上学、课程材料的审查以及合适的课程主题范围（比如创世说和进化论）的问题。人们反复提出诉讼，试图影响修正案的解释。

1963年，美国联邦最高法院认为，学校可以讲授宗教内容，但它必须是关于宗教的客观介绍；学校不得给学生灌输某一组特定的信仰。在20世纪60年代早期，最高法院认定由学校组织的祈祷违宪。同时，最高法院的案件保护了个体在校期间祈祷、穿着宗教服装以及表达宗教信仰的权利。不过，如果这些做法对其他人造成了妨碍或威胁，它们也会被视作违宪行为。例如，学校和学生在毕业典礼和足球赛上领导大家进行祈祷的做法被视作违宪行为，因为法院认为学生将被迫参与这种祈祷，或者这种信仰将得到宣传。所有这些案件适用于接受公共资助或联邦资助的公立学校。由于这些判决和其他一些司法裁决，公立学校的官员必须在宗教问题上保持中立，既不能支持任何宗教信仰，也不能表现出对任何宗教信仰的敌意。公立学校不能举办宗教活动，但它们必须保护由个人发起的宗教活动。

在美国法院不断努力定义宪法第一修正案具体界限的同时，联邦政府的立法部门也在努力制定相关政策。由2001年《不让一个孩子掉队法案》修正的1965年《中小学教育法案》（*ESEA*）第9524款要求每个接受联邦资助的学区或地方教育机构（LEA）必须每年证明其没有制定政策阻止或拒绝在公立学校参与受到宪法保护的祈祷。美国教育部发布了关于学校政教分离的指导方针。例如，公立学校可以在课程中教授宗教历史、比较宗教学以及宗教在美国历史中的作用。其他一些指导方针包括：

- 学生可以在不参与学校活动时在学校祈祷。例如，他们可以阅读《圣经》，做饭前祷告，并在非教学时间研究宗教材料；
- 学生可以组织祈祷团体和/或宗教俱乐部。这些团体在学校设施的使用上必须拥有和其他任何课外团体相同的权利；
- 学校员工不能鼓励或劝阻学生祈祷。教师不能以官方身份和学生共同参与这类活动；
- 学校可以允许学生接受校外宗教教育，但它们不能鼓励或劝阻学生参与这种教育；
- 学生可以选择在课堂作业中展示他们关于宗教的信仰。这种作业不能由于其宗教内容受到惩罚或额外考虑；
- 不能根据学生的宗教信仰决定是否将其选作集会或课外活动中的学生发言人；
- 学校官员不能在毕业时组织祈祷；
- 学校官员不能组织宗教仪式。

> **扩展探索：宗教与教育**
>
> 选择你所熟悉的一所学校。联系这所学校的校长或另一位领导人，对于学校目前与宗教有关的做法对其进行采访。根据美国教育部提出的指导方针等内容提出关于这所学校宗教和教育的问题。将你的发现总结成一篇短文，做好与班级同事分享这些发现的准备。考虑所有班级同事收集的资料。其中是否存在关于宗教和教育实践的共同主题？哪些因素可能影响这些发现（比如学校的地理位置）？在进行采访并与同事讨论之后，你对宗教和教育有哪些不同的认识？你对自己作为多元文化教育工作者的职责有哪些不同的认识？

除了这些指导方针，教育工作者还应该了解哪些关于宗教的知识？根据戈尔尼克和钦的研究，90%的美国人宣称拥有宗教偏好或归属。宗教影响着个体（学生、学校员工、学校理事会成员、社区成员）和整个教育系统。戈尔尼克和钦极为出色地描述了美国的宗教多元主义，即具有相对多样性的宗教以相对和平的方式共存的能力。虽然不同宗教团体和教派的成员意见不同，但他们能够在相互尊重和相互接纳的氛围中共存。戈尔尼克和钦详细描述了主要宗教类别、宗教对教育的影响以及与宗教和教育有关的争议问题。在你进一步深入理解宗教对教育的影响时，本章末尾提供的资源可以为你提供帮助。

4．性别与教育

许多文献指出，女童和妇女并没有获得应有的教育。同男生相比，女生在学术和职业领域没有取得同样的成绩。性别歧视、性别偏向性和性骚扰仍然是女童和妇女获得教育的障碍。美国妇女和女童教育联盟（NCWGE）在2008年的报告《第九款35周年：新闻背后》（*Title IX at 35: Beyond the Headlines*）中指出，自从1972年第九款通过以来，在学校体育运动、STEM科目（科学、技术、工程和数学）教育、职业和技术教育、教育机构招聘、学生性骚扰以及单性别教育等领域，学生的男女平等已经取得了很大的进步。同时，需要改进的地方还有很多。女生仍然在许多领域面临歧视。例如，男生仍然在以与总人数不相称的比例参与通往高技能高薪酬工作的课程。妇女在大学里仍然追求能够使大多数学生进入传统女性职业的研究课程。在全国许多教育环境中，性骚扰仍然存在，而且是学校文化的一部分。最后，妇女在STEM重要领域的人数仍然无法体现她们在总人口中的比例。

自从1991年以来，美国大学妇女协会开展了大量研究，以强调在女童和妇女的教育平等问题上需要改进的领域，其开创性报告《忽视女童，忽视妇女》（*Shortchanging Girls, Shortchanging Women*）考察了教育在自尊、对学校活动的参与以及事业抱负方面对女童的影响。全国各个学校和学区对这项研究的分享对女生教育经历的转变起到了帮助作用。不过，《显微镜下：科学领域十年的性别平等项目》（*Under the Microscope: A Decade of Gender Equity Projects in the Sciences*）等美国大学妇女协会最近支持的研究表明，要想支持女生参与到STEM领域中，教育工作者必须付出更多努力。

在最初领导美国人争取学生男女平等的先驱中，迈拉和戴维·萨德克在20世纪六七十年代的研究中发现了教育中的许多偏向性。他们的发现尤其强调了教育工作者关注课堂上显式和隐式偏见性的需要。其中，同明目张胆的偏向相比，更为微妙的偏向形式可能对男生和女生的平等教育更加不利，比如使用的语言（男性代词的使用频率高于女性代词）以及被用作榜样的人物（某个研究领域最著名的专家）。当女生无法听到获得某些职位的女性时，她们可能觉得自己不应该认为自己能够做到这一点。

在考察成人女性的职业成就时，我们可以看出不平等教育机会和偏向性的影响。性别收入差距目前依然存在。根据美国大学妇女协会的研究，到2009年，在需要同等教育、技能和培训的全职全年工作岗位上，女性的收入是男性的77%。

史密斯以流畅的笔调论述了被视为受过良好教育和适应当今课堂的教师需要掌握的知识。特别地，史密斯发现，有效教师需要知道：

（1）与性别包容性教育的研究有关的重要术语。

（2）美国性别主义的历史。

（3）关于性别身份的理论和研究。

（4）教育系统关于性别歧视的理论和研究（如测试，师生互动，沟通风格偏好）。

（5）制定非性别主义文化包容性课程的原则。

考虑到实现女童和妇女教育平等的挑战，美国妇女和女童教育联盟为地方层级的教育工作者提供了一组建议，以提高女生的教育机会，促进平等的实现。例如，每所学校应当任命一位第九款协调员，负责监督各项活动和工作是否符合法律，处理不符合法律的投诉，宣传关于第九款的信息。协调员应宣传关于第九款保护和申诉程序的信息。第九款协调员的姓名和联系信息应当被提供给所有学校社区成员。第九款协调员应当进行年度评估，评估内容包括学校对第九款规定的遵守情况，以及面对与这些规定有关的问题时学校采取的反应措施。

扩展探索：性别与教育

找到并阅读一份关于性别和教育的早期开创性研究报告（比如美国大学妇女协会的一份报告或者萨德克家族所写的一本书）。根据这份研究报告中的具体信息，反思1972年（第九款获得通过的日期）以来学校在解决性别平等问题上的进步。特别地，描述取得进步的领域和仍然需要努力的领域（如果有的话）。描述你在学校的个人经历，尤其是在机会和性别方面的经历。列出你的性别对你的教育机会所产生的至少10种（积极或消极）影响。

从全校的角度看，每所学校应当为教育工作者和管理者提供持续的职业发展机会，让他们学习发现和解决性别成见和性别歧视的策略。对于从职业和技术教育到高等教育的各个层级将女性吸引到依赖于科学、技术、工程和数学的职业领域的计划，教育机构不仅要保留原有计划，还应对其进行扩展。管理者和第九款协调员应与研究

委员会和人事部门共同检查招聘实践。所有教育工作者应努力确保女生和男生在参与体育运动和其他类型的教育计划时拥有平等的机会。

除了知道如何支持女童和妇女的平等教育，教师还应当深入理解人类性学，包括性取向。他们应当熟悉女同性恋、男同性恋、双性恋和跨性别者（LGBT）问题。鉴于学校和社会广泛的恐同现象，LGBT学生的权利尤其需要得到理解。考虑到他们在努力获取教育的同时应对歧视（这种歧视有时令人难以忍受）的情感成本，教育工作者应当理解这些学生的心理和情感需要。史密斯指出，有志于具有文化能力的教师必须理解性取向身份的发展，了解关于男女同性恋问题的《判例法》（*case law*），理解LGBT学生独特的心理、情感和教育需要。

5．反思与问题

反思下面列出的项目，以理解你的文化和其他人的文化。

我的文化	采访来自另一种文化的朋友
1. 餐桌上的习惯	1. 餐桌上的习惯
2. 我所珍视的信仰	2. 我的朋友珍视的信仰
3. 我的一个家族传统	3. 我朋友的一个家族传统
4. 我们不会做的一件事情（一种禁忌）	4. 我朋友的文化中不会做的一件事情（一种禁忌）

（1）现在考虑你对上面这个表格的回答所受到的影响。宗教、社会经济地位、性别或另一种文化身份是否影响了你和你所采访的朋友的信仰和行为？为什么？

（2）考虑到文化对你所熟悉的学校中"教与学"的影响，你想改变哪三种同"教与学"有关的活动？

（3）假设第九款没有获得通过，你所接受的教育会有什么不同？

二、关于多元文化教育的基础和实现平等的知识

作为倡导多元文化教育的领导机构，美国多元文化教育协会（NAME）要求所有学校员工至少学习多元文化教育领域的一门基础课程。拥有多元文化教育的基础知识意味着什么？当建筑工人开始建造一座新房时，他首先需要为房子打地基。住在房子里的人希望确保地基坚固、可靠、结实、能够承载上层建筑。我们可以用同样的方式看待多元文化教育领域的基础课程。当一个人准备将自己"建设"成有效的教育工作者时，坚实的基础是非常重要的。理解多元文化教育的基础意味着学习多元文化教育的语言、多元文化教育工作者使用的重要术语、重要原则和实践、实施多元文化教育的模型以及支持多元文化教育的研究和理论。基础性的理解还包括掌握种族、阶级、

性别和其他文化因素对教与学的影响。表4.2提供了多元文化教育工作者使用的一些重要术语及其定义。你可以在本书其他章节发现其他一些术语、模型、理论以及支持性研究和理论。

培养坚实基础的一个重点就是知道成为多元文化教育工作者意味着不断努力扩展一个人对差异和不公平的意识以及关于文化、具体教学策略以及课堂应用的知识。在培养多元文化教育的基础时，教师会发现，幼儿也会经历成为多元文化个体的过程。一个孩子首先学习和经历家庭的文化。当孩子大一些的时候，他会遇到其他孩子，获得其他文化的一些特点和行为，成为具有多元文化特点的个体。

> **预先思考**
>
> 成为多元文化教育工作者的一个良好起点就是熟悉重要术语和定义，考虑你希望解答的重要问题。
>
> 问题：
> （1）列出你听说过的与多元文化教育或文化敏感性教学有关的至少20个术语。和你的同事交换这份清单，尝试对对方清单上的术语作出定义。讨论你们的定义。哪些术语似乎存在较大问题？寻找这些术语的定义。
> （2）列出与成为有效的多元文化教育工作者需要掌握的知识有关的至少5个重要问题。与一名同事讨论你的问题。你可以在哪里找到解答这些问题的切入点？
> （3）解释一下你所理解的教育工作者认为成为多元文化教育工作者极具挑战性的原因。你应该在你的回答中解释传统的角色以及你在学生时代接受的教学方式，并且提到学校文化。

表4.2 多元文化教育领域的重要术语及其定义

重要术语举例	定 义
多元文化教育	将多样性融入日常教学与学习中
全球教育	研究其他国家的人群及其文化
同化	人们失去自己的文化身份、以便融入或适应新的文化群体的过程
种族主义	力量和特权
多样性	人与人之间在种族、族群、社会经济阶层、性别、语言、能力、性取向、宗教等方面的差异
社会公平教育	通过教与学的过程实现教育平等；让学生参与到解决问题的学习过程中，使其面对社会问题

资料来源：作者制作。

1．理解种族主义

种族主义在这个国家的历史和影响、偏见被接受和抛弃的过程以及种族主义对所有人的影响都是重要的研究领域。"种族主义"被简单地定义为"力量和特权"。其中，特权的概念非常重要，尤其是在考虑白人特权和男性特权时。这个概念的要点是，某些人仅仅由于他们所归属的文化群体而不是自身的努力就获得了其他人无法生来享有的一组具体特权。这组特权伴随着他们的一生，影响着他们与别人的一切交流。佩吉•麦金托什在这个领域的研究也许是最著名的。在开创性论文《白人特权与男性特权：通过妇女研究工作发现一致性的一份个人叙述》（*White Privilege and Male Privilege: A Personal Account of Coming to See Correspondences Through Work in Women's Studies*）中，麦金托什通过简单陈述展示了这种特权的力量。下面是一些例子：

（1）如果我需要搬家，我可以非常肯定地认为，我可以在支付得起的地区租赁或购买住房，而且希望生活在那里。

（2）我可以合理地相信，在这样一个位置，我的邻居将对我保持中立，或者使我感到愉快。

（3）我可以在大多数情况下独自购物，并且以一定的把握相信我不会被店铺侦探跟踪或骚扰。

（4）当人们向我讲述我们国家的遗产或"文明"时，他们会告诉我，和我具有同样肤色的人缔造了这个国家。

（5）我相信，我的孩子获得的课程材料可以证明我们这个种族的存在性。

正像上面展示的那样，理解力量和特权以及拥有和没有力量和特权的人是非常重要的。它有助于更好地定义我们和我们学生的生活；它有助于在多元文化教育领域为努力实现社会公平、确保所有人平等使用运动场设置日程。

2．理解政策和实践对学习环境的影响

这种知识基础讨论了政策和实践有时会对学生产生不利影响的原理，尤其是女生、有肤色的学生、新移民、第二语言学习者、接受特殊教育的学生、LGBT学生以及残疾学生。这些政策和实践也许并不想制造不公平，但是当不同学生的特权存在差异、人们又不是很理解白人男性中产阶级以外的学生的不同环境时，它们可能会导致不平等的结果。

例如，许多州拥有一项双语教育政策，为入学时不会说英语的学生提供30个月（3年）的双语教学。使用同一种外语的学生被分在同一班级。班级教师既能说英语，又能说学生的本土语言。这种班级既教英语，又教其他学术科目。而且，教师会用本土语言对教学内容进行解释。

不过，在30个月（3年）以后，这些学生将被并入正常班级，或者进入英语强化（ESL）班级。在这里，教师擅长教育非母语者，但他不会说本土语言，不能用本土语言提供指导。对于学英语有困难的学生来说，3年时间往往不够长，尤其是当他们即使使用本土语言也无法跟上年级学习进度时。

你能看出善意的政策和实践对学生的不公平吗？在课堂上，善意的教学实践可能对多元学生带来不利影响。最具争议性的实践之一就是分组——研究表明，这一做法对学生具有明显的负面影响。根据校方认为的学生学习成绩将相似学生分在一起并放在单独的教室环境里的做法有时被称为"同质分组或分轨"。在这个国家的大多数

校里，教育工作者产生了这样的认识：如果一个学生和其他相似的学生分在一起，他就可以获得更加有效的指导。不过，关于同质分组或分轨实践对学生影响的研究得到了相反的结果。实际上，同质分组或分轨对学生造成了很大的不利影响。

奥克斯及其同事的研究表明，当人们向处于"同等对象"（即初级、中级、高级）群体中的学生教授相同内容时，会产生下面一些结果。被分到高级组的学生似乎可以获得特别的优势，包括基于概念的课程、让学生通过思考解决问题的教学策略、指导时间的增加、更有经验的教师、丰富的课堂资源以及使用计算机辅助学习的机会。被分到低级组的学生没有获得表现良好的期望，他们的课程以低级思考技巧为基础，他们的教师能力不高，他们接受的教学策略更具说教性，而且他们需要参与更多的被动学习活动。许多低级别班级里的学生被视为具有特殊需要的学习者或第二语言学习者——这些学生恰恰需要学区为他们提供最好的教师和最好的教学方法！而且，当学生被分到某一级别上时，他们几乎不可能逃离这个级别，转移到另一个级别。当他们被"定轨"时，他们将在这个轨道上度过整个学习生涯。

> **扩展探索：关于多元文化教育的知识**
>
> 在互联网上找到关于影响教育平等发展进程的，尤其是与性别、宗教或社会经济地位有关的至少一条政策。为同事准备一张演示文稿，以解释这种政策及其长期影响。在你的总结中，解释一下你是否相信这种政策对具有文化多样性的学生的生活带来了影响。为什么？

3．具有文化多样性的学生的学习风格和成绩

希望了解文化对教与学的影响方式的教师非常幸运，因为人们进行了大量研究，并且写下了许多文献，以描述不同文化群体的学习风格，尤其是非裔美国人、墨西哥裔美国人和美洲原住民的学习风格。"文化性学习风格"一词指的是文化对人们思考、感受和处理信息的方式产生的影响。它也指不同人群运用理智摄取信息的方式以及文化在学习过程中对人们看待自身的方式产生的影响。根据关于文化、认知和学习的大量文献，人们已经提供了文化性学习风格简介，即关于不同人群的信息处理方式的描述。不过，教师必须谨慎而有效地使

> **预先思考**
>
> （1）当我们讨论文化与学习之间的联系时，考虑你自己的学习风格。将下面的句子补充完整，然后反思你自己的文化身份对你的学习偏好有什么影响。
>
> | 我用下面这些方法可以取得最佳学习效果： | |
> |---|---|
> | 我最不喜欢的学习方法包括： | |
> | 我喜欢的教学方法或策略包括： | |
> | 我最不喜欢的教学方法或策略包括： | |
>
> （2）每个人都有一种最喜欢的学习方法。当教师偏爱的学习风格与课堂上学生的学习风格不匹配时，你觉得课堂上可能会发生什么情况。
>
> （3）从哲学上讲，你是否认为能够适应学生需求的多元学习风格是一种重要的教学技能？为什么？

用这些信息，不能过度推广，将某种学习风格的简介完全套用在孩子身上。

史密斯指出，关于文化性学习风格的知识非常重要，因为这种知识可以帮助教育工作者知道文化群体是如何将知识、价值观、学习结构和感受方式传递给群体成员的。为了理解文化对学习风格的影响，我们可以考虑一个来自中国的例子。在美国，"教师"、"讲师"和"教授"等词语常常用于描述教育工作者的职责。在汉语中，并没有与之相对应的词语。实际上，汉语里与教师相对应的词语是"老师"（*laoshi*），它可以粗略地翻译成英语中的"先知"。因此，在中国，学生们不会把教师称为比曼女士，他们会把她称为比曼老师。这个充满敬意的头衔伴随着同等级别的尊重。在中国，教师和家长备受尊崇。在这种文化中，人们会教导孩子不要批评教师和家长。年龄也是一个备受尊重的因素。因此，老年教师令人敬仰，尤其是白发教师。

4．反思与问题

为了理解第二语言学习者面对的困难，阅读下面的短文，回答后面的问题。然后，反思自己解决语言差异的能力。

> 场景：美国爆发了内战。十几岁的你跟随家人坐船逃离了美国。你们在没有食物和水的情况下在海上漂流了几天，然后被一艘路过的轮船搭救。你们在轮船靠岸时被扔到了港口。由于没有旅行证件，你们一家人在这个陌生的国家遭到隔离，被送进了一个营地，同其他几千名美国难民住在一起。你们等待着被送往愿意接收你们的国家。一转眼，几年时间过去了。
>
> 最后，你们一家人终于幸运地来到了一个友好的中东国家，你终于可以自由地开始新生活了。不过，你既不会说当地的阿拉伯语，也看不懂阿拉伯文。你在年初的时候进入了新的高中。你们年级的所有学生需要立即参与标准化测试。在几天的时间里，你只能无助地坐在座位上，因为你根本看不懂试卷上的问题。在你的学校里，没有人会说英语。

（1）要想学会足够多的阿拉伯语并从高中毕业，你认为需要多长时间？

（2）你辍学工作，以帮忙供养家庭。要想学会足够多的阿拉伯语并获得高中同等学力，需要多长时间？

（3）你的父母一个是医生，一个是律师。他们要想精通阿拉伯语，以便继续进行之前的工作，你认为需要多长时间？

三、关于学习成绩和多元学生的知识

考虑到这些事实,华裔美国学生(尤其是刚刚来到这里的学生)的教师需要使用这种文化知识调整教学策略。他不仅要让学生知道他们的文化值得尊重,而且必须告诉他们,要想在美国教育系统中获得成功,他们需要学会对他们所学到的东西进行批判性思考。学生家长需要知道,提出建议和引起关注是教师和家长沟通过程中合法而有价值的组成部分。

在《不让一个孩子掉队法案》的时代,学生的成绩是这部法律的关键。提高成绩的努力必须关注"建设性改革策略",而不是仅仅将少数群体的孩子与学业失败联系在一起。要想做到这一点,必须调整教学策略,使之具有文化敏感性。文化对学习风格的影响是一个重要的考虑因素。其他重要因素包括沟通风格、思考风格、价值体系、社会化过程、关系模式以及表现风格。

根据资料,到2020年,全国40%的小学生将是有肤色的学生。在20个最大的学区,这个比例将剧增至70%。文化影响在我们的学区里并不少见。这些影响有助于定义我们的身份以及我们行为和思想的鼓励因素。对于教育工作者,获得关于文化对学习的影响方式的丰富知识相当于矿工发现了金砖。遗憾的是,关于非裔美国学生与其白人同学之间成绩差距的研究所具有的薄弱环节之一就是缺乏对文化影响的关注。显然,只有当教师经过培训,将学生及其文化放在学习的中心位置时,有肤色的学生才可能提高成绩。而且,教师必须首先理解自己的文化,然后再去欣赏学生的文化并将其运用到有效教学中。

许多文献提到了来到学校的学生所具有的文化与学校文化不同步、发生冲突或者不被学校文化支持和理解的问题。这些文献讨论的是白人学生,但最常见的冲突来自具有白人中产阶级文化、不支持少数群体文化的学校。

当教育工作者考虑如何有效支持多元学习者取得好成绩时,他们可以利用人们对于学习风格的研究。厄文和约克将学习风格定义为我们接受和处理信息的具体方式。学习风格偏好影响着我们所有人的认知功能和情感功能。而且,文化在很大程度上影响着人们学习接受和处理信息的方式。那么,我们需要掌握哪些知识呢?我们需要了解每一种文化吗?如何解释每一种文化内部的文化差异和差别?例如,亚裔学生内部存在巨大的文化差异。类似地,美国人口普查局不再将西裔美国人看作单一种族,而是将其看作一种几乎遍布所有种族的文化。

关注特定文化性学习风格的风险在于僵化和推广。涅托警告说,一些理论与种族主义观念具有相似之处,实际上对少数群体的学生造成了不利影响。善意的教师根据关于学生最佳学习方式基于文化的研究，强迫学生采用一种主要的学习风格，最大限度地放弃了采用其他学习方法的机会，这些方法可能更加适应学生的需要。另外，通过了解关于多元学生群体相关学习风格的一些研究，教育工作者可以获得益处。

厄文和约克总结了关于非裔美国学生、西裔美国学生和美洲原住民学生最有效的学习方式的研究。他们的一项结论是，非裔美国学习者倾向于对空间和数字进行估计，而不是执着于精确性或准确性。而且，他们更加精通非语言性沟通，而不是语言性沟通。另外，西裔学习者往往偏爱群体学习，而且更喜欢具体的演示，而不是抽象的演示。美洲原住民学习者往往偏爱视觉信息、空间信息和知觉信息，而不是语言信息，他们往往利用头脑中的图像而不是词语联想来记忆和理解词语和概念。

1．关于沟通风格的知识

这种知识基础包括一个人学习第二语言的方式、与文化相关的语言和非语言沟通模式以及向第二语言学习者教授英语的策略。考虑到美国课堂上不以英语为母语的多元学生的增加，对于这种知识基础掌握丰富的知识和广泛的技能是非常重要的。

有效的多元文化教育工作者知道，学习如何与多元族群学生沟通和形成一组具有文化敏感性的教学方法是有价值的目标。关于黑人英语的持续讨论突出体现了理解沟通风格的重要性。黑人英语（或非标准英语）是某个时期由80%到90%的非裔美国人使用的一种方言或沟通形式。美国奴隶创造了这种非洲化的英语形式，作为"美洲黑人的声音"，以保持自己的文化。如今，它的价值体现在对强大文化遗产的支持上。不过，人们对于仅仅使用黑人英语、不去学着使用标准英语的学生提出了批评。教师应当理解黑人英语的巨大文化价值，同时谨慎地督促学生掌握标准英语。

关于英语学习者的两个误解是，他们不学习（或者不想学习）英语，并且以危害自己为代价一代代坚持自己的语言。谢的研究表明，移民正在学习英语，而且学得很好。有人担心由于美国的同化，他们的本土语言和宝贵的文化遗产正在被丢弃，还有人认为英语教学本身需要改进。

扩展探索：关于学习成绩和多元学生的知识

学生的学习风格可以通过观察学生、与学生面谈以及使用众多可用的学习风格清单之一得到确认。在互联网上查找学习风格清单，确定至少一种可以用于教学实践的学习风格。如果可能，亲自列出这个清单，并提供给至少两名你所信任的同事。根据这些资料，写出一段简短的陈述，指出在包含你和两个同事的教室里教学可能产生的结果。

非语言沟通也是一个重要研究领域。没有说出来的话可能和说出来的话一样重要。除了语言，我们还会以眼神接触、身体姿势、手势以及使用个人空间等重要方式进行沟通。人们认为，大多数沟通都是非语言沟通。据估计，我们所使用的非语言沟

通大约占75%到90%。考虑这种说法：人们的眼神接触、穿衣、走路、交叉双臂、前倾或后仰、手握东西以及使用双手的方式都在向世界传达他们的信息。这些生存方式是在某种文化背景中学习的。例如，同样的手势对于不同文化群体可能具有不同含义，眼神接触的方式对于不同文化群体也可能具有不同含义。

2．反思与问题

我们花了很多精力关注文化及其在教与学中的作用。

（1）特定的文化因素可能对你自己偏爱的学习模式产生何种影响？

（2）描述你所就读的小学和中学的文化规范。

（3）你的学校文化与你自身的文化因素具有何种匹配程度？

（4）如果你认为人们具有不同的学习风格，那么你是否认为"一刀切"的方法仍然适用？

四、关于教与学的知识

1．文化在学习过程中的作用

根据奥克斯及其同事的观点，关于学习的跨文化研究表明，学习、智能和文化是不可分割的。奥克斯和李普顿解释说：

> 不同文化以不同方式教授不同的知识。在我们所在的社会中，我们拥有许多族群文化、宗教文化和街区文化，在这些文化中，共同的知识、习俗和人们表达自己的方式是非常不同的……在多元社会中，只有当学校允许学生使用他们所经历的所有知识（来自所有文化）并且学校标准不至于狭隘到将这种知识和经历的价值观排除在外时，学生才能达到社会最高的知识和技能标准。

这种理论对于文化和学习有着巨大的深层含义。当教师要求学生以某种方式学习时，学

> **预先思考**
>
> 大多数人都知道，我们是由我们的抚养方式塑造的——包括父母、教会、朋友和社区的影响。我们的家族风俗、习惯、价值观以及认识和行动方式常常会一代一代地传递下去。在下面这一节，我们将考察我们对于人们的学习方式及其文化影响的知识。
>
> 问题：
>
> （1）考虑你学得非常好的某样知识。详细描述你对这种知识的学习方式。关于人们的学习方式，你可以从中受到什么启发？
>
> （2）描述你自己的文化身份（比如种族、族群、性别、宗教、语言）对你所偏爱的学习方式的影响。
>
> （3）作为任课教师，你如何使用这种知识更好地教育所有学生？
>
> （4）关于文化对学习风格的影响方式，描述你目前的个人理解。现在，你能否设计与多元文化课堂相适应的有效课程和课时？
>
> （5）解释一下提高关于"文化知识同教与学过程的融合"的个人知识和能力可以采取的方式。

生失去了使用所有可用的"文化工具"的机会。当教师允许学生通过运用手边的所有文化工具解决问题时,他们支持了所有学生的深度学习。要想成为有效教师,你必须愿意理解学生的视角,和学习者共同创造令人鼓舞的体验。能够有效激发学习兴趣的教学一定是具有文化敏感性的教学。

发展心理学家让•皮亚杰指出,我们需要考虑到文化在影响孩子学习和认知方式时起到的作用。文化为孩子提供了一组他们需要不断努力理解的经历。根据奥克斯及其同事的观点,在帮助教育工作者理解孩子具有明显与成人不同的思考方式方面,皮亚杰也许是最具影响力的学者。而且,孩子的思想随着他们获取和理解新的经历而发展。深入理解和使用孩子由于参与到文化群体之中而获得的经历可以很好地帮助教师设计有效的课堂学习过程。要想让学生理解新的知识,必须让他们学习宽泛的概念和少量信息,对这些概念进行体验,并且带着感情参与到学习中。

文化对人们思考、感受和学习方式的影响有哪些例子呢?我们知道,我们对世界的看待方式取决于我们所经历的生活。例如,观察图4.1中的形象。许多在西方世界中成长的人会将它描述成一段向上走的楼梯。这是因为我们从左向右书写和阅读。在从右向左阅读和书写的文化中,许多个体会将其描述成一段向下走的楼梯。声称自己"不考虑肤色"或者对所有学生一视同仁的教师反而会对学生产生不利影响。学生之间存在差异。所有教师都会根据过去的经历和文化影响来教育学生。

许多文献指出,许多美洲原住民通过视觉方式进行学习。他们仔细观察教师使用技能的过程,密切注视教师的面部表情,以理解新知识。他们的学习是通过仔细模仿实现的。理解这种文化过程的教师可以利用这种过程来支持学生的学习。具有不同背景的学生在语言能力、推理、空间概念和数字能力等表现领域可能存在程度上的差异。

在《全面多元文化教育:理论和实践》(*Comprehensive Multicultural Education: Theory and Practice*)中,贝内特描述了文化对学习的五种影响方式。

(1)孩子在文化中得到了社会化,他们在文化中得到抚养,以获得感受世界、思考和学习的具体方式。他们还会学习他们文化中非常重要的具体规范、价值观和信仰。

(2)在一些文化中,人们在很长一段时间里相互之间保持着紧密的联系。当个体行动时,他们立即知道应该做什么,因为他们与同一文化中的其他人具有紧密的联系。这种现象叫作"社会文化紧密性"(sociocultural tightness)。

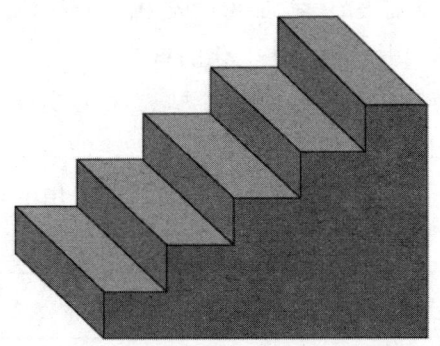

图4.1 描述你在图片中看到了什么

（3）人们通过接受特定文化中的行为方式学会适应和生存。这种现象叫作"生态适应"（ecological adaptation）。

（4）生物"效应"（effects）的概念关注营养、身体和心理发展对参与到某种文化中的个体的学习产生的影响。

（5）发音、词汇和语调等"语言"（language）的显式形式以及不涉及语言的沟通方式对学生的学习方式具有重要影响。

2．文化敏感性教学与课程开发

将课程调整成适应所有学生的文化敏感性课程和让所有学生为多元文化社会做好准备是每一名教师都应该承担的两项职责。这需要将学生的文化背景作为优势使用，为课程提供支持，让所有学生的知识和技能从单一文化转变成多元文化。多元学生的文化已经和传统欧洲中产阶级视角共同成为了课程中的主要成分。这一过程是确保所有学生取得好成绩的关键。

> **扩展探索：文化敏感性教学**
>
> 对当地一名教师进行采访，了解他教育多元文化学生以及将学生的文化背景运用到教与学过程中的方法。在采访之前，准备10个有力的备选问题，以调查这名教师是如何将学生的文化背景运用到课程设计和课时规划中的。对你的发现进行总结，并与你们班的同事分享。确定这名教师是否属于有效的多元文化教育工作者。为什么？

多元文化教育领域最有趣的研究之一是由尤里·特瑞斯曼进行的。他研究了在加州大学伯克利分校学习一年级代数的非裔美国学生和亚裔美国学生的成绩等级。非裔美国学生学习动力很高，成绩也很好，但他们的表现往往比不上亚裔美国学生。在寻找这种差异的原因时，特瑞斯曼发现了与不同成绩相关的每个群体的学习模式。

非裔美国学生往往以独自学习为主，亚裔美国学生往往以互助小组的形式学习。在亚裔美国学生中，共同吃饭和学习是常见的现象。特瑞斯曼安排非裔美国学生采取同样的学习方式。结果，非裔美国学生的考试成绩得到了明显的提高。

这里有两个要点，首先是理解学生文化的重要性。对于亚裔美国学生来说，餐厅是社区文化中心，很像英国和爱尔兰的当地酒吧。相互支持的友谊、社区的形成、政治政策、商业交易以及恋爱关系常常是在餐厅里发生的。这种文化实践可以被适当地用于设计课堂学习机会。其次，研究表明，群体学习等用于教育有肤色学生的有效策略也可以用于有效地教育中产阶级欧裔美国学生。

练习4.2 利用学生的文化背景	
欧裔美国人的传统	将来自多元文化传统的材料和例子包括进来（添加你自己的）
伟大的美国作家［比如马克·吐温（Mark Twain）］	［比如W.E.B.杜波依斯，索杰纳·特鲁斯（Sojourner Truth）］ 1. 2. 3.
必读书籍［比如斯蒂芬·克兰（Stephen Crane）的《红色英勇勋章》（*The Red Badge of Courage*）］	［比如托妮·莫里森（Toni Morrison）的《最蓝的眼睛》（*The Bluest Eye*），汤亭亭（Maxine Hong Kingston）的《女勇士》（*The Woman Warrior*）］ 1. 2. 3.
经典美国歌曲［比如斯蒂芬·福斯特（Stephen Foster）的《我的肯塔基老家》（*My Old Kentucky Home*）］	［比如鲍勃·马利（Bob Marley）的《布法罗士兵》（*Buffalo Soldier*），代表女权主义、由艾瑞莎·弗兰克林（Aretha Franklin）演唱的、奥蒂斯·雷丁（Otis Redding）的《尊重》（*Respect*），代表美国工人阶级的、比利·乔（Billy Joel）的《阿伦敦》（*Allentown*）］ 1. 2. 3.
伟大的当代美国人（比如约翰·F.肯尼迪）	［比如德洛丽丝·许尔塔（Delores Huerta）］ 1. 2. 3. 现在说出…… 5个美洲原住民 5个LGBT美国人 5个犹太裔美国人 5个与你具有相同族群背景的美国人

3. 反思与问题

你刚刚探索了关于人们思考、认知和感受方式的一些正在发展的基础性研究。这些研究表明，由于文化和其他因素，人们以不同的方式处理信息和学习。对这些不同思考方式的理解可以帮助教育工作者在设计课程和进行课堂教学时更好地理解学生的思维过程。

（1）考虑男生和女生以不同方式思考和感受信息的可能性。亲手画出一张表格，在表格一边的标题栏写上"男生"，在表格另一边的标题栏写上"女生"。在这两个标题下面，写上"我的经验"，然后根据你自己的经验，写出你所认为的男生和女生学习方式的相同点和不同点。接着，在图书馆或互联网上查找关于男生和女生对信息的思考与感受方式可能具有的相同点和不同点的研究。将你的发现记录在表格中名为"研究"的新标题下面。

（2）作为教师，你如何使用关于思维过程的知识确保课堂上男生和女生的教育平等？

五、多元文化教育领域人物介绍：G．普里奇·史密斯

G．普里奇·史密斯是北佛罗里达大学基础和中等教育系教育和公共事业学院课程和教学名誉教授。史密斯曾在多元文化和内城教育以及文化和社会基础领域任教。他的研究领域包括入学和认证测试对国家教师队伍多样性的影响以及教师教育多样性的知识基础。史密斯关注的领域包括国际教育计划、族群和种族身份发展以及社会和教育公平。他曾担任伯利兹教育硕士项目的一个项目领导人。

史密斯博士曾在教师教育者协会（ATE）成立的三个国家委员会任职，包括"为教学和教师教育招收具有多样性的人员委员会""培养教师适应多元学生群体委员会"以及"消除种族主义委员会"。后一个委员会的成员在1999年芝加哥教师教育者协会年度会议上发表了《教育工作者消除种族主义》（*Educators Healing Racism*），他们和该书各章作者凭借这项工作得到了认可。其他值得注意的工作包括成立美国多元文化教育协会，担任协会副主席（1990—1992年）和理事会成员（1990—1997年）。为了纪念他对教育的贡献，美国多元文化教育协会设立了G.普里奇·史密斯多元文化教育工作者奖。史密斯的贡献所获得的其他国家级认可包括在1996年教师教育者协会上受邀发表主席演讲，以及被美国教师教育学院协会选为1998年公平倡导者奖获奖者。

笔者：您认为您对多元文化教育领域最重要的贡献是什么？

史密斯博士：我不确定我能说出自己对多元文化教育领域做出的一个最重要的贡献，但我能想到三项工作，它们也许比其他工作更加重要。第一项工作是成为美国多元文化教育协会的创始人之一并在其前十年的发展过程中担任理事会成员。美国多元文化教育协会是一个行业组织，每年召开一次会议，这个组织促进了这一领域研究和学问的发展，有助于将多元文化教育领域的问题置于主流教育思想的最前沿。第二项重要工作是《关于罕见知识的常识：多样性的知识基础》（*Common Sense About Uncommon Knowledge: Knowledge Bases for Diversity*）一书的撰写。这本书以教师教育者为读者群体，指出了多元文化教师教育领域理论和研究的知识基础，它使许多教师教育者和教育学院相信，教师教育必须具有多元文化特点。许多教育系和教育学院以这本书为指导，对教师教育课程进行了调整。第三项工作涉及关于多元文化教育领域相关话题的演讲。例如，一篇题为"谁将拥有消除美国种族主义的道德勇气"的主题演讲产生了很大影响，大大超出了我的预期。我最初在1996年教师教育者协会年度会议上发表了这篇演讲，然后在1997年美国多元文化教育协会年度会议上发表了这篇演讲。这篇演讲的不同版本曾以期刊文章的形式得到发表，并以章节的形式出现在三本书里。许多人曾当面或以信件的形式告诉我，在这段文字的鼓励下，他们获得了成为社会公平倡导者的勇气。

笔者：关于为什么应当成为多元文化教育工作者这一问题，您认为最能说服职前教师的观点是什么？

史密斯博士：在我所教授的课程中，我告诉职前教师，成为多元文化教育工作者是一件正确的事情。我告诉他们，我们这个社会只需要一种教师，那就是称职的多元文化教育工作者。多元文化教育工作者不仅可以教育所有学生——不管他们的种族、族群、文化、社会阶级、性别、性取向和学习障碍情况如何——而且可以鼓励学生将美国改造成一个更加公平、正义、民主的国家。我相信，正如索妮娅·涅托所说，为了成为多元文化教师，教育工作者必须成为多元文化个体。因此，我告诉职前教师，考虑到我们国家的多样性，我们只需要多元文化教师，不需要单一文化教师。如今，成为一名教师通常意味着将自己从单一文化个体转变成多元文化个体。还是那句话，这是一件正确的事情。

留给读者的后续问题：

史密斯博士最先描述了所有教育工作者需要关注的重要知识基础。如今，在史密斯博士这本描述了13种知识基础的著作出版15年以后，教师可能还需要知道其他一些"知识基础"。这些知识基础有可能是什么？描述至少3种知识基础，并且提供你选择这些知识基础的理由。

六、案例研究：一生的梦想

案例中需要探索的重要问题

①教师对教室里学生文化背景的理解具有多大的帮助作用？

②学校如何以同事互助的形式支持成为有效教师的学习过程？

③在教师培养计划中，教师可能会对文化多样性获得初步理解。在由学区提供的持续的职业发展计划中，他们需要学习哪些知识？

马丁第一个星期的教学生活结束了。虽然他实现了一生的梦想，成为了一名教师，但他现在感到精疲力竭，毫无自信，对工作缺乏准备。他第一个星期的教学进行得并不顺利。在这个星期里，事情似乎变得越来越糟糕。他每天晚上准备和修改课时规划，反复思考如何将他极为珍视的课程内容分享给学生。不过，他每天在讲台上的表现似乎都很失败，他的学生似乎也在减少。更糟糕的是，星期五，当马丁向学生讲授美国独立战争时，他的上司玛克辛·格雷斯在巡视教学楼的过程中来到了马丁的教室里。当格雷斯女士离开时，她悄声对马丁说，她希望和他约个时间谈一谈他第一周的工作。

星期六上午，马丁坐在自家起居室里，开始回顾过去的岁月。他知道，他总是认为教书是他的特殊使命。在旁人的劝说下，他在大学毕业后进入了正在迅猛发展的、报酬更高的计算机行业。20年以后，他感到自己在个人角度和职业角度缺少了某样东西。毕竟，他真正感兴趣的是历史。他在大部分业余时间里深入阅读历史，走访美国各地的博物馆和历史遗迹。而且，他渴望与年轻而热切的人在一起，对他们进行塑造，和他们分享自己对历史的热爱。他总是很喜欢做学生的感觉，认为在教室和学校环境中生活是一件非常舒服的事情。虽然他在自己所选择的事业上取得了成功，但他希望做一些更有成就感的事情。

他一边坚持着自己的全职工作，一边在业余时间进修。通过这种方式，他获得了高中教师的证书。更加令人激动的是，他几乎立即找到了一份工作，以年中替换的形式在一所内城学校教授他所喜爱的历史科目。由于是年中替换，因此学校里的人都在忙于工作上的各种常规挑战。不过，马丁仍然参与了由格雷斯女士、教学领导以及历史系教师团队提供的相当于一周入门指导的培训。在第一个工作日，马丁早早来到了学校，直接进入了教室。不过，面对承载梦想的班级——具有种族和族群多样性的几个男生和女生群体——他开始感到惊慌。

他特别注意到了几个美洲原住民学生。他曾听说几个美洲原住民家庭搬到了这个区域，但他从未想过他们的孩子会出现在他的课堂上。他很难回忆起他所学到的关于文化性学习风格的知识。他所接受的培训是否使他做好了面对这种多元学生群体的准备？

问题讨论

①如果你有足够的准备时间，你将采取哪些步骤为这种教学任务做准备？
②你可能寻找哪些资源？
③关于你需要知道的东西和需要做的事情，你现在有什么理论？
④你每天在课堂上通常会采用哪些教学方法？

七、本章活动和练习

个人

1. 当你是学生时，你希望教育工作者了解你的哪些文化因素？将它们写下来。
2. 列出支持这种知识的3个课时规划案例的纲要。

小组

1. 采访你自己的家人，尤其是长辈，以了解关于学习和认知模式的信息。你发现了哪些过去或现在的文化影响？将你的发现与小组里其他人的发现进行比较。你们的发现有哪些相同点和不同点？
2. 和一个同伴去一个拥有多元人群的老年中心，对他们的学校经历进行采访。寻找关于孩子最佳学习方式的模式和建议。
3. 采访一个教过多元学生的资深教育工作者。寻求关于多元学生的教学方法和理论的建议。将你的记录与小组里的其他人进行比较。你们的发现有哪些相同点和不同点？

自我评估

1. 写一篇关于你的家长或其他家庭成员在校经历的故事。注意具体的文化因素，并且留意效果最好的"教与学"是如何产生的。
2. 与尽可能多的家庭成员分享这篇日志。
3. 为你的发现写一篇总结。如果可能的话，与你的家庭成员（尤其是小孩子）分享这篇总结。

八、本章提到的资源

宗教和教育

美国教育部

http://www2.ed.gov/policy/gen/guid/religionandschools/prayer_guidance.html

这个网站包含关于"公立学校和信仰社区的宗教表达对孩子学习的支持"的话题指导。

关于宗教和公共生活的皮尤论坛

http://pewforum.org

这个项目2001年由皮尤研究中心发起,试图促使人们更加深入地理解宗教和公共事务的交集问题。皮尤论坛对美国和全世界宗教与公共生活的重要领域进行调查、人口分析和其他社会科学研究。它还提供了通过圆桌会议和简介会讨论当前问题的中立场所。

性别平等

美国大学妇女协会

http://www.aauw.org

这个网站包含关于教育与学校领域性别平等和相关问题的许多精彩报告。

美国妇女和女童教育联盟(NCWGE)

http://www.ncwge.org/index.html

这个网站提供了关于教育领域男女生平等以及相关活动和联邦教育法律的报告和资源。美国妇女和女童教育联盟是由50多个团体组成的非营利组织,致力于提高女童和妇女的教育机会。

第九款

关于第九款的美国妇女法律中心

http://www.nwlc.org

这个网站由美国妇女法律中心创建,包含关于第九款历史和影响的大量信息。

认知发展和智能

乔治梅森大学发展心理学在线资源

http://winslerlab.gmu.edu/ODRP/

这个网站收集了经过专家检查的、可以访问的、关于个体发展的"教与学"的参考网站。这个网站最初是为乔治梅森大学心理学系发展心理学课程准备的。不过,它也欢迎世界上的其他用户访问。

社会经济地位和教育

美国贫困儿童研究中心

http://www.nccp.org

这个网站由哥伦比亚大学梅尔曼公共卫生学院创建,提供了关于贫困及其对学生教育机会影响的丰富资源。

多元智能

托马斯·阿姆斯特朗博士（Dr. Thomas Armstrong）论多元智能

http://www.thomasarmstrong.com/multiple_intelligences.htm

这个网站提供了关于多元智能理论的总体背景信息、将这种理论运用到教与学中的实践策略以及用于进一步研究的资源。

第二部分　评　估

重要评估2："有教养的人"

要想有效支持多元学习者，教育工作者需要提出、拥有和不断改进他们对于"有教养的人"的观念。

写一篇短文，陈述你对"有教养的人"的认识、信念和价值观。解释你所认为的教师在评价和鼓励他人评价"有教养的人"的形象时起到的作用。不要忘记讨论文化多样性在实现"有教养的人"这一可行目标时起到的作用。

首先阅读这一部分各章讨论的重要文档。除此之外，引用至少5篇当前的专业文献，以证明你的观点。

将你的论述分成若干部分，在文章主体部分和参考文献列表中使用美国心理学协会（APA）对参考文献的引用风格。

你的论文中应当包含下列部分：

（1）引言。

（2）关于学习和"有教养的人"的观念（重要知识、技能和思想倾向）。

（3）教师在提供有效教学计划和将最佳实践应用到学生的学习中时起到的作用。

（4）促进所有学生取得成功和响应多元社区需要过程中的重要问题。

（5）将"有教养的人"的形象转化成教育目标以及组织目标和过程的能力。

（6）结论。

（7）参考文献。

意 识

第三部分

第五章　理解文化身份及其对教与学的影响

进入任何一间教室的学生和教师都具有某种文化身份。作为文化个体，每个人都会将经历、信仰和价值观的独特组合带到教与学的过程中。教育工作者要想改变多元学生的生活，必须通过某种程序定期提高他们对于自身文化身份及其对课堂教学的影响方式的意识。罗宾斯、林德赛和特勒尔称之为文化精熟型教育工作者的"由内而外的视角"。教育工作者必须知道他们的文化身份以及他们对不同文化群体的视角对他们在课堂上一举一动的影响，而且必须善于认识和探索他们所面对的学生的文化身份。这两个过程具有同等重要性。

案例研究：了解文化身份的实验

芝加哥一位大学心理学教授希望知道个体开始形成文化身份意识的生命阶段及其影响。一天，她决定带着一个班的心理学学生去附近的一家医院，在医院的育儿室里进行一项实验。在实验之前，她和育儿室一名护士打了招呼。她没有解释实验内容，只是请护士在学生来到医院做实验的时候为所有婴儿换上同样颜色的衣服。

实验那天，学生们在育儿室外排成一排，透过玻璃窗观察所有婴儿。护士依次举起每个婴儿，学生需要猜测婴儿的性别。令人吃惊的是，学生的猜测正确率达到了90%！原因何在？当护士举起男婴时，她下意识地伸开了手臂，握着他们的两肋，以展示给学生看。当她举起女婴时，她以一种温柔、谨慎、小心翼翼的方式抱着她们。

学生们非常吃惊。实验显然表明这样一个道理：从我们出生那天起，我们就会收到关于个人身份的各种独特的信息。大多数心理学学生从未考虑过我们一生中不断接收到的这种微妙而无处不在的信息。当他们离开医院时，学生们形成了一些小组，开始进行讨论。其中一个小组由7名女生组成，包括西裔美国人、白人和亚裔美国人。起初，她们笑着谈论自己的成长经历，表示她们现在终于知道为什么自己需要在自家厨房里进行大量劳动了。过了一会儿，她们开始更加严肃地谈论她们的性别和种族对她们在社会上的位置产生的影响。

你对这个案例的看法

①你认为心理学学生知道实验结果以后为什么如此吃惊？

②除了在家庭里被认为需要承担更多与性别有关的角色，你认为这7名女生的性别对她们还有其他哪些影响？

③开篇案例研究中分享的这个实验与你有哪些联系？描述你的性别对你的人生选择产生的3个非常具体的影响。

一、你的文化身份维度

1．什么是文化身份？

所有个体的行为都会受到一组价值观和信仰的指导。你是否想过你是怎样开始遵守你的那组信仰和价值观的呢？当然，你在家庭中的成长过程影响了你所形成的价值观、信仰、思想和行为方式。更宽泛地说，我们每个人都得到了"训练"或调整，因此，通过在一段持续的时间里和我们所认同的人群生活在一起，我们学会了某些反应、思考和行为方式。这种通过学习某种行为方式获得我们所认同的群体成员接受的过程叫作社会化。在这个过程中，我们需要学习如何被一个文化群体所接纳。一旦一个个体参与到社会化过程中，他在一个文化群体中学到的公认的和可以接受的行为将深深地根植到他的心里，使他几乎无法看到任何其他可以被接受的行为方式。关于文化对个体的影响，奥卡·庞表达了一个有力的观点，她说：

> 文化就像空气，它一直存在，但生活在其中并遵守其规则的人可能很难看到它……我们是"文化监狱"的产物，因为

预先思考

你可能已经思考过你所认同的人群。或者，这可能是你第一次思考你在文化群体角度上对自己的定义。作为教育工作者，你对自己文化身份的理解程度是非常重要的。考虑你对下列问题的回答。

问题：

（1）定义"文化身份"（cultural identity）这一术语对你的意义。

（2）你是通过何种方式了解你的文化身份的？

（3）你什么时候第一次意识到自己与他人的文化差异？

（4）你认同哪个主要文化群体？

　　a. 你的朋友和家庭成员将如何描述你的文化身份？

　　b. 你对自己的描述与你的朋友和家庭成员对你的描述是否存在差异？为什么？

（5）想象你出生在至少一个不同的文化群体里。例如，你出生时属于另一个种族或性别。描述你认为你的生活可能具有的5个非常具体的不同之处。提出你认为你的生活与现在不同的理由（比如根据你对那个群体的成员所具有的感受）。

我们周围的文化教导我们如何看待我们的人生经历并对其做出反应。

不管是好是坏，文化对我们每个人的影响都是非常深刻的。

总体而言，个体会参与到影响其行为、价值观和信仰的各种文化群体之中。一种文化或文化群体可能包含由人类创造的元素，比如音乐形式、艺术品、饮食、仪式、庆祝活动等。这些是定义一个文化群体较为明显的元素，组成了"冰山一角"。参与到某种共同文化中的人倾向于穿上类似的服装，选择同样的饮食类型，以同样的传统开展重要的庆祝活动，欣赏同样的音乐和美术类型。有时，当我们认为自己了解一个文化群体时，我们实际上只知道这种文化更为明显、更具可视性的形式。

在更深的层次上，在水面以下，还有一些无法看到和触摸到的文化元素。更为重要、更加隐蔽的文化内核包括人们共同拥有的价值观、信仰、历史、传统、经历、行为方式、态度以及感受。要想理解文化的本质，不仅要了解它的节日、音乐和艺术形式以及重要人物，而且要了解对这个人群来说极为重要的事物——即它的内核。卡什纳警告说，我们很难了解到这个文化层面，因为它隐藏在人们的心里。不过，卡什纳也认为，如果人们想成为有效的多元文化主义者，他们必须同时理解这两个层面。

为了使用这种思考方式，请花一点时间，考虑你希望人们怎样了解真实的你。在表面上，人们可能会根据你的穿着、你的饮食、你喜欢的音乐类型以及你所庆祝的节日来描述你。在这个阶段，他们是否对真正的你有了足够的了解？当然没有。你很可能希望他们了解你在成长过程中与家人的经历、你的信仰以及你的家族在很长一段时间里的历史。这是更加深刻的（或许也是更加重要的）文化元素。

另一种看待重要文化元素的方式是考虑文化维度。主要维度包括种族和族群、性别、年龄、社会经济地位、宗教/灵性、性取向、能力、地理位置和语言。一级文化维度是我们与生具有的、相对难以改变的维度。一级文化身份对一个人自我概念的发展具有重要作用。下面是一级文化维度的一个例子。一个女士可能认为自己继承了意大利传统。她的祖父祖母可能在许多年前离开了意大利。虽然她和她的亲戚现在在家里不说意大利语，但他们可能仍然对意大利怀有强烈的感情，重视他们与其他家族成员的联系，用特别的意大利饮食和音乐来庆祝节日。在节日期间，这位年轻的女士可能会与其他家庭成员共同准备意大利美食，供每个人享用。

显然，一个个体可能会同时认同多个一级文化维度。总体而言，一级文化维度或文化身份构成了一个个体对自己的核心定义。同时，一级文化身份通常比二级文化维度或文化身份更加难以讨论。有时，不同一级文化维度或文化身份的特点可能会在一个个体内部产生冲突。例如，让我们回头来看这位年轻的意大利女士。她可能接受了律师培训，进入了繁忙的工作阶段。她是一名单身职业女性。她可能认为自己目前最重要的义务是做好自己的工作。她有时会发现，花费大量时间制作特色菜肴的想法是不合理的。

二级文化维度是我们可以选择的、比一级文化维度更容易改变的维度。二级文化维度的例子有爱好、工作经历、婚姻状况、教育、子女状况以及对亲密团体的参与情况。下面的例子体现了二级文化维度或文化身份的影响。一个个体可能是跑步俱乐部的成员。在这种情况下，这个个体可能和其他成员拥有下列共同点：他们都相信跑步对保持身体健康的重要性和价值，他们都会在跑步之前和之后做一些伸展活动，他们都有公路赛的参赛经历以及在公路赛上与其他俱乐部成员竞争的快乐回忆。一级和二级文化维度或文化身份都具有共享特点，包括行为、信仰、价值观、传统、风俗、习惯、经历、禁忌和历史。整体来看，一个个体的一级和二级文化身份形成了一组强大的信仰、价值观、规范、感受和经历，能够影响他一生的行为。描述自己或另一个人时必须注意，不能仅仅描述一个人的某一种文化身份。一级和二级文化维度的许多特点共同使每个个体成为了一个独特的个体。

　　了解我们文化身份的元素和维度为什么如此重要呢？一些学者认为，我们通过文化的"透镜"看待和解释我们自身与其他人群的行为、行动、语言和思想。理解文化及其对我们个体发展的影响可以使我们获得重要的洞察力，知道我们是谁，为什么我们要采取当前的行动。那么，作为一个文化个体，你是谁呢？

　　对文化和文化身份获得深入理解并不是一个容易的过程。实际上，文化本身的性质决定了它是一种复杂的现象。我们可能认为在思考文化时考虑少数几种身份是一种有用的做法。不过，康纳利和佩德森认为"我们某个时刻所具有的数百种甚至数千种从文化中得到的身份、社会关系和角色体现了文化的复杂性"。忽视文化及其对我们行为的影响可能会使教与学过程产生严重的问题。

　　理解文化影响的一个良好切入点就是了解你的名字是怎么来的。在一种文化中，孩子的命名方式可以以一种有趣的方式体现出这种文化的历史、信仰和传统。例如，在冰岛人的文化中，他们根据一种父名系统为孩子命名，以体现家庭联系的重要性，尤其是父亲角色的重要性。一般来说，父亲的教名加上"儿子"（*son*）就是男孩子的名字；父亲的教名加上"女儿"（*dottir*）就是女孩子的名字。所有妇女在结婚时都会保留家长起的名字。所以，在拥有一儿一女的四口之家里，所有四个家庭成员可能拥有不同的姓氏。例如，父亲可能叫艾纳•琼森（Einar Jonson，Jon是他父亲的教名）。母亲可能叫西格拉德•马赛厄斯多特（Sigrud Mathiasdottir，Mathia是她父亲的教名），他们的儿子可能被命名为托瓦尔德•艾纳森（Thorvald Einarsson），他们的女儿可能被命名为哈芙迪斯•艾纳斯多特（Hafdis Einarsdottir）。

　　在这个国家，通过研究命名传统，我们可以了解非裔美国人的许多历史和文化。在奴隶制时代，当非洲人被强制带到美国时，他们被赋予了奴隶主能够读出来的新名字，通常是英语名字。随着时间的推移和代际的更替，当非裔美国人的孩子出生时，他们开始用英语名字为孩子起名。由于这种新的传统，许多非裔美国人与他们的盎格鲁名字没有文化联系。今天，在被问及名字的意义时，许多带有盎格鲁名字的非裔美国人无法说出他们的名字是怎么来的。一些美国人可以将他们的祖先追溯到英国，但非裔美国人的盎格鲁名字可能没有任何含义。由于他们的名字缺乏内涵，而且他们想让自己的孩子与非洲建立联系，因此许多非裔美国家长开始用非洲名字为孩子起名，比如贾马尔。在民权时代，这种现象尤其明显。有的人创造出了新的名字，比如拉克沙（Laquesha），以便形成一种新的身份，远离他们不认同的奴隶名字。对于许多非裔美国人来说，这种命名方式成了他们家庭自豪感的一种来源。不仅孩子获得了非洲名字，成人也开始使用新的名字，以显示他们对自身的文化背景具有一定的归属感和自豪感。中途改名的例子包括伟大的职业拳击手卡西乌斯•克莱（Cassius Clay），也就是后来的穆罕默德•阿里（Muhammad Ali），以及社会活动家马尔科姆•利特尔（Malcolm Little），也就是后来的马尔科姆•艾克斯。篮球运动员卡里姆•阿卜杜勒•贾巴尔（Karim Abdul Jabar）儿时叫作卢•阿尔辛多（Lew Alcindor）。花一点时间完成练习5.1，以思考你的名字有什么含义，它具有哪些文化上的联系。

练习5.1 我的名字有什么含义
单独回答下列问题，然后和一名同事分享你的答案。
你的全名是什么？
你的名字有什么含义和起源？
为什么人们给你起了这个名字？
对于你的名字，你喜欢哪一点？
你对你的名字有哪些质疑？
你有小名吗？如果有的话，它是什么？
你的名字体现了你的哪些特点？

现在，在一个完整的团队中，和大家分享你在两个人的讨论中知道了关于你的同伴和你自己的哪些信息。回答这些问题是否有难度？为什么？这使你了解到了关于文化身份的哪些知识？

我们的身份信息来源

我们很小的时候就知道了关于自身文化身份的信息。孩子通过人、活动、环境、周围的语言以及媒体等各种来源了解关于他们应该成为怎样的人以及他们应该做什么的消息和信息。根据德曼-斯帕克斯和拉姆齐的研究，孩子通过三种互动因素构建他们的身份和态度：（1）对于自身身体的经验；（2）对于社会环境的经验；（3）自己的认知发展阶段。经过单独考虑，你会发现每个因素都很重要。

首先，对于自身身体的经验意味着孩子通过感官不断进行探索。他们探索自身身体动作导致的反应，不断发现他们的身体能够做到的事情。例如，一个孩子发现用勺子敲锅会发出响亮的声音，于是不断重复这一动作，直到被噪声惹恼的成人对其进行制止。

一个孩子对于环境的经验也很重要。在环境中，关于我们身份最重要的信息来源之一当然是我们的父母。其他家庭成员、其他人、媒体以及权威人物也在传达关于我们身份的信息和消息。例如，被称为《我来自哪里》的诗歌是学生对于环境影响的一种反思性写作。在这些诗歌中，作者可以对自身身份的形成所受到的影响进行反思，使之与自己建立深刻的联系。这类作品的例子可以在互联网上找到。例如，乔治•艾拉•里昂（George Ella Lyon）写了一些以"我来自哪里"为切入点的诗歌（见http://www.georgeellalyon.com/where.html）。另一个可以参考的网站是http://www.facinghistory.org/for-educators/educator-resources/teaching-strategies。

最后，在认知发展水平方面，孩子似乎在很小的时候就可以接受与身份有关的概念了。菲利斯•卡茨指出，孩子从很小的时候就可以看出自己与他人在种族和性别上的差异。在2岁到5岁期间，孩子开始观察种族肤色，形成基本的种族概念，对不同种族进行区分，做出关于种族的判断。德曼-斯帕克斯认为，小孩子（2岁到3岁）可以注意到性别和种族差异。对身体能力差异的识别发生在大约一年以后。到了3岁，孩子开始愿意做出受社会规范影响的、基于性别、种族和身体能力的判断。在3岁到5岁，孩子会进入通过提问和分类确定自身群体身份的过程。在4岁到5岁期间，孩子会明显根据他们生活的社会所承认的规范做出相应的表现。

再次考虑本章开头提出的研究案例。护士不知道心理学教授的实验目的，她只是在用自己所知道的最佳途径完成自己的工作。她没有意识到，从婴儿出生那天起，她就通过举起男婴和女婴的方式向他们传达了她对他们成人以后的期望。她传达了"女孩子应当得到温柔的呵护、拥抱和对待"这一文化信息。她也传达了"男孩子从出生那天起就很强壮，不需要像女孩子那样得到呵护和拥抱"这一文化信息。这名护士参与了文化偏向性的传递，尽管她很可能没有意识到这一点。

练习5.2　我来自哪里

（1）在互联网上寻找《我来自哪里》（Where I'm From）的诗歌。讨论这些诗歌对你意味着什么，你了解到了关于作者的哪些信息。

（2）现在，写下你自己的《我来自哪里》（Where I'm From）诗歌，尽可能地利用下列提示：
  a. 你的人生中重要人物的名字。
  b. 对你来说重要而特别的地点。
  c. 特别的食品或食物。
  d. 定期实践的传统。
  e. 最喜爱的歌曲和故事。

> f. 家长或其他家庭成员使用的口头禅。
> g. 你所成长的地方的常见物品。
> h. 家庭成员的重要信仰。
> i. 这个地方发生过的（快乐和/或悲伤的）重要事件。
> j. 可以代表你的青春的声音和味道。
>
> （3）与其他班级成员分享你的诗歌。
> （4）比较你和同班同学的诗歌之间的相同点和不同点。
> （5）讨论你通过这一过程发现了什么。

下面这个真实的故事进一步说明，我们很早就认识到了我们的性别和种族身份。一个南方的白人小女孩即将开始第一周的学校生活。她被分到一间教室里，她的教师是一位慈祥而有经验的黑人女性。她的家长是心地善良的人，他们觉得如果他们和小女孩谈论种族差异，强调她会面对一位黑人教师，她可能会产生关于黑人的消极印象。因此，他们故意没有和女儿谈论种族问题。

第一天放学时，母亲去车站接小女孩。在回家的路上，母亲问女儿第一天过得怎么样。孩子回答说一切正常，她很享受这一天，然后她就跑去玩耍了。她并没有提到她的老师。在第一个星期，每天都会出现同样的场景：母亲在车站接女儿，问她今天过得怎么样，女儿对学校给出积极的描述，但是从未提到她的老师。到了星期五，母亲终于忍不住了。在从车站回家的路上，母亲再一次问到了学校的情况。当小女孩回答说一切都很好时，母亲问她是否喜欢自己的老师。小女孩抬起头，用古怪的表情看着母亲，然后回答道："我不了解那个老师。到目前为止，她每天都会让她的女仆为她代课。"显然，当小女孩上学时，关于自身和其他人的种族和文化身份，她已经形成了非常具体的思想。

> **扩展探索：什么是文化身份？**
>
> 在互联网上找到关于一个人形成自身文化身份的真实故事（可以是文章或书籍）。你可以从《小石城的选择》（*Choices in Little Rock*）（"面对历史和我们自己"，2008）找起。"面对历史和我们自己"（https://www.facinghistory.org）是一个国际教育和职业发展组织，致力于促进具有多元背景的学生研究种族主义、歧视和偏见。互联网上还有其他许多可用的资源（更多资源请参照本章末尾"提到的资源"部分）。
>
> 仔细阅读你找到的书籍、章节或文章，留意文化身份形成过程中的具体促成因素。
>
> 写出你自己形成文化身份的"故事"。根据你现在的回忆，找出你对个人身份内涵的观念和思想固定下来的具体时间或标志性行为。
>
> 和同事分享你的故事。确定促成你和他人形成文化身份的具体社会规范。

2．发现我们文化身份的挑战

正像上一节描述的那样，形成文化身份的一个重要挑战是我们社会化的方式。关于我们和其他人的身份，我们会接收到积极和消极的信息。其他对于我们形成文化身份的挑战也很重要，需要加以注意。一个挑战是，关于我们可能认同的不同文化群体，我们有时只能接收到有限或片面的信息。在我们的整个学习生涯中，我们只能学到人们呈现给我们的信息，不管这些信息是好是坏。有趣的是，许多高中毕业的美国人相信，他们已经接受了非常好的教育。他们在学校里度过了很长时间，认为自己已经获得了成为社会有效成员所需要的知识和技能。不过，大多数美国人在学校里通过多媒体以及其他方式接收到的信息有时仅限于教科书上的知识。教科书并不总是能够提供完整的信息。例如，大多数美国人能够说出埃利斯岛的意义。对他们来说，这是许多移民进入这个国家的入口。在学校里，这是一个重要的主题。不过，在被问及天使岛时，很少有人能够说出它的意义。大多数美国学校都没有涉及这一主题，但它却是亚裔美国人历史的重要组成部分，因为这座位于圣弗朗西斯科湾中的岛屿是数千名亚洲人进入这个国家的入口。这条信息显然是亚裔美国人自豪感的来源。作为我们共同历史的一个组成部分，它也是所有美国人都应该知道的重要信息。

礼貌问题是发现我们文化身份的另一个挑战。在美国，人们普遍注重礼貌。一些人认为，在有礼貌的场合，一些事情是绝对不应该谈论的，比如政治、宗教和金钱。一些人还会将多样性和文化差异添加到这个清单里。人们认为，如果我们谈论差异，我们就会激化不同人群之间存在的问题。如果我们不谈论差异，我们就不会遇到问题，至少人们是这样想的。不过，谈论差异并不是导致问题的原因。相反，导致问题的原因是人们对差异缺乏理解、重视和尊重。如果不能清晰理解其他人群的价值观、信仰、传统、规范和行为方式，我们将继续认为我们的做法没有问题。

考虑我们自身身份的另一个挑战是这样一种观点：如果我们关注差异，我们就会激化不同群体和个体之间的问题。我们当然应该理解和赞美我们与其他人群共同拥有的特点、经历和历史，但引起问题和冲突的并不是这些相同点。导致冲突的原因是人们对于差异缺乏理解、承认和赞美。差异总是存在的，因为每个个体都是独特的。我们需要理解和热爱我们自己的身份，然后了解和赞美其他人的身份。差异并不是缺点。

练习5.3 消息

目的：理解文化身份的形成过程

背景：从出生那天起，我们一直在接收关于他人和自己的"消息"。这一过程可能导致我们形成关于自己的积极和消极的想法。如果我们由于认同某种文化身份而形成对于自己的负面想法，或者对于我们所认同的群体怀有成见，我们可能会经历"内化压迫"。即使我们认为自己是符合逻辑的理性个体，而且心地善良，这些负面消息也会深刻影响我们的行为、思想和意见。

> 步骤：
> （1）在互联网上找到迈克·布谢米（Mike Buscemi）的诗歌《一般的孩子》（*The Average Child*）（http://holyjoe.org/poetry/buscemi.htm）。阅读这首诗歌，讨论它对你来说意味着什么。作者接收到了哪些关于自己的"消息"？
> （2）每个人写下你所接收到的关于你所认同的群体的"消息"。在整个小组里分享这些"消息"。
>
> 讨论：
> （1）写下这些"消息"时，你有什么感觉？
> （2）和其他人分享你的"消息"时，你有什么感觉？
> （3）读到其他人的消息时，你想到了什么？
> （4）你如何看待支持这个练习的理论，包括下面的理论？
> 　　a. 没有人生来具有偏见。
> 　　b. 每个人必须首先发现自己受到的错误对待，然后才能充分理解其他人受到的错误对待。
> 　　c. 永久性的态度和行为变化是一个持续的过程。
> 　　d. 当态度和行为发生变化时，人们会获得力量。

通过深入反思探索我们自身身份的一种方式是反思我们成长过程中接收到的关于我们自身的"消息"。在练习5.3中写下这些"消息"，以便更加深入地理解和赞美你自己的身份。

人们和我们分享的、使我们形成身份意识的"信息"有时是积极的，有时是消极的。我们以多种方式接收关于我们文化身份——包括一级和二级文化维度——的信息并对其进行内化。查普利和比格曼总结了这种内化过程可能对孩子造成的影响。他们提到了一个例子。年轻的金发女孩可能会听到将其称为"傻瓜"或"白痴"的说法。在听到这种说法以后，当这些女孩犯错误时，她们可能会感觉自己很愚蠢，认为自己可能真的是白痴。

> **扩展探索：发现我们的文化身份**
>
> 上面描述了发现和理解我们文化身份的至少三种挑战，包括社会化、对礼貌的强调以及认为讨论身份差异会加重问题的观念。除了这些主要的挑战，还有其他挑战。
>
> 找出两个具体的例子，在这些例子中，你参与到了关于多样性的交谈之中，但在进行深入而有意义的讨论时由于这三种挑战之一而遇到了阻碍。详细描述这两个例子。你对这种交谈有什么感受？指出你为什么做出这样的反应。
>
> 最后，制订一项能够使你摆脱不舒服的状态并参与到有效对话之中的计划。

3. 指出我们所认同的群体

了解我们的个体身份是一种复杂而微妙的行动。我们不断从各种渠道接收信息，这些信息向我们传达了我们所认同的群体的价值观、信仰和规范。指出和描述我们所认同的人群是一件很有挑战性的事情。这种指认群体过程的第一步是思考各种文化维度。完成练习5.4的自我认同工作表可以帮助你在确认文化身份的道路上迈进。

有趣的是，虽然几乎每个人都认为自己具有某种文化身份，但我们在成长过程中很可能是以无意识的方式获得这些身份的。根据卡什纳的研究，人们通常不会谈论自己的文化身份，他们认为大多数文化身份是人们所共享的。不过，除非我们有意识地决定深入反思我们的文化身份，我们永远也不会充分意识到这些身份对我们人生的有力影响。这对于教育工作者来说尤其重要。格兰特和斯里特强调了这种重要性：

> 从性质上说，教学具有很强的人际性。同不了解自己的教师相比，了解自己的教师可以更好地以尊重和公平的方式对待学生及其家庭。如果你知道为什么你会以现在这种态度面对不同人群，你就可以在一定程度上控制自己的态度，学着对其进行调整和反思，或者超越目前的局限性。如果你不知道自己做出现在这种表现的原因，人际差异可能会导致失望和冲突。

练习5.4　自我认同讨论会

目的：理解多样性的各种维度。

步骤：

（1）将自我认同工作表上的每个空格填充完整。

（2）和一大群同事讨论你们对下列问题的回答。

    a. 完成这份工作表的难易程度如何？对你的回答作出解释。

    b. 你的答案对于你的文化身份有哪些启发？

    c. 文化成见或暗示对你的回答有哪些影响？

    d. 你和同事的回答有哪些相同点和不同点？

    e. 通过进行这项练习，你了解到了关于自己的哪些信息？

我的名字所具有的文化内涵	
我的种族或族群身份	
我的祖父母的出生地	
我的母亲教给我的谚语	
我的宗教、信念或信仰体系	
我所使用的语言	
我所偏爱的学习方式	
我最喜爱的歌曲或音乐类型	
我非常崇拜的一个人	
我在人生中想要实现的某件事情	

练习5.5将为你提供探索自身文化身份一级维度的机会。这个练习也可以帮助你理解一级和二级多样性维度。

练习5.5 个人饼图

需要的材料：若干张白纸（8 1/2''×11''）
步骤：
（1）在一张白纸上画一个大圆。将圆分成不同部分，代表你自己的不同文化身份。各部分的大小对应于你对各种文化身份的认同程度。在各个部分里填入一个或一组描述性词语，以显示你所认同的不同文化。讨论你将各个部分画成这种大小的原因，同时思考这一事实：某些身份在不同人生阶段具有更大的意义。
（2）以小规模小组的形式讨论你们的饼图。
　　a.你选择了哪些身份？为什么？
　　b.你为什么对这些身份感到快乐或自豪？
　　c.关于你对你所认同的任何群体的归属性，你发现了哪些疑问？
总结：
（1）对白人这一文化或群体的讨论是非常重要的。对于我们这个社会的个体，身为白人意味着什么？讨论特权的概念。
（2）性别是一个重要的讨论话题。在我们这个社会，身为女性意味着什么？在我们的学校里呢？在我们的文化和学校里身为男性呢？讨论特权的观念。
（3）讨论共性和差异——为什么对差异的重视非常重要？
（4）讨论标签的概念。一些人不愿意讨论自己的标签。不过，不管我们走到哪里，我们都会将我们的身份、经历等元素带在身上。它们影响着我们的一切行为、选择和互动。因此，我们需要培养对于自身身份的自豪感，尊重我们周围其他人的差异。
（5）对于如何更加深入地了解其他人，提出一条到三条建议。

4．反思与问题

在这一节，我们探索了社会化、身份形成以及文化身份维度的概念。考虑你所读到的内容，思考下列问题。

（1）给出你所经历的社会化途径的例子。谁对你的社会化做出了贡献？

（2）评估你的一级和二级文化身份维度是如何混合在一起、使你成为目前这个独特个体的。

（3）比较和对比你的一级和二级文化身份维度的影响。在目前的人生阶段，哪些维度对你来说更加重要？和你小时候相比，这些维度是否发生了变化？

"谁在我们的社会里拥有权力和特权"是非常重要的讨论话题。对于男性和女性、白人和有色人种、富人和穷人之间权力不平等的理解可以帮助我们理解教育政策的由来。

二、理解特权文化身份

1．权利的挑战

要想考虑多样性问题，不管是更加深入地了解自己的文化身份，还是了解我们所面对的孩子的文化背景，一个重要挑战就是它所要求的时间投入。在考虑课堂上孩子们的文化身份之前，我们需要理解我们自己作为文化个体的身份以及我们对于差异的观念和感受。在这种认识过程的某个阶段，我们需要完全公开和真诚地考虑我们对于和自己不同的人群的感受。

麦金托什描述了两种不同的权利。一种是"不劳而获的权利"，指的是一个人不是凭借努力，而是仅仅由于自己属于一类人群而获得的利益。在这里，她提到了白人男性的特权。另一种权利被麦金托什称为"授予性优势"。在这种情形中，一个群体控制着另一个群体。比如，在男女对话中，男性自然而然地被认为处于主导地位。另一个例子是执法官员关注驾驶豪车的黑人男性，或者对少数群体青少年店内盗窃的怀疑多于白人青少年。这些都是基于文化的假设。

> **预先思考**
>
> 不劳而获的特权或未被承认的男性权利指的是欧裔美国人（男性）由于皮肤颜色和/或性别而自然获得的利益。这些利益是他们白白得到的。女性和有色人种并不能获得这种利益。
>
> 问题：
> （1）你的种族、族群、性别、宗教或其他身份为你带来了哪些不劳而获的特权？
> （2）身为白人意味着什么？
> （3）对于麦金托什1988年写到的挑战如今仍然存在的原因做出推测。

一些人很难理解特权的问题。一些人不相信他们具有多种文化身份，或者不需要深入思考他们所归属的某些文化群体为他们提供了不需要思考身份的特权。他们相信自己"只是美国人"。在被问及自身文化背景时，一些白人高中学生可能无法做出有见解的回答，或者只能说出自己身上混合了许多文化。或者，他们可能会说自己是爱尔兰裔、意大利裔、波兰裔，或者具有其他国家的背景，但是他们缺乏对自己的丰富文化历史及其所赋予的社会地位的深入理解。因此，学生和教师都应该理解特权的概念。

奥克斯、李普顿、安德森和斯蒂尔曼详细讨论了教育工作者了解自身以及他人文化身份的重要性。奥克斯和李普顿指出了由于缺少关注文化及其在教与学过程中的作用的教育工作者而导致的重要问题。

对于试图向自己、同事以及学生解释"为何种族这一文化因素在合法种族隔离和种族歧视结束几十年以后仍然对于提高和限制人生机遇起着强烈作用"的许多教育工作者来说，麦金托什颇具争议性的观察引起了他们的注意。

所有教育工作者都有责任深入思考他们的文化身份以及他们对多元文化群体的参与和/或认同对他们在课堂内外的行为产生的影响。迈克·罗伯茨以流畅的笔触谈论了他以一名白人男性教育工作者的身份让学生参与到与他们自身相关的关于种族和歧视的对话中的经历。

> 作为教师，我们的身份与我们所传授的知识同样重要……作为教师，你的个人身份和信仰非常重要……站在（学生）群体面前的人以及他的背景、信仰和理智对于学生极为重要……内心怀有种族主义思想的教师会为我们的世界注入许多仇恨。绝不要自欺欺人地认为世界上没有仇恨。

内外圈练习（练习5.6）用于支持你和你的同事讨论特权问题。这个练习有助于参与者通过相互之间的私人交往形成信任和支持的氛围，以探索个人身份和特权问题。

练习5.6　内外圈

活动：
（1）在一个小组里进行一二报数。数到一的人组成内圈，脸朝外。数到二的人组成外圈，脸朝里。每个人面对一个同伴。
（2）参与者将依次面对一系列问题或陈述。对于每个问题，每个人拥有大约1分钟的时间向同伴做出回答。协调员负责计时，并在1分钟和两分钟结束的时候告诉每对同伴。
（3）在每对同伴对一个陈述做出回答以后，外圈向右移动一个人，以便让每个人获得新的同伴。
（4）协调员使用下列问题的任意组合。练习的这个部分持续大约15分钟到20分钟的时间。
　　a. 分享你的名字以及它对你意味着什么。
　　b. 分享你最喜欢的节日和原因。
　　c. 分享你在成长时了解到的一条关于"你由于自己的种族、族群或性别而应该做出的表现"的信息。
　　d. 分享当你想到种族主义时你所产生的第一批想法。
　　e. 分享让你感到自己受到了歧视的一次经历。
　　f. 分享你对于应对种族主义的一种感受。
　　g. 你希望人们永远不再去说、去做或者去想的一件关于你所认同的文化群体的事情是什么。
　　h. 分享你作为教育工作者/培训师在协调对话和努力使人们重视多样性时所具有的优势。
　　i. 描述你所听到的一种带有偏见的说法、笑话或诽谤以及你的反应。
　　j. 分享你作为教育工作者/培训师为了增进"多样性重视教育"的技能而特别希望自己能够为之努力的某个具体方向。

总结：提问环节结束后，参与者重新坐在座位上，对练习进行总结。协调员用下面这类问题引导大家的讨论：
- 你怎样看待这次练习？
- 你在回答哪些问题时感到舒服？哪些问题使你感到不舒服？为什么？
- 你从这次练习中了解到了关于自己的哪些信息？

2．身为白人意味着什么？

在多数时候，对于白人来说，"身为白人意味着什么"是一个令人困惑的问题。有色人种通常能够认识到白人文化的存在，知道它的含义，但白人倾向于认为白人身份不是一种文化，他们不会考虑和讨论白人身份的含义。不过，这实际上是所有人（尤其是教育工作者）需要探索的一个重要问题。如果我们承认我们的文化身份影响着我们看待世界的方式，那么我们所有人（包括白人）都需要深入探索身为白人意味着什么。卡茨提出了与这个主题相关的另外一些有趣的问题：为什么白人将自己看作个体，而不是白人文化的一部分？白人在美国仅仅由于白人身份而获得的特权有哪些？白人对于自己的白人身份有哪些感受？

在某种意义上，斯里特将多元文化教育描述成了对于白人种族主义的对抗，而不是欣赏多样性的一种方式。关于白人仅仅由于肤色而获得的利益以及关于"身为白人意味着什么"的研究是非常重要的。白人文化仍然主导着教育系统，形成了面向白人中产阶级文化的教育体系和不一定支持平等对待所有孩子的教育价值观。看看朱莉·兰兹曼在《一名白人教师谈论种族》（A White Teacher Talks About Race）中写到了什么：

> 我是穿着布克兄弟服装、条纹领带和贝斯平底便鞋长大的。在我小的时候，我的父亲每天晚上拎着皮革公文包、挎着伦敦雾大衣回到家里。更重要的是，我是在"信号"（signal）的陪伴下长大的，我的父亲会冲我皱眉，或者将身体微微侧向一边，以微妙的动作表示他的轻蔑……
>
> 到了我十五岁那年夏天，我非常清楚如何对我的老板、时常睡在办公室沙发上的神经学家说话。我知道了"站姿"（stance）：距离、沉默、谨慎和侧向一边。我之所以知道这些事情，是因为我是一名白人女性，在我所生活的世界上，权力永远不是说出来的，而是呈现出来的……我"吸收"（absorb）了这种文化，而且没有意识到这一点。

接着，兰兹曼描述了她所面对的缺乏这种教养的有色学生在几乎陌生的文化中努力获得教育和工作岗位时所具有的劣势。中产阶级美国白人的信仰、价值观和视角主宰着我们的文化，有色人种准确积极的形象和观念则不一定能够得到人们的描绘。虽然特权是一个具有偏向性的词语，但对特权的视而不见实际上阻碍了种族关系的改善。利用练习5.7探索你自己对于白人特权的看法。

练习5.7 白人特权

《白人特权，男性特权：打开无形背包》（White Privilege, Male Privilege: Unpacking the Invisible Knapsack）是威尔斯利学院妇女研究中心的麦金托什撰写的一篇经典论文。麦金托什展示了欧裔美国人（男性）所拥有的"不劳而获的特权"。对于下列根据她的作品改编的陈述，回答是或否。

	是	否
（1）如果一位警官让我把车停到路边，我可以相当肯定地认为，我不是因为自己的种族而被他选中的。		

	是	否
（2）在大多数时候，我可以独自购物，并且可以相当肯定地认为自己不会被店铺侦探跟踪或骚扰。		
（3）我可以相当肯定地认为，如果我要求和"负责人"谈话，我会面对与自己属于相同种族的人。		

你回答了多少个"是"？将你的回答与欧裔美国人、女性和有色人种的回答进行比较。讨论你们的回答有哪些差异。

白人特权（你自己的版本）
写出你自己的另外五个例子，以展示欧裔美国人所具有的特权。

	是	否
（1）		
（2）		
（3）		
（4）		
（5）		

性别特权（你自己的版本）
写出你自己的另外五个例子，以展示男性通常具有的相对于女性的特权。

	是	否
（1）		
（2）		
（3）		
（4）		
（5）		

我们讨论自身文化身份的机会少得可怜，我们讨论特权的概念及其对我们生活的影响方式的机会更加可怜。群体间的对话——也就是将不同学生群体组织在一起，引导他们讨论文化差异——是一种非常重要的教学实践。以小组的形式参与到练习5.8之中。

练习5.8 特权之旅 [又叫霍雷肖·阿尔杰（Horatio Alger）练习]

这种练习存在许多版本。最早的版本可以追溯到反诽谤联盟的埃伦·贝特曼（Ellen Bettmann）提到的、由"一个不同的世界"项目中的马丁·卡诺（Martin Cano）、瓦莱丽·图里尔（Valerie Tulier）和鲁赫·考茨（Ruch Kacz）设计的一项活动。

材料（仅用于协调员）：霍雷肖·阿尔杰问题

空间：能够使参与者并排站成一行的房间

指导：参与者在房间中间站成一排，拉着旁边人的手。协调员阅读一份清单。当参与者确认他所归属的类别时，他需要根据要求前进一步，或者后退一步，或者原地不动。参与者需要尽量拉着旁边人的手，直到拉不到为止。当人们相隔的距离很远时，他们需要放开对方的手。

"包括所有人在内……"

(1) 父母中至少有一个人大学毕业的，前进一步。
(2) 父母中有一个人没有高中毕业的，后退一步。
(3) 上过私立学校的，前进一步。
(4) 小时候的社区里大多数警察、政客和政府工作人员不属于你的族群或种族的，后退一步。
(5) 经常在电视节目或电影里看到你的种族或族群里的人成为男女主角的，前进一步。
(6) 经常在电视或电影里看到你的种族或族群里的人扮演你所认为的不体面角色的，后退一步。
(7) 所在种族或族群曾被科学家视作"劣等"群体的，后退一步。
(8) 曾经由于你的族群或种族身份而被警察骚扰过的，后退一步。
(9) 祖先曾在美国做过奴隶的，后退一步。
(10) 祖先由于种族、宗教或族群身份而无法获得选举权或公民身份；需要在单独的饮水处喝水，坐在公共汽车的后方，或者使用单独的建筑入口或单独的卫生间；被拒绝进入俱乐部、工作岗位或餐厅；或者不被允许在某些街区购买房产的，后退一步。
(11) 进入一家商店时不会由于你的外表而使店员认为你会偷东西的，前进一步。
(12) 父母以英语作为第一语言的，前进一步。
(13) 从未有人跟你说过有人由于你的种族、族群、宗教或性取向而憎恨你的，前进一步。
(14) 在你从幼儿园到高中的历史书里读到过祖先历史的，前进一步。
(15) 曾经由于你的种族、族群、宗教或性别而在应聘时遭到拒绝的，后退一步。
(16) 小时候，家里的藏书室里有儿童书籍和一些成人书籍的，前进一步。
(17) 小时候家里每天读报纸的，前进一步。
(18) 有过国外度假经历的，前进一步。
(19) 曾被家长带到美术馆或博物馆进行参观的，前进一步。
(20) 直系亲属中有医生或律师的，前进一步。
(21) 过去或现在所在的学校里大多数教师与你属于相同种族或族群的，前进一步。

总结：通过这个练习，你学到了什么？这个活动的目的是什么？我们所有人在生活上都站在同一起跑线上吗？

起初你们拉着手，后来你们相距太远，无法拉手，这意味着什么？

与身份相关联的特权可以追溯到美国建国之初。我们可能希望每个个体生而平等，如果每个人刻苦努力，对自己的命运负责，进行艰苦奋斗，情况就会好起来。这个国家的不同人群如今并不具有公平的竞争环境。

当然，不是所有白人都没有意识到他们所拥有的权利；不是所有白人都没有听说过他们的文化背景；不是所有白人在思想和行为上都带有偏向性和歧视。不过，让人们对于特权形成深刻的认识是一项极为艰难的任务。对于白人来说，了解身为白人的意义是一种痛苦的经历，但他们最终能够获得回报，因为这种经历可以使他们过上更好的多元文化生活。

3．反思与问题

培养多元文化意识是一种持续一生的努力。如果没有受到挑战，我们不会探索不同的身份层次。在多元文化社会里生活和工作要求我们深入考察自己。

(1) 现在，你对你的文化有哪些更加深刻的认识？
(2) 对于你所拥有或没有的特权，你现在有哪些认识？

三、个人文化身份对教与学的影响

> **预先思考**
>
> 任课教师作为负责教与学的人，对于孩子们的经历握有极大的权力。因此，你应该考虑一下你的文化身份在教与学过程中起到的作用。思考下列问题。
>
> 问题：
> (1) 你认为你最重要的核心价值观是什么？说出五个价值观。
> (2) 你对于与你不同的人具有什么态度？确定你意识到这些态度的时间，谈一谈你为什么会形成这些态度？
> (3) 这些态度对于你和这些文化群体的成员之间的交流可能产生哪些影响？
> (4) 描述你的文化身份对你和学生之间的关系可能产生的五个具体影响。
> (5) 解释一下，如果你和学生的文化价值观有所不同，你认为这种不同可能产生哪些影响。

对文化群体的认同塑造了我们的世界观。卡什纳相信，大多数个体儿时的经历明显导致了某些价值观和视角的形成。

换句话说，个体在成长过程中形成了他们所认识的世界的形象。这种脑海中的形象使他们感到安全。他们获得了关于世界运行方式的一组价值观和信仰。这就是你的世界观。你的世界观是你认为世界应该具有的运行方式，你的世界观每天都在发挥作用。

人们具有共同的目的（比如在学校学习，教学，研究同一个项目）并不意味着他们具有共同的世界观。他们可能不具有共同的价值观、信仰和行为方式。世界观中的每一个不同点都是潜在的冲突点，不同人群拥有的世界观可能具有巨大的差异。实际上，没有哪一种世界观是完全正确的，所有世界观都只描述了世界的一部分。个体可以考察他们成长环境中的语言系统，以研究他们的世界观是怎样形成的。谚语和俗语的使用是这种语言系统的一个组成部分。尝试确定与练习5.9举出的谚语相联系的核心价值观。思考这种谚语和价值观是否嵌入到了你在成长过程中形成的世界观之中。

我们基于文化身份的世界观对教与学有哪些积极和消极的影响？作为教育工作者，我们看待事物的方式基于我们与特定文化维度或特定文化群体之间的联系。在新英格兰成长的年轻白人男性和在中西部长大的老年黑人女性看待事物的方式具有很大的区别。我们可能需要花费很大的努力才能知道，我们在课堂上看待事件、表现、活动和行为的方式不一定是"正确"的方式——它仅仅是一种方式而已。

> **扩展探索：身为白人意味着什么？**
>
> 麦金托什在至少25年前写下了多次得到引述的、发人深省的文档《白人特权与男性特权：通过妇女研究工作发现一致性的一份个人叙述》（*White Privilege and Male Privilege: A Personal Account of Coming to See Correspondences Through Work in Women's Studies*）。找到全文并仔细阅读几遍。在麦金托什写下这篇文献之后的岁月里，一些事情发生了改变，一些事情没有发生改变。你觉得在权利的概念方面，哪些事情发生了改变？同时，评估一下你认为没有发生改变的事情。为你的回答制作一张T形图，在左手边列出所有发生改变的事情，在右手边列出所有没有发生改变的事情。检查你的评估，然后解释你持有这种观点的理由。

1. 文化身份和世界观对教与学方法的影响

文化每天都在影响着教室里发生的事情。孩子当然会将他们基于对文化群体的强烈认同而形成的具有多样性的视角、历史、经历、信仰和行为方式带到课堂上来。我们将在第六章深入探索孩子的文化身份对教与学过程的影响。不过，我们同样应该认识到，教育工作者也会将他们基于对文化群体的认同而形成的具有多样性的视角、历史、经历、信仰和行为方式带到课堂上来。幸运的学生将具有与教师非常接近的文化身份。如果双方的文化身份不是很接近，那么作为课堂的控制者，教师将在相互冲突的文化价值观的对决中成为"胜利者"。希茨对这种挑战做出了很好的描述。

在课堂上，一些学生在自身文化群体中学到的技能和能力同出身于不同文化群体中的教师的行为和技能存在差异。一些教师可能没有意识到这种文化失配。在以单一文化模式运行的课堂上，教师和学生在文化优势、规范和价值观上的差异可能会产生问题。

练习5.9 谚语与核心价值观

这些谚语体现了哪些主流文化价值观？

谚语	表达的价值观	我的世界观的一部分（是/否）
凭借自己的力量振作起来。		
只要努力就能做到。		
先到先得。		
白手起家。		
所有人生而平等。		
美国梦		
小孩子应该只露面不说话。		
女人应该待在家里。		
时间就是金钱。		
覆水难收。		

现在，想出构成你的世界观的其他五个谚语。

(1)
(2)
(3)
(4)
(5)

改编自1996年科尔斯设计的一个练习。

在这种课堂上，学生必须融入课堂环境之中，适应教师对于可以接受的行为和学习方式的期望。否则，他们可能会迅速掉队——除非教师努力成为具有文化敏感性和文化责任感的人。

具有文化敏感性和文化责任感的教师可以创造出以学生为中心、而不是以教师为中心的课堂。奥卡·庞警告道：

> 不了解多元文化教育以及文化对学校本身和校园活动具有强烈影响的教师……永远没有机会研究学校传授强势主流文化以及学生为了在学校做出良好表现而必须接受新的观念、信仰和价值观的现象……文化之所以在学校受到忽视，最大的原因在于大多数教师无法看到个人生活中的文化元素。教师可能不知道文化一直在发挥作用。一些人无法指出他们的文化元素。他们并不把自己看作文化个体。

格兰特和吉列特总结了一些学者和研究人员的工作，列出了文化敏感性教师的特点。这种教师对所有学生具有较高期望，利用他们关于学生的知识设计与学生相关的合适的学习过程，将课堂与社区紧密地联系在一起。格兰特和吉列特还提出了一个特别重要的观点：文化敏感性教师"愿意对自己和自己的教学进行反省和思考。他们不断监督自己的信仰和行为中的偏向和偏见，同时不允许学生表现出偏向和偏见"。这种总结性陈述强调了自我认识的重要性。如果教师能够从文化角度了解自己，他们就可以更好地理解文化对学生身份形成过程的影响。

教育工作者往往会无意识地使用他们所认同的极为强势的文化元素影响教与学的许多重要方面。教师每天都需要作出一些决定，包括教学材料、教学策略、课程、他们对每个学生的期望、他们与每个学生沟通的需要以及学习的评估方式。每个决定都会受到教师世界观和价值体系的重要影响，这些世界观和价值体系是教师认同某些文化群体的产物。文化价值观影响教与学的两个主要途径是课程和教学材料的选择以及教学策略的选择。

- 课程和教学材料的选择。教育工作者常常选择能够使他们产生共鸣的课程和材料。这些课程和材料的内容是他们经历过的事情。实际上，教育工作者应该提出下面这类问题：这些课程和材料是否代表了各种文化、视角和背景？具有多样性的学生群体能否在他们所选择的用于支持学习的课程和材料中看到自己的影子？
- 教学策略的选择。教育界有一个似乎很有道理的著名说法：教师通常会以他们上学时接触到的教学方式进行教学。此外，教育工作者往往会以他们感觉最舒服的方式进行教学。实际上,教育工作者需要超越舒适区的限制,在承认各种经历、文化、学习风格以及由文化定义的行为方式的基础上进行教学。

扩展探索:身份对教与学的影响

正如这一节所说,课程材料的选择、课时的设计以及教学策略的选择和使用反映了你自己的世界观、视角、经历、舒适水平和信仰体系。考虑到这一事实,选择你所教授的(或者至少由于你的经历而熟悉的)包括多个课时规划的单元。如果你没有设计过这种规划,在互联网上找到能够使你产生共鸣的一个单元规划。对这个单元规划及其相关课时做出评论。具体地说,它是如何与你自身的文化身份产生共鸣的?例如,谁在课时或教科书中得到了代表?评估一下谁没有在同样的材料中得到代表。这些材料是否代表了多种文化、视角和背景?具有多样性的学生群体能否在你所选择的用于支持学习的材料中看到自己的影子?

将你的发现总结成一篇书面评论,并与同事分享。拟定一项个人规划,指出作为多元文化教育工作者,如何更加广泛地运用更具多样性的文化身份。

教师不仅需要了解自己的文化身份,而且需要明确为什么自己最初选择了教育行业。按照练习5.10的解释,写出一篇人生故事。

练习5.10 写一篇人生故事

花时间思考下列问题并写出答案。你的回答应当反映出你的自身经历以及你所理解的文化关联性教学的知识基础。做好与班级同事分享答案的准备。

(1)我珍视哪些信仰?
(2)哪些人和哪些人生经历促成了我的信仰?
(3)这些信仰对我在学校的工作方式可能产生哪些影响?
(4)我如何看待孩子、家庭和同事?
(5)我如何看待课程?
(6)我如何看待教学上的最佳实践?
(7)我对于学生的动机具有哪些观念?
(8)我有哪些偏见?
(9)我是如何形成这些偏见的?
(10)如何解决这些偏见?

2.反思与问题

在这一节,你读到了我们的文化身份对我们的教育工作产生的强烈影响。当你考虑你的文化身份对你的教育工作产生的影响时,思考下列问题。

(1)教师如何最大限度地降低自己的文化身份对教与学过程的负面影响?

(2)你自己的文化身份对教学有哪些影响?

(3)在你的课堂上,你的文化背景对学生的学习机会造成了(或者将会造成)哪些影响?

(4)你觉得现在或者将来课堂上的学生如何看待你的性别、种族、族群、年龄、宗教和社会经济地位?

四、多元文化教育领域人物介绍：索妮娅·涅托

研究员、教师、讲师兼作家索妮娅·涅托（Sonia Nieto）在2005年退休之前是马萨诸塞大学安姆斯特分校教育学院语言、读写和文化教授。她曾教过从小学到研究生院的各个年龄段的学生。过去30年，她专注于培养教师和教师教育者。她的研究关注多元文化教育，并且关注拉丁裔、移民以及具有不同文化和语言背景的学生的教育。她的著作包括《在教育具有多元背景的学生时寻找乐趣：美国课堂上具有文化敏感性和社会公正性的实践》（Finding Joy in Teaching Students of Diverse Backgrounds: Culturally Responsive and Socially Just Practices in U.S. Classrooms）、《肯定多样性：多元文化教育的社会政治背景》（Affirming Diversity: The Sociopolitical Context of Multicultural Education）、《他们眼中的光亮：创建多元文化学习社区》（The Light in Their Eyes: Creating Multicultural Learning Communities）、合辑《美国学校中的波多黎各学生》（Puerto Rican Students in U.S. Schools）以及《是什么使教师不断前进？》（What Keeps Teachers Going?）。此外，她还出版了几十篇图书章节和文章，后者发表在《教育领导力》（Educational Leadership）、《哈佛教育评论》（The Harvard Educational Review）、《多元文化教育》（Multicultural Education）以及《从理论到实践》（Theory into Practice）等刊物上。她在"面对历史和我们自己"以及"具有社会责任的教育工作者"（ESR）等一些关注教育平等和社会公平的全国咨询委员会以及许多教育刊物的编辑顾问委员会任职。她的学术成就、积极倡议和社会行动为她赢得了许多奖项，包括1989年马萨诸塞教师协会颁发的人权与民权奖、1996年马萨诸塞西裔教育工作者颁发的年度教师奖、1997年美国多元文化教育协会颁发的年度多元文化教育工作者奖、博里库阿学院颁发的卓越教育奖以及最近（2005）美国英语教师委员会颁发的优秀教育工作者奖。她在1998年到2000年期间担任安嫩伯格学院高级研究员，并在2000年获得了在意大利贝拉吉奥中心居住一个月的奖励。她的丈夫安杰尔·涅托曾做过教师，写过儿童图书。他们有两个女儿，9个孙子孙女。

笔者：您认为您对多元文化教育领域最重要的贡献是什么？

涅托博士：当我30年前第一次学习这方面的课程时，我就对多元文化教育这一领域和思想产生了兴趣。不过，在那时，至少在我看到我所访问的大多数课堂和学校的实践时，我对这一领域的某些事情感到了不安：看起来，人们几乎忽视了更加广泛的结构性不平等问题，而且对于制度政策和实践对教育结果的影响缺乏认识。作为教师以及后来的教师教育者，我知道这些更加广泛的问题对于理解多元文化视角能否

为学生和学校生活带来改变具有重要作用。因此,当我1992年第一次撰写《肯定多样性》(*Affirming Diversity*)一书时(第六版出版于2012年),我一定要添加一个体现这种思想的副标题:"多元文化教育的社会政治背景"(The Sociopolitical Context of Multicultural Education)。也就是说,我希望读者知道,尊重差异和赞美学生的身份虽然重要,但还远远不够。教师还需要考虑到教育的社会政治背景、学生生活的社会文化现实以及结构性不平等,这种不平等根植于我们的社会之中,它会使某些社会群体的学生很难取得良好的学习成绩——但这并不是他们自己的错。如果能将这些元素同尊重差异的态度结合在一起,我们就可以更加深刻地理解多元文化教育。长期来看,这种做法可以更好地帮助所有学生成为成功的学习者。

笔者:关于为什么应当成为多元文化教育工作者这一问题,您认为最能说服职前教师的观点是什么?

涅托博士:成为多元文化教育工作者既是一种挑战,也是一种特权。它之所以具有挑战性,是因为你需要对你过去已经学过的许多东西进行重新学习,或者至少对你认为理所当然的关于学生、文化、成绩和智能的假设进行批判性思考。这是一项艰苦的工作(毕竟,我经常提醒我的学生,如果这件事很容易,每个人都会这样做)。它也意味着更加深入地了解你所面对的学生以及他们的家庭、历史和社区。这也需要你在持续学习过程中花费时间和精力。同时,成为多元文化教育工作者也是一种特权。比如,它意味着用新视角看待这个世界,使你的生活和工作变得更加丰富多彩。最重要的是,通过使用多元文化视角,你可以为你的学生提供一个安全、积极、具有滋养性的成长和学习环境。你会推动民主的发展,因为你的学生会成为充满自信的个体,愿意以富有成效和具有判断力的公民身份在我们的社会上占有属于自己的一席之地。我想,这是教师能够收到的最大的礼物。

留给读者的后续问题:

涅托博士指出,当她进入多元文化教育领域时,她遇到了一个困扰自己30多年的重要问题:人们没有注意到制度政策和程序对教育结果的影响。

(1)涅托博士的这种说法指的是什么?

(2)在教育平等方面,我们应当改变哪些重要的政策和程序?

(3)在考察阻碍平等的制度政策和程序方面,我们是否取得了进步?解释你的理由并提供例子。

五、案例研究：文化身份困惑

案例中需要探索的重要问题：

①教育工作者在为多元学生提供支持之前深入理解自己的种族和族群身份的重要性。

②教育工作者的文化身份与学生的文化身份之间发生冲突的可能性。

③教育工作者理解主要群体成员身份带来的特权以及如何对这种特权进行重要而有效的利用的重要性。

安东尼奥·斯卡帕西出生在哥伦比亚波哥大市的一个移民家庭。他的父亲出生于意大利大陆，母亲最初来自意大利的西西里岛。他的父母在一所职业学校相识。结婚以后，他们移民到哥伦比亚，在当地一家工厂工作。他们立即开始在夜间学习西班牙语课程。在他们来到哥伦比亚不久以后，安东尼奥出生了。随后，他在哥伦比亚的教育系统之中接受教育。他的父母仍然在家里和他说意大利语，因此，他的西班牙语和意大利语说得都很熟练。他的家庭遵循意大利大陆和西西里岛的传统习俗，坚持传统饮食，庆祝意大利的节日，并向安东尼奥传授了他们丰富的文化传统。他的家庭还融入哥伦比亚文化之中，学习了哥伦比亚人的举止和习惯，安东尼奥也以哥伦比亚人的身份与他的朋友和同学共同成长。由于他熟悉两种语言，因此，他在学校里的表现非常出色。

在安东尼奥10岁那年，他的家人搬到了纽约州边远地区。他进入了你的教室，你成了他的第一个美国教师。这座小镇位于郊区，学校里的种族、族群和语言相对单一。虽然安东尼奥可以熟练地使用西班牙语和意大利语，但他并不会说任何英语。由于这个原因，他在班上沉默寡言，但他非常聪明伶俐。你和班上的其他人都不会说西班牙语或意大利语。和以前一样，凭借学习语言的能力，安东尼奥迅速投入英语学习之中。不过，他在一开始说不了太多英语，因此被其他同学视作怪人。一些学生试图和他成为朋友，但大多数孩子无法和他建立任何亲密的关系。

你在教师培养计划中已经做好了成为多元文化教育工作者的准备，因此希望为学生提供一个重视多元文化的环境。在教师培养计划中，你对"所有个体都具有文化身份"的观点特别感兴趣。实际上，你花了很多时间思考你自己的文化身份及其对教与学的影响。你在学习文化身份和特权的概念时受到了很大的触动，决定利用你对自身身份的理解打造一个多元文化课堂。安东尼奥的到来是你运用关于自己的知识对学生的表现做出积极影响的第一批机会之一。

现在，看着操场上的安东尼奥，你开始思考你所了解的关于自己和安东尼奥的知识。你第一次意识到，他是一个真正的"少数派"——至少是语言上的少数派——而你是享有特权的多数派之一。在你教授各种文化、设计使学生为多元文化世界做准备的课时、鼓励学生理解和欣赏自己的文化时，你意识到安东尼奥处于一个独特的环境之中。他似乎对自己的文化身份感到困惑。你利用你所了解的关于自己的知识努力帮助他定义自己，以改进课堂上所有学生经历的教与学过程。

问题讨论

①面对要求确认自己种族身份的表格，安东尼奥不知道如何做出回答。当你将他称为"西裔"时，他问你西裔是什么意思。他的父母来自意大利和西西里。他在哥伦比亚长大。他是意大利裔（或者西西里裔）、西班牙裔还是哥伦比亚裔？对他来说，"西裔"是一个新的标签和身份。什么是西裔？

②对于安东尼奥来说，弄清自己的文化身份有多重要？你会怎样向他解释？你会如何帮助他？

③你如何以自己为例向学生解释种族和族群身份的概念？

④你自己的文化身份和安东尼奥的文化身份发生冲突的可能性有多大？如何以最佳途径运用你对自身文化身份的理解为安东尼奥提供支持？

六、本章应用与练习

个人

（1）采访家庭成员（尤其是兄弟姐妹或近支堂表亲），以深入了解他们是如何看待家族文化身份的。制作一张表格，将这些视角与你对自身文化身份的理解进行比较和对比。

（2）对你的家族树进行调查。使用互联网上任何可用的搜索引擎。使用图书馆或当地文化俱乐部的资源。在你的研究中，解决下列问题：

- 你的家族最初来自哪些国家？
- 他们离开这些国家的原因和时间？

- 他们来到美国时遇到了哪些挑战？
- 他们使用哪些语言？你的家族里仍然有人使用这些语言吗？
- 你们家族流传下来的、现在仍然在实践的传统有哪些？

小组

相互采访，并对你们的发现进行比较和对比。人们在各种元素和成分上具有更多的相同点还是不同点？这对你这个教育工作者意味着什么？

自我评估

（1）思考一下，如果你生来具有另一种性别，你的生活会有哪些不同？你获得了哪些启示？

（2）思考一下，如果你出生在贫穷的家庭、少数种族群体或者少数宗教群体里，你的生活会有哪些不同？或者，如果你现在生活在这样的环境里，那么请考虑下面的问题：如果你出生在富裕的盎格鲁-撒克逊家庭里，你的生活会有哪些不同？思考你作为人类个体和教师的视角可能会有哪些不同。

（3）写下你读完本章以后产生的五个疑问。将这些问题与同班同学分享，并对它们进行讨论。

七、本章提到的资源

传承项目——日裔美国人遗产项目

http://www.densho.org

"传承"的使命是将那些在第二次世界大战期间遭到不公平监禁的日裔美国人的证词保存一下，以免他们将其带进坟墓。该网站提供了这些不可替代的第一手资料以及历史影像和教师资源，用于探索民主原则，推动面向所有人的平等和公平。

S.K.瓦特（S. K. Watt）："艰难对话、特权以及社会公平：特权身份探索（PIE）模型在学生事务实践中的使用"［Difficult dialogues, privilege and social justice: Uses of the privileged identity exploration (PIE) model in student affairs practice］，《大学学生事务期刊》（The College Student Affairs Journal），26，114—125。

http://files.eric.ed.gov/fulltext/EJ899385.pdf

这篇文章介绍了特权身份探索（PIE）模型。这种模型确定了人们在参与关于社会公平问题的艰难对话时表现出来的行为所涉及的八种防御模式。文章讨论了这种模型的含义以及协调员利用这种模型帮助参与者讨论多样性问题的方式。

面对历史和我们自己

http://www.facinghistory.org

这是一个国际教育和职业发展组织，致力于促使具有多元背景的学生考察种族主义、歧视和偏见。该组织的网站上还有其他许多可用的资源。

REACH（尊重族群和文化遗产）

http://www.reachctr.org

在30多年的时间里，作为一家得到全国认可的非营利组织，REACH中心成为了最受尊重的机构之一，面向美国、加拿大和澳大利亚的所有机构提供文化多样性服务。REACH中心通过得到国家认证的培训师骨干开展工作。遍布美国和澳大利亚的超过250名得到国家认证的REACH培训师在公开演讲、团队引导以及计划和课程的开发上取得了不错的成绩，并在多元文化教育和族群历史领域开展了研究和培训。

朔姆堡黑人文化研究中心

http://www.nypl.org/locations/schomburg

作为纽约公共图书馆的一个研究单位，朔姆堡黑人文化研究中心被公认为全球同类机构中的佼佼者。在80多年的时间里，该中心收集、保存和公开了记录黑人生活的资料，促进了非裔人群历史与文化的研究和解释。

传授宽容

http://www.tolerance.org

"传授宽容"成立于1991年，致力于降低偏见，改善群际关系，支持美国孩子在学校获得平等体验。

威尔斯利妇女中心

http://www.wellesley.edu/admission/virtual/wcw.html

威尔斯利妇女中心是全世界最大的以性别为关注点的研究和行动组织之一。这里的学者以妇女的生活和关注点为主题，开展社会科学研究和评估，提出理论，发表文章，实施培训计划。该网站提供了大量资源和练习，可以用于探索个人身份的各种组成部分。

第六章　培养对于他人文化身份的意识

每个人类个体都是独一无二的，因为每个人都是一组独特的经历、文化背景、身份、信仰、价值观和历史的产物。每当我们和另一个人类个体交流时，这种身份和文化背景的独特混合都会对我们的交流产生深刻的影响。我们的世界、社会和学校不断增长的多样性可以为我们带来之前从未经历过的丰富多彩的交流形式。不过，对于文化差异缺乏理解和欣赏可能导致人际交流出现严重的问题。

案例研究：困难的班级

这个新学年，班级里出现了几个新的亚裔学生。教师热切地希望对他们表示欢迎，因此特地在全班同学面前表现得更有活力，更加快乐，更加活泼。她常常试图让学生参与到一些活动之中，以便使他们打成一片。从整体来看，班上的学生很喜欢这种活泼的交流氛围，但是那些亚裔学生显得沉默寡言，心存疑虑。他们很少露出笑容。当你和他们说话或者让他们回答问题时，他们仍然低着头。他们说话的声音很轻，而且似乎不想和其他学生共同参与活动。只有在你向他们提出问题时，他们才会说话。他们似乎不理解教师为营造幽默氛围而付出的努力。在被问到需要进行批判性思考、对教师的观点提出怀疑的问题时，他们无法做出回答。不过，在被问及事实类问题时，他们没有任何犹豫。

在完成小组任务时，亚裔学生似乎喜欢扮演次要角色，让其他学生成为负责人。他们不会参与到激烈的辩论中。他们似乎对其他学生的攻击性语气感到害怕。他们试图以更加平和的方式参与讨论，这使他们受到了其他人的忽视。

这些学生在学术方面表现得很好。在大多数情况下，他们非常用功，行为端正。他们参与了一些俱乐部。他们的父母表现得很配合，但他们有时并不理解教师对于孩子不合群问题的担忧。一些父母表示，他们的孩子需要在放学以后和每周周末为家庭事务帮忙。一些孩子需要在双亲加班的时候照顾弟弟妹妹。

亚裔学生更喜欢在群体内部交往，尤其是在餐厅里。其他学生开始忽视他们，一些人甚至戏弄这些新同学。教师感觉情况不太对，但她并不知道怎样才能使局面恢复正常。她对各种亚洲文化知之甚少，不知道应该采取哪些方法。

你对这个案例的看法

①你能解释亚裔学生的行为吗？
②你认为教室里发生了什么？
③你可以向教师提出哪些建议？
④哪些文化知识对这位教师的帮助作用最大？
⑤这位教师应该到哪里获取这些知识？

教育者的工作不仅仅是站在教室前面向一群热切而专注的学生传授智慧。歧视的微妙性质意味着学校需要非常积极而认真地应对根植于学校教育所有层级的偏向和偏执问题。歧视可能不会以明显的形式在人们的行为中表现出来，但它几乎一定会体现在学生、家长、职员和教员的态度、语言和举止中。我们需要认识到，我们的偏向性、价值观和态度是在人生中一点一点积累起来的。类似地，我们需要在接下来的人生里不断意识到我们的偏向性和偏见并做出改正。

扩展我们对于自身的意识是一个持续一生的过程，需要我们怀着包容的心态，努力探索我们看待他人的方式以及可能阻碍我们真正欣赏不同人群的因素。要想扩展我们对于自身的意识，我们可以体验一些用于向我们展示自己的思维过程以及我们自身的经历所具有的影响的活动。当我们在协调员的帮助下完成这些活动时，我们最好花时间对这些经历进行思考并做出反应。当学生从学校毕业时，他们的观念、态度和行为将使他们为多元文化世界做好准备——或者阻碍他们做出正常的表现。

在学习如何在多元世界中生活和工作时，理解我们和其他人具有的信仰、价值观、习俗和传统是一个必要的过程。这样做可以扩展我们的智能，使我们获得重要而有用的意识、知识和思想倾向。在本章，我们将研究我们和学生需要了解的关于和我们不同的人群的知识，以便更加有效地使他们参与到教与学的过程中。

一、看到他人的差异

关于人们形成自身文化身份的方式，研究人员为教师撰写了许多文献。学生和教育工作者不仅应该理解他们自己的文化身份是如何形成的，而且应该理解具有文化差异的人对于对方的看法，人们对于其他人的认识是如何形成的，具有文化差异的人是

> **预先思考**
>
> 在学生的成长过程中,他们经常会对自己的身份(尤其是自己相对于周围其他学生的身份)产生疑问。这类问题可能使他们产生不安全感,惧怕社交孤立或排斥,惧怕和他们不同的人。反过来,惧怕和他们不同的人以及缺乏对于差异的理解可能导致不恰当的人际交流。
>
> 问题:
>
> (1)关于你和不同人群的接触,你有哪些记忆?
>
> (2)这些认识是从哪儿来的?是什么影响了你对来自这些文化群体的学生的认识?
>
> (3)你的认识或关系是如何改变的?
>
> (4)指出媒体对有色人种的描绘方式。特别地,考虑电视和报纸。非白人和非直人(nonstraight people)的形象、观念和生活是否得到了准确描绘?如果没有,为什么?指出教师在课堂上展示多元群体更加准确的形象时可以采取的三种具体措施。

如何相互交流的,以及如何改善跨文化交流。我们可能会宣称,我们能够或愿意将人们看作完全相同的个体。不过,没有两个人是完全一样的。我们每个人都拥有基于性别、种族、族群、社会经济地位、语言、宗教背景以及其他文化元素的独特身份。考虑到这一点,教育工作者必须通过有效的策略研究他们自己对于不同人群的态度和信念,理解他们的态度和信念是如何形成的。然后,他们必须有能力帮助学生学会认识和重视差异。我们还必须了解各个群体的属性和评价以及冲突管理。在这一点上,我们必须同时关注群体之间和群体内部的差异。

1. 我们对他人的认识的影响因素

是什么影响了我们对各个群体以及群体内部人员的认识呢?我们关于差异的理解、态度和信念来自各种各样的渠道。当然,我们对其他人的很大一部分认识来自个人交往和遭遇。当我们和一个不同于我们的人进行积极或消极的人际交流时,这种交流的质量将会影响我们看待这个文化群体其他成员的方式。不过,我们对不同于我们的人的认识也来自我们每天接触的其他许多渠道。

我们对差异的认识受到了媒体宣传的强烈影响,包括电视、电影、音乐、报纸、杂志和互联网。2005年"卡特里娜"飓风期间,美联社在互联网上贴出的两张照片引发了关于媒体偏向性的激烈的国际讨论。第一张照片显示了一个黑人小伙子在齐胸深的水里行走。文字说明是这样写的:

> 2005年8月30日星期二,新奥尔良,一个年轻人在抢劫了一家杂货店以后穿过齐胸深的洪水。在"卡特里娜"飓风周一登陆并造成巨大破坏以后,新奥尔良的洪水仍在上涨。

第二张照片显示了一对白人夫妇在洪水中行走。文字说明是这样写的:

在"卡特里娜"飓风通过路易斯安那新奥尔良地区以后,两名居民在当地一家杂货店找到了面包和汽水,然后穿过齐胸深的洪水。

关于此次事件,琳达·克里斯滕森制作了一个精彩的课时规划,发表在《反思学校》(Rethinking Schools)上。

媒体在描述黑人时说他"抢劫"了食物,在描述白人时说他们只是想通过"找到"食物生存下来。关于这种措辞的讨论凸显了媒体的偏向性。在《孩子们看着呢:媒体的多样性教育》(The Children Are Watching: How the Media Teach About Diversity)中,科尔特斯描述了"包括电视节目、报纸和杂志在内的媒体产品是如何充当民主教科书的"。媒体拥有塑造观点和宣扬某些价值观的力量。我们每天晚上都可以看到许多从性别角度表现妇女、将非裔美国人和拉丁裔美国人描绘成罪犯、将父亲描绘成茫然无助的人并对其他模式化形象进行强化的电视节目。根据科尔特斯的说法,观看这些节目的小孩子"被灌输了"偏向性。

> **扩展探索:你自己的连续区间**
>
> 画一个连续区间,标出贝内特提出的三种族群中心主义反应和三种族群相对主义反应。将你自己的家庭成员放置在连续区间上,包括你的祖父母、父母、你自己和你的兄弟姐妹。现在,写下一篇反思性短文,描述你将这些个体放置在你所选择的位置的理由。你觉得你自己的子辈和孙辈未来将会出现在什么位置?为什么?

我们周围的人对多元群体的看法也对我们产生了很大影响。家庭成员和朋友、看护人、同龄人、教师、教练和辅导员、宗教团体首领、课外活动领导人以及其他人对我们文化态度、信仰和价值观(包括我们对差异的认识)的形成产生了重要影响。这种文化规范、价值观和信仰的形成通常被称为"社会化"(更多信息参照本书第五章)。根据卡什纳等人的观点,"社会化的目的是向学习者传授思想和行为习惯,使之成为某个群体忠诚而有用的成员"。这些思想和行为习惯可能包括以符合社会规范的方式正确或错误地看待他人并与他人互动。

社会化可能产生积极和消极的结果。一个特别具有挑战性的结果是族群中心主义,即相信自己的观点是最合适、最正确的观点。米尔顿·贝内特将对待差异的反应设想成了一个连续区间,区间的一边倾向于族群中心主义,另一边倾向于族群相对主义(见图6.1)。

在族群中心主义反应中,个体通常认为自己的存在位于其他所有人感受到的现实的中心。贝内特描述了三类族群中心主义反应:(1)否定差异(相信所有人拥有相同的信仰、价值观和态度);(2)反抗差异(人们认识到了差异,但是试图对抗这些差异,以保持自己所具有的世界观的优势);以及(3)抑制(个体通过关注文化共性掩盖差异的重要性）。

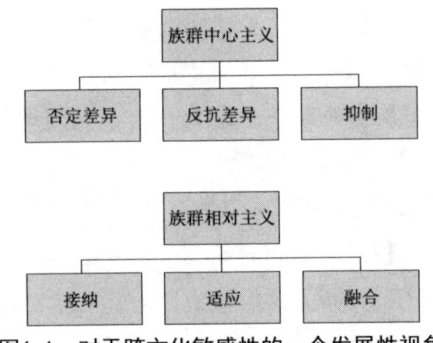

图6.1　对于跨文化敏感性的一个发展性视角

另外，贝内特相信，文化只能相对于其他文化得到理解——换句话说，它只能以相对方式得到理解。贝内特描述了对于差异的三类族群相对主义反应：（1）接纳（承认和尊重文化差异）；（2）适应（个体利用他们对差异的接纳来认识、适应和理解来自其他文化的人并与其沟通）；（3）融合（个体根据持续一生的、具有多样性的社会、政治和教育交流形成自己的取向和世界观）。

通过参与练习6.1，考虑各种因素对于你对其他文化个体的看待方式有什么影响。你的答案中应当考虑到贝内特描述的反应等级。

> **练习6.1　你如何看待我？**
> 这个练习的目的是展示人们对其他人做出判断时具有的倾向。
> 步骤：
> （1）在你不了解或者希望更加了解的群体中选择一名同伴。和这名同伴坐在一起。
> （2）每个同伴应该根据下列类别写出他对对方的认识。尽量不要修饰你的思想，写出自己的真实想法。将此次练习当作一次学习经历。
> 　　a. 种族，族群；
> 　　b. 使用的语言；
> 　　c. 兴趣或爱好；
> 　　d. 教育背景；
> 　　e. 最喜欢的饮食；
> 　　f. 偏爱的音乐类型；
> 　　g. 最喜欢的娱乐类型。
> 总结：
> • 和你的同伴讨论你们对于对方的认识。
> • 讨论你用于形成个人反应的暗示或方式。
> • 在整个小组里讨论这些认识是如何形成的。

2．儿童种族身份的形成

成人也许往往认为孩子不具有偏向性，偏向性和偏见是人们成人以后形成的。实际上，孩子在很小的年龄就知道了差异、种族和身份。人生早期形成的对于其他人的认识可能影响我们一生与不同文化群体的交流方式。下面的短文展示了这一现象。

  我在美国红十字会做过10年的急救指导志愿者。每年夏初，我会向一些高中年龄的救生员和野营辅导员提供培训。有一年，在休息的时候，一个班级和我讨论起了种族问题。他们向我请教如何应对种族主义态度。他们说的不是孩子，而是禁止自己的孩子同少数群体孩子玩耍的白人家长。一名救生员表示，曾经有一位愤怒的家长找到他，要求他强迫"那些孩子"远离她的孩子，在游泳池的另一边游泳。另一位公园辅导员激动地转述了一位家长的话语，那位家长用力将她的孩子从沙箱中拉了出来，打断了她的孩子与黑人孩子正在进行的快乐玩耍。

  看着小孩子可爱的面庞，你很难想象他们中的任何人长大以后会成为白人至上主义者、反犹分子、恐同者或沙文主义者。小孩子愿意和其他任何小孩子玩耍。一开始，皮肤的颜色、头发的质地或眼睛的形状对于小孩子来说没有太大的意义。不过，他们会经历一个觉醒过程。研究显示，2~5岁的孩子开始意识到性别、种族、族群和残疾。在这个幼小的年纪，孩子会受到父母和其他人的影响，成为具有公正思想的个体，或者形成偏见。克罗斯提出了包含五个阶段的种族身份形成模型，可以用于考虑美国具有文化多样性的年轻人的种族身份形成过程。表6.1对这些阶段进行了描述。

表6.1 年轻人种族身份形成过程中的各个阶段

阶段	特点
（1）遭遇前	孩子了解了主流文化，知道它被视为成功的决定因素。孩子接受了具有欧洲中心主义世界观的教育，没有意识到这种世界观对自我形象的影响。
（2）遭遇	孩子经历了被人以带有贬义的词语称呼或者被另一个文化群体排斥的遭遇，开始质疑自己的文化和身份的价值。
（3）沉浸	孩子高高兴兴地了解自己的种族或族群身份，他们可能会加入关注种族或族群的组织。
（4）内化	最终，年轻人开始更为坦然地面对自己的种族和族群身份，不再像以前那样讨厌主流白人文化。年轻人可能会努力在不同文化群体之间建立积极的关系。
（5）内化/承诺	学生形成积极、安全的自我认同，并且致力于帮助其他人进入这个阶段。

数据来源：改编自克罗斯（2001）。

3. 反思与问题

  家长和教育工作者显然必须共同努力教导孩子学会形成对于他人的准确感受。我们必须对抗主流媒体宣传，告诉孩子妇女占有强大而具有影响力的位置；有肤色的人是负责任、富有成效的社会领导者；有口音的人（拉美裔等）非常聪明能干；白人可以成为平等的支持者。为此,我们将这些信息融入我们的课时中,并且提供能够反映积极形象的教学材料。

(1) 如何设计课时规划,以便帮助学生认识到他们对于具有不同文化的人群可能持有一些错误观念?

(2) 如何设计课时规划,以便帮助学生成功进入克罗斯种族身份形成中的第5阶段?

(3) 描述教师可以采取的对抗家庭负面影响的五项措施。我们如何应对那些向孩子进行仇恨和偏执教育的家长?制订一项解决家长偏向和偏见问题的计划。

二、对他人差异的反应

1. 作为文化个体的自我与他人的关系

> **预先思考**
>
> 如今,做一个青少年不是一件很容易的事情。你既要融入群体之中,又想成为一个个体,这两个目标可能产生冲突。对于有肤色的学生或存在差异的学生来说,青少年阶段可能更具挑战性,如果被视作不同的人,他们可能会感受到来自同辈的巨大压力。
>
> 问题:
>
> (1) 学生如何一边努力融入学校文化中,一边保留自己的种族、族群或宗教身份?给出同化是(或者不是)一种理想行为的理由。
>
> (2) 你在试图融入群体时经历了哪些事情?描述你试图融入学校文化的方式。
>
> (3) 描述你作为一名教师使用学校其他专业人员资源(社会工作者、辅导员和学校心理医生)的一组策略。你是否用到了语言治疗师和职业治疗师?

当你走进一间充满陌生人的会议室或者参加一场舞会时,你会寻找你不认识的人,走到他们面前介绍你自己吗?你会像大多数人一样环视房间,寻找你认识或者至少和你具有相似外表(比如相同的性别,相同的年龄)的人,然后走向这个人吗?后一种行为当然没有任何问题。我们每个人都希望同那些看上去和我们具有一些共同点的人在一起,这样会使我们感到更加舒适,这种想法是很正常的。不过,考虑到我们这个社会日益增长的多样性,我们面临着一项挑战,那就是同那些和我们存在明显差异的人群形成更高的舒适度。教育工作者需要理解人们对差异的反应,这是非常重要的。教育工作者或学生在学校身处同一环境,但这并不意味着所有人都能相处得很融洽。对于差异的认识影响着人们的相互交流。那么,人们对差异都有哪些反应呢?

教师可以用练习6.2中的活动帮助学生理解信念和价值观。这种"公共散步道"(或者叫身份圆圈)是加州大学洛杉矶分校学校管理计划的德比·莱德利同黛比·班比诺、黛比·麦金泰尔、史蒂维·奎特和朱莉·奎因在2001年12月得州休斯顿美国学校改革联盟的冬季会议上共同设计出来的。

2．对于差异的反应：模式化、偏向、偏见

在考虑对于差异的反应时，我们应该熟悉相关概念。需要考虑的重要概念包括模式化、偏向、偏见、歧视、种族主义和性别主义。教师必须了解不同文化，同时不能被模式化印象左右。

模式化是认为某个群体的所有个体完全相同、具有相同行为方式的信念。模式化存在于我们的大部分交流过程中。我们在一生中不断"记录"关于人们的正确信息和错误信息，以及他们和我们在这方面应该具有的表现。这相当于在一个人的心里制作一份关于人群的记录。因此，不管我们认为自己多么公平，我们所了解到的关于不同人群的一点点正确信息和错误信息常常导致我们形成对于这些人的模式化印象。当我们需要对某人做出反应时，我们没有时间对我们接收到的所有正确信息和错误信息进行仔细思考。相反，我们迅速用自己对人们的模式化印象指导自己的行动。

考虑到模式化的力量，第二章介绍的多元文化教育工作者个人发展四步骤模型将意识放在了第一步。这里的"意识"指的是什么呢？在这个步骤，我们鼓励教育工作者培养对于下面几个问题的强烈意识：（1）他们是能够影响他人学习的个体；（2）人们由于文化而形成的不同生活经历；（3）对于多样性的不同认识；（4）作为一个研究和教育实践领域的多元文化教育。

练习6.2　我的"公共散步道"

步骤：

（1）按照图6.2的样子画出一张图。将你的名字写在中间的圆圈里。在每个外圈里写下一个能够明显体现你的特点的词语或描述，比如"女性"（female）、"爱尔兰裔美国人"（Irish American）、"南方人"（Southerner）等。你应该尽量把你希望添加的圆圈添加上去，但是每个圆圈都应该体现出你的鲜明特点。

（2）现在，全班同学用西班牙语、法语或某个学生可能知道的其他任何语言进行一二报数。每出现一种不同的语言，报数活动就多了一种文化元素。数到一的学生肩并肩排成一个小圈，然后转过身，脸朝外。每个数到二的学生和一个数到一的学生面对面组成一个小组。

（3）每个人有两分钟的时间向他的同伴提出问题。在一个人说话的时候，另一个人必须保持沉默，倾听对方的话语。用打铃或发出另一声命令的方式指示两分钟结束的时刻。现在，另一个人有两分钟的时间回答相同的问题。当每个人回答完问题时，外圈向右移动一人，使每个人获得一个新同伴。下面是问题示例：

　a. 你最认同哪一种描述？为什么？
　b. 其他人认为哪一种描述最适合你？你对此有什么感觉？
　c. 说出你的某种身份描述在学校或其他场合为你带来优势的一次经历。
　d. 说出你的某种身份描述在学校或其他场合为你带来阻碍的一次经历。

总结：在完成此次练习以后，进行全班总结。你觉得此次活动如何？你了解到了关于自己或他人的哪些知识？

对于各种人群形成固定观念也许是人类的天性。有时，这些观念是积极的，但在通常情况下，它们不是积极的。格拉斯哥和希克斯以一种有趣的方式描述了如何将模式化

看作人们的归因性特点。

（1）模式化意味着可控行为或事态拥有稳定可控的内部原因。例如，白人是偏执的，某些女生交友没有选择，墨西哥人很懒惰。

（2）模式化暗示了超出个人控制范围的特点、属性或行为。例如，运动员很笨，老人脑子不好使，妇女很软弱，爱尔兰人很幸运。

（3）模式化意味着模式化对象外部的原因，它将行为责任归因于一个人控制以外的因素。例如，在具有种族歧视的社会里，一些群体无法享受正常社会权益。作为一个群体，非裔美国人和拉丁裔美国人不像白人那样成功，因为他们懒惰或无能。

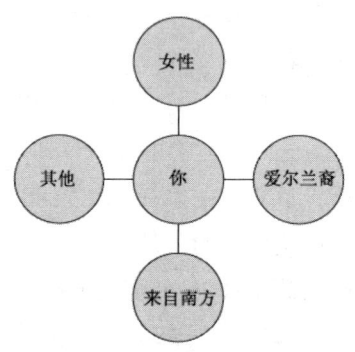

图6.2 "公共散步道"或"身份圆圈"

对于模式化印象来说，人们至少可以意识到他们拥有这些信念。不过，这些态度和信念有时比较隐蔽，它们的持有者甚至无法意识到自己的观点。因此，人们应该努力发现和表述这些偏向性。我们应该关注差异，意识到它们对我们行为的影响。我们可能认为自己具有公正性，但我们的偏向性、感觉和模式化观念每天都在影响着我们的行为。

练习6.3提供了模式化印象影响我们行为的另一个例子。在支持学生考虑模式化印象的影响、面对自己的偏向性和偏见时，我们面临着一个阻碍：我们的学生常常生活在高度单一的学校文化环境中，很少接触到不同人群。即使在公立学校，从幼儿园到高中的教师也存在明显的种族隔离。培养学生对于其他文化和族群的认识和欣赏已经成了健康而令人满意的课程的一部分。

另一个重要概念是偏向。偏向描述了一种思想倾向或偏好，或者偏心。偏向可以被引向积极的一面，比如慈爱的家长特别重视孩子的能力，即使这种做法没有必要。偏向也可以被引向消极的一向，比如一个人根据传闻对另一个具有不同文化的人怀有某种期望，导致他的正当权利受到影响。

偏见的概念与偏向非常接近。偏见是一种含蓄的、先入为主的、不合理的判断或观念，通常是一种不利的观点，伴随着怀疑、恐惧、偏执或仇恨。偏见不是天生的，它是一种习得行为。

在我们出生以后，由于各种影响因素，我们对人们产生了偏向性。这些影响因素包括家长、媒体、朋友、学校、榜样和宗教组织。有时，偏向性可以成为积极因素，但更多时候，偏向性和偏见会对我们的相互交流产生负面影响。"偏见"一词实际上意味着"预先判断"。我们利用自己拥有的关于一个人的一点点信息对他进行判断。通常，这种预先判断以模式化印象为基础，是一种负面判断。练习6.4呈现的场景展示了偏向和偏见的微妙性质。

练习6.3　你愿意站在我的位置上吗？

目的：确定与不同人群相关的模式化印象。

材料：每个参与者10张便利贴。

步骤：

（1）每个参与者考虑他所认同的所有文化群体。然后，参与者在每张便利贴上写下一个群体。在考虑群体时，参与者应该放开思路（比如美洲原住民、女性、矮个子、女同性恋、运动员、书呆子）。最后，参与者将所有纸条贴在自己身上。

（2）参与者在教室里走动，查看每个人的身份，但是不能出声。

（3）经过初步观察，参与者可以在5分钟的时间里再次在人群中走动。这一次，他们可以商谈"交易"（用自己的一张贴纸交换另一个人的贴纸）。应当鼓励每个参与者至少交易一次。

总结：
- 将标签贴在自己身上的感觉如何？这与现实生活是否相似？
- 你急于摆脱哪些身份？
- 你想得到哪些身份？
- 阅读其他身份的感觉如何？
- 你不想得到哪些身份？为什么？
- 什么是模式化印象？它们对你的交易过程有何影响？
- 模式化印象对你与其他人的交流有何影响？它们对教与学有何影响？
- 你今天学到了哪些重要知识？

练习6.4　关于偏向和偏见的场景

场景1

我在家里吃得最多，因此我的妻子愿意让我完成大部分购物工作。一天，当我推着购物车经过肉类通道时，我发现通道里有一个坐轮椅的人。他显然是越南老兵，因为他戴着贝雷帽，穿着迷彩服，胸前戴着一些徽章，椅子上绑着一面POW MIA（战俘失踪人员）旗子。他的两条腿只剩下了大腿中部以上的部分。当我准备从他身边绕过去的时候，一位年轻的母亲和她学龄前的孩子走了过来。男孩儿有四五岁的样子。这时，他注意到了坐轮椅的人。作为两个孩子的父亲，我停了下来，想看看小男孩儿对老兵的反应。不出所料，男孩儿指着退伍军人大声说："看，妈妈，这个人没有腿！"母亲感到很尴尬，捂住了儿子的嘴，带着他从坐轮椅的人身边迅速走了过去。我瞟了老兵一眼，他看上去很受伤。

问题：

（1）在那一刻，小男孩儿学到了什么？

（2）男孩儿为什么说出这种话？

（3）老兵为什么看上去很受伤？是孩子的话语还是家长的反应伤害了他？

（4）如果你是那个年轻的家长，你会怎么做？

（5）你认为家长怎样的反应才是恰当的？

场景2

　　一位中年非裔美国小学校长正在从街角市场往家走。这是一个美好的星期六傍晚，他一整天都在新家的花园里工作。由于不需要像平时那样穿上西服和打领带，因此他仍然穿着工作服，准备回家洗个热水澡，冲掉干活时沾在身上的泥土。虽然天色暗了下来，但他仍然看到他们学校的一个小女孩儿正和她的父亲从远处沿着住宅区街道向他走来。当他抬手准备打招呼的时候，那个父亲抱起小女孩儿，迅速穿过马路，从另一侧走开了。

　　问题：

　　（1）小女孩儿的父亲为什么做出这样的行为？

　　（2）这是合理的行为吗？为什么？

　　（3）小女孩儿在这一刻学到了什么？

场景3

　　我在一场学校接待晚会上和一个家长聊天。小学的孩子们刚刚举行了一场演出，教师、学生和客人正在享用晚会提供的零食。在这个家长和我谈话的时候，她孩子走过来，拉着她的裙子，希望引起她的注意。"雅各布［（Jacob）一名同学］在哪儿？"他问道。母亲低声让他安静下来，告诉他不要插嘴。男孩儿没有放弃，继续问道："雅各布在哪儿？"在第三次被打断时，这位家长俯下身，故意用很大的声音对儿子说："他不在这里，因为他是犹太人。"男孩儿露出了困惑的表情。我这才想起来，学校无意中将活动选在了犹太人过节的日子上。为了遵守教规，犹太学生这一天并没有出席活动。

　　问题：

　　（1）小男孩儿这一刻学到了什么？

　　（2）你如何以另一种方式处理这种局面？

　　（3）母亲是偏执者吗？为什么？

3．反思与问题

　　对其他人保持包容的心态并不是一件容易的事情。与令人不快的观点进行斗争会使人感到很痛苦。

　　列出与你的种族、族群、性别和其他差异类型有关的模式化印象和偏向性。与其他人分享这些模式化印象和偏向性，然后进行讨论。它们是怎么来的？

　　（1）你对其他人持有哪些模式化印象和偏向性？你知道这些观念是怎样形成的吗？

　　（2）考虑你的父母和祖父母持有的模式化印象和偏向性。你能回想起任何对话或事件吗？当你听到这些对话时，你的感觉如何？你的家人对带有模式化印象或歧视的说法有什么反应？

　　（3）你认为如今的年轻人比你们这一辈或者你的父辈更加宽容还是更加狭隘？你觉得为什么现在的人们形成了这样的态度？说出你的理由。

三、对于学校文化差异的低效反应

1．差异在学校里有影响吗？

　　学生的文化差异会引起不同的反应。在制订和开展美国著名的"差异世界"计划时，反诽谤联盟（ADL）将仇恨的发展描绘成了一座金字塔，以展示对于差异的负面反应所具有的复合性质。金字塔底部是具有轻微偏向性的行为，这种行为可以是看上去无足轻重的活动，比如形成模式化印象、开玩笑、传播谣言、接受负面信息。不过，如果不加限制，具有轻微偏向性的行为可能升级成更加严重的仇恨形为，包括骚扰、袭击和极端暴力行为。

> **预先思考**
>
> 我们希望我们的孩子在校期间在身体上和情感上是安全的。遗憾的是，事实并非永远如此。这个问题不限于内城学校。
>
> 问题：
>
> （1）在如今的学校，欺凌和骚扰有多普遍？
>
> （2）当前的学校存在哪些偏向形式？
>
> （3）你在学校里的经历如何？你个人遇到过具有偏向性的行为吗？
>
> （4）我们这个教育系统的领导层做出了哪些努力？领导者对于安全学校环境的发展起到了帮助作用还是阻碍作用？哪些具体政策似乎有效解决了本章讨论的问题？你认为哪些政策可以更有效地解决本章的问题？

还可以通过歧视、种族主义和性别主义的概念描述对差异的低效反应。歧视指的是偏见导致的排斥行为。种族主义是一种歧视形式，它是基于种族对个体或群体不公平或带有歧视性的对待或态度。性别主义是另一种歧视形式，它是基于性别对个体或群体不公平或带有歧视性的对待或态度。

2．学校里的仇视性犯罪、欺凌和骚扰

2013年，联邦调查局报告了美国5 928起仇视性犯罪，涉及6 933次对受害者的冒犯。在所有被报告的仇视性犯罪中，大约65%的犯罪针对的是个人，大约35%的犯罪是财产犯罪。受害者被描述成了个体、企业、机构或整个社会。和其他许多犯罪一样，仇视性犯罪往往会被瞒报，因此实际数字可能高得多。图6.3显示了仇视性犯罪的历史记录（不是很齐全）。南方贫困法律中心（SPLC）引用司法统计局的报告驳斥了FBI的统计数据，称仇视性犯罪的实际数据比FBI报告的官方数据高19%到31%。

美国教育部全国教育统计中心在2013年的《学校犯罪与安全指标》（*Indicators of School Crime and Safety*）报告中揭示了一些重要数据：

- 总体来看，2011年，在声称自己在学校遭到欺凌的学生中，白人学生的比例最高，亚裔学生的比例最低；
- 具体来说，在这一学年，在12岁到18岁的学生中，15%的亚裔学生声称遭到了欺凌；白人学生的比例是31%；黑人学生是27%；西裔学生是22%；
- 2011年，大约37%的六年级学生声称在学校遭到了欺凌；七年级学生是30%；八年级学生是31%；九年级学生是26%；十年级学生是28%；十一年级学生是24%；十二年级学生是22%；

- 从学校类别来看，2011年，公立学校声称遭到欺凌、成为学校有选择欺凌问题受害者的学生比例高于私立学校。28%的公立学校学生声称自己在学校遭到了欺凌。在私立学校，这个比例是21%；
- 而且，不同城市区域也存在差异：2011年，内城地区声称在学校遭到欺凌的学生比例（25%）低于市郊和农村地区（分别是29%和30%）。

显然，学校和家庭必须更加努力地保护学生。欺凌导致的创伤可能持续到成年。对于学生的身体和情感安全，学校现在负有更加重要的责任。欺凌现象能否完全消除？现在的欺凌现象是否比过去更加严重？这是值得讨论的有趣话题。一个需要记住的要点是，在尊重的环境里，学生的学习效果是最好的。

男女同直教育网络（GLSEN）在其2014年美国学校环境调查报告中指出，据称，74%的女同性恋、男同性恋、双性恋和跨性别（LGBT）学生受到了语言骚扰；36%的同类学生受到了身体骚扰。每3名LBGT学生中有两名在学校由于自己的性取向而产生了不安全感。

美国对于欺凌问题的研究要少于英国、挪威和瑞典等国家。不过，美国学校显然存在骚扰问题。我们应当努力理解欺凌的原因及其在学习上、身体上和情感上对学生的影响。练习6.5展示了欺凌导致的恐惧和其他感受。

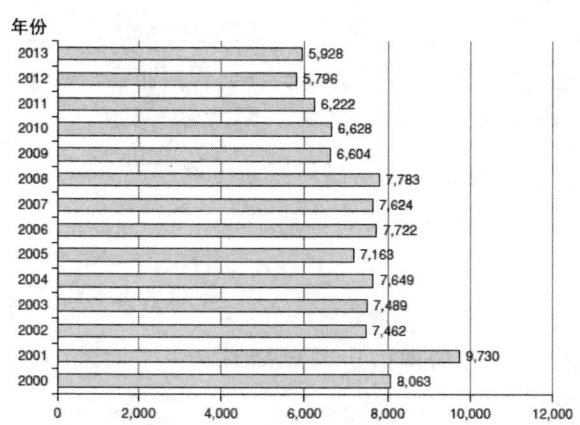

图6.3　FBI统一犯罪报告：仇视性犯罪统计数据，2000—2013年

资料来源：FBI（2013）。

练习6.5　拍手

目的：向学生传递这样一条信息：欺凌和骚扰对学习具有负面影响。

步骤：

（1）协调员邀请一名志愿者帮忙演示这个过程。志愿者站在协调员旁边，协调员提出下列问题：

　　a. 2加2等于多少？
　　b. 减1呢？
　　c. 乘2呢？
　　d. 144的平方根是多少？

（2）全班同学组成两人一组，在1分钟的时间里，由你向每个人提出简单的数学问题。

（3）接着，协调员邀请一名志愿者面向他站立，伸出双手，肘部弯曲，手掌朝下。协调员将他的双手放在同伴的双手下方，相距大约1英寸，手掌朝上。接着，协调员迅速移动双手，拍打搭档的手背。这是一个古老的儿童游戏，搭档必须迅速将双手移开。

（4）将步骤3重复三四次。

（5）现在，协调员宣布，搭档必须先回答问题，然后才能把手移开。协调员再次提问：

　　a. 2加2等于多少？
　　b. 减1呢？
　　c. 乘2呢？
　　d. 144的平方根是多少？

（6）现在，全班同学再次组成两人一组，进行三四分钟的游戏，中途交换一下两人的角色。

总结：考虑下列问题。

• 你从这个游戏中学到了什么？
• 根据这个游戏，你能得出怎样一个适用于学校环境的隐喻？

我们怎样知道人们的行动来自偏向性还是仅仅来自误解呢？由康涅狄格州教育部的杰克·长谷川设计的练习6.6可以帮助我们理解这种差异。

练习6.6　你来做决定：过度敏感、实践不当还是真的存在偏向性？

阅读下面的段落。在每个场景中，某个人会说："我是偏向性的受害者。"这些所谓的受害者是否表现得过于敏感？问题是由行政实践不当导致的吗？案例中真的存在偏向性吗？根据你的判断，在相应的回答上画圈。

OS=过度敏感；PP=实践不当；AB=真的存在偏向性

OS	PP	AB	一位年轻的母亲走进学校办公室，询问为她的儿子办理免费午餐的事情。干事在处理表格时说："你们这些人应该把你们买漂亮旅游鞋的钱花在孩子的午餐上。你们买鞋的时候似乎一点也不缺钱！"
OS	PP	AB	赫克特在第一次看到新的西班牙教师时大声说道："白人女士教得了西班牙语吗？"
OS	PP	AB	达雷尔是一位"非裔美国人项目关怀"学生，从一年级起一直在同一个郊区上学。在六年级，他遇到了比之前几年更大的困难。人们对他进行了学习障碍测试，得到了肯定的结果。他的一位教师评论道："我想，如果他们是需要接受特殊教育的学生，他们应该回到哈特福德。"
OS	PP	AB	一位学校理事说："为什么我们要为这些英语强化材料付钱？既然人们来到了这个国家，他们就应该学习英语！如果你不使用我们的语言，那你就别来上学。"

第三部分　意　识　155

OS	PP	AB	比利来到校长办公室，他说，他害怕来自哈特福德和保障性住房项目的那群孩子，尤其是当他们在操场上聚在一起的时候。校长简单问了问，发现比利的叙述中不存在任何威胁或暴力成分。他让比利"远离他们——就当他们不存在"。
OS	PP	AB	多丽丝8岁那年从波多黎各来到康涅狄格。她在学校的表现一直很好。在她第一天进入英语荣誉班时，一名同学注意到她那明显的西班牙口音，对她说："你不属于这里。这里只适合真正精通英语的孩子。"
OS	PP	AB	一名犹太教师感到很不安，因为她发现康涅狄格精熟测试被安排在了犹太教的圣日。虽然她的学校允许犹太教师和学生在当天请假，但她觉得这使犹太学生处于一种不利的境地，因为他们会错过两个教学日：一个是圣日，一个是补考日。
OS	PP	AB	初中足球教练对队伍中的两名男生责骂道："你们跑得像女生一样！"旁边场地上的女子足球队教练听到了这句话，她指责她的同事搞性别歧视。
OS	PP	AB	琼斯女士给学校打电话，她抱怨说，她的儿子被分到了平均数学组。她的电话被转给了数学主任。她要求将儿子分到更高的组别里。她最后说："我知道，教师常常低估非裔美国学生，尤其是男生。"
OS	PP	AB	学生会正在开会。玛丽举起了手，但是其他学生和指导教师仍然不断插话进来。最后，玛丽终于参与到了讨论中，她抱怨大家之前没有理睬她。指导教师说："你需要学会插话。你不能等着某个人叫你发言。"
OS	PP	AB	开学第一天，第三代日裔美国人比利·齐藤坐在新的六年级教室里。教师要求学生介绍自己在夏天做了什么。轮到比利时，教师来到他的书桌前，用很慢的语速说："你知道我们在做什么吗？你只要尽力就好，我会帮助你的。"
OS	PP	AB	一名刚刚进入学校的非裔美国学生控告说，副校长对他怀有敌意。副校长说，这个学生具有一种真正的"内城"态度，很难沟通，因为他看上去无精打采，说话声音很轻，而且说的都是俚语。这位管理者感觉这名学生并不想融入学校所在的小镇环境中。
OS	PP	AB	一所乡村小学的两名教师埃德和贝蒂路过自助食堂。"看看那个孩子。他吃的是免费午餐，但他把大部分食物都倒掉了，"埃德愤怒地说。"我每天开车回家时都会路过他们家。他们家有一条大船。他们并不需要免费的午餐。"

讨论：
（1）在每个人对这些陈述做出判断之后，组成一些小组进行讨论。
（2）任命一名汇报员，将你们组的发现与其他组进行分享。一定要安排好你们的时间，确保你们组能够完成下列各项活动。
    a. 选择三个场景，探索人们为同一事件赋予不同含义的原因。
    b. 我们可以将偏向性定义成"对多样性的负面承认"。歧视是基于一些多样性维度的不公平对待。在每个场景中，导致人们说出"我是歧视的受害者"的触发因素、行为、表现或语言是什么？
    c. 选择一个或两个场景。假设声称自己受到偏向性对待的人是你的同事，回答下列问题：
- 如果事件发生时你在场，你会做什么？
- 如果你事后听说这件事，你还能做什么（或者应该做什么）吗？

资料来源：康涅狄格州教育部。

3．应对欺凌和骚扰

为了实现最佳学习效果，学生必须在学校环境中获得身份和情感上的安全。在《创造具有情感安全性的学校：教育工作者和家长的一份指导》（*Creating Emotionally Safe Schools: A Guide for Educators and Parents*）一书中，简·布鲁斯坦提供了"情感安全"的一个定义。她将情感安全描述成具有一些重要特点的教室或学校环境，比如所有学生

- 感觉自己受到了欢迎和重视，认为自己属于这里；
- 在犯错误时仍然能够感受到别人的尊重；
- 能够远离骚扰和恫吓；
- 能够远离偏见和歧视；
- 感觉自己可以不假思索地表达自己的意见。

只有创造出安全的滋养型环境，形成良好的学习文化，学生才能真正投入学习中。我们必须认识到，这种环境的营造是教育的一项优先任务。贝兹伦向我们提出了学校在创建这种氛围时需要注意的两个风险。首先，必须允许孩子学习和成长，体验成长过程中必须要经历的挣扎。过度保护会抑制成长。其次，不应该把关注点放在对冒犯者迅速而严厉的惩罚上。更好的关注点是预防。

韦斯勒和普雷布尔描述了"恭敬的"学校。教育工作者必须理解偏向、偏见和骚扰经历对学生的巨大负面影响。如果你经常阅读报纸，你就会发现负面氛围没有得到制止、受害者及其家长的恳求没有受到关注的大量学校案例。不过，对欺凌和骚扰的应对常常不是教师教育的一个重要组成部分。一些自诩为专家的人宣称可以帮助学校摆脱欺凌，他们发出的杂音使问题变得更加复杂。如果学校不能从根本上认认真真地将保护学校社区的所有成员免受情感上和身体上的伤害作为一项工作重点，任何会议、特别演讲者和视频都无法起到真正的效果。在我们的高利害测试环境中，人们往往专注于如何提高学习成绩，忽视了学生无法在不健康的环境中专心学习这一事实。"恭敬的"学校向教师提供关于干预方式的正式培训，并向学生干部传授关于影响的理念，以培养积极的环境。

许多书籍专注于为那些没有在积极学校环境的创建上接受正规教育的教师弥补差距。例如，阿姆斯图兹（Amstutz）和米莱（Mullet）的《学校恢复性纪律小书》（*Little Book of Restorative Discipline for Schools*）；布伦特罗（Brendtro）、布罗肯莱格（Brokenleg）和博肯（Bockern）的《改造危险的青少年》（*Reclaiming Youth* at Risk）；科尔文（Colvin）的《平息教室里的破坏性行为》（*Defusing Distruptive Behavior in the Classroom*）；H.王（H. Wong）、R.王（R. Wong，音译）、乔恩达尔（Jondahl）和弗格森（Fergson）的《课堂管理书》（*The Classroom Management Book*）都是有用的资源。

美国卫生及公共服务部创办了一个网站，网址为http://www.stopbullying.gov，为学校和家长提供了大量信息。

> **扩展探索：解决欺凌问题**
>
> 什么样的"欺凌"仅仅是"不友好的行为"？一个二年级学生屡次将一个孩子推到一边，以便挤到前面。这是欺凌吗？另一个小学男生喜欢亲吻某个女生的脸颊。这是性骚扰吗？我们应当对这类情况进行调查吗？哪些发展性因素需要得到考虑？研究当地一个学区在骚扰问题上的政策。研究你们州的教育部制定的政策。在你的研究中，考虑一下学区政策或州级部门政策对欺凌发生率的影响（如果有的话）。

4．反思与问题

为了在偏向、骚扰和欺凌行为的识别上提高技能，首先选择你所熟悉的至少三个故事或童话（比如《睡美人》《小红帽》）。

问题：

（1）描述你在这些故事中发现的偏向性。这些偏向性对你的成长产生了哪些影响？

（2）你在报纸和杂志中发现了哪些偏向性？找出来自五个不同渠道的例子。

（3）从全国来看，我们国家似乎在政治上存在两极分化现象，在无证件移民、同性婚姻以及对仇视性犯罪的处理等各种事务上存在迥然不同的观点。你觉得是什么造成了这种视角差异？

四、对于学校文化差异的积极反应

我们似乎生活在一个欺凌和骚扰现象广泛存在的时代。同时，我们也生活在一种非常喜欢打官司的文化里。为了帮助学校营造积极安全的环境，教师应该掌握哪些知识？

问题

（1）哪些法律保护学校里的学生、教师和职员？描述其中的三部法律。

（2）学校应该制订哪些关于欺凌和骚扰的方案或保护措施？

（3）学校可以使用哪些课程或计划来对抗偏向性？

（4）在合适行为的立法上，政府应当起到什么作用？这些解决方案需要修改法律吗？

1．学校安全环境的必要性

要想让每个学生获得学习和取得好成绩的机会，学校必须营造一个安全的环境。如果学生感觉和其他学生在一起不安全，或者感觉成年人没有为他们提供充分的保护，他们将无法在这种环境里专心学习。《保护学生远离骚扰和仇视性犯罪：对于学校的指导》（*Protecting Students From Harassment and Hate Crime: A Guide for Schools*）是由美国教育部民权办公室和美国司法部长协会出版的一份免费综合性手册。这份手册在一种消除骚扰和仇视性犯罪的综合方案中概括出了下列基本步骤：

（1）制定禁止非法骚扰的书面政策。
（2）发现和响应所有骚扰和暴力事件。
（3）提供正式申诉程序。
（4）创造一个支持种族多样性、文化多样性和其他多样性的学校氛围。
（5）同执法机构合作，以解决和预防仇视性犯罪和违反民权的行为。

上面介绍的这种主动采取措施创造积极学校氛围和制度措施的学校不仅有助于保护学生免受伤害，而且可以营造更有成效的学校环境。

对话和谈话是解决欺凌、骚扰和仇视性犯罪问题的重要途径。没有在各个年级层次上深入而有意义的谈话，教育工作者和学生很难认识到不合适和不可接受的行为并进入重视差异的阶段。偏向性将继续不受控制地发展，可能升级成仇视性行为。实现这种谈话并不容易，但它们是非常重要的。一些人将其称为"危险对话"和"重要谈话"。

2．理解法律和教育

联邦和州的民权法律为学校环境中的学生、教师和职员提供了保护。几乎所有公立学校都会接受某种形式的联邦资助，因此它们必须遵守联邦民权法律。一个典型的学校系统可能会接受来自30多项基金的重要联邦资助。为了维持运行，它们常常迫切需要这笔资金。其中一些基金比较有名，比如美国学校午餐计划、特殊教育、双语教育以及第一款基金（补偿教育）。

学校尤其应当熟悉美国教育部的要求，该部门负责监督学校对主要民权法律的遵守情况，而且维护着一个对这些法律进行解释的网站：http://www.ed.gov/about/offices/list/ocr/know.html，这个网站提供了极为详细的信息。

美国联邦法规34篇100部1964年《民权法案》第六款（以下简称第六款）禁止歧视，包括基于种族、肤色和出身国的骚扰。这部法律要求，使用任何公共基金的学校不得有基于种族、肤色或出身国的偏向性。学校计划不能基于这些受到保护的类别将学生排除在外。例如，如果一个学校接受了联邦基金，以实施一项辅导计划，学校必须确保少数种族学生可以平等地参与进来。注意，第六款没有为学生提供基于性别的保护。这种保护是由另一部联邦法律（第九款）提供的。

美国联邦法规34篇106部1972年《教育修正案》第九款（以下简称第九款）禁止基于性别的歧视，包括骚扰。第九款也许是与学校有关的最著名的法律，它覆盖了以任何形式接受联邦资助（包括担保学生贷款）的任何教育机构，包括地方学区、学院和大学以及特许学校和营利性学校。图书馆、监狱和博物馆等接受联邦资助的非教育机构提供的教育计划也在第九款的覆盖范围内。大多数人对第九款的了解仅限于与体育运动有关的规则，但是这个条款也做出了在职业教育和事业教育中禁止性骚扰和确保平等的规定。

每个学区必须至少有一个人被指定为第九款协调员，负责监督执行情况，对所有性别歧视投诉进行调查。学区必须向所有学生和员工通报第九款指定协调员的姓名、办公室地址和电话号码。申诉程序和非歧视政策必须得到公开。每个学区必须发表一份非歧视声明，以表示它不会在任何教育计划或招聘实践中做出基于性别的歧视行为。而且，这份声明必须发表在学区的某份官方文档中。

美国联邦法规34篇104部1973年《康复法案》第504节（以下简称504节）禁止基于残疾的歧视，包括骚扰。学校必须确保残疾学生拥有参与到所有学校计划和活动中的充分而平等的机会。

美国联邦法规28篇35部1990年《美国残疾人法案》（ADA）第二款禁止公共机构做出基于残疾的歧视行为。下列三种学生符合残疾的定义：（1）拥有身体或心理损伤；（2）拥有损伤记录；（3）被视为拥有损伤。美国《残疾人法案》解决了建筑障碍和交通等问题。

其他联邦法律包括1964年《民权法案》第7款和1963年《同酬法案》（EPA），前者禁止基于种族、肤色、宗教、性别或出身国的就业歧视，后者保护同一机构中工作量基本相同的男性和女性免受基于性别的工资歧视。

扩展探索：你对言论自由是如何理解的？

犹太人大屠杀的否认者应该被允许在全体学生面前声称犹太人大屠杀从未发生吗？学生应该被允许穿着印有"亚当和夏娃，不是亚当和史蒂夫"字样的T恤吗？"在学校公共场合宣称自己相信同性恋是一种罪恶"的做法是否违反了美国宪法？你如何看待伍迪•艾伦关于三K党的名言："我觉得你应该誓死保卫他们游行的权利，然后下楼用棒球棒迎接他们。"找到美国宪法第一修正案的准确措辞。它对你意味着什么？评估第一修正案对学校的影响。

《残疾人教育法案》（IDEA）规定了对于特殊教育学生的公平对待和教育。

提供职业或技术课程的综合性高中或中学也需要遵守美国联邦法规34篇100部附录B取消基于种族、肤色、出身国、性别和残疾的歧视和拒绝服务现象的职业教育计划指导（以下简称指导）。这部法律要求学校中的所有职业计划保护公民权利。它还要求学校进行定期审计，以确保该法律得到遵守。

各州法律通常与联邦政府的法律保持一致，但也有一些不同之处。例如，联邦没有关于欺凌的法律，但50个州中的49个州拥有反欺凌法规，蒙大拿是唯一的例外。虽然人们进行过几次立法尝试，但是没有一部联邦法律提到了学校欺凌。而且，21个州和哥伦比亚特区拥有仇视性犯罪方面的法律，以处理针对性取向的犯罪（关于这些州的完整清单，参照美国公民自由联盟，2015）。

试一试练习6.7，以检验你对第九款的认识和理解。

练习6.7　测试你对第九款的理解

这些情况是否有可能违反第九款？对于每一条陈述，在"是"或"否"的格子里打钩。这些案例来自真实的学校投诉。

	是	否
（1）为了减少骚扰投诉的数量，一所学校为男生和女生设置了不同的课间休息区。		
（2）一名教师以男女交替的形式将学生排成一排。		
（3）女子田径队收到了与男生一模一样的汗衫。这些汗衫符合男生的尺寸，袖孔很大，因此女生被迫在里面穿上一件T恤，或者购买运动文胸，以免暴露自己。		
（4）获胜的足球队每人得到了一件皮夹克和一枚学校戒指。获胜的女子篮球队每人得到了一件T恤。		
（5）几乎所有的高中技术教育班级只招男生。		
（6）高中辅导员经常建议所有女生进入护理行业。		
（7）体育课班级被分成了男生班和女生班。		
（8）教师休息室里经常有人讲下流笑话，尽管一名男教师提出了抗议。		
（9）在被问及第九款协调员是谁时，大多数学生无法做出回答。		
（10）一名女生篮球教练被解雇，因为他根据第九款提出了投诉，抗议男生在球场上对女生做出的不平等行为。		
答案：全都是"是"。		

3．帮助孩子形成多元视角

拥有多元视角是从另一个人的角度看待事件、行为、话题或问题的能力。做到这一点并不容易。我们可能认为自己思想开明，但是我们通常认为自己做事或看待事物的方式是正确方式或唯一方式。形成通过多元视角看待事物的能力之所以如此困难，是因为我们每个人都学到了一些根深蒂固的价值观和信仰。形成通过多元视角看待事物的能力通常意味着尊重一组不同的价值观。

第三部分　意　识　161

4．反思与问题

本章揭示了学校生活令人不太愉快的一面。大多数理智的成年人都会同意这样的观点：我们的学校或社会不能容忍偏执和偏向。

（1）学校在创造安全学校氛围的过程中具有哪些作用？管理者呢？家长呢？

（2）描述你在创建一个能让所有孩子在身体和情感上感到安全的教室时采取的步骤。

（3）阅读本章时，在消除偏向性和仇恨方面，你做出了哪些承诺？

（4）狭隘和偏执的个体应该被允许教书吗？这种个体是否有可能将他的偏向性和偏见与教育工作者的职责区分开？在教师选择和招聘过程中，如何发现教育工作者的偏向性和偏见？这应当成为招聘过程中的一部分吗？

五、多元文化教育领域人物介绍：詹姆斯·洛温

詹姆斯·洛温在《我的老师告诉我的谎言》（*Lies My Teacher Told Me*）中以扣人心弦的方式对美国历史进行了重新叙述，这也是美国历史可以而且应当具有的讲授方式。这本书卖出了超过80万本。目前，它仍然鼓励着从幼儿园到大学的教师教导学生质疑而不是记忆教科书。

洛温在佛蒙特大学教授了20年的种族关系。在此之前，他曾在密西西比州以黑人为主的陶格鲁学院任教。他目前生活在华盛顿特区。在那里，他仍然在研究美国人对过去的记忆。1999年，《遍布美国的谎言：我们的历史遗迹出了什么问题》（*Lies Across America: What Our Historic Sites Get Wrong*）问世。古斯塔夫斯迈尔斯基金会将他的《日落小镇》提名为2005年优秀书籍。2009年，教师学院出版社出版了《讲授真正发生的事情》（*Teaching What Really Happened*），以帮助从幼儿园到高中的教师改进教学。洛温的其他书籍包括《密西西比：冲突与改变》（*Mississippi: Conflict and Change*）[与查尔斯·萨利斯（Charles Sallis）共同编辑]，该书赢得了莉莲史密斯最佳南方非虚构类奖，但被密西西比州拒绝作为公立学校课本使用，这导致了具有开创性意义的第一修正案诉讼"洛温等诉特尼普西德等案"（*Loewen et al. v. Turnipseed et al.*）。他还写了《密西西比华人：黑白之间，法庭上的社会科学》（*The Mississippi Chinese: Between Black and White, Social Science in the Courtroom*）以及《关于哥伦布的真相》（*The Truth About Columbus*）。他曾在50多个民权、选举权和就业案件中担任专家证人。他获得的奖项包括美国社会学协会由于"适用于跨群体关系领域的社会学研究"而颁发给他的首届斯皮瓦克年度奖、美国图书奖[凭借《我的老师告诉我的谎

言》（*Lies My Teacher Told Me*）]以及奥利弗•克伦威尔•考克斯杰出反种族主义学术成就奖。他也是"美国历史学家组织"的杰出讲师。

笔者：您认为您对多元文化教育领域最重要的贡献是什么？

洛温博士：我强迫自己痛苦地阅读了12本（现在是18本）高中历史教科书，然后发现，尽管它们看上去具有多元文化特点，比过去多了许多关于美洲原住民、非裔美国人、妇女和亚裔美国人的内容，但是这些书仍然具有一种基本的内在思路：美国一开始就非常伟大，而且之后变得越来越好。这种"自动进步"的观念是一种糟糕的历史观。而且，这很无聊。因此，我向教师展示如何教授与教科书不同的观点，如何超越教科书，让学生亲自研究历史。

笔者：关于为什么应当成为多元文化教育工作者这一问题，您认为最能说服职前教师的观点是什么？

洛温博士：美国一直是一个多元文化国家。对此视而不见是一种糟糕的社会学研究方法。还是那句话，这很无聊。"多元文化"并不意味着虔诚地欣赏每个人的文化。有时，它意味着帮助学生理解某个群体没能创造历史的原因。有时，它意味着写一封班级信件，质疑教科书的一个章节。有时，它意味着向市议会解释某个历史地标的问题，建议将地标放在附近的一个地方，以便更加准确地还原历史。这种"教与学"永远不会使人感到无聊。所以，多元文化教育会使你保持年轻，因为你总是可以学到新的东西。

留给读者的后续问题：

詹姆斯•洛温对历史的解释引人深思。也许他的某些观点无法引起人们的共鸣，但他显然激励着我们更加仔细地观察历史的书写方式。2014年夏天，一些被媒体大肆报道的事件震惊了整个国家，使人们产生了两种不同的反应，其中一起事件是密苏里州弗格森市黑人青少年迈克尔•布朗遭到白人警察枪杀。抗议者在全国各地开展了示威游行，他们高举双手，展示着写有"黑人的命也是命"的标语。不久以后，一名白人警察掐死了黑人埃里克•加纳。这引发了一系列名为"我无法呼吸"的示威活动。

（1）你觉得历史会如何解读这些事件？
（2）你如何在课堂上讲授这些事件？
（3）对于这些事件，洛温可能持有怎样的立场？

六、案例研究: 应对学生在家里学到的态度

案例中需要探索的重要问题

①当学生在家里接受的信息与学校试图教授的内容发生冲突时，会发生什么情况？

②教师可以或者应该如何在不与学生家庭产生冲突的情况下努力展示更加开明的观点？

这是一所典型的小型高中，位于一座平静的郊区小镇上。镇子里的每个人似乎都认识其他人。在镇子里，几乎每个角落都有一座教堂。大多数学生从小在一起长大。不过，越来越多的家庭搬到了镇上，其中许多家庭带有肤色。学校为学生提供了具有多样性的环境并为此而自豪。学校课程不仅关注学习成绩，而且注重让学生认识到重视多样性的价值。学校几乎不存在种族问题。教师认为自己非常进步，并且将进步价值观传递给了学生。

学校鼓励学生表达自己的想法。一些学生开始出柜，展示出了自己的女同性恋、男同性恋、双性恋、跨性别或性别存疑（LGBTQ）的身份。总体而言，这些学生得到了同龄人和教师的接纳，但是也有例外。一些学生（甚至是一些教师）不太支持他们的做法，表示出了自己的不悦。这种紧张关系开始升级。推搡和斗嘴演变成了打架和辱骂。不守规矩的行为受到了惩罚。教师在应对这些问题时感到自己缺乏自信和准备。面对相互对立的校内派别，学生们感到很困惑。家长开始抱怨"同性恋学生导致的混乱"。

一些异性恋学生对朋友的人身安全感到担忧，因此找到校长，要求成立一个俱乐部或团体，以支持他们的同学。学校对受到恐同言论影响的学生日益增长一事感到担心，因此同意创建同直联盟（GSA）。该组织成了同性恋和异性恋学生的安全港湾。这个项目有助于为教师和职员提供这方面的教育，而且表明了反对偏执的立场，使教师松了一口气。

遗憾的是，学校一名学生的父亲是一个非常保守的教堂牧师，他在讲道坛上对同性恋进行了严厉的抨击，将同性恋学生称为罪人，谴责学校没有采取反对同性恋和新成立的同直联盟的立场。这名学生在学校重复了父亲在布道时提出的思想，破坏了学校的氛围。同直联盟请来了石墙演说者，他们在关于LGBTQ问题的集会上发表了演讲。愤怒的父亲认为他们是在号召人们采取

"同性恋生活方式"。他要求获得同样的机会，以便向全体学生宣传同性恋的罪恶。

问题讨论

①你会如何处理这名学生发表的恐同言论？

②你会如何应对这位牧师？

③你的一些教师偏执而直言不讳，他们发表的言论制造了紧张的氛围。学校应当做出怎样的反应？

七、本章应用和练习

个人

（1）研究你们家乡的人民是否拥有歧视或偏向的历史。你们家乡是否有受到压迫的群体？你们有哪些宽容或不宽容的遗产？如果你在你们的镇上教书，你会如何讲授这些历史？

（2）针对偏见和种族主义态度的发展提出一组问题。用这组问题采访你的几个朋友，询问他们对于不同文化群体的偏见，请他们谈论这种偏见是如何形成的。你的问题应涉及受访者是如何了解到关于自身文化群体的偏见的，以及这些偏见是如何融入他们的自我形象中的。

小组

找到一些关于"人们对多样性的态度"的衡量工具；分析和评论这些工具在学校环境中的作用。

- 找到多种防偏见课程；分析和评论这些课程在学校环境中的适用性。
- 共同观看电视节目或视频，讨论其中的偏向性。讨论电视节目和电影中提供的积极榜样（涉及种族、族群、性别等因素）。

自我评估

如果你可以走进一台机器，然后以你所希望的任何样子或任何人的身份走出来，你会选择哪个人？为什么？

- 你不希望成为哪种人（种族、族群、性别）？为什么？

- 你的种族、宗教、族群或其他任何多样性类型为你带来了哪些挑战？

八、本章提到的资源

CultureGrams

http://www.culturegrams.com

成立于1974年的CultureGrams已经成了教育、政策和非营利组织领域最值得信任、使用最广泛的文化参考产品之一。网站的目标是通过记录全世界不同人群习俗、传统和日常生活的独特细节，培养人们对这些人群的理解和欣赏。CultureGrams的内容可以在CultureGrams在线数据库中访问，也可以下载成单独的PDF报告。

StopBullying.Gov

http://www.stopbullying.gov

这个联邦政府网站由美国卫生及公共服务部管理，是一个相对比较新的网站，用于阻止以令人吃惊的速度迅速增长的欺凌现象。StopBullying.gov提供了来自各个政府机构的信息，包括什么是欺凌、什么是网络欺凌、谁处于危险之中、如何预防欺凌以及如何对欺凌做出反应。

美国教育部民权办公室

http://www.ed.gov/about/offices/list/ocr/know.html

民权办公室（OCR）负责执行一些联邦民权法律，这些法律禁止从教育部接受联邦资助的计划或活动中出现歧视现象，包括基于种族、肤色、出身国、性别、残疾或年龄的歧视。这些法律适用于接受美国教育部资助的所有州级教育机构、中小学系统、学院和大学、职业学校、私立学校、州级职业康复机构、图书馆和博物馆。民权办公室还需要执行美国《残疾人法案》第2款（禁止公共机构的残疾歧视，不管这些机构是否接受联邦财务援助）。此外，在2002年1月8日以后，民权办公室还需要执行美国童子军平等机会法案（1965年《中小学教育法案》第9525节，由2001年《不让一个孩子掉队法案》修正）。

第三部分 评 估

重要评估3：对于其他文化的真实意识

一个人可以通过国际旅行沉浸到另一种文化中。不过，这种沉浸体验也可以在国内实现。你的任务是有目的地体验另一种文化。

你需要选择你想探索的一个文化群体（种族、族群、宗教、性取向等）。选择一个与你的文化尽可能不同的群体。在这种文化中停留很长一段时间，比如一连几天或几个星期，每天几个小时。在选择这门课程之前，不要写下你之前经历过的体验。

你需要通过第一手资料对这个群体进行研究，比如由这个群体的成员写下的关于这个群体历史的书面作品。你可以在研究中使用电影、诗歌、音乐、美术或者其他文化表达形式。另外，和这个群体中的人谈话，对他们进行采访，包括学生、家长以及社区中的某些领导人。拿出一段比较长的时间参与宗教仪式、节日、俱乐部会议以及其他可以深入沉浸到文化中的活动。

你需要根据这种经历为班级设计一场电子文稿展示讲座，时间大约是30分钟（不包括问答环节）。你需要制作一份6~8页的文字材料，介绍你的文化探索以及你所学到的东西，并将其分发给全班同学。在材料中加入一份截屏图或互联网资源清单。

技　能

第四部分

第七章 课程开发和课时规划

在美国2014—2015学年伊始,出现了一个引人注目的现象。在公立学校,白人学生在历史上第一次成为了少数群体。有肤色的学生(或者叫作少数群体学生)超过了学生总数的一半。据估计,未来几年,白人学生的比例和人数将出现缓慢而稳定的下降,从2013年的50%下降到2022年的45%。这个重大转折要求教育系统对学校的教学内容和教学方式进行反复研究。

案例研究:暑期阅读

学区提供的暑期阅读清单用于鼓励学生在假期读书。这些清单与考古学中的手工艺品存在相似之处,它们可以很好地反映一个学校系统的文化和价值观。20世纪90年代中期,一个有肤色学生占98%的内城学区发布了年度暑期阅读清单。我们中的一个人拿到了这份清单。这份清单为一个非裔美国人和西裔美国人占绝大多数的学生群体推荐了下列书籍:拉迪亚德•吉卜林的《勇敢的船长》、弗雷德•吉普森的《老黄狗》以及查尔斯•狄更斯的《双城记》。其余书籍与此类似。

最近,一个非常富裕的市郊学区的学校理事会成员给我打了电话。这个学区以白人为主,但少数群体的学生人数也在增长。学校理事会前一天晚上通过了一份暑期阅读清单,他想向我征求意见。他根据校监的建议投了赞成票,但是这份清单使他感到"不安"。这份暑期阅读清单分为两个部分。第一部分印在白纸上,标题为"暑期阅读清单"。第二部分印在黄纸上,标题为"多元学生的暑期阅读清单"。

在电话中,这位学校理事开始回忆他自己关于暑期阅读清单的经历。他说,他的暑期阅读清单与前面第一自然段描述的清单更加接近。他记得他需要阅读所谓的"经典",包括前面提到的那些书籍。不过,当他继续深入反思时,他开始探索我们对于经典的定义方式。他开始提出这样一些问题:经典的清单是由谁确定的?要想改变人们所认为的组成经典的书籍,需要面对哪些挑战?他似乎进入了某种重要的思考过程中。

你对这个案例的看法

①开篇案例研究中既有好消息，也有坏消息。你能找到它们吗？为什么你认为案例研究中的一部分内容是积极的；另一部分内容是消极的？

②你所熟悉的一个学校和/或学区的暑期阅读清单列出了哪些书籍？这份清单向学生传递了哪些信息？

③你认为一本书是如何被确定为经典的？这种分类是由谁确定的？

④考虑你所熟悉的经典阅读书目。这些书籍是通过哪个种族或族群视角选择的？

⑤你会在一个多元学区的夏季阅读清单中列出哪些书籍？对于一个种族和族群多样性不是很明显的学区，你还会列出同样的书目吗？为什么？

不过，在当前多样性迅速扩张的环境里，面对从世界各个国家来到我们课堂上的孩子，我们认识到，尽管传统课程不一定传达了错误的信息和知识，但它在深度和广度上存在局限性。这种课程中介绍的例子和经历不一定代表所有甚至大多数美国人的经历。如今，面对基于单一经历和历史角度的课程，学校里的孩子在理解和学习上可能面临着巨大的困难。

如果学校想把所有孩子教育好，使他们能够在全球化社会中取得很好的成绩，应对社会的不公平问题，教育工作者必须知道如何开发和实施一种能够将这个不断变化的世界上的多元视角、经历和价值观体现出来的课程。多元文化课程反映了这个国家的多元文化历史以及它所服务的学生的文化，拓宽了所有学生的视角。它提供了一幅将各种人群的历史、视角和成就包括在内的更加完整的画面。这种课程具有文化关联性，因为它可以通过学生熟悉的例子和经历使所有学生参与进来，而且可以使他们做好应对社会不公平问题的准备。

从幼儿园、学前班到大学，多元文化课程的重要性和价值都很明显。强迫学生融入课程中的做法不是帮助学生实现教育目标的最佳途径。在大学校园里进行的研究表明，大量调查对象支持具有多重视角的多元文化课程，关于族群和妇女研究的课程对于人们对待多样性的态度也产生了积极影响。

传统上，在地方层面上，课程开发的职责掌握在学区管理者的手中。教师在这项工作上的职责主要集中在课时规划和课程实施领域。不过，一些现实中的趋势日益表明，教师应当在课程开发过程中获得授权和自主权。虽然课程开发是一项艰巨的任务，但在与开发相关的技能上拥有知识基础、能够得到支持的教师可以为课程开发过程带来有意义的贡献。在本章，你将了解课程的定义以及开发课程的过程。我们还会讨论在教学材料的选择上避免偏向性的策略，探索多元文化课时规划与传统课时规划的区别。和前面一样，你将有机会撰写反思性短文，进行一些练习，以便更好地理解本章主题。

一、开发学校的课程

1. 定义课程

> **预先思考**
>
> 当教育工作者开发一套课程时，这套课程代表了一种特定的意识形态，它来自一种共同持有的目的。
>
> 问题：
> （1）你如何定义课程？
> （2）当我们说一套课程代表一种特定的意识形态时，这种说法意味着什么？
> （3）简要描述你所熟悉的一所学校中某个学科领域的课程。这套课程在哪些方面具有多元文化特点？它在哪些方面代表了更具局限性的视角？
> （4）解释你所认为的美国按照目前这种方式开发课程的原因。写出一篇短文，论述影响美国课程开发的因素。

"课程"一词来源于一个表示"跑道"的拉丁词语。传统上，一个学校或学区的课程包括教育工作者每年在教育学生时使用的一组科目。实际上，这个概念具有更加广阔的内涵。它是一种学习规划，通常包括总体目标、具体目标以及一份实施时间表。课程指示了教学内容的选择、组织和呈现方式。课程可能包括对于学生学习情况的评估或评价规划。一些教育工作者将课程看作一份文档。总体而言，课程可以包括学校所教授的知识、一组学科、教学内容、一份学习计划、一组教学材料、一系列科目、一组成绩目标、一个学习过程、学校发生的一切事情以及学习者的一系列体验。

如果我们承认课程是学校的教学规划，那么我们就要面对一些重要问题：教学内容是由谁确定的？教师是否应该参与课程的开发和实施过程？格拉特霍恩和杰拉尔指出，各个层级的教育工作者正在对学校课程的控制权进行一场激烈的争夺战。

- 在州级层面上，教育部深入参与到标准、框架、课程指导准则和高利害学生评估的制定工作中，然后采取奖惩措施，以确保学校实施这些标准；
- 在学区层面上，教育工作者制定课程政策、规则和标准，以指导学区内部学校的课程开发和实施。在学区层面上，专家们还会努力使学区课程目标与州级课程目标保持一致，确定学习计划，制定课程指导，选择教学材料，制定范围和顺序规划，提供资源和技术支持；
- 在学校层面上，教育工作者确定目标，并且制订与学区课程目标保持一致的校级学习计划。例如，一个学区内部各个小学开设的社会研究课程就是学习计划的一个例子。学校还会设计学校改进规划，关注与每个人有关的特定课程领域；

•最后，在教师层面上，教师制定单元和课时规划，评估自己对课程的实施情况。教师在州和学区确定的指导和框架下制定具体的学习目标，设计能够反映学校特定宗旨的单元和课时规划。

如上所示，教师对课程开发过程的参与主要在学校或教师层面上。课程的主要职责和法律职责掌握在每个州的手里。各州定义课程重点的一种途径就是制定标准。标准是学生在校学习期间应当掌握的知识和能力的预期。标准可以通过州教育部制定，而且可以特别关注该州的孩子。美国数学教师协会（NCTM）和国际阅读协会（IRA）等国家职业机构也制定了一些标准。格兰特和吉列特指出，标准不是课程，但标准应当指导每个学区和学校的课程开发。各州要求公立学校参与由各州制定的、反映各州标准的高利害评估，以便使学区和学校开发的课程与它们的标准保持一致。课程标准的话题是这个时代高利害测试的一个主要副产品。

安斯沃思和里夫斯等教育工作者领导了关于学校设计课程的方式以及课堂教学最佳实践的重要改革，获得了在全国范围内的影响力。他们的工作得到了共同核心州立标准的支持。这项由各州制定的标准是由美国州长协会最佳实践中心和首席州立学校官员委员会协调的。共同核心州立标准试图以清晰而统一的方式定义从幼儿园、学前班到高中的学生为了接受高等教育而需要在某些学科掌握的知识。共同核心州立标准规定了从幼儿园、学前班到高中的学生在英语语言艺术和数学上需要掌握的知识和技能。2012年，各州开始检查这些标准，以确定是否采用这些国家标准。到2014年6月，43个州、国防部教育活动部门（DoDEA）、华盛顿特区、关岛、北马里亚纳群岛以及美属维尔京群岛已经采用了英语语言艺术/读写能力和数学的共同核心州立标准，而且进入了在地方层面上实施这些标准的过程。这些标准在学校的实施影响了教与学的重要改变。例如，英语语言艺术标准用于支持学生学习使用批判性思维技能、令人信服的推理以及证据收集技能。这些标准对于教师支持多元学习者的方式可能产生极大的影响。教育工作者对课程目的的定位或观念有哪些影响呢？从教育工作者的文化敏感性和文化责任感来看，影响有很多。如果教育工作者使用行为目标，仍然根据课程组织学科，希望学生记忆他所讲授的内容，那么这种传播定位很可能会使现状得到延续。换句话说，它将继续维持某个指定学生群体的特权。不过，如果教育工作者形成以学生为中心、基于问题的教与学方法，邀请学生将他们自己的经历和历史作为学习的基础，这种转化定位将导致学生以重要方式解决重要的社会挑战。

2．课程开发过程

大量研究表明，教育应当以孩子为中心，基于建构主义和认知科学，那么，应该通过怎样的程序开发课程，以实现这些目标呢？奥克斯、李普顿、安德森和斯蒂尔曼倡导提供能够支持学生培养深层次思考能力、让他们参与到现实问题的解决过程中的课程和课程材料。这种课程和课程材料可以增进学生的知识，使学生在解决问题的背景下增长知识，为学生提供参与学习过程的多个切入点。

> **扩展探索：创建新课程**
>
> 想象你有机会创建一门你们学校之间没有提供过的新课程（比如一门社会公平课程、一门为手持设备创建应用程序的课程或者一门作曲课程）。如何着手呢？你的目标是什么？是多元文化课程，还是其他形式的课程？它与州级和国家级标准的符合程度如何？它对提高学习成绩有何帮助？访问共同核心州立标准网站（http://www.corestandards.org）。探索英语语言艺术或数学的标准。写一篇一页纸的短文，描述你的课程方案以及这种方案与你所找到的具体标准之间可能存在的联系。

个体教师当然可以为他们自己的课堂制定学习单元和多元文化课时规划，但我们所推荐的在学校层面开发多元文化课程的程序（参照表7.1）始于课程开发团队的确立。这个团队可以而且应该由管理者、教师、图书馆信息员工、特殊教育教师以及技术教育工作者等各种利益相关群体的代表组成。这个团队应当获得定期开会的时间和资源。课程改进团队负责领导高质量课程构想和学校课程目标的制定。这些目标和最终课程必须符合学习标准——也就是学生应该掌握的知识和技能的期望。这个团队需要对于是否修改现有课程或学习计划以及是否创建新课程制定决策。

在这个阶段，团队负责修改或创建一项学习计划，也就是"向某一层级的一群学习者提供的教育集合"。在制订学习计划时，这个团队可以决定使用各种现有的课程开发模型，或者开发一种新的方法。接着，团队为实现目标所需要的内容和结构制定决策。传统上，课程以一组需要学习的主题为基础。最近，人们强烈建议基于概念或者更加宽泛的重要主题和思想开发课程。"概念"是组织思想并轻松利用这些思想整合多元内容永恒而普适的方式。主题方法则仅仅以事实作为学习的基础。"结构"可能包括科目、单元或者将重要概念和主题封装起来的其他具有创造性的方法。最后，团队需要确定潜在教学和评估策略以及课程的建议实施时间表。

表7.1 课程开发程序根据格拉特霍恩，课程开发程序的建议步骤如下所示：

第1步	学校领导确立课程开发团队。
第2步	团队制定高质量课程构想和课程目标。
第3步	团队进行需求评估，以确定延续现有课程、修改现有课程或者创建新课程。
第4步	团队利用现有标准确定学生应该掌握的知识和能力。
第5步	团队确定合适的评估方式，以衡量学生是否学到了预期概念和技能。
第6步	团队设计学习计划，包括开展学习计划的结构或方式，并且选择相关材料。
第7步	团队推荐与学生相关的教学策略。
第8步	团队制定实施时间表，包括监督和评估。

如果着重考虑对学习者独特而具有多样性的需要、背景和兴趣的适应和融合，这种程序可以开发出具有多元文化特点的课程。这适用于内容、教学策略和各种评估策略的选择。最后，课程开发团队成员需要警觉地认识到他们自己的价值观、经历、偏向性和信仰体系对整个程序的积极或消极影响。

在前面的章节中，我们解释了多元文化课程的基本原理：所有学生应当接受高质量的教育，这种教育应当强调知识的掌握和技能的获取，使学生能够很好地应对多元文化世界。

3．反思与问题

考虑上面描述的课程开发程序，回答下列问题。

（1）你对学习标准的设想是什么？这些标准来自哪里？是谁制定的？你觉得这些标准是否考虑到了多元文化？

（2）作为教师，你如何确保课程开发过程的多元文化性质？

（3）提出另一种系统性的课程开发方法。

二、开发多元文化课程

斯科特指出，研究表明，包容性课程教出来的学生在课堂上更加热情、更加专注。将多样性融入课程中的教员表示，他们的教学更有活力，学生对其教学的评价和总体满意度出现了提升。戈尔斯基和史瓦维尔强调，平等问题在课程中的优先级应当高于文化，将社会公平融入课堂上的

> **预先思考**
>
> 大多数教师接受的课程开发培训相对较少。这一现象可以从教师重新制定一门课程、使之具有多元文化特点的尝试中看出来。在本节，你将了解多元文化课程的开发过程。
>
> 问题：
> （1）你认为多元文化课程有哪些重要特点？
> （2）你认为多元文化课程与传统课程有哪些相同点和不同点？
> （3）对多元文化课程中需要添加的成分进行优先级排序。

做法是非常重要的。劳伦斯-布朗和萨蓬-谢文具有相同的思路，认为应将收入差异、语言与宗教权利以及性别身份和表达等问题纳入课程中。安德森和戴维斯描述了"文化体贴型学校"，这种学校里的教育工作者具有"真诚"的语言和行为表现，能够使学生在学习上取得更加平等的成功。

1. 多元文化课程的特点

普里奇·史密斯在《关于罕见知识的常识》（Common Sense About Uncommon Knowledge）中为多元文化课程提供了一份精彩的概念性概述。他描述了开发多元文化课程的六个整体原则。这些原则涉及课程中为了给纯粹的教学方法让路而常常被忽视的多元文化成分。根据史密斯的说法，得到良好设计的多元文化课程包括下列成分：

（1）帮助学生从熟悉自身文化转向更加了解其他文化的活动和教学。
（2）宣传积极族群身份的活动和教学。
（3）越来越多地涉及在不同学生之间建立频繁而积极的联系的活动和教学。
（4）增进学生关于自身文化以及他人文化的个人知识的活动和教学。
（5）帮助学生从其他人群的角度看待和理解问题、概念和事件的活动与教学。
（6）帮助学生运用他们对于其他文化的知识更好地理解和解决社会问题、最终以多元文化个体的身份进入社会的活动和教学。

传统课程并没有反映这一原则。除了在一定程度上认识和欣赏多样性的尝试，文化很少得到考虑。一个原因在于，传统课程往往以欧洲为中心，并不包含其他学生的文化。除了许多高中计划中的公民要求，社会公平问题很少得到关注。

在美国社会研究委员会（NCSS）的要求下，詹姆斯·班克斯撰写了一组改进版的《多元文化教育课程指导》（Curriculum Guidelines for Multicultural Education）。这些指导对于课程修改或开发可以起到很大的作用。下面是对其中一些要点的总结：

- 整个学校社区应当拥有积极的多元文化氛围，不断努力追求能够被学生理解的互动和沟通；
- 全体教员和职员的组成应当反映社区和国家的组成；
- 应将学生的文化性学习风格融入课程的开发中；
- 学生的完整教育应当包含对组成这个国家的众多群体历史和经历的学习与理解；
- 学生的教育应当包含"在多元经济中生活和工作"所必需的文化能力；
- 多元文化课程应当包含真实体验这一重要成分，以帮助学生将知识综合在一起；
- 评估过程和方法应当反映学生经历过的文化。

不管一个学校是否决定像7.1节"开发学校的课程"描述的那样修改现有课程或者创建新课程，这些指导准则都提供了一个优秀的框架，在这个框架下，教育工作者可以努力确保多元文化课程的实施。通过确定和使用多元文化课程，我们也许可以解决教育中的重要问题，包括：

- 缩小成绩差距，因为学生更容易在课程中看到自己的影子，从而更愿意参与到学习中；
- 帮助学生提高对于其他文化的认识、敏感性和理解，从而为自己对全球化经济的参与做好准备；
- 发现教育内容和过程中的偏向性、模式化形象和差错，从而确保课程不会继续传达关于多元文化的负面信息；
- 承认学生中的各种学习风格，以便更好地为所有学生服务。

不管是修改课程还是创建新课程，为了实现多元文化课程，需要考虑三个关键因素。首先，教育工作者需要提高关于多元文化问题和不同文化的个人知识。这种知识可以帮助我们理解如何将文化知识和实践融入课程中。其次，教育工作者需要调整现有课程大纲的结构，添加文化内容，作为教与学的背景。最后，我们需要调整和更改教学方法，以便在提高所有学生知识和技能组合的同时支持不同文化性学习风格，迎合多元学生群体的学习需求和生活经历。

2．反思与问题

开发任何类型的课程既有挑战性，又令人着迷，因为你既要覆盖重要知识，又要激发学生的学习积极性。

（1）在你的学生时代，你的课程在多大程度上反映了你的文化？
（2）你希望看到学校课程反映你的文化中的哪些重要事实？
（3）你听到了哪些反对多元文化课程的观点？考虑到你所学到的知识，你现在可以做出怎样的回应？
（4）面对更加反映多元文化的课程，你认为学生可能做出怎样的反应？

三、分析课本和教材中的文化偏向性

> **预先思考**
>
> 将多元文化内容和视角融入课程中是多元文化教育的一个重要功能。教师需要仔细选择书籍、其他文献以及其他教学资源,以确保它们的准确性。学会发现这些材料中的文化偏向性是一项重要技能。
>
> 问题:
> (1) 课本和教材中的偏向性包含哪些内容?
> (2) 你如何分析课本和课程材料中的文化偏向性?
> (3) 选择任何一个历史事件(比如美国参与伊拉克战争或者同性婚姻法律的通过),然后提供相反的视角。

许多州要求学校设立教科书委员会,或者通过其他途径检查课本中种族、族群、性别等方面的文化偏向性。分析课程和教材偏向性的第一步就是对于偏向性的潜在形式获得清晰的理解。

1. 课程材料中的七种偏向性形式

教学材料中的偏向性具有许多形式。根据阿伦兹、班克斯与麦吉·班克斯以及萨德克与齐特尔曼的研究,偏向性可以分为以下形式。

(1) 不可见性或忽视。在20世纪60年代以前,教科书中几乎不存在妇女和有色人种的内容。学生应当看到自己和其他人以各种各样的身份和职业出现在教材中。经常只描绘一个种族的课本并没有反映现实。你可以看一看现在的电视节目,这些节目往往缺乏有色人种,无法反映现实生活或者支持多元生活。例如,《宋飞正传》和《老友记》等备受欢迎的电视节目只为有色人种设置了象征性角色。

(2) 模式化。教学资源中的人物不应当仅仅具有人们通常赋予他们的模式化角色。遗憾的是,模式化很常见,而且包含偏见。佣人或看护者不应该经常被视为女性和有色人种的角色。白人男性也不应该全部被视作无知的种族主义者。女性需要出现在英雄般的强势角色中,男性应该偶尔出现在需要女性帮助的位置上。有时,男人需要被绑在铁轨上,由女人骑着黑马前来解救他。

(3) 不平衡和选择性。课程不应该侧重一个方面,应该讲述其他版本和视角。历史不应该只通过一种立场来揭示,以免失真。"命定扩张论"认为开拓者获得了上帝赋予的权利,可以向西移动,将土地据为己有,驯化野蛮人,为他们带去基督教和文明。你怎么能将人们生活了几个世纪的土地称为自己的土地呢?美洲原住民认为他们需要新的宗教、需要被开化吗?为什么这一点没有得到考虑呢?

(4) 不真实。课本向来倾向于忽视或简化历史上的负面信息或令人不愉快的信息。在第二次世界大战期间,大约12万无辜的日裔美国人遭到了叛国指控,他们被聚集在一起,并被投放到拘禁营里。其中,许多人是只会说英语的美国公民,他们的家族已经在这个国家生活了几代人。随着战争的继续，当美国需要更多的战士时，军队来到了这些拘禁营里，要求遭到囚禁的人们进入军队，为他们的国家——美国——而战斗。许多日裔美国人为这个国家进行了战斗。实际上，一些完全由日裔美国人组成的部队解放了欧洲的一些犹太人集中营。同时，他们自己的家人正在美国的拘禁营里受苦。其他完全由非裔美国人组成的部队也解放了一些犹太人集中营，而他们的家人仍然生活在种族隔离的残酷统治之下。

（5）割裂和隔离。女性和有色人种常常以补充材料的形式被插入课本中，而不是融入整个课程中。一个典型的例子是教科书中一小段突出显示的"十位伟大的非裔美国科学家"，同时课本中的其他部分完全没有提到有色人种。这种形象工程往往会最大限度地贬低多元人群的贡献，而不是强调他们的贡献。这种情况常见于工作领域。当一家公司想要证明其在多样性方面的表现时，它们会把文职人员带到会议或公司活动上，用于向大家展示。这些文职人员通常主要是有色人种，而"专业员工"则全部由白人组成。

（6）语言偏向。语言是有力量的。它可以被人以轻蔑的方式使用，以扭曲现实。"男警察"和"男消防员"等男性代词强化了"这些职业只适合男性"这一性别观念。"男祖先"忽视了女性对于建国的贡献。罗纳德·里根当总统时常常提到驾驶粉色凯迪拉克的"福利女王"，以强化"未婚黑人女性拥有许多孩子、依靠福利而不是工作生活"这一模式化形象。这种具有暗示性的语言掩盖了事实真相：大多数接受福利的人都是白人单身女性。

（7）美化性偏向。教科书和其他教学资源常常在封面上展示多元学生面带笑容的画面。不过，书里面的内容并没有反映出封面上的多样性。一个大学目录封面上显示一群多元学生的照片被发现具有欺骗性，因为照片中唯一的黑人学生并没有拍过这张照片。他的形象被人从另一张照片上剪下来，插入了一群面带笑容的白人学生中间，以支持"该学院重视多样性"的说法。

2．检查偏向性

拥有一个分析教学资源和理解不同偏向形式的系统是非常重要的。学校可以采用检查表和指导准则等系统形式。这一领域包括一些比较著名的指导准则。例如，表7.2显示了一份检查表，可以用于发现课程材料中的偏向问题。以不恰当语言表达偏向性的一个例子是将犹太人描述成"狡猾"或"吝啬"的人。另一个例子是，一些美洲原住民的生活被称为原始或土著生活，而英国开拓者却以他们勇敢的精神和英雄事迹得到了赞美。

表7.2 资源偏向性检查表

	是	否	证据
偏向性：教材显示了对于某一类思考方式的强烈偏好。			
歧视：教材以特别积极或消极的方式单独列出或描绘一个群体。			
偏见：教材显露出了不公平的负面感受或观点。			
种族主义：教材反映了仅仅基于种族而对人群采取的负面态度或负面处理方式。			
性别主义：教材反映了仅仅基于性别而对人群采取的负面态度或负面处理方式。			
模式化形象：教材强化了某个群体的所有成员以某种方式思考和行动的观念。			
象征主义：某些群体仅仅以龙套形式出现，或者他们的贡献仅仅得到了有限的介绍。			
族群中心主义：一个文化群体被呈现为理想群体。			
猎奇：关注文化的极端例子，而不是日常生活。			
生活中的俗套：主要关注饮食、时尚和节日。			
不恰当语言：教材通过使用贬低性语言支持偏见。			
作者：作者和插图作者与他们描绘的人物并非来自同一文化群体。			
出版日期：教材很陈旧（主要是教科书）。			

资料来源：改编自拜尔克（Beilke）、哈拉达（Harada）、庞（Pang）、科尔文、德兰（Tran）和巴尔巴（Barba）。

ERIC英语阅读和沟通交流中心概括了一组《多元文化材料评估与选择指导准则》（*Guidelines for Evaluating and Selecting Multicultural Materials*）。根据这份文档，多元文化文献应

- 避免将人物描绘成模式化形象，为他们赋予积极现实的人格和行为；
- 确保插图是真实的，不是漫画；
- 包含将多样性描绘成国家力量和优势的故事；
- 提供历史故事和虚构的故事，展示社会上少数群体不断变化的角色和地位；
- 在情节线索的使用和鲜明的文化特性描述上具有较高质量；
- 记录准确的历史；
- 准确反映角色的文化价值；
- 发生在美国的场景里，这种场景应准确描绘这个国家丰富的文化多样性以及各种少数群体的遗产。

另一个经常被引用的教材评估方法来自跨种族儿童图书委员会。我们可以教导孩子，让他们寻找书中的偏向性。该委员会提供了下面"10种分析儿童图书中种族主义和性别主义的捷径"。

> **扩展探索：识别偏向性**
> 描述最近的新闻中可能在解释上存在严重偏向性的一起事件。找到至少三篇关于这起事件的文章。挑出能够证明偏向性的具体例证。指出不一致和模棱两可的地方。

（1）检查插图。留意被人以有辱尊严或模式化的形式（包括明显的形式和不明显的形式）描绘的人物。人物的形象应当在颜色和面容上给人以真实感。有色人种或少数族群不应当永远出演模式化的附属角色，他们也应当占据强势的位置。特别地，女性应当出现在活跃而有能力的领导角色中。

（2）检查故事情节。成功的标准。有肤色的人必须采取白人中产阶级的行为才能成功吗？女生必须表现得像男生一样才算成功吗？有色人种总是以优秀运动员（尤其是非裔美国人）或者非常擅长读书（尤其是亚裔）的身份出场吗？在具有多样性的朋友中，有肤色的孩子总是需要容忍、理解和原谅他们的白人同伴吗？

问题的解决。如果故事中提到了问题，这些问题是什么？谁在面对这些问题——仅仅是女生和有色人种吗？人们面对的某些问题是否明显源于社会不公平？有色人种是否经常被白人"拯救或挽救"？

女性的角色。女生和妇女是否在故事中凭借自己的技能和智慧独自做出了成绩，而不是使用她们的美貌和男生的帮助？女生和妇女是否被赋予了模式化的性别角色？

（3）观察生活方式。同白人中产阶级及其生活方式相比，有色人种及其生活方式是否得到了负面描绘？人们生活在哪里？郊区是否到处都是白人中产阶级？城市是否被刻画成了贫民区，充斥着讨厌而贫穷的有色人种？有色人种的生活看上去是真实的还是模式化的？

（4）衡量人们之间的关系。中产阶级白人是否被视作英勇的领导者？其他人是否被描绘成了无助的配角？在非裔美国人和亚裔美国人家庭里，母亲是否被视作处于支配地位甚至专横跋扈的角色？男性角色是否缺失？

（5）注意主角。有色人种是否被描述成沉默寡言、没有恶意的角色？他们是否可以表达自己以及自己对社会不公平的愤怒？当他们被描绘成主角时，他们是否获得了与白人主角相同的赞美等级和类型？他们是否和白人主角具有相同的品质，比如勇敢、无私、关心他人？他们成为主角主要是因为他们帮助过白人吗？

（6）考虑对孩子自我形象的影响。书中是否传达了这样一条信息：要想做到优秀，人们必须拥有某种头发或肤色、体重或身高、一定程度或类型的吸引力？不符合这种标准的孩子对于书中描绘的理想形象（比如又高又瘦的女性或健壮的白人男性）

有何反应？孩子能否看到与他们具有类似外表、思想和行为的积极榜样？

（7）考虑作者或插图作者的背景。检查具有多元文化主题的图书的作者和插图作者是谁。如果他们不是书中描绘的文化群体的成员，那么他们的哪些背景使他们有资格作为权威人物撰写或描绘关于这一文化的内容？

（8）检查作者的视角。任何图书都有可能存在一些偏向性。大多数儿童图书的作者是中产阶级白人，这导致了对中产阶级白人（通常是男性）有利的固有族群观念。检查图书在文化解释上不一致、不准确和模棱两可的地方。它们对图书的中心思想产生了哪些影响？

（9）留意带有偏向性的词语。带有偏向性的词语或者带有暗示性的短语可能具有侮辱性，或者不准确，或者具有种族主义和性别主义倾向或其他问题。留意"卑贱"、"野蛮"、"懒惰"、"迷信"、"费解"、"叛逆"和"纵容"等描述性词语。"男祖先"和"男警察"等只适用于男性的性别主义词语意味着故事可能存在偏向性。

（10）观察版权日期。20世纪60年代以前出版的图书主要是由中产阶级白人写成的，具有某种族群和性别视角。因此，在使用这个时期的材料时，我们建议你保持警惕，尤其是那些宣称提供了某种族群或女性视角的图书。这并不意味着最近出版的所有图书都没有偏向性。

- 对于有色人种的描绘总是存在模式化的风险。角色应当显现出他们在性格上和生活上的许多特点；
- 故事应当自然地向前推进，只有在合适的时候才应当包含文化元素；
- 角色的语言必须真实。术语、行话和口头语必须与故事所处的时间段相对应。

上述指导标准不仅适用于教科书，而且适用于课堂上使用的其他文献和教学资源，比如视频、光盘、杂志、电脑软件和报纸。即使教师做了最大努力，一些带有偏见性的教材仍然有可能进入课堂。在这种情况下，应当承认这种偏见性，并且利用这种偏向性对学生进行教育。在课堂上讨论这种偏见性，请学生做出评论。

3．反思与问题

阅读多元文化文献既令人愉快，又具有教育意义。

（1）你在文献中发现了哪些最常出现的族群或性别的模式化形象？

（2）你希望你的族群背景以何种形式在书中得到描绘？在你的描述中加入性别、宗教、年龄以及其他多维视角。

（3）列出一些以最佳方式展示文化视角的书籍以及一些没有做到这一点的书籍。

（4）如果女性成员在国会中占据主导地位，会发生什么事情？

四、编写多元文化课时规划

正如本章前面几节所说，管理者和教师需要把注意力放在多元文化课程的开发上。汤姆林森强调说，由于具有不同学习需求的学生混合在一起的"多元学术"学校的增加，差异化教学的实践变得非常重要。不过，个体教师不需要等到部门、年级或者学校范围内的课程开发活动结束以后再去投入时间和精力改变他们在自己的课堂上讲授的内容。

有趣的是，许多教师认为，要想改变他们在自己的课堂上教授的单元和课时，他们需要推倒重来。而且，教师在考虑多元文化课时规划的制定时往往会落入走火入魔的陷阱。一些人过度强调将种族融入课时中的需要。其他人几乎仅仅关注课时内容的扩充，但有时改变一些教学策略和添加新的活动可能具有同样的效果。另一些人以生硬的方式将多样性问题融入课时中。关于最后一点，有一个有趣的例子。一位科学教师在讲解云彩时是这样说的："云可以分为层云、积云和卷云……哦，顺便说一句，马丁•路德•金发表'我有一个梦想'演讲那天是局部多云天气。"

> **预先思考**
>
> 编写多元文化课时规划的一种方式是，首先明确你需要教授的课程，然后对其中的内容和活动进行改编，以融入文化内容以及具有多样性的视角。本节将提供制定课时规划的框架以及多元文化课时的例子。
>
> 问题：
> （1）多元文化课时规划的特点是什么？这些特点与传统课时规划的特点有什么不同？
> （2）如何着手制定多元文化课时规划？应当遵循一定的步骤吗？
> （3）描述非洲中心主义学校的必要特点。

对于希望成为多元文化教育工作者的教师来说，一个良好的起点就是创建多元文化课时或者将课时转变成多元文化形式。教师越是参与到这个过程中，他就越是希望改变所有课时——并且能够认识到这样做的必要性。实际上，所有课时都应当具有多元文化特点，多元文化特点不应该成为仅仅为族群节日准备的特别课时的专利。在改变课时时，教师可以首先使用学校和/或学区已经指定的课程。

1．从多元文化角度规划学习过程

正如7.1节"开发学校的课程"描述的那样，大多数学校为每个学科领域确立了学习计划和课程。这套课程提供了相关的学生学习标准或期望、总体目标以及教学策略和评估的建议。

接下来，教师或教师团队应当使用已经确立的课程为学生制定单元规划和每天的学习过程，或者叫作课时规划。"单元"的定义是：

被认为能够以符合逻辑的方式组合成一个整体的（来自已经确定的课程的）一部分内容和相关技能。通常，完成一个单元的教学需要不止一个课时。教学单元的内容可能来自书中的章节或者课程指导的主要部分。

单元规划使教师有机会概括主题或主旨（通常被视作单元名称），确定整体单元目标，选择单元内容和一系列学习过程（课时），确定相关的材料，选择评估机制。

在每个单元内部，根据教学模型或策略的使用，课时规划可能会发生变化。例如，"基于问题的学习过程"的课时规划与"直接教学的学习过程"的课时规划是不同的。同时，课时规划往往遵循共同的格式。在这个过程中，教师需要添加明确的单元规划主题、目标和内容。接着，对于每个课时规划，教师需要采取下列步骤：

（1）确定教学目标（包括认知目标、情感目标、精神运动目标以及其他技能领域目标）。

（2）按顺序列出各项学习活动，包括课时介绍、一系列学习过程、作业和总结。

（3）选择教授这一课时所需要的材料和资源。

（4）确定对学生学习的评估方式。

致力于获得文化敏感性、将课时规划转变成多元文化形式的教师使用上述典型课时规划过程的某种变化形式。这种变化形式使教师有意识地将多元文化原则和概念融入已经存在的课程中。多元文化课时规划不是直接从单元目标转移到课时目标，而是包括这样一个步骤：教师确定一两个需要涉及的多元文化原则。要想融入这些原则，需要在教学或学习规划的制定中纳入重要的多元文化概念。另外，对于更加传统的课时或单元规划过程的一个重要调整形式就是对评估的考虑。最近，在单元和课时规划的一种有效形式中，教师甚至在规划学习过程和资源之前规划学生学习的评估方式。学生需要在开始学习新内容之前知道他们所接受的评估方式。接着，教师可以根据目标、重要概念和评估来设计学习过程。如果教师认真执行这些步骤，多元文化课时和单元规划将具有下面的形式：

（1）单元主题/单元名称。课程框架、课程本身或教科书中可能已经包含了单元主题。

（2）教学目标。这个单元或课时规划所基于的一两个目标是什么？

（3）多元文化原则或目标。六个多元文化原则/目标中的哪一个可以应用于这个课时和/或单元？哪些多元文化概念比较合适？

（4）学习目标。哪些教学目标非常重要？哪些目标来自认知领域、情感领域、精神运动领域和技能领域？应设计一些涉及多元文化概念的目标。

（5）评估/评价。确定需要使用的评估或评价方法。通过使用多种评估策略确定学生掌握的知识和技能，你可以更好地满足多元学习者的需要。第十章讨论了评估策略的变化形式。

（6）授课/学生活动。概括使学生参与到学习中的途径，包括课时介绍、学习活动、支持继续学习的作业以及形成性评估的规定。通过使用合作学习、基于多元智能的学习以及基于问题的学习等多种教学策略，教师可以更好地满足多元学生的需要和兴趣。

（7）材料/资源。列出课时和单元教学所需要的材料/资源。应仔细选择没有偏向性的材料/资源，以及能够代表多元人群经历和视角的内容。一份或一组课时规划的格式具有示例7.1的形式。

示例7.1 多元文化单元和课时规划格式

科目领域： 　　年级： 　　时长：

教师姓名： 　　课时重点：

（1）教学目标

提出你所在的州/环境中的教与学所基于的具体国家级共同核心州立标准或其他标准。

（2）课程目标

提出具体的学习目标。经过这个或这组课时的学习，学生应当掌握哪些知识和能力？使用要求学生尽量参与到高水平批判性思考中的动词。

（3）多元文化目标（勾选一个或多个。）

选择你在这个课时规划中将要实现的目标，在具体目标前面打钩。

☐ 培养多元历史视角

☐ 培养文化意识

☐ 提高跨文化能力

☐ 对抗种族主义、偏见和歧视

☐ 培养对于世界状态和全球动态的意识

☐ 培养社会行动技能

描述相关的多元文化概念。

（4）评估选项

你将使用哪些具体的评估策略？你如何确定每个学生是否实现了学习目标？一定要提供能够满足多元学习者需要的多种评估策略。

（5）授课/学生体验

规划出能够迎合多元学习者需要、兴趣、学习风格和文化背景的多种学习过程。

（6）材料/资源

尽量采用具有文化相关性的材料。

资料来源：作者制作。

2. 多元文化原则

正像示例7.1多元文化课时规划格式指示的那样，多元文化课时规划的一个重要特点就是包含一个或两个多元文化目标或原则。本书使用的原则基于贝内特提出的在教与学过程中实现多元文化视角的一组目标。我们鼓励教师在课时规划中使用一些多元文化原则，下面是对这些原则的解释。

原则1：培养多元视角。必须用女性和有色人种的视角与历史来平衡传统的欧洲中心主义课程。多元文化课时规划包括帮助学生使用多元视角看待事件和经历的概念。

原则2：培养文化意识。要想让个体获得文化能力，需要让他们意识到世界上的其他人拥有不同的经历、历史、价值观、视角和思维方式。同主流白人中产阶级英语文化成员相比，女性、有色人种、非主流族群成员以及其他国家的公民对人生可能有着不同的看法。

原则3：提高跨文化能力。跨文化能力是与不同文化的人群进行交流的能力。

原则4：对抗种族主义、性别主义、偏见和歧视。可以通过制定课时规划，帮助学生意识到种族主义和性别主义行为。

原则5：培养对于世界状态和全球动态的意识。课时涉及关于世界主要状况、趋势和发展的知识，以及关于"世界"这个可能使简单事件产生意外影响和戏剧性后果的具有高度关联性的生态系统的知识。

原则6：培养社会行动技能。社会行动技能包括实现社会公平所需要的意识、知识、技能、态度和行为。

在选择课时规划所涉及的一两个原则以后，教师还可以选择一个或多个重要概念，将这些概念包含在课时目标中。这些概念可以直接或间接融入课堂学习过程中。

3. 多元文化课程的重要概念

多元文化课程应当帮助学生掌握高级知识，使他们更好地理解种族和族群关系，培养经过思考制定个人和公共决策所需要的技能与能力。健全的多元文化课时和单元关注高级概念与普遍原理，将事实主要用于帮助学生从基本概念深入更加复杂的概念，从而掌握更加高级的知识并制定决策。要想在深思熟虑的基础上采取个人行为、社会行为和公民行为，学生必须掌握经过思考制定决策的能力。

除了将五个多元文化原则中的一个或多个包含在课时规划中，教师还可以选择班克斯描述的重要多元文化概念。为了支持学生在学习时考虑多元视角（原则1），可以将下列任何一个概念包含在课时中：

- 沟通——其他人是如何解释行为和符号的；
- 文化——一个社会的信仰、价值观和行为；
- 多样性——文化、族群、种族、宗教和语言差异，以及性别、性取向、能力等领域的差异；
- 历史偏向性——承认一个历史学家对于过去的观念受到他自己的社会、文化和族群身份的影响；
- 族群——成员源自共同祖先、拥有共同的语言、宗教、习俗和行为的群体；
- 认识——受到文化、经历、偏向性、文化价值观以及其他可变因素影响的观念。

为支持学生通过学习理解文化是我们生活中的一部分（原则2），教师可以选择关注下列概念：

- 文化渗透——主流文化群体的成员采纳少数群体的文化特点；
- 同化——少数群体成员采纳主流文化的习俗、行为、价值观和生活方式；
- 社区文化——一个族群社区的风俗、习惯、语言和生活方式；
- 自我概念——个体在观念、知识和感受上对于自身的看法。

为了支持学生学习使用多元视角并将其融入日常生活中（原则3），教师可以选择将下列概念包括在内：

- 跨文化沟通——理解、误解以及文化差异导致信息错误传达的途径；
- 文化——群体成员共同拥有的态度、信仰、价值观和行为；
- 价值观——被赋予很高价值的文化元素。

为了支持学生学习多种层次的差异（原则4），教师可以关注下列概念：

- 态度——影响一个人对人群或情况的看待方式的偏向性和假设；
- 偏见——并非基于事实的、对于其他群体的负面情感和态度；
- 歧视——对于目标群体的差异化行为；
- 种族主义——对于拥有某些心理特点、社会特点和文化特点的目标群体持有的基于其生物组成的负面观念；
- 权力——拥有影响力的人，不论好坏，一个群体对另一个群体使用权力；

- 族群中心主义——相信自己的族群优于其他人的族群；
- 社会化——根据与他人的交流获得价值观、态度和行为。

为了帮助学生理解所有人的成功和困难是相互依赖的（原则5），教师可以关注下列概念：

- 公民责任——通过努力提高人们的生活条件为自己的社区服务的义务；
- 平等——公平、公正地满足所有人的需求；
- 相互依赖——一个群体对其他群体的相互依赖；
- 公平——以符合伦理和道德的公平方式对待人们；
- 尊重——显示对其他人的顺从和欣赏；
- 社会行动——寻求改变社会基础，以追求平等和公平。

到目前为止，我们已经明确了这样的观点：多元文化课时规划与传统课时规划具有相同的目的，遵循相同的格式。这种规划的整体目标和具体目标来自得到批准的教科书或课程。二者的不同之处在于，前者将多元文化原则和概念融入了课时之中。

示例7.2和示例7.3分别展示了关于历史和社会研究的课时规划案例。

示例7.2　多元文化单元/课时规划案例

制订多元文化课时规划

科目领域：历史　　　　　年级：10—12　　　　时长：4节课

教师姓名：艾琳·麦肯齐（Eileen McKenzie）　　课时重点：非裔美国人的历史

1. 教学目标

（1）学生将通过研究哈莱姆文艺复兴时期的艺术作品分析20世纪30年代非裔美国人身份的发展。

（2）学生将通过分析哈莱姆文艺复兴时期的音乐、诗歌和艺术品确定这一时期的重要主题。

2. 课程目标

（来自康涅狄格州社会研究/历史框架）

学生将能够：

（1）发现美国历史上的重要事件和主题。

（2）解释来自各种一手渠道和二手渠道的信息，包括电子媒体（地图、图表、曲线图、图像、工作资料、录制品和文本）。

（来自美国共同核心州立标准）

学生将能够：

（1）引用具体书面证据支持对一手材料和二手材料的分析，将来自具体证据的见解与对整体文本的理解联系起来。

（2）将来自一手材料和二手材料等各种渠道的信息融入对于某种思想或事件的连贯理解中，同时注意到不同渠道之间的差异。

3. 多元文化目标

- 培养多元历史视角；
- 培养文化意识；
- 提高跨文化能力；
- 对抗种族主义、偏见和歧视；
- 培养对于世界状态和全球动态的意识；
- 培养社会行动技能。

4. 评估/评价

（1）学生可以选择单元中的一件事物，创造出一件与之相匹配的事物（例如，如果学生选择了一段音乐或一首诗，他应当创作出一件与之相匹配的艺术品，以体现这段音乐的歌词/基调；如果学生选择了一件艺术品，他应当创作出能够表现这件艺术品的一首诗或一段音乐）。

（2）学生应写出一篇一页纸的总结性短文，描述两件艺术品之间的联系以及它们与哈莱姆文艺复兴整体主题的联系（比如对抗针对非裔美国人的种族主义和歧视，确立新的非裔美国人身份）。学生将根据下列要点得到评估：

- 在总结性短文中引用具体书面证据、将来自多种渠道的信息包括在内的能力；
- 将艺术品联系在一起的质量；
- 个体的工作与哈莱姆文艺复兴整体主题之间的联系。

5. 授课/学生活动

（1）介绍：讨论哈莱姆文艺复兴的起因（比如大迁徙和对歧视/种族主义的回应）。询问学生，如果他们面对歧视，他们会如何反抗？他们会焦虑不安、主动适应还是搬到其他地方呢？他们在什么情况下会离开家乡，开始新的生活？

（2）让学生观看肯·伯恩斯的纪录片《爵士乐》——第二集《礼物》和第三集《我们的语言》。让学生以小组形式解释爵士乐在美国的演变。他们可以制作关于重要事件的时间表。

（3）让学生参与一次"艺术品拍卖"，让他们扮演艺术品零售商。将他们分成一些小组，为每个小组提供一件哈莱姆文艺复兴时期的艺术品，让他们将其"销售"给班上的同学（见下面的资源清单）。他们的同学将获得假钞，用于购买艺术品。

（4）比较和对比：

a. 将学生组成两人一组。让每个小组阅读兰斯顿·休斯的一首诗，然后分析诗中的主题。

b. 让全班学生聆听艾灵顿公爵的《搭乘A号列车》（*Take The "A" Train*）。先让学生聆听《搭乘A号列车》的器乐版本，然后让他们写下一两句话的反思。接着，让学生聆听带有歌词的《搭乘A号列车》。随后，让他们再次写下一两句话的反思。

c. 让学生比较和对比艾灵顿和休斯对哈莱姆的描绘。

（5）让学生为阿波罗剧院即将开始的一场演出制作广告。

（6）材料/资源

电影：肯·伯恩斯的PBS电影《爵士乐》

艺术品：威廉·H.约翰逊：《哈莱姆的街头生活》；亚伦·道格拉斯：《布鲁斯演奏》；帕尔默·海登：《年轻人》；马尔文·格雷·约翰逊：《黑人士兵》；威廉·H.约翰逊：《锁链囚徒》；雅各布·劳伦斯：《杜桑·卢维杜尔的生活》

兰斯顿·休斯的诗：《萎靡的布鲁斯》、《贾佐尼亚》、《红色丝袜》、《伦诺克斯大道：午夜》、《梦想布吉》、《自动点唱机情歌》、《小号手》、《即兴演奏》、《哈莱姆夜总会》、《午夜舞者》、《周六夜晚》、《猫与萨克斯管（凌晨两点）》

音乐：艾灵顿公爵的《搭乘A号列车》（*Take The "A" Train*）

资料来源：作者制作。

示例7.3 多元文化课时规划示例

制定多元文化课时规划

科目领域：社会研究　　年级：10　　　　时长：2周

教师姓名：詹尼弗·卡尔　　　　课时重点：西进运动

1. 教学目标

通过研究和分析地图、艺术品、杂志、电影以及博物馆中的工艺品，学生将理解西进运动的重要概念、主题和视角。

2. 课程目标

（来自康涅狄格州社会研究标准）

学生将能够：

1.1— 2条——调查美国内部迁徙的原因和影响。

1.13— 59条——展示通过多元视角观察一种文化的重要性。

1.3— 19条——评估一种文明/国家的美术、建筑、音乐和文学对其文化和历史的反映。

3.1— 2条——评估对于历史事件的一次解释和二次解释。

（来自历史/社会研究的美国共同核心州立标准）

学生将能够：

第7条——开展短期研究项目以及更为持久的研究项目，以回答或解决一个问题；在合适的时候缩小或拓宽研究范围；将关于这一主题的多种资料综合在一起，展示对于被调查的主题的理解。

3. 多元文化目标

- 培养多元历史视角；
- 培养文化意识；
- 提高跨文化能力；
- 对抗种族主义、偏见和歧视；
- 培养对于世界状态和全球动态的意识；
- 培养社会行动技能。

4. 评估

学生将得到非正式评估，评估方法包括课堂讨论、理解检查、"独立思考—结对合作—分享观点"以及群体活动中的教师监督。学生将根据模拟过程中在小组里构造的提案得到正式评估。这些提案将得到提交，并将根据它们的内容以及学生对模拟活动的参与得到评分。单元的最后将进行正式评估，学生将被要求为当地报纸撰写社论，以支持他们所持有的西进运动对美国未来有利或有害的观点和理由。

5. 授课/学生活动

（1）学生将参与"独立思考—结对合作—分享观点"的活动，他们要在活动中思考下列问题：关于西进运动，你已经掌握了哪些知识？你认为它对美国的未来有利还是有害？学生将利用他们的背景知识对西进运动进行批判性思考，然后再去学习更有深度的内容。

（2）教师将通过电子文稿演示向学生介绍西进运动，这篇文稿将介绍命定扩张论、布法罗士兵、路易斯安那购地、密苏里妥协案、安德鲁·杰克逊、泪水小径、美墨战争等概念。在演示过程中，教师将向学生提出批判性问题，以检查他们的理解，比如"开拓者和拓荒者向西移动的动机是什么""你觉得西进运动有什么影响"以及"如果没有西进运动，我们的国家今天会是什么样子"。

（3）学生将以小组形式研究油画《昭昭天命》（Manifest Destiny）。每个小组将得到油画的一小部分（一个小组将得到火车；一个小组将得到美洲原住民；一个小组将得到西部开拓者；一个小组将得到天使）。每个小组将被要求对他们所分到的油画部分讲述的故事进行讨论并写出一段话，然后展示他们的发现。全班同学将讨论这些故事如何构成更大的西进运动画面，分析这些故事是如何比较、对比和展示多种视角的。

（4）学生将参观康涅狄格州马珊塔基特市佩科特博物馆。学生将观看下列展品：《一个佩科特村庄》（A Pequot Village）、《欧洲人的到来》（Arrival of the Europeans）以及《马珊塔基特市今天的佩科特人》（Mashantucket Pequots Today）。在参观博物馆之前，学生将参与一项活动：列出他们对于美洲原住民文化所了解的所有模式化印象、传说、偏见和背景知识。在参观博物馆之后，学生需要讨论其中的哪些观点得到了博物馆的证实或反驳。

（5）学生将观看AMC连续剧《地狱之轮》（Hell on Wheels）第一季第六集［《骄傲、浮华与环境》（Pride, Pomp, and Circumstance）］的部分内容。学生将做一个"角色映像"，即关注某个人物或群体的视角［比如参议员克兰，地狱之轮的居民，莉莉，多马酋长（Chief Many Horses），夏延女人］。

（6）下一节课，学生将参与"海报大杂烩"活动。在这项活动中，学生将获得与他们的人物映像相关的彩色记号笔，并在教室里走上一圈，在每张海报上写下简短的回答。这些海报将提出下面这类问题："你的人物对于西进运动的观点是什么"以及"在这部连续剧所处的时代，你的人物的传统角色是什么"。学生将以全班形式讨论他们的结论，这种讨论将触及西进运动中出现的多种视角和角色。

（7）学生将参与模拟活动，他们将被分成一些小组，代表西进运动中涉及的各种群体。这些小组将获得一张地图和一片土地，这片土地有可能被转变成横贯大陆的铁路的一部分。每个小组将共同制定一项提案，概括他们对于铁路是否应当得到批准的观点。他们将使用他们在整个单元中收集到的所有材料、数据、地图、杂志以及信息，以支持他们的观点。最后，各个小组将展示他们的提案，所有小组应当形成一个公平的折中意见。

（8）作为最后的评估，学生将为当地报纸撰写一篇关于19世纪后期的社论。在社论中，学生将论述他们认为西进运动对美国的历史或未来有利还是有害。在撰写社论时，学生必须融入多种视角、观点和证据。

6. 材料/资源

美国历史教科书，演示文稿，西进运动音乐，《昭昭天命》油画，马珊塔基特市佩科特博物馆，《地狱之轮》AMC连续剧和电视/数字影碟播放器，海报，记号笔，历史地图，历史杂志，提案纲要，社论纲要。

资料来源：作者制作。

练习7.1　编写一份多元文化课时规划

1. 使用示例7.3展示的课时规划格式，制作一份全新的课时规划。不要使用你之前做过的或者与示例类似的规划。
2. 使用你的正常教学内容。
3. 尽量做得简单一些。
4. 选择任何科目或年级。

4．反思与问题

你已经知道了如何创建多元文化课时规划。现在，你可以创建、制作和收集你最喜欢的规划。

（1）本节提供的信息与你之前对多元文化课时规划的感受有什么不同？

（2）对于你可以创建的有趣的主题单元，你有哪些想法？

（3）你觉得哪些多元文化概念最重要？

（4）你认为你所做出的提高课时多元文化特点的努力可能引发哪些反应？

五、多元文化教育领域人物介绍：克莉丝汀·E.斯里特

克莉丝汀·E.斯里特博士（威斯康星大学麦迪逊分校，1982）是加州州立大学蒙特利湾分校职业研究学院名誉教授，也是该校创始教员之一。她曾在西雅图一所高中担任学习障碍教师，在威斯康星州瑞普学院和威斯康星大学帕克塞德分校担任教员，在新西兰维多利亚大学、圣何塞州立大学、旧金山州立大学以及华盛顿大学西雅图分校担任客座教授。她曾担任美国多元文化教育协会主席以及美国教育研究协会K部门（教学与教师教育）副主席。她的研究关注反种族主义多元文化教育和教师教育，她正在开发一个新的研究领域——重要家族历史。在新西兰维多利亚大学一个研究团队的帮助

下,她最近完成了对中学毛利人职业发展计划的一项评估研究。斯里特博士在《亚太教师教育期刊》(Asia-Pacific Journal of Teacher Education)、《残疾研究季刊》(Disability Studies Quarterly)、《教学与教师教育》(Teaching and Teacher Education)以及《课程探究》(Curriculum Inquiry)等期刊和合辑图书中出版了100多篇文章。她最近出版的书籍包括《带着目标教学》(Teaching With Vision)、《重要的多元文化主义:理论与实践》(Critical Multiculturalism: Theory and Praxis),以及《为成就和平等而开展多元文化教育》(Doing Multicultural Education for Achievement and Equity)。

她的作品被翻译成了西班牙语、朝鲜语、法语和葡萄牙语。她被邀请在美国大多数州和其他一些国家发表演讲。她的工作赢得的奖项包括美国教育研究协会教育社会公平奖、查普曼大学保罗弗莱雷教育项目社会公平奖、美国教育研究协会K部门遗产奖、加州大学蒙特利湾分校校长奖、美国多元文化教育协会研究奖、美国教育研究协会多元文化和多元族群特别兴趣小组终身成就奖。

笔者:您认为您对多元文化教育领域最重要的贡献是什么?

斯里特博士:我想,我最重要的贡献是帮助白人认识到我们在多元文化教育中的位置,以及我们由于种族而相互授予的特权,这种授予通常是无意识的。当我成为任课教师时,一群同西雅图种族隔离学校教师合作的来自多个种族群体的教育工作者与我的交流使我对多元文化教育产生了最初的兴趣。我发现,打造可以相互合作、以诚相待的多元种族群体是一件非常困难的事情。我认识到,在具有多样性的环境里,白人常常占据主动,或者认为我们可以自己想出答案。我试图弄清"后退一步、置身事外"和"参与其中"这两种方法哪一种更好。在这个过程中,我学会了合作和分享权力。我意识到,"置身事外"不是解决问题的办法,因为这样一来,情况永远不会发生改变。接着,我需要研究白人如何开展建设性工作,这意味着努力认识到自身生活中的种族特权,了解我自己的文化属性,面对我自己的无知,帮助其他白人努力解决同样的问题。顺便说一句,这是一项持续性工程——我并没有完成这项工作,我也不认为自己能够在近期内将其完成。

笔者:关于为什么应当成为多元文化教育工作者这一问题,您认为最能说服职前教师的观点是什么?

斯里特博士:不管职前教师是否愿意,他们都将成为多元文化教育工作者。所有课堂都具有多样性,包括所有学生来自同一种族背景的课堂。越来越多的仅仅由单一种族构成的地区正在变得更具多样性。今天的教师在未来的某一天将会面对具有多样性的学生。真正的问题并不是是否应该成为优秀的多元文化教育工作者,而是是否应该在多元文化环境中成为优秀的教育工作者。

对于多元文化教育所要解决的问题采取回避态度的教师常常无法形成有助于更好

地教育所有人的深刻见解和教学工具。例如，那些不想发现来自陌生背景的学生所具有的文化优势或者缺乏这种发现能力的教师常常只能将这些学生看作有缺陷和需要治疗的学生。优秀的多元文化教育工作者询问这些学生带到课堂上的背景知识，并将这种知识作为教学基础；糟糕的多元文化教育工作者不仅不会提出这样的问题，而且不知道他们应该提出这样的问题。

留给读者的后续问题：

作为一个承认自己可能拥有或没有特权的多元文化教育工作者，你对自己的实践可以得出什么结论？你会如何改变你的课堂，以满足克莉丝汀·E.斯里特在回答中提出的标准？

六、案例研究：犹太人大屠杀

案例中需要探索的重要问题

①理解在学校做出改变的程序。
②学习如何将多元文化视角融入不同科目中。
③学习如何将社会公平概念融入教学中。

许多教师都会在职业生涯中遇到这样的时刻：他们需要在课堂上面对纳粹对犹太人的大屠杀，这个问题要么是事先制定的正式课程的一部分，要么是在关于歧视问题的讨论中被人提出来的。犹太人大屠杀是20世纪最可怕的事件之一。在《安妮·弗兰克：一个小女孩的日记》等流行书籍和《辛德勒名单》等电影的宣传下，几乎所有学生都知道德国纳粹党的崛起、死亡集中营的建立以及600万犹太人和其他人的死亡。

汤姆·布鲁内蒂是一所高中的新任课程主管。他意识到，作为州级指导准则的一部分，纳粹大屠杀需要被包含在中学课程中。过去，这一目标是通过在历史和英语课上教授第二次世界大战和阅读《安妮·弗兰克日记》实现的。他对社区中反犹主义和对其他群体仇视性犯罪的抬头感到担忧。汤姆感觉到，教员需要以更加协调的方式对偏向性和歧视说不。他还感觉到，讨论这些问题的责任需要在教员和课程中分散开。

在学校管理层和课程委员会的支持下，汤姆领导了一项课程政策更改，要求每个科目在一定程度上覆盖纳粹大屠杀的内容。他希望以自然而有意义的方式将这个主题融入每个科目中，而不是将其作为单独的事件进行教授或者对其进行短暂的提及。课程委员会要求这一主题支持各个科目的课程框架。汤姆开始一边工作一边领导部门主任研究如何做到这一点。当他进行这项工作时，他开始研究如何以最佳方式将纳粹大屠杀的教学融入各个学科领域，以及他可以提出何种建议和指导。他为教师委员会提供了一组简短的建议，并且决定分享这些建议。

美术：（提示：回避"讨论纳粹盗窃的艺术品"这一便捷方法。相反，考虑让学生制作某种形式的艺术品，以展示犹太人大屠杀的恐怖。）

健康：（提示：正常男性或女性每天应当消耗多少卡路里？减肥餐里有多少卡路里？集中营里的人能够摄入多少卡路里？）

数学：（提示：考虑你正常需要教授的数学和几何概念，比如比率和比例、百分比、平方英尺、制图和韦恩图。更改教科书上的问题背景。）

音乐：（提示：回避"讨论希特勒最喜欢的作曲家或被迫在集中营演出的音乐家"这一便捷方法。相反，考虑让学生提供、创作或表演音乐，以表达他们对这场悲剧的感情。）

体育：（提示：还是更改课本上的问题背景。重复性运动？）

科学：（提示：教授你正常教授的科学概念。如何改变背景？系谱学？克隆？）

问题讨论

①评论汤姆·布鲁内蒂为帮助教员在每个科目的课程中融入对犹太人大屠杀的理解而做出的初步努力。

②作为小学教师，为了适应学生的年龄和敏感性，你会在你的课时中采取哪些预防和更改措施？

③一些主题是否比另一些主题更加难以融入课程中？对于犹太人大屠杀，这个主题是否由于你对它缺乏了解或者难以将其融入各种课程之中而具有潜在困难？

④使用本章描述的课时规划格式，为本研究案例中列出的任何或所有科目编写课时规划。

七、本章应用和练习

个人

（1）采访另一个种族、族群或文化的人，用你在日志活动中对自己的文化提出的问题向他提问。

（2）在另一种文化中沉浸尽可能长的时间——一个夜晚，一天，一个周末或者更长时间。选择你几乎不了解或者感到不舒服的文化。你可以选择一个女同性恋、男同性恋、双性恋、跨性别者组织，或者一个教堂、庙宇、犹太会堂或者其他宗教场所。写下你的经历。关于这个群体，你会教授哪些内容？

（3）使用教科书中关于任意科目的目标，编写一份多元文化课时规划。

小组

（1）在小组中，选择某个小组成员熟悉的一所学校。使用班克斯列出的多元文化课程的全部23种特点分析和评论这个学校的课程与课程开发程序。对你们的信息进行总结，并与这所学校的教育工作者分享你们的结论。

（2）与其他三个人合作，制定一份涉及语言艺术、音乐、数学和科学的多学科规划。

（3）检查一套学校课程和教科书，以评估其对多元文化的融合程度。

自我评估

（1）列出可能使你感到不太舒服的不同文化中的元素。为什么你对这些文化特点感到不太舒服？

（2）描述你们学校对某些学生的成功具有不利影响的隐性课程中的任何元素。

（3）设计代表你自己的哲学信念、社会信念和心理信念的课程模型。

（4）如果你可以自主行事，你会对你们学校的课程做出哪些重大改变？

八、本章提到的资源

奥索姆图书馆

http://www.awesomelibrary.com

奥索姆图书馆以有组织的方式提供了3.2万份经过仔细检查的资源，包括教育领域最好的5%资源。

比尔·豪谈多元文化教育

http://billhowe.org/MCE

这是一个提供课时规划、视频、诗歌、文章等资源的网站。

共同核心州立标准

http://www.corestandards.org

共同核心标准是一组关于数学和英语语言艺术/读写能力的高质量学术标准。这些学习目标概括了一名学生在每个年级结束时应该掌握的知识和能力。创建这些标准的目的是确保所有学生高中毕业时拥有在大学、职业和人生中取得成功所需要的技能和知识，不管他们生活在哪里。43个州、哥伦比亚特区、4个属地以及国防部教育活动部门已经主动采纳了共同核心标准，它们正在这种标准的指引下前进。

教学咨询

http://www.indiana.edu/~icy/diversity.html

印第安纳大学布卢明顿分校教育学院提供了关于教学和多样性的忠告，以及其他许多课时规划网站的链接。

关注多元文化的课时规划

http://www.library.csustan.edu/lboyer/multicultural/lesson2.htm

这个课时规划汇总以多元文化教育为目标，适合从幼儿园到高中的教师。该网站也提供了其他科目的课时规划。

多元文化课时规划和资源

http://www.eds-resources.com/edmulticult.htm

这个网页可以用于寻找多元文化课时规划和资源。

美国多元文化教育协会

http://www.nameorg.org/resources.php

美国多元文化教育协会的网站包含多元文化课时规划网站的链接。

第八章　多元文化教育工作者所需要的教学方法

怎样才能成为一名优秀教师？一个人如何精通教学？哪些方法适用于今天的课堂？哪些方法不适用？在本章，我们将试图回答这些问题。我们将检查不同理论和教学模型，以及我们目前对最佳教学实践的了解。这将把我们导向文化敏感性教育的理论和实践。在这里，你将了解如何对"文化影响学习"这一事实加以利用，以及如何将其融入你的教学中。

案例研究：做家庭作业的教师

我走进教室，在后排的一个座位上坐下来，准备在这所小型替代性高中观摩一堂科学课。站在黑板前面的小个子女人看上去非常年轻，似乎还没有达到教书的年龄，但她有一种平静而令人安慰的自信。接着，学生开始鱼贯而入。一共只有大约15名学生，但是教室里仍然显得非常拥挤，这些学生不是很安静，也不是很守秩序。大多数都是男生。大多数人都穿着足球衫，体型都很大。我料定这是一个难以驾驭的班级，并为这位教师感到难过。她似乎不太走运，因为她需要在别人的注视下为一个看上去似乎是由学校足球队首发阵容组成的班级授课。

不过，在接下来的50分钟里，这位教师成为了教室的控制者。她一半是教师，一半是教练——她像面对板凳席的教练一样在一排排书桌之间踱步。她给学生讲笑话，哄他们开心，而且频频使用与足球有关的比喻，学生们表现得就像在半场更衣室里听励志演说一样。我不是足球迷，但我是令人鼓舞的创新教师的超级粉丝，因此我在课后祝贺她为学生带来了如此生动有趣而又具有信息含量（包括科学和足球）的学习体验。

这位教师坦诚地说，当她得知自己需要面对这个以足球队员为主的班级时，她感到非常不安。她对与学生的沟通方式感到担忧，而且知道正规的科学课时规划可能不会起到很好的效果，因此她决定在她的教学中融入这项运动的元素。幸运的是，她的父母都是热心的球迷，为她提供了她所需要的背景知识。对于一名入行不到一年的教师来说，这是一种巨大的创新和奉献。

> **你对这个案例的看法**
> ①这位教师的哪些做法可能被视作多元文化教育实践?
> ②从学生的视角来看,你如何描述有助于引导他们参与课堂学习和理解课程内容的方法。
> ③你如何使用这位教师的方法对某个班级开展教学工作?

一、我们的教学方式和学习方式

> **预先思考**
> 学生所接受的教学方式的历史遵循这个国家民主发展和社会变革的历程。对于过去的理解有助于理解我们目前所需要的实践。
> 问题:
> (1) 同你的学生时代相比,教学发生了怎样的变化?
> (2) 你觉得教学为什么发生了这样的变化?
> (3) 你认为公民权利、社会变革和民主变革对教学实践产生了哪些影响?
> (4) 对于美国目前的教育状况,你能得出什么结论?

《学习教学》(*Learning to Teach*)和《教师、学校与社会》(*Teachers, Schools and Society*)的作者提供了简短的美国教学历史,这些作品提供了新的教育视角,非常值得一读。在这个国家的发展早期,所有受过教育的男性都可以成为教师。教育的主要形式是为富人的孩子提供家庭辅导。黑人和美洲原住民通常无法获得上学的机会。女生只能接受成为妻子和主妇所需要的教育。

公共教育始于1825年到1850年,包含三门科目——阅读、写作和算术。这是为了应对当时的工作岗位所需要的技能。综合性高中在19世纪末期和20世纪初期开始形成,包含更多的科目,以应对需要更多不同教育类型的工作场所。还记得吗?我们的经济从以农业为主转变成了工业和自动化产业,随后转变成了高科技和服务产业。我们的教育系统必须跟上经济和社会的变化。

教育研究对教学方法和课程的变化产生了影响。里程碑式报告《危机中的国家》提出的许多重要问题之一就是教学已经变成了一份极为复杂的工作。计算机时代的来临和多样性日益加深的学生群体要求教师接受更多不同类型的培训。教学的性质一直在迅速变化,以适应不断变化的人口结构和社会结构。教室变得更具多样性。学校意识到,教育要求的不只是基本的学术知识,它要求学生为全球化工作场所做好准备。

阿伦兹指出,有效教学至少要求做到:

个体具有学术能力,能够把握他们需要教授的科目,关心孩子和年轻人的健康成长。它还要求个体能够做出成绩，尤其是学生的学习成绩和社会学习表现。

每过10年，学生需要学习的知识范围都会出现指数增长。我国的社会变化和日益加深的全球化带来了掌握更多元文化知识和技能的需要。我们不能继续抱着保守的心态，必须让学生做好在完全不同的环境下生活的准备。现在的教师必须非常清晰地理解教育的目的和内容以及他们在教育中的角色。

练习8.1　你的观念

根据你多年的学生或教师经历，你对优秀与糟糕的教学和学习抱有什么观念？大多数人对于教育系统的对错都持有一定的观念。

考虑下列问题：
(1) 教育的目的究竟是什么？
(2) 学生的角色是什么？
(3) 考虑到多样性日益加深的国家和全球化工作场所，你认为学生需要做好哪些准备？
(4) 你偏爱哪些教学方法？
(5) 应该教什么——课程吗？
(6) 评估的作用是什么？

在写下关于教与学的个人陈述以后，写一篇短文，介绍你的观念对你现在属于或想要成为的教师类型的影响以及你需要成为的教师类型。

1．教育的目的

人们是如何学习的？有三类主要的学习理论：行为主义、认知主义和建构主义。行为主义关注可以客观观测的学习元素——也就是你能看到的学习结果。它的关注点是通常由某种刺激导致的行为、技能和习惯的可观测变化。

认知主义不是关注对于刺激的反应行为，而是更加注重理解基于大脑的学习以及运用对于大脑工作方式的研究。认知理论家仅仅关注与一个人的思考、记忆和认知方式有关的行为变化。认知主义强调解决问题、批判性思考以及深层次思考的技能。

建构主义也许是最新的理论，同时也是目前最流行的理论，它将学习看作学习者积极建构或建造新思想或新概念的过程。建构主义者关注个体如何理解事件和活动。根据这种理论，学习是知识的建构。

下面，我们将根据这些理论与多元文化教育原则的关系更加详细地考察每一种理论。它们是否支持多元文化教育？

行为主义

巴甫洛夫及其经典的条件反射实验、桑代克及其关于奖励学习的工作、沃森及其关于人类学习的研究对于这一理论模型的发展做出了贡献。B.F.斯金纳关于操作性条件作用的研究也许是在学校环境中最有影响力的应用。

行为主义的特点是对结果（强化或惩罚）控制模型的关注。一个刺激被用于创建一个响应。代币制和行为矫正等计划策略曾被用于（目前仍然在以某种形式被用于）课堂上。这种模型对理想的行为给予奖励，用于正面强化，并对不理想的行为进行惩罚，以免产生负面结果，这就是塑造行为的方法。技能通常以"连续小步骤"的形式得到传授，比如得到规划的教学模型。一些阅读、数学和科学工具包也采用了这种形式。

行为主义往往采用以教师为中心的策略，学生的学习目标和学习方法得到了事先确定。"站台讲课"教学方法（有时带有时间表）并不罕见，讲课或演示方法、直接教学以及概念教学都是这种策略的典型例子。支持者认为基于这一理论的策略可以使学生学到知识，批评者则认为这种策略支持低级思考技能，阻止了学生的独立思考和行动。

在行为主义教学模型中，教师制定清晰具体的目标，提供明确的系统性表扬，经常指出学生取得的真实成就。优秀的学习成绩是一个重要目标。教师将学生的成功归因于努力，以学生重视的方式承认学生的积极行为。当学生学习新材料时，教师努力提供足够多的强化措施。许多强化方法得到了使用。行为主义策略的确可以塑造行为，适用于培养相互之间没有关联的、不是很重要的行为。

不同国家对学生的教育方式不尽相同。教学策略随传统、文化、必要性和其他因素的变化而变化。例如，在许多亚洲和欧洲国家，教学在传统上遵循更加以教师为中心、更具说教性的策略。来自这些国家的学生更加熟悉这种教学类型。当这些学生来到美国上学时，他们可能需要对陌生的教学风格做出一定的调整。

在得到仔细规划时，行为主义策略是一种适用于所有教学层级的有效教学方法。例如，它可以非常有效地教育所有英语学习者；大量反馈可以使"连续小步骤"得到强化，对成功的认可也是非常重要的。在概念学习上存在困难的学生可以从清晰、准确、适度的教学中受益。

不过，如果过度使用，行为主义会导致一种过于以教师为中心的教学策略。正如前面几章所述，有肤色学生在特殊教育计划中过高的比例是一个严重的问题。在面对英语学习者或有肤色学生时，必须谨慎地留意偏向性，以免行为主义策略的过度使用对高级思考方式的学习产生限制作用。为了取得更高的考试成绩，一些学校完全采用死记硬背的教学方式，这是《不让一个孩子掉队法案》导致的悲剧之一。

因此，多元文化课程的挑战是使用各种策略迎合和支持学生的文化，同时引入新方法，实现更高层次的学习。有选择的、带有相关文化内容的行为主义与具有挑战性和充实性的策略的结合是一种良好的教学方法。

认知主义

认知理论家仅仅关注与一个人的思考、记忆和认知方式有关的行为变化。认知主义强调解决问题、批判性思考以及深层次思考的技能。孩子是活跃的学习动因——他们不仅接收知识，而且分析、理解和创造知识。约翰·杜威、列夫·维果茨基、让·皮亚杰和杰罗姆·布鲁纳是这一领域最有影响力的一部分理论家。

杜威认为学生的思考实际上是在解决问题。当学生将新信息与过去的知识联系在一起时，他就实现了"学习"。学生的最佳学习方式是积极参与到学习过程中，而不是做一个被动的接受者。换句话说，我们应该鼓励孩子主动学习。教师帮助学生通过画下划线和记笔记等学习技能关注最重要的信息。教师还帮助学生将信息组织成有意义的单元，为学生提供使用语言故事和视觉形象的机会。他们对信息进行进一步的回顾和重复，关注含义而不是记忆。

认知学习理论的一些内容与多元文化教育具有重要的联系。多元文化教育要求学生思考社会公平问题，因为这种教育的终极目标就是让学生为创建更加美好的社会贡献一份力量。种族主义、性别主义、恐同症和反穆斯林情绪等问题并没有被忽略，它们被融入课程中，用于帮助学生培养对自身信仰和价值观的意识。教师鼓励学生进行深层次思考，形成更加清晰的个人信仰体系。

示例8.1　建构主义课时

作为学生，你可能体验过建构主义，作为教师，你可能已经采取了建构主义策略。下面简单展示了关于国家的课时差异。

常见课时规划

（1）教师讲授国家的定义。

（2）教师描述国家的组成部分——人民、政府、语言、法律、宪法以及地理。

（3）教师领导全班同学讨论这些组成部分。

（4）学生的学习评估主要依靠纸笔测试。

在上述以教师为中心的课时中，教师决定了学习方法，为学生提供了大量指导。

建构主义课时

（1）教师发起一场关于国家组成部分的讨论，要求学生举出例子。

（2）教师协调学生以小组形式讨论他们对其他国家的了解——这个国家可能是他们居住过、访问过，或者有亲戚朋友在那里居住的国家。教师鼓励学生讨论个人知识和经历。

（3）教师将全班分成若干小组。这些小组的任务是创建"模范国家"。教师鼓励他们选择尽可能多的国家特点。然后，他们必须使用自己希望使用的任何媒介形式向全班同学展示他们学到的东西。

对于这个课时的评价

通过这种任务，学生有机会了解领导能力和团队合作。他们可以使用自己的经历以及最佳学习和表达方式自由参与到学习中。具有艺术天赋的学生可能会设计出一面旗帜；喜欢音乐的学生可能会写出一首国歌。学生可能会对这个国家应当拥有的法律进行讨论。他们可能会将一座"模范城市"设计成带有房屋、道路、树木等元素的艺术项目。

我们将新事物与我们已经知道或理解的某种事物联系起来，以学习和理解新事物。有时，这是通过使用类比和比喻实现的。在20世纪80年代早期，当个人计算机变得便宜而流行时，刚刚接触这种设备的学生认为它是一种类似于电视和打字机的东西。在解释计算机的工作原理时，教师常常将硬盘描述成"文件柜"。通过键盘输入的内容将被保存成"文件"或文档，这些"文件"将被存储在硬件（文件柜）的"文件夹"中，就像保存在真实的文件夹中一样。这些类比有助于学生理解新概念，因为它们与学生已经理解的事物存在联系。

因此，认知理论最重要的多元文化原则是，有肤色的学生常常无法从欧洲中心主义课程中受益，因为这种课程与他们的经历没有关系。上一段中"文件夹"和文件柜的例子并不适用于从某种不使用这类办公设备的文化中走出来的学生。教师必须努力理解学生的文化、经历和背景，以帮助他们将新知识与他们过去的知识联系在一起。类似的问题甚至可能发生在具有单一文化的欧裔美国人课堂上，比如对不理解或不了解某些运动项目的学生使用体育隐喻的场合。不是所有人都能理解曲棍球中的"帽子戏法"、篮球中的"罚球"或者高尔夫球中的"让一击"所具有的含义。

认知学习中对故事和形象的使用非常适合多元文化教育中"文化影响学习"以及"不同文化的学习风格和优势可能存在差异"的观点。我们知道，非裔美国学生在口语学习方面具有优势，这主要源于非洲文化中口述历史的强大传统。如果口语学习没有在课程中得到认识或重视，这些学生将受到不利影响。

建构主义

杜威、维果茨基、皮亚杰和布鲁纳为建构主义学习模型做出了贡献。根据建构主义学习模型，学习是学习者积极将新信息与之前的知识联系在一起的过程。学生参与到了信息的建构中，而不仅仅是获取信息。之前的知识用于与新的学习或信息建立联系。

学生制定多种策略，用于获取和评估信息。教师营造出一个促进批判性思考和解决问题的环境，鼓励学生同教师和其他学生对话，比如鼓励他们参与合作学习和课堂讨论。在多元文化课堂上，社会公平问题常常是教育的一个关注点。使用批判性关注方法的教学"鼓励挑战现状的少数声音"。

教学策略得到了调整，以便将学生的思想和反应作为课堂的推动力。以学生为中心的建构主义学习模型更具认知性，需要学生进行更加深入的思考。学习是通过操作实现的。这种模型的重点是通过基于活动的教育和合作（而不是竞争）培养健全的孩子：

> 如果学生具有不同的文化、能力、需要和兴趣，这种课堂环境可以提供丰富的学习机会，部分原因在于这种环境极为清晰地反映了建构主义的一个核心原则：我们几乎可以通过无数种方式认识世界。

在《教育改变世界》中，奥克斯、李普顿、安德森和斯蒂尔曼概括了教师营造课堂环境、使学生在关注社会公平的课程中实现"真正的学习"的指导准则："教师和学生相信每个人都能取得良好的学习效果；课时具有活跃性、社交性和多种维度；评估可以改善学习效果；人们相互关心，相互依赖；谈话和行为能够体现社会公平。"教师还应关注通过建构主义教学方式和真实评估提供广泛而深入的学习机会。在建构主义教学方式中，学生是自身知识的积极创造者和建构者。教师是知识的协调员，课堂以学生为中心，教师鼓励学生相互合作。教师不是精心安排学生的一切学习内容和方式，而是提供提示和场景，学生有机会使用各种由自己决定的学习方法。

你如何处理一个小组作出的不允许妇女投票的决定？教师如何指导学生讨论这个新国家的文化、信仰、价值观和习俗？教师可以在这种活动中提出多元文化视角，这种视角将通过更加积极的学生参与得到改进。可以用"设计一个模范国家"的口号促使学生进行有意义的讨论。建构主义教学方式有助于学生自由地独立思考并利用自己的视角。

同过去的教师相比，今天的教师更加关注学生的生活，尤其是与学生学习方式有关的部分，建构主义教学就是其中的一个例子。建构主义教学融入了多元文化教育的一些原则。为了促进学习，教师需要允许学生自由利用他们在自身文化优势中学到的东西。为了学习，学生应当使用自己的知识、经历和技能，这一点不应受到限制。

总体来看，这三类主要的学习理论——行为主义、认知主义和建构主义——都是基本的理论，关心学生文化的教育工作者可以对其进行有效运用。我们应该承认，文化对于我们的学习方式和教学方式具有强烈的影响。如果教师理解不同文化，知道将文化知识融入学习理论中的最佳方式，那么他就可以更好地为所有学生提供服务。不过，多元文化教学并不仅仅是优秀的教学方法。它是一种工具，可以帮助学生面对偏向、偏执和歧视，这也是在当今社会中取得成功所需要的一项重要技能。在应用学习理论时，必须考虑到学生的多元生活和视角。

练习8.2　将族群/文化内容融入教学中	
教学类别	对族群/文化的整合以及教学策略
行为系统	
信息处理	
个人发展	
社交互动	

2．教学模式

我们已经了解了基本的学习理论，现在我们来研究如何将这些理论应用到教学方式或模式中。在《教学模式》中，乔伊斯、韦伊和卡尔霍恩描述了20种教学风格、方式或模式。阿伦兹描述了根据教学目标或学习结果、教师和学生行为的语法或流程以及学习环境的性质对这些教学方式的分类方法。根据对于人类个体以及学生学习方式的定位，这20种模式被分成了4个大"类"。教师不需要经常使用所有20种模式，但他们需要在一定程度上掌握涉及各个类别的四五种模式，尤其是在面对多元学生时。表8.1展示了这些教学模式的分类方式。当你研究表8.1时，考虑如何将族群或文化内容融入这些模式中。

你已经看过了教学模式的简介，现在考虑前面提到的如何将族群或文化内容融入课程中的问题，同时不要忘记，你这样做是为了更好地让学生参与到学习中，并对他们的经历和学习风格加以运用。完成练习8.2。

阿伦兹关注了6种模型，他认为对于新入职的教师来说，这是一个比较容易掌握的数字。正如表8.2所示，阿伦兹将这6种模式进一步分成了两类。

你可以看到，教学已经变成了一种更加复杂的过程。同你的小学时代相比，如今的现代教育工作者所需要的技能已经发生了变化。这种技能之所以发生变化，是因为我们的学生构成在种族、族群、经济状况、语言技能、能力和其他差异上变得极具多样性。家庭也发生了变化，许多学生生活在单亲家庭或混合家庭里，这影响了学生在学校和学习上的经历。全球化经济和多元工作场所的发展也对工人提出了新的技能要求。教育工作者的角色已经从有教养的人文科学导师变成了拥有高技能的专业人员。

表8.1　20种教学模式（按类别排列）

四个大类	20种教学模式
行为系统。专注于帮助学生学习基本信息和获取技能。使用可观测技能和行为的概念。	（1）精熟学习。根据学生的个体学习节奏，使用适合学生的材料，以直线方式传授从简单到复杂的策略。 （2）直接教学。以可控单元的形式传递信息，学生需要做出相应的反应。 （3）学习自我控制。让学生知道他们的行为对其他人以及他们自己的感受产生的影响。 （4）技能训练和概念培养。通过演示新技能、让学生重复实践以及指导等方式帮助学生掌握新技能。 （5）自信训练。让学生知道如何以不伤害其他人的方式表达真实的内心情感。
信息处理。帮助学生学习如何使用和处理信息与资料。	（6）概念获取。让学生知道如何通过组织资料实现更加有效的学习。 （7）归纳思考。帮助学生学习寻找和组织信息、为概念命名以及测试不同信息集合之间的关系。 （8）探究训练。帮助学生学习提问的艺术，以便使他们更好地理解问题背后的原因。 （9）前导模块。让学生掌握将来自讲座、读物和其他媒介的材料组织成综合格式的方法。 （10）记忆。大多数音乐学生都知道"每个好男孩都应该得到软糖"（Every Good Boy Deserves Fudge）的含义。这是用来记忆乐谱线名称的方法——EGBDF。线间空白是通过FACE（脸）记忆的。"我非常激动的魔毯刚刚在九个王宫大象的下面驶过"（My Very Exciting Magic Carpet Just Sailed Under Nine Palace Elephants）是用于记忆太阳系中目前得到承认的11颗行星的最新记忆法之一，这些行星分别是：水星、金星、地球、火星、谷神星、木星、土星、天王星、海王星、冥王星、阅神星。 （11）开发智力。根据智力发展水平或阶段调整课堂上的方法。 （12）科学探究。安排学生参与活动，使他们形成对于科学概念的认识和理解。
个人发展。专注于培养良好的自我形象、积极的自尊、不断提高自己的愿望以及独立性。	（13）非引导性教学。鼓励学生通过你的指导成为独立学习者。 （14）综摄法。这种头脑风暴形式鼓励学生挑战之前未经检验的观念，整理自己的思想和思考方式，形成新的视角和理解。 （15）意识训练。让学生知道如何更好地理解他们是谁、他们对自己的看待方式和其他人对自己的看待方式以及人际关系的性质。 （16）课堂会议。让学生聚集成一个群体，共同对如何进行集体学习以及如何做人获得理解和共识。
社交互动。专注于培养群体协作所需要的概念和技能，这既是为走向社会做准备，也是为了与他人共同学习。	（17）小组调查。领导各个小组运用科学的研究方法共同研究社会和学术问题。 （18）角色扮演。为学生分配角色，让他们进行表演，然后付诸实践。 （19）法理探究。指导学生探索社会问题。他们需要发现问题，然后进行研究，以理解政策的制定。 （20）社会科学探究和实验室训练。组织学生通过"小组合作解决问题"的方式学习知识，同时对自己获得更多了解。

数据来源：改编自乔伊斯等。

表8.2 六种教学方式

A. 以教师为中心的传统方式	B. 以学生为中心的建构主义方式
（1）讲课/演示（Lecture/Presentation）。三种学习结果： a. 获取和吸收新信息。 b. 扩展概念结构。 c. 形成倾听和思考的习惯。	（4）合作学习（Cooperative learning）。三种学习结果： a. 学术成就。 b. 对于多样性的宽容和接纳。 c. 社交技能。
（2）直接教学（Direct Instruction）。两种学习结果： a. 掌握具有良好结构的学术内容。 b. 获得各种技能。	（5）基于问题的学习（Problem-based learning）。三种学习结果： a. 探究和解决问题的技能。 b. 成人角色行为。 c. 独立生活技能。
（3）概念教学（Concept teaching）。四种学习结果： a. 具体概念。 b. 概念性质。 c. 逻辑推理和深层次思考。 d. 沟通。	（6）课堂讨论（Classroom discussion）。三种学习结果： a. 概念理解。 b. 参与和投入。 c. 沟通技能和思维过程。

数据来源：改编自阿伦兹。

练习8.3 讨论六种教学模式的问题

（1）如何将多样性融入这六种模式中？
（2）六种模式中每一种的学习环境有哪些重要特点？
（3）比较和对比六种模式与多样性相关的优势和问题。
（4）在考虑如何在六种模式中评估学生的成绩时，教师应当考虑哪些因素？

3．反思与问题

考虑你在上学时经历过的所有教学方式。

（1）你能想到你对20种教学模式中某些模式的一些经历吗？
（2）你认为哪些模式最令人愉快以及/或者最有教育意义？为什么？
（3）你认为哪些模式不太有效？为什么？
（4）分析各种模式，试着预测在每一种模式中哪些文化群体可能表现活跃或者遇到困难，讨论你做出这种预测的理由。

二、流行的教学实践与多元文化教育

1.流行的教育趋势

《不让一个孩子掉队法案》带来的一个好处就是人们更加专注于研究我们的教学方式

和教学内容、与之相关的理论、有效的策略以及真正发挥作用的计划。本节将考察一些更为流行的教育趋势及其与多元文化教育的关系。

一项对于10万多名学生考试成绩的研究发现，改善教育效果的唯一最重要的因素就是教师的有效性。因此，优秀教师与优秀课程的结合对于学习的优化是至关重要的。优质教学的标准是从关于建构主义教学和学习的大量新出现的文献中得出来的。如上所述，建构主义是一种强大的模型，它基于当代认知研究，强调理解和解决问题。同之前过于以教师为中心的"行为主义"和"教师有效性"模型相比，建构主义模型似乎可以更好地实现学习的最优化。

> **预先思考**
>
> 在教学生涯中，你会经历不同的教学趋势。一些趋势仅仅是短期的实验。其他一些模式成为了受人珍视的标准。
>
> 问题：
>
> （1）你认为优秀教学模式的基本组成部分是什么？
>
> （2）你认为哪些理论概念或者教学实践没有得到良好的构思和设计？
>
> （3）你觉得为什么教学模式如此众多？
>
> （4）提出一种新的教学模式，将你所认为的来自各种现有模式的最佳成分包括在内。用你的名字对其进行命名——比如"克里斯教师模式"。你如何"推销"这种模式？

在《基于理论的教学研究元分析》（*A Theory-Based Meta-Analysis of Research on Instruction*）中，马尔扎诺描述了教师应当使用的下列9项教学技巧，这些技巧与教学单元的目标无关。在描述每项技巧以后，考虑它和多元文化教育的关系。

（1）在向学生展示新知识或新程序时，提前向他们提供关于新知识或新程序的高级思考方式。

多元文化联系。一种流行的课堂活动是开展"危险边缘"（Jeopardy）桌面游戏，以引入和测试知识。它基于流行的美国电视竞赛节目，新移民、年幼学生或者不太爱看电视的学生可能并不熟悉这种游戏。在这种游戏中，学生需要在看到答案以后提出问题。提前介绍这种游戏的概念是一个重要步骤。

（2）在向学生展示新知识或新程序时，帮助他们确认他们已经掌握的关于这一主题的知识。

多元文化联系。许多人知道"食物金字塔"，现在被称为食物盘，这种概念向公众介绍了基于美国食物的合理膳食。新的食物盘是一张图表，它将健康膳食分成了4个主要部分：水果、蔬菜、谷物和蛋白质，旁边是一小块乳制品。不过，这种食物盘提出的是主流美国膳食建议，它可能会把面包和麦片作为早餐。不是所有学生都把面包和麦片作为早餐。让学生根据他们在家里或者另一种文化中摄取的食物创建自己的食物盘。让学生比较他们的食物盘与美国农业部最近规定的食物盘之间的相同点和不同点。

（3）在向学生展示了新知识或新程序以后，让他们将其与其他知识和程序进行比较和对比。

多元文化联系。在前面提到的"危险边缘"桌面游戏中，学生可以根据他们自己的文化或者他们必须研究的另一种文化创建新的答案类型，作为一项跟进活动。这种做法肯定了学生的文化和视角，而且为所有人带来了新知识。

（4）帮助学生以语言方式和非语言方式呈现新知识和新程序。

多元文化联系。同书写传统相比，其他文化可能具有更加强烈的口述传统或者视觉传统。这种技巧允许所有学生从他们的文化性学习优势中受益。例如，在研究美国奴隶制时，让学生写一首诗歌或歌曲，画一幅画，创作一尊雕塑，或者表演一出戏剧，以代替（或者补充）描述这个悲剧性时代的传统书面论文。

（5）让学生参与到涉及实验探究、解决问题、制定决策或开展调查的任务中，以便让他们对学到的东西加以运用。

多元文化联系。多元文化教育不仅与内容有关，也与程序有关。创建鼓励学生与不同人群合作的课堂学习经历有助于形成新的关系和文化敏感性。例如，让学生组成两人小组或小团体，然后让他们共同沉浸到一种所有人都不熟悉的文化经历中。学生可以参与不同教派的宗教仪式，出席不讲英语的文化活动，或者参与由女同性恋、男同性恋、双性恋和跨性别者群体主办的社会活动。通过这些经历，他们可以向班上的其他学生进行电子文稿演示。

（6）为学生提供清晰的教学目标，并向他们提供关于这些目标完成状况的直接而准确的反馈。

多元文化联系。这是教育英语学习者的一项基本技巧。进行小步骤教学，在每个步骤检查学生的理解情况。让学生伸出向上指或向下指的大拇指，以指示他们的理解情况。

（7）当学生完成一项教学目标时，对他们的成绩进行表扬或奖励。

多元文化联系。这是教育英语学习者的另一项基本技巧。为了鼓励学生在理解的基础上参与到学习中，必须让他们体验到自己在学习上的成功。设计出表扬进步的有趣方式，比如学习如何以多种语言提出表扬——干得好，buen trabajo, bon travail, gute Arbeit, buon lavoro, Bom trabalho, dobry praca, tốt công việc。当学生重复这些短语时，他们不仅对其他语言有了一点了解，而且获得了对自身文化的肯定。

（8）让学生确定自己的教学目标，提出实现这些目标的策略，监督自己相对于这些目标的进展和思考。

多元文化联系。这项技巧允许学生通过自己更加熟悉的例子和策略进行学习，而不是永远被迫遵循以欧洲为中心的课程和学习方式。作为一堂经济课的一部分，所有学生必须筹集到去往华盛顿特区的一半路费。每个学生必须亲自设计实现这些目标的策略。这种策略可以替代"所有学生必须使用某种资金筹集方法"的策略。

(9) 在展示新知识或新程序时，帮助学生分析他们所持有的可以提高或降低他们对新知识或新程序的学习机会的观念。

多元文化联系。发现多元学生的偏向、偏见、视角、信仰、价值观和观念是多元文化课程的一个重要目标。本书列出了有助于协调这种发现的许多模拟活动和其他活动。

我们可以看到，在考虑到文化和文化性学习风格时，马尔扎诺的理论不仅是良好的教学方法，也是多元文化教育的强大盟友。下面是目前正在得到使用的一些比较常见的计划。

2．差异化教学

显然，教师必须关注学习者的需要，调整他们使用的方法，这种教学方式被称为差异化教学。差异化教学遵循"一种尺寸无法适合所有人"的格言。这是一种文化敏感性模型，迎合了学习者的情况，满足了他们的个体需要。"在差异化课堂上，教师对学生在意愿、兴趣和学习需要上的差异进行预测，并且根据这种预测积极规划和执行关于内容、程序和结果的各种方法。"差异化教学同最佳实践以及我们对学习者的了解有关：教学内容必须与学生的个人情况存在关联，教学材料应当具有挑战性，选择权是至关重要的，新知识的构建是学习的一个主要因素，社交互动是学习过程的一个重要组成部分，教师需要使用适合学生的学习策略，积极情绪氛围的创建是教学的核心。当你决定采取差异化教学时，你需要解决3个重要问题：

（1）学生需要学习的内容是什么？

（2）谁会在学习时遇到问题？

（3）我需要在哪些方面采取不同做法，以便让所有人掌握这部分内容？

差异化教学对教师的角色进行了重新定义，认为教师是时间、空间和活动的协调者；学生的评估者，帮助学生学习规划以及学习对这种规划的有效性进行评估的人。教师通过各种教学策略使他们的教学更好地满足学生的需要。学生通过多种方式得到评估，这种评估是持续的，可以指导教学。汤姆林森、布里米乔因和纳尔瓦埃兹在《差异化学校》中提供了学校利用这种方法提供最佳学习环境的案例说明。

所有学生参与到具有挑战性、有意义、有趣、吸引人的工作中。学生常常可以根据自己的意愿选择学习内容、学习方式以及展示学习效果的方式。学生既有机会独立学习，也有机会以各种小组合作的方式学习。学生显然可以进行灵活的分组。学生和教师共同设计班级目标和个体目标，同时接纳和尊重相同点和不同点。评估也是持续而富于变化的，是在自然的环境中对学生的观察，而不是严格而正规的考试。

注意，直接教学与多元文化理论是兼容的。这是因为，教师应当使用各种教学策略满足学习者的需要；教师应当使用多种评估形式，以免学生由于文化受到不利影响；教师应当鼓励学生使用他们的经历与新知识建立联系；教师应当营造良好的环境，使学生学习与其他人合作。不过，如果不能为文化偏向、偏见、歧视、平等和文化性学习风格做好准备并开展这方面的教育，直接教学方法不能发挥出良好的效果。

> **扩展探索：关于性别平等**
>
> 创建一份课时规划。你的目标是让学生重视性别平等——即女性拥有平等的技能、能力、价值和潜力。这种课时是什么样的？考虑一些替代性教学策略以及学生可能拥有的经历。

3．多元智能

霍华德·加德纳关于多元智能的工作为各种教学策略提供了一个独特的模型。他所提出的人类拥有8种智能的理论提供了一种宝贵的视角，可以用于开发支持学生学习、鼓励新的学习过程的多种教学策略。由于我们所有人都拥有这8种内在智能，因此，当我们能够学习使用自己的优势智能并且能够通过培养自己的劣势智能使自己获得进步时，我们将变得更有力量。

我们对某些智能的擅长和对另一些智能的不擅长也可以体现在我们的教学风格上。我们倾向于关注自己更加擅长的领域。练习8.4可以帮助你更加了解自己的偏好。

多元智能理论是1983年由霍华德·加德纳提出来的。这种理论认为，基于智商测试的传统智能观念具有很大的局限性。加德纳提出了下列8种智能，用于衡量儿童和成人在各个领域的潜力。

表8.3　多元智能

智能类型	日常说法
语言智能	"擅长语言"
逻辑—数学智能	"擅长数字/推理"
空间智能	"擅长图片"
身体—运动智能	"擅长运动"
音乐智能	"擅长音乐"
人际智能	"擅长社交"
内省智能	"擅长内省"
自然探索智能	"擅长自然探索"

练习8.4　我的多元智能教学概况			
	很少	有时	经常
（1）语言智能。我在教学中使用"讲授"方法。			
（2）逻辑—数学智能。我将数学融入教学中。			
（3）空间智能。我在教学中使用艺术品或视觉形象。			
（4）身体—运动智能。我让学生参与到需要进行身体运动的活动中。			
（5）音乐智能。我在战略层面上将音乐融入我的课时中。			
（6）人际智能。我会创造出能让学生相互配合的活动。			
（7）内省智能。我将自我反思融入活动中。			
（8）自然探索智能。我在户外教学。			

假设你来到健身馆的举重室，用右手举起哑铃，进行15分钟的屈臂动作。然后，你离开健身馆。第二天，你又来了。第三天，你也来了。在接下来的6个月里，你每天都用哑铃锻炼右臂。你会变成什么样子？你的右臂是否会比你的左臂和两条腿健壮得多？

大多数人都知道，在进行负重训练时，应当实现一定程度的平衡，以便使身体得到均匀发展。同样的概念也适用于8种智能的练习。如果我们只使用一两种智能，其他智能将会失去活力，无法得到发展。我们也可以这样考虑教学技能：如果教师只将一两种智能融入他们的方法中，搁置其他智能，那么擅长其他智能的学生将处于不利地位。由于无法在整体上得到均衡发展，每个人都会遭受损失。表8.4展示了教师如何制定课时规划，以便系统性地确保所有8种智能得到使用。考虑你想使用的方法，完成表格。

表8.4　具有多样性的教学策略

	策　略	1	2	3	4	5	6	7	8
（1）	撰写并发表一篇关于恐同症的演讲。	×							
（2）	采访越战老兵的经历。	×							
（3）	用一种图形组织工具解释你的家庭。	×							
（4）	用图表展示班上的多样性。		×						
（5）	制作一项纵横字谜游戏。		×						
（6）	开发一种基于数字的新式扑克游戏。		×						
（7）	画出、雕刻出或者创作出其他类型的关于纳粹大屠杀的艺术品。			×					
（8）	制作一份关于内城不良状况的照片集锦。			×					
（9）	展示一本小说的封面。			×					

续表

	策 略	1	2	3	4	5	6	7	8
(10)	用模型黏土制作一个新的国家。				×				
(11)	收集浪费型垃圾的样品。				×				
(12)	为残疾人制造/发明一种新的装置。				×				
(13)	选择一段展示露宿者的流行曲调/歌曲。					×			
(14)	使用具有创意性的动作或舞蹈来展示奴隶制。					×			
(15)	写一首关于战争的说唱歌曲、布鲁斯或者乡村歌曲。					×			
(16)	通过角色扮演的方式扮演男性和/或女性角色。						×		
(17)	画一些政治漫画。						×		
(18)	制作一部纪录片。						×		
(19)	讲述你所在文化的故事。							×	
(20)	记录反思日志。							×	
(21)	开启一个listserv。							×	
(22)	收集垃圾样品,用于循环利用。								×
(23)	清点你们社区流浪动物的数量。								×
(24)	用显微镜研究水样。								×
(25)									
(26)									
(27)									
(28)									
(29)									
(30)									

多元智能理论对多元文化教育起到了自然而然的支持作用,因为这种理论认为,我们具有不同的学习方式,每一种文化具有一些主要的学习方式。这种理论鼓励人们关注学习优势(理解你自己的文化),提高关于其他学习方式的技能(了解其他文化)。

扩展探索:困难的对话

研究和充分理解重要历史事件(尤其是与社会公平有关的事件)的影响是多元文化课程的一个重要组成部分。不过,奴隶制、日裔美国人的拘禁、吉姆克劳时代以及犹太人大屠杀等话题也会引发学生极为强烈的情绪反应。为了确保学生和教员在心理和情感安全上得到保护,你会采取哪些保障措施?制定出让学生参与到具有挑战性的对话和活动中的一组课堂指导准则。做好与同事分享这些指导准则的准备,对于一组共同的指导准则达成群体共识。

4.干预反应

2004年通过的《残疾人教育改善法案》(IDEIA)用详细的语言规定,学校在评估学生可能的学习障碍时应使用基于研究的科学干预方法。美国各州特殊教育主任协会(NASDSE)将干预反应(RTI)定义为提供适应学生需要的高质量教学和干预、频繁监督进展(以便为教学或目标可能的变化制定决策)、利用学生的反应数据制定重要教育决策的实践。

干预反应模型强调将制定决策和提供服务的过程分为3个层次。它从第一层(教育任何儿童群体的通用优秀实践)前进到第二层(要求使用衡量基准跟踪问题儿童的进展),然后前进到第三层(高强度干预)。干预反应要求进行一种评估和提供服务的战略过程。因此,由数据驱动的决策是这个模型的一个重要组成部分。

在考虑文化性学习风格时,干预反应模型的有效性可以得到支撑。教育决策应当永远考虑到家庭、家族和文化的影响,以免当前关注的策略不适合这种文化的最佳学习风格。

1981年,一群面对小学孩子的教师提出了反应性课堂模型。这种模型认为,当教师鼓励孩子同时在学术技能和社交—情绪技能上取得优异表现时,孩子可以实现最佳学习效果。这种模型有7个核心原则。社交技能的学习是一个重要关注点;另一个关注点是让学生为具有多样性的全球化工作场所做好准备,他们必须在这种工作场所中与其他人良好协作。程序和内容均被视作重要元素,因此教学的有效性与教学内容同样重要。从多元文化角度看,对文化敏感性教学的关注可以与文化关联性教学材料有意义地结合起来。将孩子作为个体来理解以及从文化角度认识家庭并将其包括进来的做法是与多元文化教育原则相适应的反应性课堂原则。

反应性课堂在学校经常得到使用,任何参观过小学的人都应该非常熟悉这种实践。

5.能够提高学生成绩的基于研究的教学策略

马尔扎诺等人广泛研究了能够以较高概率提高所有学生成绩的教学策略,发现了能够以较高概率提高所有学生在所有年级和所有科目上的学习成绩的九类教学策略。

(1)找出相同点和不同点。事实证明,在九类教学策略中,这是最有可能影响学生成绩的策略。教师让学生将复杂问题分成可能和不可能的成分,以便对其进行拆解和分析。这种教学类别的4种具体形式(比较、对比、比喻和类比)似乎可以非常有效地支持学生取得好成绩。要想有效使用这类教学策略,学生需要得到明确的指导。使用这类策略的一种效果非常好的途径就是让学生用韦恩图等图形形式展示他们的工作。

多元文化例子。学生对越南战争和伊拉克战争的各个方面——人口结构数据、成本、女性的角色、有色人种——进行比较。

（2）总结和记笔记。研究表明，在课堂上一字不差地记笔记是效果最差的记笔记方式。为了应对这个问题，教师可以让学生学习新的记笔记方式，以帮助他们分析概念和主题。例如，可以让学生确定重点并用自己的话复述主题，以完成对主题的分析。教师可以为学生提供"总结框架"或问题组，用于"构造"主题。

多元文化例子。要求战败国提供赔偿是一种常见的做法。德国为第二次世界大战受害者提供了赔偿。非裔美国人应该接受奴隶制的赔偿吗？对这个问题进行概括性陈述，并提供支持或反对这一观点的论据。

（3）强化努力，提供认可。教师专注于帮助学生理解刻苦努力的重要性，尤其注重展示学生的努力与他们成绩之间的联系。这可能需要在使用成绩评价量规的同时使用努力评价量规。

多元文化例子。让学生与具有不同性别、种族和宗教身份的同伴合作。

（4）家庭作业和实践。教师通过清晰的政策向学生灌输家庭作业的价值。家庭作业应当是有意义的任务，用于将学习扩展到课堂以外。教师清晰表述家族作业的目的，并提供详细而有意义的反馈。

多元文化例子。确定具有不同性别、种族和宗教身份的学习伙伴或家庭作业伙伴。

（5）非语言性展示。这类策略遵循的理论是：知识以两种形式得到接受——语言形式和视觉形式。学生在课堂上越是同时体验这两种形式，他们记住的知识就越多。有用的活动包括创建图形表现形式、制作物理模型、画画以及参与运动型活动。

多元文化例子。让学生通过任意艺术表现形式展示犹太人大屠杀的罪恶。

（6）合作学习。学生被分成若干小组，以相互支持的形式开展合作。这种方法可以加强学习效果，培养社交和沟通技能。这类策略的要点包括积极的相互依赖、面对面交流、个体和群体的责任、人际和小组技能以及群体协作。

多元文化例子。创建多元文化三人小组，让每个人轮流担任领导者。

（7）设置目标，提供反馈。创建一个整体目标，然后和学生共同确定与他们相关的具体目标。通过细化目标，学生将教师的目标变成了自己的目标。反馈应当具有纠正性，侧重于满足规定的标准或期望。评价量规是一种强大的反馈工具。

多元文化例子。为学生分组，将具有不同种族、宗教、经济和社会背景的学生分到一起。让他们确定与他们相关的具体目标。

（8）提出和测试假设。教师根据前提或假设向学生提出问题或情境。学生提出解决方案或结论并提供证据。

多元文化例子。美国国会主要由富裕的欧裔美国男性组成，让学生讨论这一现实的优缺点。提出解决方案或结论并提供证据。

（9）线索、问题和前导模块。教师对学生使用"高度分析型"线索、问题和前导模块，让他们为新的学习活动做好准备。前导模块的例子包括讲故事，让学生浏览一段文字，使用图形以及描述新内容。

多元文化例子。在双语课堂、英语强化（ESL）课堂或者双语沉浸课堂上，用两种语言授课或展示书面材料。要求学生以小组形式理解课程内容并完成学习过程。

学校常常采用一种教学方法，为各个年级和学科领域提供一致的课程。外部专家通常提供高强度职业发展培训，以便使教师为教学实践做好准备。这些计划通常会被通报给家长，以便获得他们的支持。

6. 反思与问题

考虑本节概括的教学策略。

问题

（1）你认为不同教学策略有哪些相同点和不同点？

（2）你会将哪些成分结合在一起，以形成你的理想教学模型？

（3）根据你目前对文化和学习风格的了解，你有哪些顾虑或者需要提防的地方？

（4）一个人如何形成某种教学风格？有哪些影响因素？解释你自己现在的教学风格是如何形成的，哪些因素影响了这种风格的形成。

三、文化敏感性教育

1. 文化关联性

熟练掌握教学技能、成为学科问题专家是非常重要的，但这还远远不够。教师还应该领会和理解如何将学生的文化、经历和需要融入课堂。

杰尼瓦·盖伊强调了文化关联性教学方法的必要性，因为它使用多元族群学生的文化知识、先验经历、参照框架和表现风格，使学习变得与他们更加相关、更加有效。这种方法迎合和利用了这些学生的优势……它是有效的，可以给人以支持。

> **预先思考**
>
> 从饮食类型到喜欢的音乐，我们的文化影响着我们生活中的许多方面。
>
> 问题：
>
> （1）你可以在你的文化与你所归属的学习者类型之间找到哪些联系？
>
> （2）哪些新的文化因素影响了你最近的生活？
>
> （3）你现在知道文化对教与学的哪些具体影响？
>
> （4）请诚实回答：你对哪些文化中的哪些成分感到不舒服？为什么？

盖伊将关爱的力量看作文化关联性教学方法最重要的成分之一。

"文化关联性教育"（Culturally Relevant Education，CRE）一词是由格洛里亚·拉德森-比林斯提出来的，用于描述"通过使用与文化有关的事物传授知识、技能和态度，使学生获得智力能力、社交能力、情感能力和政治能力的教学方法"。参与文化关联性教学实际上意味着教师在满足学区和州级课程要求期望的同时在学生的家庭和学校生活之间架设桥梁。文化关联性教学将学生的背景、知识与经历融入教师的课时和方法中。

根据拉德森-比林斯的说法，文化关联性教育有3个标准：

（1）学生必须获得学术成功。教师必须相信，所有学生都能取得学术成功。

（2）学生必须形成和/或保持文化能力。教师必须专注于培养文化能力，同时鼓励学生学会维持自己的"文化完整性"。

（3）学生必须形成批判意识，并以此挑战当前社会秩序的现状。教师让学生变得活跃起来，并且显示出对社会问题的巨大兴趣。

文化关联性教育承认，所有学生都是文化个体，也就是说，他们反映了世界上各种生存方式。虽然文化无法定义或决定个体，但它的确影响着他们的观念和对世界的参与，包括他们的学习方式。这种承认对于学校和课堂的实践和政策具有重要意义。对一个人来说，它意味着课程应当反映所有学生的丰富文化遗产和历史，同时不会被过度简化或公式化的文化定义束缚住。它也意味着教师必须意识到学生的历史和社区力量。支持文化关联性教育意味着考虑到学生在学习时使用的各种风格和策略，这些风格受到了他们的个体身份、文化背景和生活经历的影响。这样一来，教师将使用多种教学策略，使来自所有背景的学生都能以自己最舒适的方式学习，同时扩展自己的学习技能。作为学习的重要元素，"评估"以所有学生之前的知识、文化和语言为基础。文化关联性教育认为学生生活中的这些元素是学习的基础，而不是在教与学过程中可以忽略的无关因素。因此，课堂和学校的传统、价值观和实践反映了对家庭和社区资产的尊重，包括学生的本土语言、文化经历和家庭知识。

示例8.2列出了文化敏感性学校的特点。在应对当今全球化工作环境方面，通过理解学生的丰富文化背景并将其运用到教与学过程中，文化关联性教育可以使学生在学习和社交方面取得更好的成绩。文化关联性教育还向学生灌输在各种生活环境中理解和重视多元文化这一终身意识。通过这种方式，学校可以很好地完成教育使命，将学生培养成能够充分参与到民主社会中的公民。

示例8.2　文化敏感性学校的特点

- 课程内容具有包容性，这意味着它能够反映社会和世界在文化、族群和性别上的多样性；
- 学校将学生看作拥有智力能力的人并以此对待他，同时特别关注前途最令人担忧的学生；
- 教学和评估实践基于与承认学生之前的知识、真实生活经历、文化和语言；
- 课堂实践激励学生利用他们已有的语言和经历资源建构知识，理解含义，研究文化偏向性和假设；
- 学生在课堂和学校范围内练习以公民身份参与具有多样性的民主社会；
- 整个学校的信仰和实践可以培养对于文化多样性的理解与尊重，赞美不同群体的贡献；
- 学校的计划和教学实践吸收、融合社区与家庭的语言和文化，而且为家庭与社区提供帮助，以支持学生的学术成功。

2．文化精熟

在《文化精熟型教学》（*Culturally Proficient Instruction*）中，努里-罗宾斯等人概括了文化精熟的五项指导原则。

（1）文化是一种主导力量。每个人都有一种文化，它构成了我们的信仰、价值观和行为。它决定了我们是哪一种人以及我们与其他人的交流方式。教师必须认识到这一事实，并且认识到班级和学校里多元学生的文化可能存在极大的差异。

（2）人们在主流文化中受到了不同程度的对待。麦金托什很好地概括了这样一种观点：白人男性享有相对于其他所有人的特权和优势。我们应该承认，有色学生无法过上白人男生的生活，无法在生活中拥有白人男生的地位和经历，这一点在课堂上是非常重要的。

（3）人们拥有个人身份和群体身份。在《"为何所有黑人孩子在自助食堂里坐在一起"以及其他关于种族的对话》中，塔特姆讨论了学生形成文化身份这一需要的重要性。教师必须将学生看作个体，同时承认他们对文化群体的认同常常是一种不断演变的过程。

（4）文化内部存在巨大而明显的多样性。不是所有的模式化印象都是完全正确的，也不是所有的模式化印象都能准确地适用于群体中的所有个体。这些个体可能存在巨大的差异。教师在对学生及其文化做出假设时必须保持警惕。第一代、第二代、第三代以及后面各代的美国人存在差异，他们在不断演化。同时，他们往往保留着相同的文化特点和传统。

（5）每个群体拥有独特的文化需求。学生的教育需求随文化背景的变化而变化。对于来自某些文化的学生来说，最好采用具体的线性教学方法。其他一些学生可以通过随机抽象的思想实现更好的理解。对于另一些学生来说，两种方法需要混合使用。对于教师来说，对文化性教育需求的尊重是至关重要的。

练习8.5　文化精熟的五项指导原则

根据努里-罗宾斯等人的五项指导原则，与一名同伴共同回答下列问题并分享你们的答案。

（1）文化是一种主导力量。每个人都有一种文化。给出你的文化中信仰、价值观和行为的例子。你和你同伴的回答有哪些相同点和不同点？

（2）人们在主流文化中受到了不同程度的对待。你的哪些经历可以说明一些人拥有相对于其他所有人的特权和优势？

（3）人们拥有个人身份和群体身份。当你去自助食堂时，你坐在哪里？你和谁坐在一起？为什么？你不和谁坐在一起？为什么？你注意到了其他哪些群体？

（4）文化内部存在巨大而明显的多样性。你的文化拥有哪些模式化形象？

（5）每个群体拥有独特的文化需求。在某种文化背景下描述你的教育需求。它与你所认识的其他人的教育需求有哪些区别？

努里-罗宾斯等人还描述了文化精熟的5个重要元素：评估文化、重视多样性、管理差异动态、适应多样性以及文化知识的制度化。

拉德森-比林斯将多元文化教育的知识融入6种文化敏感性教学实践中：

（1）教师关注传统上属于边缘群体的、同时也是最容易失败的学生，以便让他们成为班级里强大的"智力领导者"。

（2）教师不是以孤立的方式教育学生，而是让他们以有意义的方式充分参与到学习社区中。

（3）教师承认和使用学生的真实生活经历，作为课程的合理组成部分。这要求教师同情和理解学生的生活。

（4）教师认为语言素养不仅涉及书面文字，也涉及口头表述。

（5）教师和学生共同学习如何克服主流社会与政治文化的影响，以取得成功。种族主义、阶级主义以及其他偏向和压迫形式仍然在限制许多学生的成功。

（6）教师意识到，对学生的教育不仅仅是生硬而机械的知识传授。教师在某种程度上也是社会工作者、心理治疗师和倡导者。学生可能具有的不公正生活不应该被教育的"检测屏幕"所忽略。正像本书强调的那样，多元文化教育涉及教育平等和社会公平。

扩展探索：数字鸿沟

你需要怎样调整课程，以适应同性恋学生、跨性别学生、低收入学生、需要学习英语的学生以及无法充分使用互联网的学生？要想对学生的文化做出响应，需要考虑哪些问题？起草一份你可能使用、并且可能与他人分享的政策声明，指出如何调整课程以满足多元学生的需求。

3. 反思与问题

本节重点关注理解学生的文化并将这种知识融入教学策略中的重要性。

(1) 关于你对文化的知识，你有哪些担忧？

(2) 你是否拥有一些你认为自己非常了解的、准备融入教学中的文化？

(3) 你从你自己的文化背景和经历中带来了什么？

(4) 如果美国继续以单一文化和单一语言教育学生，你认为会出现什么结果？考虑地方、国家和国际层面的影响。

四、多元文化教育领域人物介绍：克莉丝汀·艾弗森·贝内特

克莉丝汀·艾弗森·贝内特博士是印第安纳大学（IU）社会研究和多元文化教育名誉教授。贝内特教授在印第安纳工作了31年，其间设计了第一门多元文化教育课程（现在已经成了教师认证的必修课），并向本科生和研究生教授了社会研究和多元文化教育课程。她还发起和指导了"教师作为决策者"计划、教师教育研究所以及招收和支持人口比例没有得到合理代表的少数群体学生的TEAM项目。贝内特曾与其他一些大学和公立学校系统合作，以强化多元文化教师教育。她的《全面多元文化教育：理论和实践》（*Comprehensive Multicultural Education: Theory and Practice*）是多元文化教育领域最受欢迎的教材之一。贝内特曾担任印第安纳大学与杭州大学的中国交流计划主任，并为阿联酋艾恩大学教员和印第安纳大学的国际访问学者开办了研讨班。她所资助的研究和出版物关注面向非裔、英裔和拉丁裔美国青少年的多元文化社会研究课程；种族隔离中学的课堂氛围；种族隔离高中休学和开除案例中种族不平等的原因；少数群体学生在以白人为主的大学中人数减少的解释；多元文化教师教育职业培训对于职前教师的影响。她在西北大学获得了社会学学士学位，在斯坦福大学获得了社会研究教育硕士学位，在奥斯汀得克萨斯大学获得了社会科学教育博士学位。在攻读博士学位之前，她曾在圣何塞和洛杉矶教授高中历史和治理课程。

笔者：您认为您对多元文化教育领域最重要的贡献是什么？

贝内特博士：我在多元文化教育领域的工作始于20世纪60年代。回顾过去，我意识到，多年来，许多不同课堂环境中学生和教师的观点对我的工作起到了指导和激励作用。我的所有作品、研究项目和教师教育计划都把我们国家的小学生放在了最重要的位置。我试图通过某种方式与教师建立联系，使他们能够选择最有用、最适合学生的思想。我20世纪60年代在芝加哥地区的大学里研究了社会学和政治科学，其间参与了朗代尔辅导项目。随后，我遇到了各种跨文化人物，并在种族隔离期间在圣何塞、

洛杉矶和奥斯汀附近的高中任教。在那以后，我希望我的学生和同事理解教与学过程中文化假设的破坏力量，以及导致学校和社会种族不平等的显性和隐性制度结构。这方面的最佳书面例子也许是我的教科书《全面多元文化教育：理论和实践》。在这本书中，我构建了一个概念框架，将多重历史视角、社会科学理论和研究、跨文化研究和全球化教育以及以根除种族主义为目标的社会行动结合在一起。在整本书中，以尊重和信仰、多元文化课程决策、多元文化能力和社会公平为基础的平等课堂在教师的工作中处于核心地位。我一直认为，每位教师都希望帮助所有学生充分发挥出自己的潜力；而且，在社会和社区的支持下，他们可以通过课程改革和文化能力教学实现这一点。我在印第安纳大学发起的一些计划对这些思想进行了实践，这些计划包括面向所有职前教师的一门多元文化教育必修课；面向转行者的本科级教师认证计划（"教师作为决策者"计划）；招收和支持希望成为教师的、人口比例没有得到合理代表的少数群体学生的TEAM项目。

  笔者：关于为什么应当成为多元文化教育工作者这一问题，您认为最能说服职前教师的观点是什么？

  贝内特博士：我们对多元文化教育工作者的需要从未像现在这样迫切。自从20世纪60年代以来，国家移民法律改革导致的人口结构变化使我们这个国家发生了极大的改变。我们在种族和族群、宗教、家庭语言以及出身国等方面的多样性比之前高得多。过去10年，在获得合法永久居住权的人口中，排在前10位的出身国分别是墨西哥、印度、中国、菲律宾、越南、多米尼加共和国、古巴、萨尔瓦多、哥伦比亚和海地。这个国家大约20%的小学生是移民或移民的孩子，这个国家更多的新移民居住在国家的中心地带和小城镇，那里要么之前没有多少有色人种，要么大多数人都是非裔美国人和欧裔美国人。新的第二代和第三代有色人种（来自非洲、亚洲和拉丁美洲国家的当代移民的子辈和孙辈）在学校取得的成绩不尽相同，这取决于他们的家庭财富和受教育水平以及他们所经历的偏见和歧视。学校是向移民和难民儿童与青少年介绍美国社会和文化的主要环境，而教师对于这种经历的具体形式起着重要的作用。我们还需要多元文化教育工作者帮助我们终结这个国家的成绩差距。目前，有色学生和低收入学生在全国教育成就评估中得到的分数低于白人和高收入学生，他们的高中辍学率也比白人和高收入学生高。多元文化教育工作者可以更好地认识到标准化测试中的文化偏向性，要求进行更加真实的评估。我们国家目前面对着国内和国外的重大挑战。在这个社会上，没有哪份工作比教书更加重要。实际上，我们对未来的希望寄托在能够帮助所有学习者取得成功并且成长为有用世界公民的教师身上。从巴拉克·奥巴马总统的回忆录《我父亲的梦想：一个关于种族和继承的故事》（*Dreams From My Father: A Story of Race and Inheritance*）来看，奥巴马应该会同意我的观点。

所有这些证据表明,成为多元文化教育工作者的一个重要理由是服务社会和为所在社区公平和美德的发展做出贡献所带来的内在奖励。此外,还有一些实实在在的个人回报,我想谈谈其中的4个方面。首先,多元文化教师教出来的学生更容易取得学术成功和个人成功,这将使教师感觉到自己的工作得到了肯定。其次,多元文化教育要求终身学习,这是一种使人感到充实、令人充满活力的体验。再次,你可以沿着职业阶梯向上攀登,并且可以获得各种机会,比如编写多元文化教材或者创立新课程;加入关于教师教育和研究的社区与大学组织;成为领头教师或多元文化课程教练;领导学生群体参与文化沉浸和国际旅行计划;获得以改进学校为目标的地方级、州级和联邦级基金资助。最后,这种工作还会带来精神上的奖励(不一定与宗教有关)。引导多元文化教育工作者开展工作的核心价值观和道德原则关注国内外人性化互联性这一共同利益和感情。多元文化教育的精神层面为教师提供了在困难时期不断前进的勇气和平和的心境。

留给读者的后续问题:

贝内特博士总结了成为多元文化教育工作者的4个实实在在的个人回报。你同意她的观点吗?提出你认为重要的其他个人回报。

五、案例研究:开办新学校的机会

案例中需要探索的重要问题

①同以教师为中心的课堂相比,在以学生为中心的课堂上,对学生学习方式的理解非常重要。

②在实践过程中,教师会学习各种教学理论和模型,他们可以根据学生和授课主题对其进行调整,以适应课堂。了解和掌握多种教学方法的教师可以更好地适应学生的需求。

③通过了解学生的文化,通过使用这种信息设计课程、丰富教学策略,教师可以实现更加有效的教学。

巴拉克·奥巴马总统2008年的竞选纲领包含对特许学校的高度赞扬。特许学校是由独立委员会运营的学校,通常拥有与当地学校系统不同的课程。你刚刚进入教学领域,但显然具有很高的技能和动力,因此被聘为领头教师之一,负责帮助一所新的特许中学制定课程。

你的学校在一座中等大小的新英格兰小镇上,位于工业区一座翻新的办公楼里。小镇正在迅速从蓝领工厂经济转变成更适合居住的小企业社区。年轻的职业夫妇正在搬到镇上,随之而来的还有移民和难民,这里的住房目前还算便宜,而且拥有许多工作机会,因此对他们产生了吸引力。小镇出现了不同种族,人口越来越多。和其他许多小镇一样,这里的一个区域被经济条件不佳的人所占据,其中大多数人都是有色人种。种族之间的紧张关系很轻微,但是仍然可以被人感觉到。原有居民对越来越多带有肤色、英语水平有限的家庭的涌入产生了怨恨之情。

这所学校的学生将来自学校系统中的所有学校。大多数人没有经历过具有多样性的学校。社区里的大多数人都是新教徒,很少有人接触过犹太人或穆斯林的信仰。你的学校声称将招收具有各种学习需求的学生,因此你会面对一些具有特殊需求的孩子。你的教师同事将具有一定的多样性,来自各个年龄段,具有各种经验水平。一些职位还没有招到人,你有机会帮助学校选人,以实现教职员工的平衡。

其他学校也许前景暗淡,但你的学校充满了乐观主义精神和积极进取的理念。学校理事长和理事会对你和你所做出的创建典型文化敏感性课程的承诺给予了极大的信任。

你从哪儿入手呢?

问题讨论

①你到哪儿寻求自己和其他教员的职业发展?
②家长在学校的发展中扮演着什么角色?你将如何对家长进行利用?
③你希望教师同事具有哪些特点?
④你如何使自己和学生做好应对文化多样性的准备?
⑤你对自己的哪些教学技能最放心?
⑥你对自己的哪些教学技能不太放心?
⑦你感觉你需要遵循哪些学习理论?
⑧你希望学校使用哪种教学模式?
⑨你会在班上的第一天做什么?第一周呢?
⑩写下你的行动计划,至少包括你在这个职位上应该做的前10件事。

六、本章应用与练习

个人

（1）本章列出了一些最佳教学策略清单。写下你认为最好的10种策略。解释你选择这些策略的原因。

（2）创建你自己的教学模式。为它起一个名字。说出你的模式中最主要的3个基本点。

（3）观摩一些教师的教学实践。为他们使用的教学模式命名。

小组

在你的同事小组中，从学生的视角分析你在教师培养过程中经历过的教学。描述这种教学模式的组成部分。你会如何称呼这种模式？你认为它有哪些优势？哪些地方需要改进？

自我评估

（1）想象你在接受教学岗位的面试。回答这个问题："你是什么类型的教师？"

（2）描述你在学校可能经历过的与本章描述的"边缘"学生类似的遭遇。如果你能穿越回去，你会向你的老师提出怎样的建议？

（3）你的小学和中学教育为你的大学生活与整个人生做了哪些准备？

七、本章提到的资源

ASCD（前身为监管与课程开发协会）

http://www.ascd.org

ASCD处理与有效的教与学有关的一切问题，比如职业发展、教育领导力和能力建设。ASCD还在介绍重要政策和实践时提供涉及所有教育职业的广阔而多元的视角。

美国多元文化教育协会（NAME）

http://nameorg.org

美国多元文化教育协会是一个非营利组织，通过多元文化教育推动和倡导平等与社会公平。

美国各州特殊教育主任协会（NASDSE）

http://www.nasdse.org

美国各州特殊教育主任协会提供策略和工具，用于通过实践社区、实事培训、技术支持、政策分析、研究、国家计划以及合作关系实施最佳实践，以改进地方、州和国家层面解决问题的过程。该协会努力使学生、家庭、社区、行业工作者和政策制定者形成全面的合作关系。协会一直在与"美国各州第一款主任协会"保持合作。

美国文化敏感性教育系统中心（NCCRESt）

http://www.nccrest.org

这个由美国教育部特殊教育计划办公室资助的项目用于提供技术支持和职业发展计划，以缩小在文化和语言上具有多元背景的学生与同龄人之间的成绩差距，减少不恰当的特殊教育推荐。该项目的目标是改进文化敏感性实践、早期干预、读写能力以及积极行为支持。

东北儿童基金会

http://www.responsiveclassroom.org

1981年，一群希望在整个教学日将社会学习与学术学习结合在一起的公立学校教育工作者成立了东北儿童基金会。这个非营利机构致力于帮助人们了解在强大而安全的学校社区中强调社会发展、情感发展和学术发展的小学教学。它是"反应性课堂"教学方法的唯一资源提供者。

第九章　培养语言和语言多样性技能

学习一门语言有多重要？有哪些关于第二语言学习的辩论？语言水平是如何影响学生成绩的？英语学习者有哪些需要和挑战？文化和语言学习之间有什么关系？教育英语学习者的有效策略是什么？如何将文化融入课程和教学方法中？

一、语言水平与学生成绩

学者和实践者普遍认为，对于学生学习语言的方式，教师必须掌握扎实的知识基础。在这个多元文化国家里，学生使用着几十种不同的语言，教师需要理解文化与语言的相互作用以及如何以最佳方式教育第二语言学习者。本章将讨论最佳教学策略以及围绕双语教育的争议。如果不研究语言学习，关于教育的讨论就是不完整的。掌握英语的读写和口头表达是在美国接受正规教育的基础。教师必须掌握语言教学与学习过程中的知识和技能。每当讨论教育英语学习者的重要性时，我们都应该考虑到这个国家不断变化的人口结构。"在2000—2001年，根据各州的报道，全国的LEP（英语水平有限）学生使用着超过460种语言。"

> **预先思考**
>
> 美国的语言多样性正在日益提高，这为学校的教育工作者带来了新的要求。
> 问题：
> （1）你认为为不会说英语的学生提供教育、同时向他们传授课程知识的有效方式有哪些？
> （2）你认为学习第二语言有哪些重要性？
> （3）你有过哪些被使用不同语言的人群包围的经历？
> （4）你怎样看待我们目前对于英语学习者的教育政策？

案例研究：新的开始

当我的母亲以年轻移民新娘的身份来到这里时，她对英语一窍不通。在她的家乡，她出生在农民家庭。农民家的女孩子是不上学的。因此，她无法用自己的语言读书写字。她很快参与到了家族企业的工作中，因此需要尽快掌握英语。由于缺乏以正规途径学习英语的时间、资金和其他资源，她和许多移民一样,通过看电视学习英语。

在那个时代,电视机还是黑白的,而且主要放映西部片。《荒野大镖客》《独行侠》和《轰天战士》是她了解这个国家的入门教材。约翰•韦恩、罗伊•罗杰斯和吉恩•奥特里是她的英语老师。从许多角度看,这是对学校英语班的良好替代方案。西部片中的对白不多,牛仔们的语速又很慢。我现在会开玩笑说,她所学到的短语在日常生活中并不常用——比如"触摸天际"或者"把篷车围成一圈"。

在沟通时,她需要努力回忆英语单词,并且使用形体动作和许多手势。同之前和之后许多与她具有相同处境的人一样,当她和人们交谈时,人们会用很大的声音和她说话,他们认为这样可以帮助她更好地理解自己的意思。她上过一次英语沉浸速成班。

和许多移民的孩子一样,我们在成长过程中和她说英语,以帮助她学习这种语言,同时她用母语和我们说话。在我们小时候,这里还没有英语强化班。而且,由于需要经营家族企业,她没有时间去上课。直到今天,我的母亲仍然无法阅读英语书籍,她说话时也带有浓重的口音。我经常想,如果她能够阅读英语书籍,并且能够熟练地使用英语,她的生活一定会发生很大的变化。

你对这个案例的看法

①你对学生文化和背景的了解对于英语学习者的教育有哪些帮助?
②如果你尝试过学习一门语言,请谈一谈你所遇到的挑战。
③不熟悉英语会带来哪些社会、情感、经济和政治上的挑战?

1. 官方语言的单一

在美国,1/5的孩子是移民的孩子。据估计,到2040年,这个比例将提高到1/3。将近80%的新移民是来自拉丁美洲、亚洲和加勒比海的有色人种;75%的新移民以西班牙语为母语。

在美国家庭里,使用英语以外语言的学龄儿童(5~17岁的孩子)的数量从1980年的470万人上升到了2009年的1 120万人。在这个年龄段的学生总人数中,这个群体的比例从10%提到高了21%。在家里使用另一种语言、在学校说英语有困难的学生从2000年的7%下降到了2009年的5%。如果按种族划分,在2009年的数据中,16%的西裔和16%的亚裔在家里使用英语以外的语言,而且在说英语时存在困难。太平洋岛民的比例是6%;美洲印第安人/阿拉斯加原住民的比例是3%；白人、黑人以及两个或多个种族混血儿童的比例均为1%。表9.1的美国人口普查数据列出了美国家庭中最常见的语言。

表9.1　5岁及以上人口在家里使用的语言以及说英语的能力（2006—2008年）

人口和语言	使用者的数量
5岁及以上人口	280 564 877
在家里只说英语	225 488 799
在家里使用英语以外的语言	55 076 078
西班牙语	34 183 622
汉语	2 455 583
他加禄语	1 444 324
法语	1 304 758
越南语	1 204 454
德语	1 120 670
朝鲜语	1 048 173
俄语	846 233
意大利语	807 010
葡萄牙语	676 963
波兰语	632 362
印地语	531 313
日语	457 033
波斯语	359 176
希腊语	340 028
乌尔都语	335 213
古吉拉特语	301 658
亚美尼亚语	220 922

数据来源：美国人口普查局2006—2008年美国社区调查，2012年1月3日发布。

　　注意，除了西班牙语，汉语是这个国家使用最广泛的非英语语言，将近250万5岁及以上的人口在家里使用汉语。这些数据显然值得教师和学校深思。我们的学校正在迅速变化，我们必须提前进行规划和适应。企业必须提前思考、研究和规划如何满足顾客的需求。类似地，学校也必须采取同样的行动。和企业一样，学校也在提供服务。如果学校不理解它的顾客，学校的服务就会变得过时而陈旧。

　　由于日益增多的全球旅行和商业往来，不仅美国正在迅速变化，其他国家也在经历类似的人口结构变化。美国学校对于这些不断变化的需求的应对方式可能会对我们国家的未来经济和社会制度带来直接影响。

　　不是每个人都对我们的新居民或者他们的受教育方式表示欢迎，不是所有人都认为外地人口涌入这个国家是一种积极现象。一些人没有看到这种变化使国家变得丰富多彩，一些人对于那些一边努力学习英语、一边试图改善自己和家人生活条件的人缺乏同情。反移民情绪在这个国家制造出了一种巨大的分歧。有人尝试颁布仅仅使用英语的联邦政策，遭到了挫败。一些州通过了覆盖全州的法律，一半以上的州将英语定为官方语言。一些"唯英语运动"是由反移民情绪引发的，其他一些人认为学习和使用一种语言是一种足够好的做法。这种运动可能会降低学生第一语言的价值。

美国是顶级工业化国家中极少数主要使用单一语言的国家之一，这使我们在全球化市场竞争中处于不利地位。一些国家的公民在成长过程中可以学习和使用不止一种官方语言。例如，加拿大将英语和法语作为本国官方语言；瑞士使用德语、法语、意大利语和罗曼什语；比利时使用荷兰语、法语和德语；新加坡使用英语、汉语、马来语和泰米尔语；西班牙使用加泰罗尼亚语/巴伦西亚语、巴斯克语、加利西亚语和阿兰语。南非拥有11种官方语言。此外，还有其他许多例子。这些国家的孩子在成长时使用多种语言，了解其他文化，拥有适应不同文化的能力。一些国际公民之所以备受追捧，不仅是因为他们的语言技能，也是因为他们具有更强的文化能力。逐渐摆脱"丑陋的美国人"这一名声的美国人正在商业领域努力使自己不被更加了解世界的竞争者甩在后面。

我们没有为学生提供第二语言的常规教育，这使我们失去了学习其他文化所带来的巨大优势。在拉丁裔研究或亚裔研究等以学习另一种语言为主题的学校计划中，学生不仅可以学习如何使用这种语言，而且可以理解他们的文化。在拉丁裔和亚裔研究计划中，学生可以了解这种文化的重要信仰和价值观，比如尊重老人、家长和教师。通过充分学习语言，学生可以了解这种文化的传统、习俗以及学习和做人的方式。许多美国学校不教外语，这使美国学生处于某种不利地位。

由于没有掌握面向英语学习者的有效教学策略，我们没能为所有人提供平等而充分的教育。对英语的掌握具有许多重要意义。在美国，人们将一个人对英语的掌握情况作为判断他的标准。这不仅涉及工作领域，也包括社交活动。教师必须做好以恭敬而有意义的方式教育英语学习者的准备。

2．教育第二语言学习者

大多数教育工作者都很熟悉美国347卷483号案件"布朗诉教育局案"。在这个具有历史意义的民权案件中，美国最高法院裁定基于种族将学生分开的做法违宪。另一个与语言权利有关的重要案件是美国414卷563号案件"刘先生诉尼考尔斯案"，这是一项代表旧金山华裔美国学生向最高法院提起的案件。原告认为学校向英语学习者提供了劣质教育，因而违反了1964年民权法案第六款禁止种族、肤色或出身国歧视的规定。最高法院判定学生胜诉，从而确保了需要学习英语的学生的权利。此外，1974年的《平等教育机会法案》保护教职员工和学生免受歧视。该法案还禁止对学生进行种族隔离，要求学区确保英语学习者获得平等而合适的教育。

根据648 F.2d 989"卡斯塔尼达诉皮卡德案"（Castañeda v. Pickard），面向英语学习者的学区计划必须满足三项标准。

（1）必须使用健全的教育计划。

（2）必须用充分的实践、资源和人员实施计划。

（3）如果认定计划不起作用，必须将其终止。

另一项重要判决是美国457卷202号案件"普莱勒诉多伊案"，在这个案件中，最高法院判定，学区必须为学生提供教育，不管他们的移民身份如何。这些法律确定了为英语学习者提供的服务类型和质量。

随着英语学习者数量的增长，出现了一些语言教学方法，这引发了一些争议。哪些方法最有效，效率最高？教师需要怎样的特别培训？下列任何一种理论是否能够发挥作用取决于教育工作者和学区的偏好和坚持。

不理解英语的学生需要"英语作为第二语言"服务。教师不一定会说学生的母语，ESL班级可能拥有许多使用不同语言的学生，他们使用的语言可能有许多种类。ESL教学可以通过多种方式提供：

- ESL抽离计划。ESL学生在常规教室学习，同时每天或每周离开一小段时间，接受专门的ESL教学或辅导。他们可以独自参与这种计划，也可以跟着一小群ESL学生共同参与这种计划。他们的ESL教师或者为课堂上讲授的内容提供辅导，或者讲授专门的课程。ESL抽离计划常见于ESL学生人数不多或者ESL专业教师很少的学区。

- ESL作为课时。这种安排常见于学生轮换教室的学校。ESL学生学习ESL课程，这种课程可以是选修课，或者充当他们的语言艺术课程。

- 庇护英语（或者基于内容的英语教学）。类似于双语教育，学科教师或年级教师教授标准科目或课程——这种课程得到了修改，以适应ESL学生。根据"教师在教授某个科目时也在教授英语"的理论，教师用英语教授所有科目。语言得到了简化，教师还会提供许多视觉辅助和动手活动。

- 双语教育。在双语计划中，所有英语学习者使用同一种母语，教师既使用这种母语，也使用英语。双语教育分为两种。

在单向发展双语教育中，学生根据母语被分到不同的教室。教师使用这种母语和英语进行教学。随着学生对英语的熟悉，教师逐渐减少母语的使用。

在双向双语教育中，班级由50%以英语为母语的学生和50%使用少数语言的学生组成。例如，在"西班牙语/英语"双语计划中，一半学生使用英语，一半学生使用西班牙语。教师必须能够使用两种语言，并且用一半英语和一半西班牙语为整个班级授课。双向双语教育在现实中非常受欢迎，原因有三点：英语学习者可以学习英语，说英语的学生可以学习第二语言，英语学习者可以维持原来的语言和文化。

具体教学方法的确定取决于使用的语言、学生数量、合格教师的可用性以及教室空间的可用性。双语教育是一个敏感话题，一些人声称"强迫学生学习英语、仅仅用英语教学"是最好的解决方案。这些双语教学的反对者常常支持建设一个只说英语的国家，而且认为英语学习者在英语学习上的失败是双语教育的结果。

克拉申反驳了关于双语教育失败的5种误解：

误解1：西裔学生较高的辍学率并非源于他们所在的双语教育班级。

误解2：有人认为过去的移民在没有双语教育的情况下表现得也很好，这种观点是错误的。在过去，许多人来到这个国家时已经精通了两种语言。而且，过去对于英语流利性的需要不像现在这样强烈。

误解3：美国不是唯一使用双语教育的国家。其他许多国家对双语教育进行了成功的使用。

误解4：双语教育在加利福尼亚并没有失败。学生的糟糕表现源于广泛的贫困和阅读材料的缺乏。

误解5：认为公众反对双语教育的观念基于带有语言偏向性的调查，与事实不符。

网上的一篇优秀文章清晰地解释了人们对于双语教育的批评，并且提供了令人信服的回应。你可以在"为改变而教学"网站上找到J.戴维·拉米雷斯的英语或西班牙语版《双语教育：话题》。拉米雷斯列出了教师必须理解的许多观点和事实的对比。这些观点是"唯英语运动"倡导者的共同信念。下面表9.2列出了三个最常见的观点。

表9.2 J.戴维·拉米雷斯在《双语教育：话题》中列出的观点与事实的对比

"唯英语"派的观点	事实
双语教育没有效果。	全国几乎所有英语学习者或LEP（英语水平有限）学生都接受了仅仅使用英语的计划。
这片土地上的语言一直是英语。	不是所有殖民者都来自英国。早期殖民者还使用德语、法语、荷兰语和西班牙语，并且提供这些语言的学校教育。
我的祖父母是移民。他们没有通过双语教育学习英语，但他们也很成功。	"所有移民群体都很成功"的观点是一种误解。许多低技能入门级工作不需要高级语言技能。

遗憾的是，许多英语学习者在英语学习上的确存在困难。同那些以英语为第一语言的同年级学生相比，这些人掌握英语的成功率无法令人满意。贫困、社会对英语学

习者的蔑视以及种族主义等因素常常会阻碍他们取得成功。事实证明，强迫英语学习者沉浸到"唯英语"教育中的做法往往会对学生造成极为不利的影响，使他们无法取得良好的成绩。

> **扩展探索：只用英语吗？**
> 你如何解释唯英语运动的观点？这些观点合理吗？你认为这种运动背后的推动力是什么？教师应当关注这种运动吗？教师在这方面有哪些职责？

3．语言水平与成绩

托马斯和科利尔对于从1982年到1996年收集的70万名少数语言学生的记录进行了一项大型研究，发现了关于不会说英语的人实现母语级英语熟练水平所需时间的重要结论。他们的研究显示，受过教育的学生在第一语言中的表现与他们在英语学习上的表现具有某种一致性。

其中一项研究考察了一群来自富裕郊区学区的亚裔和西裔学生，他们每天用1～3个小时的时间在ESL计划中接受第二语言辅导。其中，大多数学生能够在前两年以相当于或高于母语读写年级水平的成绩在ESL计划中毕业。对于这个群体的研究得出了下列结论：

- 接受过2～3年母语教育的8～11岁学生需要花费5～7年的时间在英语读写测试中表现出年级水平；
- 没有或几乎没有接受过正规学校教育、在8岁以前来到这里的学生需要花费7～10年的时间在英语读写上达到年级水平；
- 在母语读写能力低于年级水平的学生中，只有一半学生能在7～10年的时间里达到年级水平，许多人永远无法达到年级水平。

根据上述研究，我们可以得到教育英语学习者的合理的指导准则：

- 同时学习英语和课程内容是很困难的，因此应确保为学生提供足够多的英语学习时间。这一点不仅对低年级非常重要，对中学也很重要；
- 应鼓励学生在坚持使用第一语言的同时继续提高对这种语言的熟练程度。放学后和周末的语言班不仅应当用于强化母语，而且应当用于增进对文化的理解。

学习第二语言还可以带来其他好处，比如在全球化经济中获得更好的就业前景。

而且，研究表明，双语教育可以提高学习成绩。比亚韦斯托克和马丁曾让孩子为计算机上的图形分类。他们发现，会说两种语言的孩子更加擅长这项任务。科瓦奇和梅勒在实验中让婴儿观察屏幕上的玩偶。他们为一些婴儿提供一个声响，并在屏幕一边显示玩偶的图像。他们为另一些婴儿提供同样的声响，并在屏幕另一边显示玩偶的图像。在随后的实验中，习惯于在屏幕两边看到玩偶的婴儿在注意到第一个玩偶以后自动看向屏幕另一边。只看到一种玩偶的婴儿只会观看屏幕的一边。研究人员得出的结论是，接受两种教育方式的婴儿拥有更高的思考水平。

同时，学生必须掌握或精通英语。否则，学生将在其他科目上面临挑战。例如，如果一个人不理解书面问题，他将无法正确解答数学问题。如果学生看不懂科学实验介绍，他们将会感到不知所措。而且，无法在小时候学会阅读的学生更容易辍学，而高中教育的缺失又会提高他们将来在工资微薄的岗位上工作的可能性。

不过，我们不能认为英语能力的薄弱是许多英语学习者学习成绩不高的唯一重要原因。前面说过，英语学习者面对的环境常常会阻碍他们的成长。这种社会政治背景必须得到理解。练习9.1列出了双语教学的反对者和反移民倡导者经常提出的观点。

在大型移民潮刚刚出现时，美国的生活在许多方面比现在更加简单。人们和其他来自同一国家的人住在一个小圈子里，这些人拥有相同的语言和习俗。人们很少离开这种社区。他们的工作主要集中在服务业、农场和工厂，因此，他们掌握甚至精通英语的需要并不是很强烈。随着全球化的提高和交通的发展，时代已经发生了变化，人们对读写能力提出了更高的要求。工厂和农场不再提供大量机械性工作岗位。计算机和国际化经济的出现进一步提高了对于读写能力的要求。所有人都知道，英语是一门必须掌握的语言。不过，阻止一个人掌握和使用母语的做法显然具有偏向性。一个人对第一语言的精通有助于提高他在第二语言上的技能。

练习9.1　对英语学习者和英语学习的批评

阅读下列对于双语教育的批评，然后试着做出回应。

批　评	你的回应
（1）我的父母/祖父母/祖先来到这个国家时不会说一句英语，但他们仍然表现得很好。	
（2）我的父母/祖父母/祖先来到这个国家以后，通过学习英语，很快变成了美国人。	
（3）当你来到这个国家时，你应该放弃母语，专心学习英语。	
（4）移民并不想学习英语。	
（5）如果我们所有人仅仅使用一种语言（英语），我们就不会面对这么多问题了。	

> **扩展探索：来到美国**
>
> 你的家族成员来到这个国家时遇到了哪些经历？如果语言不是障碍，他们在融入这个国家时遇到了其他哪些障碍？

教师和社会看待英语学习者的方式对于他们的能力以及学习和成功的意愿具有重要影响。学校对课堂结构的精心组织以及对包容性氛围的培养可以增进英语学习者的信心，使他们与其他学生形成更加积极的关系。在大部分时间里被安排在教学楼的单独区域接受教育、远离同龄人的英语学习者失去了提高英语能力和建立社会联系的重要机会。而且，其他学生也失去了深入了解其他文化的机会。英语学习者的教师必须了解学生的文化，了解语言的学习过程，掌握课程调整技能，理解学生受到的社会政治影响。

4．反思与问题

显然，这个国家的人口结构正在迅速发生变化，生活在这里的有色人种正在增加，更多的人来到这里时使用着不同的语言。

（1）人口结构的变化将会如何改变教师接受的培训？

（2）课程需要做出哪些改变？

（3）你拥有哪些技能？为了应对这些变化，你需要哪些技能？

（4）预测未来10年左右教学将会变成什么样子。关于教师未来需要掌握的技能，你能得出哪些结论？

二、英语学习者的特点和需要

1．需要学习英语的学生的经历

需要学习英语的学生通常是难民、移民或者刚刚从某个国家的革命或战争中逃出来并抵达这里的人。这些学生战胜了巨大的困难，抵达了美国的海岸，获得了自由，感到非常高兴。实际上，超过半数美国新生儿的父母是移民。在这些学生中，70%～80%的人使用的是西班牙语，其他人使用的是亚洲语言。这些学生常常来自社会经济地位不高、父母没有受过太多教育的家庭。由于这些条件，他们的毕业率通常低于平均水平。

> **预先思考**
>
> 搬到另一所学校一定会带来既激动又害怕的感觉，更不要说搬到另一个国家了。
>
> 问题：
>
> （1）想象一名学生来到一所具有不同文化和语言的新学校时一定会产生的思想和感情。
>
> （2）你如何让你的学生为这种经历做好准备？
>
> （3）教师需要接受哪些培训？
>
> （4）为这个国家新移民的父母制订一项培养计划。这个计划的内容是什么？你如何让这些父母参与进来？

学校常常是移民孩子和英语学习者第一次充分接触美国文化的地方。这是一种既令人激动、又令人恐惧的经历。因此，学校应当提供一种温暖而安全的环境。要想创建这样的环境，需要充分理解学生的文化和需要。进入一所具有陌生语言或文化的学校是一种怎样的体验？任何曾经试图学习一种新语言或者到陌生国家旅行、试图被人理解的人都知道，这是一种焦虑的体验。典型的行为包括说话声音很轻，或者吞吞吐吐，或者干脆不说话。由于不理解正在发生的事情，他们经常感到尴尬或沮丧。他们担心无法正常沟通，甚至产生恐慌情绪。学校里的英语学习者也会经常产生这样的感觉。

移民父母和学生对于美国教育系统和整个社会的常见反应或观察包括：

- 美国孩子没有礼貌，不守规矩；
- 学生不会安静地坐在座位上遵守教师的命令；
- 孩子对长者缺乏尊重和顺从。实际上，在汉语中，表示教师的词语——"老师"（laoshi）——可以粗略地翻译成"老教师或先知"。在中国，教师虽然工资不高，但却备受尊重；
- 家长也许不习惯过多地参与到孩子的教育中；
- 教学日短得出奇，学年也不够长；
- 许多来自单一文化社会的学生和家长第一次由于自己的种族或宗教而经历偏见和歧视；
- 美国教育中常见的、强调批判性思考和辩论的苏格拉底式教学方法可能使人感到困惑。

这些例子以及其他许多例子可能会使孩子产生焦虑甚至恐惧的反应。下面这个由加州大学蒙特利分校名誉教授克里斯·长谷川博士提出的、没有发表过的练习是一种优秀的模拟活动，可以帮助人们理解这种经历。笔者对其进行了改编。

练习9.2　报数

目的：让学生获得"自己不理解课堂语言、教师又不懂得英语学习者需求"的体验
需要的时间：30~45分钟，不包括反思和讨论的时间
需要的材料：线，塑料袋（最好是购物袋），剪刀，回形针，硬币
准备：有两种角色："教师"和"学生"。将学生分成若干小组，每组一名"教师"和4名"学生"。最好让现在或过去不精通英语的学生或者使用两种语言的学生充当"教师"。扮演"教师"的学生带着他们的材料跟着任课教师来到其他同学听不到的地方。
对"教师"的指导：
当你回到教室时，我会让你成为4名学生的教师。你在一个陌生的国家教书，那里没有人会说英语。你的同学扮演只会说英语的新移民。你要给他们上一堂科学课，而且需要使用我为你提供的一种虚构语言。不要对他们说英语。如果他们试图跟你说英语，你可以责备他们，对他们说"不许说英语！"你要用很大的声音说话，因为你觉得你的喊叫可以使他们更好地理解你。

你需要让你的"学生"组成两人一组,拿起一把剪刀,剪出同样长度的两根线。然后,他们需要用塑料袋剪出一个正方形。他们需要以两人合作的形式拿起一根线,将一端系在正方形塑料袋的一角。接着,他们需要将线的另一端系在塑料袋的对角上。

对第二根线重复同样的动作。然后,学生需要将回形针别在两条线相交的地方。他们需要将硬币插进回形针。当任务完成时,他们将制作出一个降落伞。表9.3是你的台词。

对"学生"的指导:

每个扮演"学生"角色的人都是刚刚来到这个国家的移民,这里的人使用着一种陌生的语言,没有人会说英语。你现在正在上一节科学课。你的"教师"将会向你解释你需要做的事情。

总结:在"教师"进行完练习以后,用下列问题回顾这场模拟。

"学生"的问题:

- 你是否喜欢这堂课?
- 无法说英语是一种怎样的感觉?
- 你怎样看待你的教师?
- 你对你的教师有哪些建议?

"教师"的问题:

- 你如何看待这种教学经历?
- 你可以采取哪些不同的做法?
- 对于不会说英语的学生,有哪些更好的教学方式?

表9.3 报数

虚构语言	翻 译
Speeckle enk...	报数……
Fant, feent...	一,二……
Proop glinkies!	组成两人小组!
Fant, feent, fant, feent...	一,二,一,二……
Chootle fant koonmucs,	在塑料袋上,
Fant dag ug fant dag,	剪出一个,
Et bub gabs.	边长为一个单位的正方形。
Chootle feent burfs,	测量并剪出两条线,
Feent dags vin ap.	每条线的长度为两个单位。
Wexle ap burf pom numit queg zet bub koonmuc, pum ot zez.	将每条线系在正方形的两个对角上,形成X形。
Serge ot pollywhopper pom bub zez.	将回形针别在两条线相交的位置。
Serge ot quesflipper pom bub pollywhopper.	将硬币塞在回形针里。
Ot float jobber!	这就是降落伞!

对那些不完全理解英语、更不理解欧裔美国人文化的学生的需求保持敏感是教学的一个重要组成部分。双语教师、ESL教师以及班上只有少数学生不懂英语的教师必须知道如何为这些学生提供有效的教育。

在家里使用英语以外语言的儿童数量已经超过了20%。这些家庭母语和英语的流利程度以及母语的识字率有高有低。许多学生及其家长需要帮助。几乎每一所学校和大部分班级都有一些学生在读写能力上弱于以英语为母语的学生。这意味着所有教师都需要在第二语言习得培训方面拥有一定的专业水平,不管他们是否拥有专门的技巧和证书。

因此,所有教师都需要:

- 意识到文化对学习的影响;
- 了解学生的文化历史;
- 理解如何向第二语言学习者教授英语;
- 了解如何调整课程以适应英语学习者;
- 了解家长在孩子教育中的角色以及如何更好地与家长合作;
- 理解支持性课堂和学校文化的组成。

教师必须知道,要想掌握足够多的英语知识,以取得可以接受的成绩水平,可能需要4～7年的时间。此外,教师还应该知道其他一些问题。本章关注了传统上被视为英语学习者的移民或难民学生。还有一些出生在美国、使用方言的学生,他们也需要得到理解和谨慎对待。

语码转换(从一种语言转移到另一种语言)在许多美国文化中非常流行。许多非裔美国学生使用黑人英语,白人学生常常模仿这种流行的方言,因为这样显得比较"时髦"。黑人英语最初来自非洲传统。"Excellent"(优秀)变成了 *phat*。"Glittery, expensive jewelry"(闪光的昂贵珠宝)变成了 *bling*。"That"(那)变成了 *dat*,比如"Dat's a cool car, yo",其中 yo 表示"好朋友"。

拉丁裔可能会使用西英混合语,这种语言将英语单词插入西班牙语句子中,或者将西班牙语单词插入英语句子中。英语单词也可能被转化成西班牙语的形式。西班牙语中的 *mercado* 和英语中的 *market* 变成了 *marqueta*(市场)。*Almuerzo* 或者 *lunch* 变成了 *lonche*(午餐)。

在路易斯安那定居的法国人和西班牙人的后代常常使用一种克里奥耳方言。他们通过这种改变语言的做法来保存和纪念母语,但是这种做法引起了一些批评和担忧,因为它失掉了原来的文化。不过,语言是有生命的。英语和其他语言都在随时间演化,它们在与更加年轻的文化和多元文化的接触过程中受到了影响。许多上过法语课的美国学生到法国旅游时吃惊地发现,当地人讲述着另一种形式的法语。魁北克是加拿大一个讲法语的省份,来到这里的法国人也会吃惊地发现,当地人的语言既有现代元素,也有与法国多年前使用的语言类似的成分。

许多学生可以在标准英语和方言之间切换。这些方言使美国文化变得更加丰富多彩。教师既要坚持教授标准英语,又不能贬低学生的方言或第一语言。对非标准英语的过度纠正可能导致学生对教师产生叛逆情绪。对学生方言的纠正需要考虑时间和场合。实际上,理想的结果是同时强化学生的第一语言和第二语言。

穆丽尔•萨维尔-特罗伊克发表了一个理解家庭文化和课堂的非常实用的总结框架。在《课堂文化指导》中,萨维尔-特罗伊克针对课堂提出了一些问题。练习9.3列出了其中的一些问题。对于第一列的每个问题,在第二列写出你的回答。

当你完成这个练习时,请根据你自己的文化重新回答每个问题。

练习9.3 课堂文化指导	
关于文化的问题	这种信息对教与学有哪些影响?
家庭——你们家的等级结构是怎样的?谁是权威?	
人际关系——如何表示顺从?	
沟通——"口语好"的特点是什么?这与年龄、性别、出身或者其他社会因素有哪些联系?"正确"的标准是什么?	
礼仪与纪律——对于不同年龄和性别的学生来说,哪些行为可以被社会接受?	
饮食——饮食的准备、提供或丢弃有哪些禁忌或惯例?	
衣着与个人形象——不同年龄、性别和社会阶级的衣着有什么不同?	
历史与传统——历史上的哪些个体和事件使群体感到自豪?	
节日与庆典——家长和学生知道和理解学校节日和他们的合适行为(包括适当的缺席)吗?	
教育——家庭里使用哪些教学和学习方法(比如示范和模仿,说教式的故事和谚语,直接口头指导)?	

2. 反思与问题

考虑到学生的背景,你可能怀疑教师是否接受了他们所需要的足够多的培训。

(1)指出教师为了向英语学习者提供有效教育而必须掌握的三项技能。

(2)教师需要理解学生生活的哪些方面?

(3)你的人生经历与这些学生的经历有哪些相同点和不同点?

（4）指出学校如何更好地为英语学习者服务。你认为哪些地方需要改进？你见过或者了解哪些成功的计划？

三、从多元文化角度教育英语学习者

> **预先思考**
>
> 当想象同时学习新语言和新文化所带来的激动和恐惧。
>
> 问题：
>
> （1）你认为应该理解哪些重要的文化元素？
>
> （2）你认为哪些地方可能出现文化冲突，尤其是和语言学习有关的冲突？
>
> （3）你有哪些与新移民就文化问题进行沟通的经历？
>
> （4）你认为哪些重要的文化教训需要向新移民优先传授？

据说，穆罕默德先知曾说过："不要告诉我你受过多少教育，告诉我你走过多少路。"这条箴言是为了告诉我们所有人，在实现自我的终身努力过程中，体验我们不熟悉的另一种文化是一种极为宝贵的经历。教师可以在课堂上使用许多模拟练习，帮助学生获得身在异国的体验。练习9.4以一种有趣的方式让学生知道身处一种真正"陌生"的文化中的经历多么令人不舒服，多么令人困惑。

> **练习9.4　联合国派对**
>
> 向全班同学宣布，联合国将举办一场派对，所有人都受到了邀请。将全班同学分成两组，一组是"主人"，一组是"客人"。为每个人分配一个胸牌，以便将他标记为"主人"或"客人"。让"主人"留在教室里，讨论如何在"客人"回来参加派对时欢迎他们。将"客人"带到走廊或另一间屋子里，向他们提供下述指导。
>
> 对"客人"的指导。告诉这些学生："你刚刚来到这个国家，拥有与这里不同的文化。当你回到教室时，你要做出这样的表现。"为每个学生提供一张纸，上面写着他们所具有的新"文化"。让他们对这种新"文化"进行练习。在这段时间里，你一个人回到教室，为"主人"提供指导。
>
> "客人"的文化：
>
> 请在互动过程中保持表演状态。向房间里的至少三个人介绍你自己，并根据你的"文化规则"和他们交流。
>
> （1）问候：不要握手。在问候时，先触摸对方的胳膊，或者拥抱他，然后再和他说话。
>
> （2）尽可能地靠近对方。
>
> （3）总是称呼对方的教名。
>
> （4）在谈话时，频繁拍打对方的胳膊或后背。频繁大笑和微笑。
>
> （5）试图了解他们的家庭、健康、儿女或者个人喜好，比如最喜爱的饮食、电影等。
>
> （6）不要讨论政治、学校、天气、时事或者其他一般性的话题。
>
> 对"主人"的指导。告诉这些学生："你们所有人拥有一种新的文化。当客人回到房间时，你们要做出这样的表现。"为每个学生提供一张纸，上面写着他们所具有的新"文化"。让他们对这种新"文化"进行练习。在这段时间里，你一个人离开教室，去找那些"客人"。
>
> "主人"的文化：
>
> 请在互动过程中保持表演状态。向房间里的至少三个人介绍你自己，并根据你的"文化规则"和他们交流。

（1）问候。第一次见到一个人时，和他握手。除此之外，你并不希望被人触摸。不要长时间和别人对视。

（2）在你和对方之间保持尽可能远的距离。在大多数时候，眼睛往下看。

（3）不要叫他们的名字。相反，称呼他们的头衔，比如老爷/夫人、小姐/先生、博士，即使你不能确定哪个头衔是正确的。永远不要称呼他们的教名。

（4）试图了解天气、体育、学校以及世界政治方面的详细信息。永远不要讨论个人话题或者你的个人意见。还有，不要提出或回答带有数字答案的问题。

（5）永远不要微笑或大笑。保持拘谨而严肃的态度。仅仅使用最低限度的眼神交流。

模拟——将"客人"带回教室，鼓励两个群体在派对上相互交流。在学生享受完这场"派对"时，让他们停下来。让"客人"与"主人"交换带有新文化的纸张，并且进入对方的文化角色。将"主人"带出教室，让他们花一段时间对新"文化"进行练习。让留在教室里的"客人"对新"文化"进行练习。一段时间以后，将"主人"带回到房间，鼓励两个群体相互交流。

最后，让每个"主人"与一个"客人"结成小组，分享他们学到了什么。然后，以全班形式对此次活动进行总结。你可以提出下面这样的提示问题：

（1）当你学习新的文化时，你有什么感觉？

（2）当你参加派对时，你的感觉如何？

（3）你从这次练习中学到了关于自己以及关于文化的哪些知识？

1．语言障碍

掌握英语不仅仅需要学习发音、构词、语法和词汇。英语学习者还必须学习使用复句，做出手势和面部表情并理解其中的含义，在具体语境中使用语言和非语言沟通，通过使用语言实现更好的学习效果。你不可能在真空中掌握一门语言。任何上过外语课的人都会记得在上下文或场景中学习语言的情景。

在西班牙语中，你可能会说"*Cómo estás*?"（你好吗），但是这句话只适用于你认识的人或者孩子。在更加正式的场合，正确的说法是"*Cómo está*?"

你可以看到，在正式场合或者面对长者时使用第一种说法是不礼貌的。对社会背景的理解有助于指导英语学习者使用合适的单词或短语。在学校里，文化常常指导着语言的学习方式。例如，你们学校的学生是否称呼教师的教名？教师让家长用教名还是更加正式的姓氏（比如史密斯女士或琼斯先生）称呼他们？在一些文化中，你总是对长者和有威望的人使用正式称呼。另外，美国的一些家庭也会以这种方式培养孩子。在牙买加传统习俗中培养起来的孩子总是站起来向教师回答问题或者做出回应，他们总是对教师使用正式的称呼。对于大多数美国教师来说，这也许很令人愉快，但出生在美国的同学可能会取笑这种做法。

进入一种全新文化中的人可能会发现，这种文化与他们的习惯存在冲突，这种经历被称为"文化休克"。"文化休克"的强度有大有小。例如，日本以单一文化为主，大多数人具有同样的外表和语言，美国则具有极为明显的种族和族群多样性，而且使用着多种语言。当日本人来到美国时，他们需要适应一段时间。当美国人从国内的一个地区移动到另一个地区时，他们通常也会经历同样的过程。

因此，除了"文化休克"，英语学习者在进入学校时还会经历一些人所说的"语言休克"。遗憾的是，这些学生通常需要一边艰难地学习新的语言和文化，一边面对偏见和歧视。融入学校文化的巨大压力可能使他们对自身文化产生羞愧感，想要放弃他们的第一语言。文化和语言休克不仅会造成关于身份的内心挣扎，而且会导致孩子和家长之间的冲突。

教师需要理解如何绕过这些困难，帮助学生融入学校中。迈耶定义了4种"负荷"或障碍，以及教师在有效教学的提供上可以采取的行动。

（1）认知负荷。教师发现学生可能缺乏的概念和技能，并且努力将其与学生过去的经历联系在一起，以便将其传授给学生。这种"负荷"是一节课中包含的概念的数量。对学生的理解以及对学生可能不熟悉的概念数量的认识是一个重要主题。对活期存款账户的管理是这方面的一个例子。

（2）文化负荷。如上所述，学习一种语言也意味着学习它的文化。如果不理解附着在英语中的文化内涵，英语学习可能会变得很复杂。我们的教科书和课程有意或无意地融入了文化元素。一些说法在文化方面缺乏考虑（比如"酋长太多，印第安人太少"）。经常检查学生的理解是非常重要的。我们要理解，学生可能不愿意将自己的疑问说出来，或者不清楚什么时候可以将自己的疑问说出来。教师的职责是与学生和家长建立相互尊重的关系，以便让他们知道教师对学生是最关心的。

（3）语言负荷。任何试图学习另一种语言的人都会立即遇到词汇问题——不理解的词语实在太多了。这个问题不仅存在于学生需要阅读的书本上，也存在于教师使用的语言之中。教师可以通过简化的方式阅读或解释课本。复杂的句子可以分解成更容易理解的组成部分。在向学生分配任务之前，可以对这节课上的词汇进行回顾。当学生取得进步时，教师可以有意识地将语言变得更加复杂。

（4）学习负荷。以游戏为代表的一些课堂活动节奏很快，而且融入了大量语言，口头提示却非常少。学生可能很难应对这种活动，很难跟上节奏。教师在规划这些活动时应当时刻考虑到需要学习英语的学生。教师可以调整课时设计，以适应需要学习英语的学生，比如为他们提供额外的支持，或者在上课之前对词汇进行回顾。

最后一部分说明，教学需要关爱、同情和预见性。学生不会注意不到教师付出的额外努力。

2．语言多样性

游历美国的人或者和美国其他地区的游客见过面的人常常对于英语的讲述方式、词语的使用甚至说话方式的明显差异感到惊讶。来到这个国家的游客一定会感到既有趣又困惑。练习9.5为你提供了探索这一现象的机会。

> **练习9.5　倾听话语**
>
> 在你的头脑中回忆下面的声音：
>
> - 缓慢的南方拖腔（回忆喜剧演员杰夫·福克斯沃西的话语："你可能是个红脖子……"）。
> - 北达科他人说出的带有斯堪的纳维亚风格的话语（回忆电影《冰雪暴》）。
> - 布鲁克林口音（回忆兔八哥）。
> - 来自波士顿的人（回忆约翰·F.肯尼迪）。
>
> 现在，考虑下面这些地区的口音。
>
> - 新奥尔良
> - 亚特兰大
> - 洛杉矶
> - 美国中西部

在课堂上的所有差异性成分和元素中，语言是最强烈的文化元素。因此，我们应该理解二者之间的关系。在一些文化中，女生在沟通时需要顺从男生。孩子可能需要在成人在场时保持安静，或者不能向成人提出问题和质疑。这些实践不仅会导致课堂上的冲突，而且会导致教师与学生发生冲突。如果不理解禁止学生回嘴的文化禁忌，教师可能会在批判性思考的背景下诘问学生。孩子可能会对自己的文化身份感到困惑，很难在家庭传统和美国课堂文化之间保持平衡。鉴于这些问题，我们必须考虑语言与文化之间的相互作用。

汉语被视作一种很难学习的语言。普通话和广东话都拥有不同声调。普通话使用四种声调。例如，根据不同的声调，ma一词可以表示妈妈、马、麻绳或疑问。汉语的书面语言是由图片构成的，一个人在阅读时需要破译图片。汉语中表示"树木"的单词看上去就像垂下枝条的树木一样。与"山"相对应的单词就像山峰一样。许多单词更加复杂，由两个或多个图片组成。使用普通话的人认为广东话很难，因为后者使用9种声调。此外，中国大陆使用简化版的汉字，香港则使用传统汉字，这使问题变得更加复杂。二者之间的区别同古英语文字与现代英语之间的区别有些类似。

英语也是一种非常复杂的语言，其复杂程度不亚于汉语。美国人往往比其他语言的使用者使用更多的俚语，这使那些通过传统课本学习英语的学生遇到了很大的困难。语言学习者常常会按照字面意思翻译文字。在遇到俚语表达方式时，这种做法就会出问题，比如"这个镇子上哪儿有乐子"或者"我们需要抓住牛角"。最后，正如练习9.6至练习9.8所示，我们还需要考虑地区和代际差异。

练习9.6　发音与文化	
这个单词的发音	与同事或同学进行比较。你对这个单词是怎样发音的？这是否体现了你所在文化的影响？
Aunt	
Wash	
Often	
Schedule	
Supper	
Butter	
Mischievous	
Birthday	

红绿灯在南非被称为"robots"。电梯在英国叫作"lifts"。餐巾在加拿大叫作"serviettes"。游历美国的旅行者常常会遇到关于美国英语多样性的有趣例子。在美国的一些地区，午餐袋或者纸袋被称为"sack"。练习9.7指出了其他一些关于事物名称的常见差异。

练习9.7　地区差异	
	与同事或同学进行比较。你如何称呼图片中的事物？为什么？
（可乐瓶图片）	
（图片）	

这种东西在罗德岛叫什么？

习语使语言变得丰富多彩，美国人非常喜欢使用习语，但它也是英语学习者的烦恼之源。你如何向英语学习者解释练习9.8中的习语？

练习9.8 习语及其含义

习 语	你如何向英语学习者解释这些常用习语？
桶中的一滴水	
一块蛋糕	
一只胳膊和一条腿	
竭尽全力	
很接近，但是没有雪茄	
不要在鸡蛋孵化之前数小鸡	
起床下错边	
袋子里的猪	
拇指规则	
骑猎枪	
嗅到老鼠	
球在你的场地上	
偷某人的雷	
桥下的水	
你不能通过封面判断一本书	

你可以看到，根据上下文和文化背景，即使是美国人有时也很难理解对方。向陌生人说出的一句简单问候"嗨，你好吗"可能会使英语学习者感到困惑。教师需要掌握一些实用的步骤，以帮助学生学习。

法尔和金塔纳尔-萨雷拉纳概括了支持语言学习者的6个有用的教学原则：

（1）结合学生过去的经历，尤其是他们对这种语言的了解以及他们了解语言的背景。例如，一些学生可能在家族企业中帮过忙，他们的英语知识范围和背景可能具有商业视角。他们在工作中可能需要用英语来问候顾客和协商价格。大多数孩子很愿意在安全的环境中谈论自己的生活。

　　（2）学习如何在餐厅点菜，如何问路，如何寒暄，这都是现实生活中常见而实用的沟通形式。面对有意义和有价值的学习背景，学生将获得更大的学习动力。角色扮演、形象展示以及手势都可以提高学习效果。

　　（3）将教学过程分成清晰的小节，为学生提供消化和反馈的时间。

　　（4）创造出许多学习和练习语言的机会。参与小组合作、在家里给其他学生打电话以及在食堂里聊天都是有用的、可以增进知识的学习方式。

　　（5）提高学习的趣味性和支持性。提供清晰的教学和慷慨的反馈。提供充足的讨论时间。

　　（6）帮助学生学习这种语言的口头表述、阅读和写作，以及这种语言的最佳学习方式。让学生思考之前的哪些方法效果比较好，以便让他们理解如何更好地学习。鼓励学生对他们的思考和学习方式进行思考。

　　让学生亲身实践，同时经常检查学生理解情况的教学方法是非常有效的。实践证明，这种教学方法与通过双语教育和ESL培养第一语言基础知识的做法结合在一起，可以形成一种成功的教学方法。

3．学校与家庭

　　问问朋友和同事，他们能否使用他们父母的母语？你可能会发现，人们的回答通常是否定的，或者他们会说这种语言，但是不会读写，或者他们能听懂，但是不会说。常见的情况是，不以英语为母语的家长用母语和孩子说话，同时孩子用英语回应他们。家长之所以用母语和孩子说话，是因为他们的母语更流利。通过这种方式，他们可以在一定程度上将他们的语言和文化传递给孩子，而且可以对孩子具有更大的控制力，而不是在语言鸿沟面前无所适从。

　　这种状况可能会带来一些问题。家长和孩子之间可能会出现紧张关系，因为孩子对家长的语言说得不够流利。不是所有家长都擅长教孩子使用家里的语言，尤其是没有受过太多母语教育的家长。如果附近没有文化语言学校，孩子就不会有太多机会通过正规方式学习这种语言。如果镇上使用这种语言的其他家庭不是很多，练习这种语言的机会也会受到限制。此外，孩子还会对这种学习产生抵触情绪，因为他们希望与学校里的同龄人使用同样的语言。

　　教师必须留意这种文化冲突，并与学生及其家庭合作，以尽量提供支持。在许多文化中，教师的角色与家长的角色是不同的。教师负责孩子的正规教育。家长负责关爱和抚养孩子，将文化和传统传递给孩子。这两种角色是泾渭分明的。如果教师让家长参与到学校事务中，帮助孩子完成家庭作业，家长可能会对这种概念感到陌生，对这种要求感到困惑。另外，当家长不参与家长会时，学校可能感觉家长对孩子漠不关心。而且，许多英语学习者的父母都需要工作，有时一个人需要从事好几份工作，因此，他们很难参与到学校生活中。学校和家庭需要相互理解，拥有耐心。

另一个需要关注的问题是特殊教育中非裔美国人和西裔美国人与人口结构不相称的比例。对学生文化的误解可能使人们认为一个孩子具有某种学习障碍。数据表明，"众所周知"，当学生是英语学习者时，你很难确定影响正常学习的因素是学生对语言的学习还是真正的学习障碍。这种情况在那些母语和英语都不是很好的学生中尤其明显。

例如，下面的试题说明了这种困难：

草莓：红色

A.桃：成熟

B.皮革：棕色

C.草：绿色

D.橘子：圆

E.柠檬：黄色

你可能认为答案很明显。不过，在拉丁美洲，被称为"柠檬"的水果是绿色的。因此，西裔学生很容易把这个问题答错。对学生背景和文化的理解不仅对于教学很重要，对评估也很重要。缺乏对文化的理解是非裔美国人和西裔美国人在学校受到更严厉的惩罚以及被诊断为行为和精神障碍的比例高于其他同龄人的原因之一。由于"模范少数群体"的模式化印象，亚裔美国学生往往在特殊教育和心理健康服务方面遭到漏诊。

对于教师来说，在恰当和准确的评估中，对学生母语和文化的理解是一项重要优势。拥有这种理解的教师会将学生看作没有缺陷的正常学习者。庞希望教师能够意识到学生具有丰富的文化和知识资源，可以用于辅助他们的学习。

4．超越语言：为具有多样性的全球化社会做准备

除了精通语言，我们还想让学生做好在他们不适应或不熟悉的文化中生活和工作的准备。在教学生学习语言的时候，教师也需要让学生学习文化。英语学习者、有色人种和女性的负担更重，他们需要融入深受欧裔美国男性影响的职场中。不要忘了，

人们会招聘他们在工作和社会背景方面喜欢和感到舒服的人。在最后一节中，我们将介绍教育计划中必须包含的七项重要的社会技能和七项重要的文化技能。

观察下面的图片。你看到了什么？

在20世纪五六十年代长大的人很可能有过花费几个小时观看西部电视剧的经历。一个常见的场景是一间吵闹而拥挤的酒馆。酒馆里有钢琴，有叮当作响的酒杯，人们大声嚷嚷着，偶尔还会听到枪声。突然，一个陌生人出现在了酒馆门前，屋子里立刻安静下来。人们用吃惊或轻蔑的表情看着从外面走进来的人。

你有过这样的经历吗？

你们中的一些人可能非常清楚问题出在哪儿——你是屋子里唯一与众不同的人，你需要接受其他人向你投来的令人不安的目光。当女性进入只有男性的房间时，她们会感受到这一点。当有色人种走进一个房间时，如果房间突然安静下来，他们也会感受到这一点。刚进屋的人有几个选择——转身离开，躲到屋子的角落里，或者学着融入屋子里的氛围中。

在我们向女性和有色人种提供的所有建议中，最重要的建议也许就是学习如何应对这种局面。我们应该向女性和有色人种传授他们所需要的七项重要社交技能，以便使他们在参加工作时能够学着融入当今的职场。他们需要克服这样一个困难：人们喜欢招聘他们喜欢和感到舒服的人，遗憾的是，许多人与女性或有色人种的交流并不多，没有达到使他们感到舒服的程度。因此，我们必须教导这些在美国职场中受到重视的重要技能，它们常常与其他文化传授和重视的技能相反。

（1）大声说话——在美国文化中，轻声说话是不自信和软弱的表现。不过，在其他文化中，人们经常认为这种文化特点可以展示他们的谦虚和稳重。我们应该让学生知道，虽然这种做法在他们的文化中是得体而有价值的，但是为了在美国的工作场所取得成功，我们必须学会用更大的声音说话。

（2）寒暄——人们喜欢与那些愿意和他们谈话的人相处。善于谈话和讲故事的人可以使其他人感到舒服。为了让其他人对自己感到舒服，女性和有色人种必须学习这项技能。

（3）微笑——微笑具有文化属性，在其他国家并不是常见的做法。美国人喜欢微笑的人，因为他们看上去更加平易近人。能够露出微笑的人不仅更漂亮，而且看上去更加友好、真诚。

（4）坚持自己的意见——我们应当教导学生在不攻击其他人的情况下坚持自己的意见。美国的工作场所非常重视这种品质。在其他文化中，这是一种不礼貌的粗鲁做法。

（5）握手——我们常说"握手成交"。我们通过握手来判断一个人。坚定有力的握手可以传达自信和真诚的信息。对于来自其他文化、不习惯握手的人来说，这种技能的传授是非常重要的。

（6）眼神接触——我们经常听人说，亚裔和拉丁裔有一个奇怪的习惯，他们喜欢在长者或上司面前低头，以示顺从。这的确是事实，但美国职场认为这是一种软弱的表示。良好的眼神接触必须得到传授。

（7）自我推销——大多数人可能在成长过程中接受过不要炫耀或吹嘘自己的教导。不过，在某些时间和地点，我们必须学会推销自己。我们必须学会毫不犹豫地说出自己的技能和经验。

你可能会问，让学生融入他们明显感到不自在的文化之中是否合适？在"少数群体"变成"多数群体"以前，我们必须学会适应。我们必须传达一个积极的消息：我们不会放弃或否定自己的文化；我们正在学习如何成为多元文化个体。我们已经学习了如何在我们自己的文化中以及如何在美国的职场中存活下来并取得成功。这是一项优势。对于女性和有色人种来说，仅仅在名牌大学拿到学位往往是不够的。要想获得工作并在组织里取得成功，他们必须学习重要的社交技能。当他们成为领导人时，他们可以改变组织里的文化。

七项重要的文化技能

在这个具有多样性的世界上，文化能力正在变得越来越有价值。学校和家庭必须帮助学生为这个多元社会做好准备。文化能力是以尊重文化多样性的方式思考、感受和行动的能力。对英语学习者来说，学习英语只是问题的一个方面。商业界承认，仅仅提供充分的学术培养是不够的，我们还需要让人们学会适应他人以及与他人相处的方法。下面是当今社会重视的七项重要的文化技能：

文化技能1：对其他人的感受、价值观、需要和见解表现出真正的同情。

文化技能2：表现出良好的愿望。以灵活、积极、真诚、令人愉快的方式和对方交流。

文化技能3：努力对其他人进行更加深入的了解，包括他们的感受和表达方式，以及自己能够从他们身上学到什么。

文化技能4：能够应对歧义。先确定重要事实，评估可能的结果，然后再做出判断。理解决策的社会背景。

文化技能5：提供可以接受的、真诚的表扬。

文化技能6：通过保守秘密获得对方的信任。尽量避免使对方或其他人感到尴尬。

文化技能7：使用其他人提出的具有创造性的反馈，并且向他们提供反馈。如果需要批评别人，应保持谨慎。

所有学生都必须掌握良好的社交技能和文化技能。英语学习者的家乡文化有时与美国主流文化存在冲突，因此，他们必须在学习语言的同时学习这些技能。教师应注意确保学生及其家庭理解这样一个道理：他们的家乡文化并没有受到轻视，学生实际上正在学习第二文化，这种文化可以帮助他们在职场上取得成功。这样一来，学生可以学习如何转换语言，如何在生活中牢牢地坚持两种不同的文化。这就是成为多元文化个体的本质，即成功地拥有不止一种身份。

5．反思与问题

掌握第二语言可能会被视作一种令人钦佩的成就。对于一名教师来说，获得关于另一种文化的见解和知识是职业发展的一个重要组成部分。

（1）关于你自己学习英语的经历，你有哪些想法？

（2）关于应对英语水平有限的人，你有哪些经验？

（3）关于如何更好地教育英语学习者，你现在有什么计划？

（4）设计出你认为可以帮助英语学习者和以英语为母语的学生深入了解对方的特别活动。

四、多元文化教育领域人物介绍：菲利普·C.钦

菲利普·C.钦在教育领域的职业生涯是从特殊教育教师开始的。后来，他成了特殊教育教授。1973年，他受邀在一场国家级会议上发表关于亚裔美国人的演讲。他意识到自己对这个主题不是很了解，因此开始大量阅读关于这一主题的文献。这段经历使他意识到他对自己的文化背景知之甚少，也使他知道了他对自身缺乏理解的原因。从此，他开始投身多元文化问题中。1988年，他被任命为特殊儿童委员会多元文化与族群问题执行理事特别助理。后来，他在两所大学担任过特殊教育系主任和部门主席。

钦目前是加州大学洛杉矶分校特殊教育部门名誉教授。他还是莫那科中心的高级顾问。莫那科中心是一个由联邦资助的机构，用于为传统黑人学院和大学（HBCU）以及其他少数群体机构（OMI）的特殊教育教员提供技术支持。在这个岗位上，作为莫那科中心与美国多元文化教育协会（NAME）的一项合作，他一直在制作伦纳德•巴卡、杰尼瓦•盖伊、贝思•哈利和索妮娅•涅托等著名教育工作者的视频。钦与唐娜•戈尔尼克共同完成了《多元化社会中的多元文化教育》（第九版）（*Multicultural Education in a Pluralistic Society*）。他曾在1997—2001年担任美国多元文化教育协会期刊《多元文化视角》（*Multicultural Perspectives*）的合作编辑。他还担任过美国多元文化教育协会副主席。2002年，美国多元文化教育协会将他的名字选作多元文化图书奖的冠名，以表达对他的敬意。

笔者：您认为您对多元文化教育领域最重要的贡献是什么？

钦博士：我想，最重要的贡献可能是我和唐娜•戈尔尼克1983年合作出版的《多元化社会中的多元文化教育》。在那之前，多元文化教育基本上是关于四个非白人种族/族群的研究。其他人也提到了与多元文化教育有关的各种微文化的重要性，但我认为我们最先写出了一本多元文化作品，其中的所有章节全部用于探讨种族和族群、性别、阶级、语言、宗教、年龄和异常。当我们完成这本书的第二版时，多元文化教育领域已经开始朝着这个方向发展了。

笔者：关于为什么应当成为多元文化教育工作者这一问题，您认为最能说服职前教师的观点是什么？

钦博士：课堂上的每个教师和每个学生都来自多元文化环境。到21世纪中叶，这个国家一半的学生都将是有色人种。他们将来自不同语言群体和不同宗教群体，他们将来自不同性别和社会阶级背景。《残疾人教育法案》要求在限制程度最低的环境中教育残疾儿童。每个教师都有可能在班上遇到一些残疾学生。如果今天的教师无法在教师教育计划中做好成为多元文化教育工作者的准备，他们将无法像索妮娅•涅托鼓励的那样对学生的多样性加以肯定。他们还必须像杰尼瓦•盖伊建议的那样进行有针对性的教学，将学生的文化背景融入教学过程中，以充分发挥学生的潜力。

留给读者的后续问题：

钦博士提到了多元文化背景下的残疾问题。为了成为多元文化教育工作者，你可以采取怎样的方式调整你对具有特殊需求的学生的教育？

五、案例研究：教育新移民的机会

案例中需要探索的重要问题

①学生的文化背景对于学生学习英语的方式和效果具有重要影响。

②英语学习者学习语言的一些主要障碍包括身为英语学习者、拥有口音、社会经济地位低下的耻辱和歧视。

③英语教学可以使用许多重要策略，使用简单语言、频繁检查学生的理解以及回顾词汇仅仅是其中的几个例子。

在越南战争1975年结束以后，美国接纳了在战争期间充当美国盟友的越南、柬埔寨、老挝以及其他国家的难民。后来的其他战争遵循了相同的模式，美国接纳了来自索马里、波斯尼亚、阿尔巴尼亚、伊拉克、伊朗、阿富汗等国家的家庭。你的学校接到了宗教组织和援助机构的消息：你所在的这个小镇将会开始接纳来自其中某个国家的几十个家庭。

这些人之中有许多学龄儿童。许多人已经很多年没有上过学了，有的人从来没有读过书。由于本国传统，这个群体中的女孩子可能是受教育程度最低的人。所有人都会受到一定程度的战争创伤。他们可能目睹了许多家人的死亡。一些人可能具有身体和心理健康问题。一些人可能是孤儿。其他一些人也许曾在国家的冲突中被迫参与作战。另一些人可能受到了身体伤害，成了战争的牺牲品。成年人不仅需要工作，还需要有人帮助他们学习语言和习俗。一些人在本国曾经是专业人员。

你被告知，从冬天开始，一些学生将会进入你的班级。你的学校甚至整个城镇的学生和职员并没有明显的多样性。包括你在内，没有一个教师接受过教育英语学习者的培训。除了高中时学过的一点法语，你并不熟悉其他语言。

你听到镇上的一些居民谈论他们对外来"移民"的怨恨。

问题讨论

①作为一名教师，你要如何做准备？你的学校和社区应当如何做准备？

②你需要哪些资源和协助？

③你主要担心哪些问题？你认为你应该怎样解决这些问题？

④具体地说，为了向这些学生提供合适的语言服务，需要采取哪些措施？

六、本章应用与练习

个人

（1）在一个主要为不说英语的人服务的族群杂货店购买你通常需要的物品。事后，写下你的经历。其他顾客是如何对待你的？你能找到你通常需要的所有物品吗？你找到了哪些你经常购买的食品？你的结账经历如何？

（2）报一个外语培训班，专心学习一个月的时间。然后，在公共场合对这门语言进行练习。学习这门语言有多困难？你能学会阅读、写作和口头表达吗？你在沟通技能的培养上表现如何？

（3）采访一个学生或成人在不会说任何英语的情况下来到这个国家的经历。这个人讲述了怎样的故事？

小组

（1）结成两人或三人小组，采访对方的亲戚朋友在不会说英语的情况下来到这个国家的经历。至少采访两个人。采访过后，总结你们学到的东西，并对你们的结论进行比较。你们的结论有哪些不同点？有哪些相同点？

（2）以小组的形式去一个真正的族群餐厅，比如以埃塞俄比亚菜肴、印度菜肴或者某种不太常见的菜肴为主的餐厅。观察你们受到的对待、语言问题以及饮食和文化。如果你们是一个混合小组，男性和女性受到的对待一样吗？

（3）准备参与一个族群节日活动，比如希腊、意大利或者其他族群的节日活动，活动上的摊主必须使用另一种语言。学习这种语言的至少10种常用短句。练习在活动上仅仅使用这种语言。事后对你们的总结进行比较。

自我评估

（1）你会说另一种语言吗？你在说这种语言的时候经历了哪些事情？你对这种文化有哪些了解？你对自己有哪些了解？

（2）你与第一语言不是英语的人合作或者被这种人充当老师的经历有哪些？他们中的某些人是否拥有很重的口音？这对你有哪些影响？

（3）你对唯英语运动的支持者及其动机的看法是什么？

七、本章提到的资源

成人英语学习中心

http://www.cal.org/caela

成人英语学习中心（CAELA）成立的目的是帮助各州更好地培养英语学习者，提高成人的英语学习成绩。

美国双语教育协会

http://www.nabe.org

美国双语教育协会（NABE）是唯一致力于代表双语学习者和双语教育专业人员的全国职业组织。

美国教育部英语学习办公室

http://www.ed.gov/about/offices/list/oela/index.html

访问英语学习办公室，以了解《不让一个孩子掉队法案》第三款的行政信息。这一条款管理着LEP学生的教育。

美国英语学习和语言指导教育计划交流中心

http://www.ncela.us/

作为英语学习办公室的项目，美国英语学习交流中心（NCLEA）通过收集、分析和传播信息支持面向英语学习者的优质教育。

第十章　具有文化敏感性的评估

在全国范围内，学校和教师的责任正在日益提高，他们需要负责改善学生在各种评估中的表现，设计出合理的评估方式，对评估数据进行巧妙的运用。本章将对这些问题以及其他一些问题进行讨论，以便使我们更好地理解评估过程。

案例研究：谁是评估信息最重要的使用者？

一天，我正在一所内城小学里进行视察。这所学校大约90%的学生是拉丁裔，其中许多人是贫困的新移民，也是第二语言学习者。教员以白人女性为主。这个学区刚刚采纳了一项在全国范围内很有名的阅读计划，这项计划要求所有学生在阅读评估中达到基本水平。

学校将亲自测试所有学生（大约1000人）的任务交给了一个叫作玛蒂娜的教员。我对她进行了采访。玛蒂娜是一个年轻而有活力的教师，拥有5年教学经验。在采访快要结束时，我问她，她认为自己对于以拉丁裔为主的学生的评估有多准确。她主动表示，作为只会说英语的意大利裔美国人，她可能具有一定的不利条件。不过，她小时候在一个有许多西裔家庭的街区里长大。她指出，她对拉丁裔文化拥有基本的理解，而且了解一些简单的西班牙语，因此她对于文化对教与学实践（包括评估）的影响有着独特的理解。在采访中，她表示："我在拉丁裔家庭周围长大，而且对他们的语言和文化有一定的了解，因此我可以更加自信地认为，我能够做出公正的评估。"她相信，如果没有这种背景，她对学生进行公平测试的能力就会受到影响。

我还向玛蒂娜询问了她准备如何使用和分享她所积累的数据。玛蒂娜稍微停顿了一下，然后表示，接下来会发生一些事情。至少，这些数据将被用于制订每个学生的个体学习计划。玛蒂娜还指出，她需要与学校的数据小组合作，看看能不能为学校的教师提供额外的职业发展培训。玛蒂娜给我留下了深刻的印象。我不知道他们学校的教师需要哪种类型的职业发展培训。

你对这个案例的看法

①玛蒂娜认为教师对于课堂评估与文化身份之间关系的深入理解是非常重要的。描述你对这种关系所具有的重要性的看法与玛蒂娜的观点有哪些相同点或不同点。

②你认为玛蒂娜正在设想哪种类型的职业发展培训？

③根据案例研究中描述的问题，定义课程、教学与评估之间存在的5种具体联系。

一、评估概述

1．评估的价值

预先思考

当人们听到"评估"一词时，他们的第一反应往往是害怕、沮丧和恐惧。总体而言，大多数人对于学校评估的经历都是负面的。为了继续讨论关于多元学习者的有效实践，请思考你对下列问题的回答。

问题：

（1）你认为对一个学生的知识和能力最准确的衡量方式有哪些？

（2）你怎样知道一个学生什么时候真正深入了解了某件事情？

（3）你偏爱哪些评估策略？你为什么使用或者想要使用这些策略？

（4）描述你所经历过的要求学生展示高级思维能力的评估。它们可以是你所接受的评估，也可以是你为学生设计的评估。描述它对你自己或者学生学习的影响。

（5）你认为评估的主要目的是什么？

（6）如何改进评估数据的使用，使之更好地支持所有学生取得更好的成绩？

奥克斯等人将评估描述为教师收集或描述学生表现信息的过程。学生评估应当用于支持学生的学习以及教学的改进。如果教师能确定学生在学习上的优势和劣势，他们就可以改进教学，更好地满足学生的需要。胡巴和弗里德将评估定义为："收集和讨论来自多种不同渠道的信息的过程，用于深入理解学生通过学习经历知道和理解的知识以及对知识的运用能力；当评估结果被用于改善随后的学习时，这种过程才算结束。"

斯蒂金斯和卡皮斯指出，要想实现高质量评估，需要许多条件。首先是确定评估的明确目的。例如，教师需要确定评估的主要目的是向学生提供反馈还是向行政决策者提供数据。

其次，斯蒂金斯和卡皮斯强调，应该向学生解释清楚他们需要学习的知识和/或实现的目标。目标是对于学生应该掌握的知识和技能的期望。斯蒂金斯和卡皮斯描述了学生的五类目标：

（1）知识。学生掌握大量学科知识。

（2）推理。学生通过比较和对比、分类、构建知识、分析、判断以及行动决策等过程利用信息解决问题。

（3）技能。学生表现出的行为和技能应当能够展示出他们对过程性知识的合理运用。

（4）作品。学生制作高质量作品，以证明他们掌握了基础知识、必要的推理、熟练解决问题的能力以及动手技能。

（5）思想倾向。学生展示合适的态度、兴趣和动机意图。

高质量的评估还需要合理的设计，这意味着教师理解各种评估方法，选择与预定目标相适应的评估方法。合理的设计还意味着教师善于写出各种类型的评估问题，留意可能对评估产生负面影响的偏向性。

高质量评估的第四个条件是有效沟通，这意味着教师将评估结果有效地传达给学生和其他各种受众，为每个学习目标和评估信息用户组选择最佳报告形式，以及正确使用标准化测试结果。

高质量评估的第五个条件是学生的参与，这意味着教师将学习目标清晰传达给学生，让学生参与进来，制定自己的学习目标。这五个条件可以很好地满足多元学习者的学习需求。

近年来，教育工作者对评估数据进行了更加有效的运用，他们进行了团队协作，用这些数据共同制定关于个体学生的决策。这种做法的一个重要原因是，学区越来越需要根据各种类别对学生表现数据进行分解或区分。这些类别可能包括性别、种族和族群、语言和社会经济地位。在全国的许多地方，白人学生和有色学生、男生和女生之间的表现存在重大差异。这些差异被称为成绩差距。在各学区收集到这些数据以后，教育工作者开始讨论学校和年级层级的数据以及缩小成绩差距而需要采取的教学策略。通过使用额外评估，教育工作者密切监督各种策略对学生表现的影响，这种做法应该可以提高学生的能力，或者得到关于额外支持的建议。

人们利用数据共同制定关于学生表现的决策的另一个原因是"基于科学研究的教学"（SRBI）方法的提出，这是一种多层次方法，用于发现具有学习和行为需求的学生并解决这些需求。这种方法的有效实施包括基于科学的高质量课堂教学、持续学生评估、多层次教学以及家长参与。在康涅狄格州，教育工作者采纳了这种程序，并用"干预反应"一词描述他们对SRBI概念的使用。显然，评估在其中起到了重要作用。

"干预反应"行动网络对这种过程做出了这样的描述："干预反应过程始于普通教育教室中面向所有孩子的高质量教学和整体筛查。有困难的学习者可以获得程度越来越高的干预，用于加快他们的学习速度。这些服务可以由许多人员提供，包括普通教育教师、特殊教育工作者和专家。学习过程将得到严密监督，以评估每个学生的学习速度和成绩水平。关于干预强度和持续时间的教育决策基于每个学生对教学的反应。'干预反应'方法用于在普通教育和特殊教育中通过制定决策创建由学生结果数据指导的得到良好整合的教学和干预系统。"

> **扩展探索：评估的演化**
>
> 　　从2004年开始，"使用数据驱动型决策小组""干预反应"和"基于科学研究的教学"等策略得到了实施，以应对支持多元学习者时面对的挑战。找到最近的一份分享和分析学生数据的报告，比如美国教育进展评估。检查某个内容领域多年来的评估趋势。分析这个国家和你所在的州在解决多元学习者需求方面正在取得的进步。在解决多元学习者的需求方面，你会在全国进展成绩单上对教育工作者给出怎样的分数？你所在的州呢？解释你的理由。

　　这种概念的一个重要结果就是全国许多学校数据小组的建立。这种小组可以位于学区、学校、年级或内容领域层级。数据小组的重要特点是，教育工作者收集各种学生数据，讨论这些数据，然后共同运用这些数据确定对于学生的教学支持的后续步骤。数据小组全年定期开会。康涅狄格州在通过SRBI使用数据的方法开发上一直处于领导地位。康涅狄格州教育部2008年采纳了SRBI，并在《康涅狄格州SRBI过程中对数据小组的使用》（*The Use of Data Teams in Connecticut's SRBI Process*）中对这一过程进行了描述。康涅狄格州的SRBI过程基于道格拉斯•里夫斯、迈克尔•施莫克、理查德•杜富尔和丽贝卡•杜富尔的工作，包括下列重要步骤：

（1）整体筛查以及持续的数据收集和记录。
（2）分析数据，以确定优势、挑战和根本原因。
（3）确定、评估和修改SMART目标。
（4）选择基于科学研究的干预和教学策略。
（5）监督学生的学习。
（6）重复这一过程。

　　对于学生和教育工作者来说，这一过程的优点是决策者使用的数据需要得到分解。这种数据用于确定对于每个孩子的后续措施。这意味着康涅狄格等州正在努力缩小成绩差距，确保多元学生可以取得好成绩所需要的合适的资源和支持。国家、州和地方层面生成的报告可以用于确定我们是否正在取得进步。一些国家级报告定期提供关于学生在各个内容领域进步情况的分解数据，比如由美国教育统计中心生成的"美国教育进展评估"（NAEP）。该报告涉及12个学科领域的评估，包括数学、科学、阅读、写作、美术、技术和地理。这份评估还提供关于学生进步情况的报告，其数据是按年级和具体人口（比如性别和种族）划分的。

2．评估的类型

　　我们可以通过多种视角看待评估。首先，我们可以根据与评估开发者有关的两个类别对评估进行划分。这两个类别分别是大规模或标准化测试和基于课堂的评估。大规模或标准化测试有时又叫"高利害测试",它是由专家制定的,并被分发到全国各地的教室和学校。通过使用标准化评估积累的数据在课堂以外得到汇报,并被用于制定关于学生安排、大学录取、资助水平、是否接受特殊服务以及毕业的决策。

标准化测试目前也被用作上一节讨论的SRBI进度监控或小组数据决策过程的一部分。在这种情况下,标准化测试结果被用于制定关于教与学的更加直接的决策。SRBI专家认为,用于进度监控的标准化评估应当做到简短并易于受到任课教师的控制。在这种情况下,与康涅狄格州SRBI程序第(4)步有关的、用于监督学生进度的标准化评估的例子可能包括《单词阅读效率测试》(*Test of Word Reading Efficiency*)第2版或者《伍德科克-约翰逊成绩测验组合》(*Woodcock-Johnson Achievement Battery*)。

标准化测试可以分为常模参照测试、标准参照测试以及同时参照常模和标准的测试。常模参照测试将一个学生的结果或分数与参与相同测试的一群学生进行比较。因此,任何参与同一测试的学生都可以与范围更大的一群学生的"常模"(平均结果)进行比较。常见的例子包括加州成绩测试(CAT)、爱荷华州基本能力测试(ITBS)、学业水平测试(TAP)以及都市成绩测试(MAT)。

标准参照测试将学生的分数与测试制定者设置的标准进行比较。在这种情况下,通过率或其他精熟等级是由测试设计者确定的。这类测试经常通过研究确定精熟等级标准。例如,测试制定者可能认为在测试中得到80%的正确答案意味着较高的精熟等级;得到60%的正确答案意味着中等精熟,等等。

教师可以开发基于课堂的评估。这种评估也会出现在已出版的课程和教学材料中。基于课堂的评估可能包括观察和交流(非正式观察或使用检查表)、书面考查和测试、论文和研究项目以及表现和展示。基于课堂的评估结果主要由教师、教师团队以及学校总结和使用,以确定学生在一段时间里在指定学科领域的学习进展。

也可以根据评估在决策中的作用对其进行分类。前面说过,一些评估被视作"高利害"评估,因为教师在判断学生的课程等级时会考虑到评估结果。这种评估通常以不太频繁的方式提供给学生,并且被称为总结性评估。这方面的例子包括单元结尾的大型项目或者单元结尾的考试。

另外,教师应当通过各种评估机制定期对学生的进度进行评估,以便定期向学生提供反馈,并使教师知道他们需要如何调整教学,以满足学生的学习需求。这类评估被称为形成性评估。教师使用这种信息调整教学,同时帮助学生确定自己的优势和挑战。这种评估通常属于"低利害"评估,因为大部分数据不会对学生的课程等级产生影响。形成性评估的例子包括让学生对他们在某节课上学到的重点进行总结性陈述,或者让他们提交反馈性项目草稿。

练习10.1　关于学生评估的学校形象

（1）在一张新闻纸上描述你们学校或你熟悉的学校目前的学生评估状况，或者画出示意图。在你的描述中，尽可能地回答下列问题：
　　a. 学生的成绩是如何评估的？
　　b. 评估数据的主要"用户"是谁？
　　c. 学生评估的制定程序是怎样的？
　　d. 哪些价值观、规范和观念构成了与学生评估有关的学校文化？
　　e. 课程、教学和课堂评估之间有什么关系？
　　f. 决策是如何传达给教职员工、家长和学生的？
　　g. 展示教师在与学生评估有关的职业发展上获得的支持。
　　h. 展示基于课堂的评估解决多元学习者需求和学习风格的能力。
　　i. 展示基于课堂的评估对多元文化知识的整合程度。
　　j. 展示学校让教师团队参与到持续的数据驱动型决策中的能力。
（2）在小组中向其他人解释你的描述。
（3）描述你认为你所在的环境中评估实践对于解决多元学生学习需求的三个积极因素。描述你认为你所在的环境中教师为了使评估具有文化敏感性和文化责任感而需要解决的三个问题。

不管是标准化测试还是教师制作的测试，评估往往具有两种形式：传统形式以及真实性或替代性形式。最常见的传统书面评估形式包括多项选择、判断真伪、填空、匹配以及简答。示例10.1提供了这类格式的一些例子。这种传统评估形式的设计通常意味着学生需要回忆或认出教师曾经向他们展示过的信息。换句话说，学生使用的是基本的事实和技能以及低级思考过程。这种评估使用的评估工具通常是答案。这种评估形式无法充分评估学生能否运用知识解决问题或者创造新的意义。

传统评估的使用看上去似乎无法实现学生学习利益的最大化，但在某些时间和场合，传统的纸笔测试仍然具有用武之地。纸笔测试尤其适用于对某些知识类型快速评估。不过，教师需要意识到，如果他们自己设计评估，并且主要或全部依赖于更为传统的形式，这种做法可能导致重要的问题和影响。问题可能来自学生（比如缺乏阅读技能）、评估背景以及评估本身。

示例10.1　传统评估形式的例子

Ⅰ 多项选择：指出选项中的最佳答案。

标准参照测试将学生的分数与____进行比较。

a. 所有测试分数结果的平均值。

b. 全班的平均智商。

c. 测试制作者设置的一组标准。

Ⅱ 判断真伪：在正确答案后面打钩。

房地产经纪人常常利用学区在州级标准化测试中取得的较高分数吸引拥有学龄儿童的家庭在这些地区购买住房。

正确____ 错误____

Ⅲ项目匹配。在左侧的项目与右侧的相应项目之间连线。

1. 需要改进教学　　　　　　　　a. 街区学校在州级测试中的分数整体偏低

2. 希院的家长感到不安　　　　　b. 测试表明，学生在零的乘法上存在困难

3. 房产贬值　　　　　　　　　　c. 高中高年级学生在科学科目中成绩较低

Ⅳ填空：

胡巴和弗里德将评估定义为"收集和讨论来自多种不同渠道的____的过程。"

正确答案：Ⅰ.c；Ⅱ.正确；Ⅲ.a—3，b—1，c—2；Ⅳ.信息

考虑到这些问题及其为课程和教学带来的改变，教师开始认识到，评估的改进是非常重要的。改变课程的例子包括文化内容的增加以及"评估同教学和学习标准相适应"的要求。重要的改变包括加大对认知科学和建构主义研究的利用，以便使教师为学生提供解决问题的更多机会和关联性，并使学生进一步参与到真正解决问题的过程中，同时使教师认识到文化在教与学过程中的作用。

关于评估实践演化的研究表明，美国学校的评估方式正在发生重大变化。示例10.2概括了这些转变。教师正在改变对传统评估形式的持续依赖，开始采取更多具有真实性或替代性评估形式的评估实践。他们认为同传统评估形式相比，这种评估形式对国家的多元学生更加公平，可以更好地确定学生所掌握的知识和能力。

扩展探索：评估的类型

考虑你所设计的一个学习单元，概括这个单元的重要知识和概念。设计一个使用各种评估方式的规划，包括传统的纸笔评估以及基于表现或项目的评估。在你的规划中包含各种形成性和总结性评估。当你制定出这项规划时，根据它对多元学习者需求的适应情况对其进行评价。

替代性评估用于评估知识的应用，可能包括表现、延伸回答（比如展示和口头答辩）以及延伸任务，学生可能需要在这些评估中参与决策制定、调查、实验、解决问题以及研究。替代性评估是衡量概念学习和深层次思考的最佳途径。评价量规或评价表是最常用的衡量学习效果的评估工具。

如果教师希望成为多元文化教育工作者，致力于将文化知识融入教学与学习实践中，那么他们最好使用多种评估方式。如果他们能将传统评估策略与真实评估策略结合在一起，深入了解如何设计评估以适应和尊重学生的文化，他们就可以为所有学生提供良好的服务。

示例10.2　评估实践的重要变化

> 变化方向……
> 评估学生对一个内容领域的充分理解
> 将学生的表现与固定的准则或标准进行比较
> 学生有机会展示他们学到的东西
> 教师同事通过合作形成关于教与学，尤其是关于评估的共同观念
> 在评估过程中将学生视作积极参与者
> 专注于以有意义的方式将评估与课程和教学相联系

资料来源：作者制作。

3．反思与问题

写下一篇反思性短文，根据下列问题对标准参照测试和常模参照测试进行比较和对比。

问题

（1）每一种测试的公平性和实用性，尤其是考虑到当今学校中的多元学生群体。
（2）可能在常模参照测试或标准参照测试中受益的学生群体。
（3）两种系统对于测试分数在高利害决策制定中的作用的影响。给出具体的解释。

二、高质量评估的挑战

预先思考

评估显然是教师工作中的一个重要组成部分。没有评估，我们将无法得到我们所需要的关于教学效果和学生学习深度的反馈。因此，我们应该理解影响评估的重要问题。

问题：

（1）你对公平、公正评估的创建有哪些担忧？

（2）在你看来，为了设计和有效使用各种评估，以满足多元学习者的需求，教师需要掌握哪些知识和技能？

（3）指出公平、公正评估开发过程中的三个重要问题。

虽然评估是教与学过程中一个重要和必要的组成部分，但教育工作者在这方面仍然存在困难。教育工作者需要面对许多挑战，比如学习有效评估方式以评估学生学习效果的要求、对当前高利害测试运动的强调以及关于这种使学生、家长和整个社区感到焦虑和愤怒的高利害测试的持续政治斗争。有时，人们在这种冲突中忘记了评估是一种用于确定学习效果以及确定如何调整教学、

使之更加有效的重要工具。

目前，高质量评估的实施仍然面临着许多障碍。根据斯蒂金斯的解释，这些障碍可能包括关于评估的情绪（比如恐惧）；社区观念（比如所有教育工作者都具有优秀的评估能力）；缺乏进行良好评估的时间，尤其是考虑到最值得推荐的评估方法也许也是最耗费精力的方法；以及缺乏专业评估知识（教育工作者在评估方面没有得到足够的培养）。根据格兰特和斯里特的说法，关于基于课堂的评估，需要考虑其他一些问题。从多元文化角度看，至少有两个非常重要的问题。首先，评估是否用于体现所有学生的知识和能力？例如，学生能否得到足够多的测试时间？他们是否熟悉测试中使用的词汇？其次，评估是否反映了应当用于指导课程设计的多元文化内容？

此外，教育工作者还需要解决评估的其他重要障碍或挑战。

1. 高利害测试

《不让一个孩子掉队法案》使人们更加意识到关于强调标准化测试的教育争议。显然，标准化测试的有用性存在局限。标准化测试的结果只能反映学生掌握的全部知识和技能中的一小部分。遗憾的是，正像上一节简要讨论的那样，这种评估之所以被称为"高利害"评估，是因为许多重要决定取决于这种评估的结果。例如，这种结果经常被用于确定教学和计划的有效性、学生的能力以及提供资助的可能性。最近，全国各地的一些州决定开发教师评估系统，将教师的表现与学生在标准化测试中的结果建立一定的联系。由于标准化测试的高利害特点，学校和教育工作者常常不得不"为了考试而教学"，而不是利用测试结果改进教学与学习过程，同时花费合适/有限的时间让学生为考试做准备。而且，标准化测试目前的构造方式不一定能够衡量技能和知识在现实生活中的应用。

我们还可以从另一个也许更为积极的角度看待这个高利害测试时代。正像上一节简要描述的那样，《不让一个孩子掉队法案》及其引发的对高利害测试的关注凸显了白人学生和有肤色学生之间以及来自各个社会经济阶层和语言群体的学生之间长期存在的成绩差距。众所周知，白人学生在标准化测试中的整体表现优于有肤色的学生，这一点也得到了文献的证明。有趣的是，自从《不让一个孩子掉队法案》出现以来，自从人们密切关注考试成绩以来，学校和学区正在学着对数据进行更加有效的分解，以确定哪些学生群体和个体需要不同的教学策略。这显然体现了某种平等。而且，"如何提供每个学生取得好成绩所需要的支持"这一问题正在地方层面上得到解决。《不让一个孩子掉队法案》迫使教育系统负起责任，纠正这些长期存在的问题。

在这个高利害测试时代，一些新的评估系统正在得到实施，用于评估学生的知识和教师的能力。关于教师评估和评价，edTPA——一个面向新入职教育工作者的评估系统——正在成为一种重要的教师能力评估。根据其网站www.edtpa.com的说法，edTPA是一种关注未来教师和新入职教师状态水平的评估程序。这种评估考察准教师的真实教学材料，以记录其向所有学生教授学科内容的能力。edTPA类似于其他行业的入门级执照考试，比如医学执照考试和法律领域的律师资格考试。

不过，edTPA并非没有争议。美国多元文化教育协会发表了一篇立场书，引起了人们对公司涉足教育行为的担忧。

美国多元文化教育协会号召教育工作者和社区成员调查edTPA对重要多元文化教育的破坏，要求结束这种测试所要求的准教师评估的标准化和外包。通过采取这种立场，美国多元文化教育协会成为了马萨诸塞大学安姆斯特分校实习教师和教员的领导者，这些实习教师和教员曾呼吁反对教师表现评估（edTPA）的推广和部署所导致的教师教育的标准化和企业化。

美国多元文化教育协会的立场引起了人们对于这种测试的有效性以及这种测试是否具有它所宣传的衡量能力的担忧。该协会关于edTPA的立场书还概括了这种将教师和学生"商品化"的做法可能强化系统性种族主义和偏向性的领域。作为以具有文化能力为奋斗目标的教育工作者，你需要对这些项目拥有足够的了解，以确定最有利于学生的做法。

关于在职教师的评估系统，一些州正在利用包括多种教师观察在内的各种数据集合开发这种系统，并将教师的表现与学生的结果联系起来。例如，康涅狄格州开发了教育工作者评估与发展系统（SEED），这种模范评估系统将学生的考试成绩、对教师的观察、对家长和/或学生的调查、整个学校的学术表现与教师以及学校和学区领导者的评估联系起来。作为一种增值评估工具，这个系统将教师与学生的表现联系在一起的做法引发了争议。许多研究人员批评这种模式，认为其他因素也会影响学生的学习，比如家长的参与以及家庭的社会经济地位。地方和地区的所有教育委员会每年需要将教育工作者评估和支持规划提交给康涅狄格州教育部，供其审查和批准。得到批准的规划必须与康涅狄格州教育工作者评估指导保持一致，后者要求学区每年对所有教师进行评估。

近年来，学生的标准化评估也在朝着全新的方向发展。智能平衡评估联盟（SBAC）声称，其主要目标是确保所有学生离开高中时能够具备取得成功所需要的良好基础。根据其网站www.smarterbalanced.org的说法，智能平衡评估系统与共同核心州立标准（CCSS）是保持一致的，可以帮助教育工作者改进教与学的过程。特别地，智能平衡评估系统努力为教师和学校提供信息与工具，用于改进教学，帮助所有学生取得成功——不管学生的残疾和语言情况如何，也不管他们属于哪个子群体。实际上，共同核心州立标准和智能平衡评估联盟的发展已经引起了教育工作者的担忧。不是每个州都采纳了共同核心州立标准，一些州认为这种标准过于死板。至于智能平衡评估联盟，许多教育工作者认为这个组织正在推动学校变成问责系统，而不是关注学生的系统。支持标准化成绩测试的人认为，这种测试可以帮助教育工作者发现导致成绩差距的领域。持有不同立场的人则认为，对标准化测试和数据的强烈关注会使学校变成数据驱动型机构，而不是学生驱动型机构。

为教师和学生设计的评估系统会极大地影响用于有效应对我国教室里学生多样性的教师培养。同时，这些系统的发展引发了很大的争议，因为教师似乎需要以新的方式为学生的结果负责。最后，人们正在开发一些将学生应该掌握的知识和技能、开发课程的强大策略以及每个学生的表现数据联系在一起的系统。如果学校将这些系统付诸实施，它们可能会对多元学生产生强烈的影响。

2．评估中的偏向性

高质量评估的另一个障碍是，测试和评估充满了偏向性。得到使用的测试类型以及对测试的解释尤其会为贫困的少数群体学生带来不公平的结果。标准化测试在发现和消除文化偏向性方面做出了极大的改善。不过，教师制作的基于课堂的评估在偏向性方面仍然非常令人担忧。标准化测试以及与已出版课程有关的测试的出版商可以对偏向性进行全面的检查。不过，教师经常独自设计测试。如果没有创建满足多元学习者需求的高质量评估的知识和技能，就算你尽了最大的努力，你也可能无法设计出无偏测试。

在《专业开发者的工具包》（*Took Kit for Professional Developers*）中，西北地区教育实验室解释了测试中可能出现的各种偏向性。

（1）评估的某个部分可能使学生无法展示他的知识和能力。这种偏向性叫作外来干扰，可能与学生的读写能力或身体局限性有关。

（2）要想实现公平，所有性别和背景的学生应当获得做出同样良好表现所需要的机会与支持。每个人应当拥有平等的机会展示与评估内容相关的知识和能力。

（3）如果某些学生群体由于其文化身份而不太了解测试内容，这种测试任务就会出现偏向性。例如，如果学生需要解决一个基于缝纫背景的问题，对于缝纫拥有文化知识的学生很可能会在这项任务中处于有利地位，因此这种背景会成为一种偏向性因素。

（4）公正的任务还应当尽量远离基于文化、性别和性取向的模式化印象。

> **扩展探索：高质量评估的挑战**
>
> 选择你在高中或大学上过的一门课程。分析你在某一门高中或大学课程中经历的主要评估的优缺点。你会将其视作高质量评估吗？你的质量判断标准是什么？它们在多大程度上满足了多元学习者的需要？分析你认为可能存在于这种评估中的任何偏向性。

将上述说法概括一下，我们发现，偏向性问题可能来自各种途径，包括下列挑战：

（1）学生（比如缺乏阅读技能，语言障碍，缺乏应试技能，由于缺乏自信而导致的评估焦虑）。

（2）测试背景（比如缺乏与评估者/教师的良好关系，评估缺乏文化敏感性，指导不清晰，教师缺乏有效评分的时间）。

（3）具体评估类型（比如需要一些写作技能的申论式测试，教师缺乏开发评分机制的技能）。

开发没有文化偏向性的标准化测试不是一件很容易的事情。要想理解这个问题，考虑达夫测试。为了展示方言本身可能导致的文化偏向性，非裔美国社会学家艾德里安·多弗1968年提出了多弗平衡一般智力测试。多弗通过幽默的方式展示了他的观点，他设计了一组偏向非裔美国人的"测试"问题。示例10.3举出了一些例子。你可以看到，只有当一个人成长在熟悉这种知识的文化（和时代）时，他才能知道答案。方言、社会经济阶层以及文化都会影响我们在评估中的反应。

示例10.3 "猪肠"测试

> （1）"气头人"拥有：(a) 速度很快的汽车；(b) "花边"畜舍；(c) "处理毛发"；(d) 偷车习惯；(e) 由于纵火而遭到长期监禁的经历。
>
> （2）赫利加利舞来自：(a) 东奥克兰；(b) 菲尔莫尔；(c) 沃茨；(d) 哈莱姆；(e) 汽车城。
>
> （3）蒂-伯恩·沃克最擅长表演：(a) 长号；(b) 钢琴；(c) T形笛；(d) 吉他；(e) "杂耍"。
>
> 答案：(1) c；(2) c；(3) d

3．反思与问题

公平而准确的评估可以为教师提供非常有价值的信息。它可以提供关于当前教学效果以及学生学习效果的反馈。

（1）你认为你在学生时代的测试经历应当归入"良好"还是"糟糕"的类别？

（2）根据本章学到的知识，你对未来的评估、课时规划和教学策略有哪些想法？

三、基于课堂的评估选项

1. 高质量评估系统的原则

如果教育工作者想要为学生的利益而改进他们的评估实践,他们需要一个改进框架,也就是一些原则和指导。1995年,美国评估论坛提出了高质量评估系统的七项原则(见下面)。这些原则是由一个教育和民权组织联盟起草的,用于指导各个层级(从课堂到大规模责任制考试)的评估实践改革。在七项原则中,每项原则包含一组评价评估系统的详细"指标"。这七项原则可以帮助教育工作者开发出适用于我国学校多元学生的、具有公平性的评估。教育工作者应当:

> **预先思考**
>
> 一些人认为,我们多年来严重依赖传统课堂评估形式(比如多选测试)并将其作为学生成绩指标的做法是错误的。一些人认为,我们应当更加依赖真实评估或表现评估。
>
> 问题:
> (1)关于我们在不同评估方法中应当强调的重点,你最初的想法是什么?
> (2)你认为传统测试方法相对于当前趋势的优缺点是什么?
> (3)描述你希望在课堂上展示自身知识和能力的方式。你更喜欢表现评估还是传统纸笔测试?为什么?

(1)确保评估的指导目标是改进学生的学习。
(2)根据多种评估制定关于教学的决策。
(3)设计公平对待所有学生的评估系统,为学生提供展示个人知识的多种方法和机会。
(4)与同事合作,以设计和实施强大的评估系统。
(5)在评估过程中参与到更大范围的社区中。
(6)经常与学生、家长和其他教育工作者分享评估结果和信息。
(7)不断评价和改进评估系统的质量。

练习10.2 使用学生评估系统的原则和指标

(1)联系你们学区或你所熟悉的学校中的课程和教学专家或督学,以便对他进行采访。
(2)根据美国评估论坛提出的原则设计一组采访问题,用于谈论这个学校和/或学区的教育工作者开发和改进评估过程时使用的方法与程序。
(3)如果可以,询问可能通常被用于在这种环境中评估学生学习情况的具有代表性的评估样本。
(4)回顾采访和文档评论中的资料,根据美国评估论坛提供的七项原则对其进行分析。
(5)利用采访和评估回顾得到的资料制作一份演示文稿。
(6)与同事分享你的演示文稿。对于以满足多元人口学习需求为目标的改进措施发起一场讨论。

更多高质量评估系统的原则可以在学校认可标准中找到。位于马萨诸塞州贝德福德市的新英格兰学校与学院协会(NEASC)是美国最古老的地区性认可协会。该协

会七项认可标准中的一项提到了评估。协会认可标准对评估的重要性做出了这样的描述：评估可以使学校和利益相关方知道满足学校21世纪学习预期的进度与发展情况。评估结果定期得到分享和讨论，以改善学生的学习效果。评估结果可以使教师知道学生的成绩，以调整课程和教学。

2．基于课堂的文化敏感性评估的开发指导准则

学校对其评估系统的检查是非常重要的。此外，基于课堂的教育工作者也必须检查他们自己的评估策略，以确保公平对待所有学习者。对于想要参与文化敏感性有效评估实践的教育工作者来说，指导准则是一种非常有用的工具。示例10.4提供的指导准则可以用作开发基于课堂的文化敏感性评估的检查表。

示例10.4　开发文化敏感性评估的检查表

> 用于满足多元学习者个体需求的评估应当做到：
>
> （1）反映学生的经历。考虑评估工具开发初期的文化因素。这种评估应当反映学生在课堂上和课堂以外的经历。
>
> （2）关注学生的学习风格。利用你对文化和学习风格的理解构造适应学生已知的思考和展示个人知识方式的评估任务/项目。
>
> （3）清晰地向学生传达预期。确保学生理解他们在评估中需要做的事情。考虑评估中使用的语言。考虑定义术语、改变措辞、翻译或使用例子。
>
> （4）提供充足的时间。让学生有足够的时间完成评估。
>
> （5）为学生提供展示个人知识的多种方式。坚持使用多种评估方式评价学生的学习情况。不要依靠一种评估方式制定重要决策。
>
> （6）提供良好表现的清晰标准。让学生在评估之前知道自己正在接受关于知识、技能、推理和作品制作的评估。提供"优秀"标准的范例。
>
> （7）融入深层次思考。特别地，让学习者有机会在评估中运用自己的知识和技能解决多层次问题。强调学习者掌握的知识和能力。
>
> （8）平衡形成性评估和总结性评估。教育工作者应提供不具有高利害特点的形成性评估，并且向学生提供清晰、直接、有用的进度反馈。
>
> （9）将评估与教学相结合。利用评估结果反思教学。你可以改进教学设计，以提高每一个学生的成绩。
>
> （10）提供评估的选择权。在条件允许的时候，让学生有机会选择展示自己学习情况的方式。为学习者提供这个过程的控制权（比如，学生可以在一段时间里同时参与多个评估项目）。

（11）以教师团队的形式共同开发评估。与同事合作，不断提高专业知识，以确保自己拥有解释替代性评估并为其评分的能力。

（12）做好分解数据的准备。在查看数据总结时，教师应当将其关心或担忧的特定群体分解出来。例如，作为教师，你是否认为男生和女生在某一次评估中可能具有不同的表现？评估报告将显示差距，以及具有差异的学生表现出色的具体领域。

（13）报告看上去有效的教学策略。评估数据中的信息应当包含学生的表现以及适用于或不适用于多元学生的教学策略。例如，有多少时间花在高级认知过程的直接指导上？哪些具体的文化敏感性教学方法得到了使用？不同学生群体能够使用什么类型的教学资源？

（14）与感兴趣的人分享结果。教师需要经常与学生、家长和社区分享评估数据。这种分享不仅应当发生在学期末，而且应当发生在每个星期结尾。

3．真实评估

"真实评估"（authentic assessment），"表现评估"（performance assessment），"替代性评估"（alternative assessment），这些术语及其相关术语代表了我国学校在确定学生应当掌握的知识和能力的方式上出现的一次重大变化。这场以"真实评估"为目标的运动使教育工作者和学生将更多注意力从知识本身转移到了技能和知识的应用上。作为基于研究的教育实践，真实评估看上去显然是一种很好的做法，但是没有人会倡导将其作为课堂上的唯一评估方式。考虑到多元学习者的需要，教师必须牢记使用多种评估方式的重要性。

什么是真实评估？人们通常认为格兰特·威金斯对"真实评估"的早期思想和发展做出了重要贡献。美国教育学校与教学重构中心（NCREST）四季项目研究员艾因伯德和伍德认为，"真实"（authentic）一词在两种任务之间做出了重要区分：一种是标准化测试中出现的人为构造的任务；一种是与课堂外部世界相联系的更有意义的问题。真实评估要求学生超越教学背景，运用自己的技能完成任务。

真实评估具有多种形式，但所有这些方法似乎具有一些共同特点。一个主要的特点是，真实评估每天都在发生，通常是通过观察学生在学习中的参与和进展情况实现的。另一个所有方法都具有的特点是学生的自我评估。另外，真实评估基于内容和学习标准，而不是由外部施加的标准化，这也许是最重要的特点。

> **练习10.3　评估改造**
> （1）选择你所设计的一项纸笔测试，或者从你认识的教师那里借来一项测试。
> （2）利用294页提供的美国评估论坛关于高质量评估系统的七项原则将这项评估转变成具有文化敏感性的评估。
> （3）与一名同伴交换项目。根据本章的指导标准，检查对方修改之前和修改之后的评估。为修改后的评估写一份友好的评论并对其进行讨论。

致力于转向表现评估的学校具有怎样的表现呢？研究表明，教师需要同时转变课程和教学实践。教师和学生不是在指定的时间里匆匆浏览大量材料，而是对主题和问题进行深入探索。在教学实践中，教师从"讲述者"转变成了提供高质量反馈的辅导员。这样做的结果是，学生解决问题的能力似乎得到了提高，而且似乎掌握了深层次思考技能。

采用表现评估的学校具有一种文化特点：对学生和职员寄予很高的期望。学生需要对他们的学习负起更大的责任，参与对自身表现的评估，经常重新考虑过去的表现和作品，以确定这段时间的变化。学生参与到要求很高的任务中，可能需要通过各种形式展示他们的技能和能力，包括作品集合和表演。

教育工作者为什么应当重视表现评估？一个原因是，如果他们致力于让学生为现实世界做好准备，表现评估似乎可以使他们更加全面地认识到学生的能力。西北地区教育实验室课堂评估中心主任理查德·斯蒂金斯认为：

> 我们目前面对的成绩差距比过去更加复杂。我们现在意识到，没有表现评估方法，我们将无法全面了解学生的表现。你不能在评估写作时不让学生写作，你也不能在评价学生外语学习情况的时候不让他开口讲述这种语言。

本章下一节描述了一个学校将真实评估融入日常工作中的努力。

> **扩展探索：改进学生评估**
> 所有教育工作者都需要拥有比较、对比、解释和评论州、国家和国际评估及其结果的知识和能力。教育工作者需要理解各种评估的价值及其与学生学习之间的联系。
> 在这种活动中，想象你是一位教师领导者，需要与一个教师团队调查、了解和介绍一项具体的评估。每个团队需要调查一种不同的评估。假设你需要在学校员工会议上向其他教师做演示。通过团队合作的形式完成这项活动。作为指导团队，你们的任务是提供
> （1）关于评估的背景信息（评估的目的是什么？为什么要设计这项评估？成本是多少？这项测试对批判性思考的评估情况如何？它可以得到哪种分数结果？）
> （2）学生参与这项评估的利弊总结（由谁来评估？评估考虑到了学生的哪些情况？测试是否对于任何被忽视的群体具有偏向性？）
> （3）对于学生学习评估有用性的描述（最近的分数如何？如何用这些分数改进学生的学习？）
> 每项演示应当对可用的技术加以运用。每个团队应当规划出15分钟的演示。

4．处于评估转型中的学校形象

没有任何两所学校使用同样的方式进行真实评估。本节的描述展示了一所学校将真实评估融入教与学之中、以满足多元学习者需求的努力。

序

在6月初的一天，我在上午9:15开车来到了这个学区的高中。我和其他几位访客静静地走进前门。当我们进入学校时，我们受到了几个年轻学生的欢迎，他们热情地在签到表上为每个人登记，并且进行了简短的介绍，然后将人们带到迎宾室，并且护送他们进入观看演示的房间。通过询问，我们知道，他们是这里的初中六年级学生。虽然人们的焦点是这里的高中毕业班，但是这些六年级学生知道这几天的特别活动。显然，他们和学校里的其他人一样激动。他们知道，他们某一天也将负责完成一个毕业项目。

作为访客的一员，我被领到了礼堂，以便观看一场关于"篮球历史"的毕业项目演示。根据学校教师的说法，这场演示是一名即将毕业的学生至少一年的研究和工作的成果。这名学生准时开始了演示，他分享了自己对于篮球历史的研究。在演示开始时，他解释了选择这个主题作为毕业项目的原因："我希望自己长大以后成为体育教师和教练，我觉得这是一个很棒的职业。"随着演示的进行，我发现，这场演示不仅提供了历史信息，而且陈述了这名学生为初中学生开办篮球诊所的经历。当45分钟的演示结束时，我们发现，他很巧妙地将研究与个人经历结合在了一起，这些经历包括与他人的沟通、对某件事情了解到"能够向他人传授知识"的程度、为低年级学生提供服务以及将自己的所有努力结果组织成一场条理清晰的展示。

一名成年人站起来，感谢会场里的其他人参与这场重要活动，并且宣布，这名学生的咨询委员会将召开会议，以便和这名学生讨论他的演示。作为局外人，我不知道负责教育他的人对他的表现有何看法。谁来决定他的表现是否符合必要的毕业要求？他怎样看待自己的努力？更宽泛地说，这所学校的哪些程序导致了今天的学生演示？真实评估是否改善了学生的学习效果？学生在学习过程中需要做出的改变是否源自要求同时改变教学策略的新的评估方式？

学校和社区：变革的社会背景

现任校长1998年开始管理这所学校。根据学校许多教员的说法，他最大的强项是课程。他被视作精力充沛、很有活力的领导者和榜样，甚至为国家的学校改革做出了贡献。许多教员同意一位同事的说法："这里的教育领导不一般。你总能感受到压力——他总是冒出新的想法，用于改进和提高我们的工作。通过这种方式，教员取得了很大的进步。"学校与社区的联系被视作教育过程中的一个重要组成部分。

毕业项目的由来

在被问及为何如此支持毕业项目时,校长说:"我想,当我25年以后遇到这些(即将毕业的)学生时,如果我问他们,你记得你在学校里学到了什么,他们会怎样回答我呢?他们会记得与他们参加的考试有关的事情,还是像毕业项目这样的事情呢?我希望培养学生的生活技能。我的关注点是我们现在对他们的教育所产生的长期影响。"

来到这所学校后不久,校长召集教师举行了一系列会议,以谈论学校应该具有的状态。在会议期间,他提出了一个重要问题:"当学生离开高中时,他应当掌握哪些知识和能力?"经过这些讨论,他们制定了学生能力标准,包括"使学生承担起现代社会成熟个体的公民角色、职业角色、道德角色和人际角色的9项心理、性格和行为品质"。

下面是所有毕业班学生的能力领域要求:

(1)具有自我教育能力的终身自主学习者。

(2)人际交往能力。

(3)伦理价值观。

(4)适应能力。

(5)全球化意识和管理能力。

(6)解决问题的创意。

(7)自我价值(自信)。

(8)专注。

(9)有效沟通。

讨论小组演变成了毕业项目指导委员会。指导委员会和其他教员对这种主要体现在毕业项目中的教与学的新方式形成了共识。在制定出能力标准以后,指导委员会的下一项任务是研究课程,制定出整合、衡量和评价9种学生能力的途径。委员会决定,在各种真实评估建议中,"毕业项目"是在学校培养这些能力的一种恰当途径。

很快,学校成立了毕业项目小组,由5名教师和校长组成。这个团队每周开会,并且在僻静之处召开了几次持续一整天的会议。这是一个具有合作性质的小组,是毕业项目背后的推动力。

除了学生能力,毕业项目还确定了项目目标,这使项目具有了更大的生命力。这些目标包括促进求知欲,对课堂知识加以运用,允许学生进行真实和真正的创造性工作,增进学生能力,衡量学生能力,通过强制培养学生的专注性,推动学生参与到行动/工作中,准确地复制现实生活中的任务,增进学生信心,提高学生的信誉。而且,学校的一个主要目标变成了将这些能力融入现有课程之中。

学生进度评估是毕业项目小组经常讨论的一个话题。教师非常关注如何向学生传达这个项目的重要性。而且，他们希望支持学生对进度进行自我评估。因此，毕业项目小组添加了一项要求：所有学生必须完成4份关于自身进展情况的季度报告。毕业项目小组共同对个体学生进行讨论，委员会成员需要决定如何帮助特定的学生。教师急于让学生对自己的学习负起更大的责任。

毕业项目年

毕业项目小组概括了毕业项目的4个阶段（表10.1）。在高中四年级的阶段1开始之前，学校会在春天向高三学生进行情况介绍，以便让他们熟悉这个项目及其要求。

项目教员似乎需要花费很多时间对于如何选择课题向学生提供建议。一开始，许多学生表示，他们无法选择课题，因为他们没有任何可以深入探索的课外兴趣或爱好。最终，这些学生有的自己想出了研究项目，有的在教师的鼓励下选择了某个课题。这些课题的例子包括编写、制作电影剧本，创作和录制古典音乐，设计汽车和卡车的车标，建设一条越野路线，从头制作一把电吉他，饮食失调自我研究，可食用植物绘本，攀岩——环境影响。

每个学生需要组建一个顾问团队，包括一个教师项目协调员、一个管理者以及一个技术顾问。这个顾问团队的成员共同为学生提供支持。这个团队在全年的4个"里程"点上对学生的项目进行审核。技术顾问的职责是为项目提供技术支持，包括确定资源，对调查、现场研究和实验室工作的思想和方向提供建议，提供格式方面的建议，检查动机和时间投入，在出现问题或情况时联系项目教员。

表10.1 毕业项目时间表

阶段	阶段1	阶段2	阶段3	阶段4
日期	9月～10月	10月～1月	2月～3月	4月～6月
目标	提案和委员会的确定	解决问题	准备公开演示	项目公开演示
任务	学生确定课题、主题或难题；确定重要问题；设计调查或研究方法；描述最终项目形式；开始记录工作日志。技术顾问得到指派。	学生弄清难题、主题或课题；通过头脑风暴的形式想出各种方法；通过现场研究、实验室工作或者远程通信调查的方式收集信息；对收集到的信息进行分析；维护工作日志。	学生整理研究结果；确定有效的沟通模式/媒介；制作磁带、电子表格、照片、艺术品、舞蹈、书面摘要……并对演示进行练习。	学生向一个公共委员会展示项目的结论或结果；回答委员会和观众的问题；为观众准备书面摘要。
里程碑	里程碑1：向项目委员会（包括毕业项目顾问、技术顾问和一名管理者）展示提案。	里程碑2：向项目委员会展示进展情况。	里程碑3：委员会审查演示进展情况。	里程碑4：毕业项目委员会进行审查和评估。

在毕业项目的推进过程中，时间是如何管理的呢？毕业项目是高四的必修项目。在整个高四一年，从进入毕业班开始，每个学生每天都有一节课的时间用于开展毕业项目。在与这节课的项目顾问协商之后，学生可以在图书馆自由进行个体研究，或者撰写日志。

毕业项目是学校最近对学生能力标准的关注所导致的主要结果。除此之外，学校在系统性改变方面也在不断取得进展。教师表示，能力标准可以帮助他们关注整个学校。学生表示，教师开始让他们解决"现实生活中的问题"。

问题

教师角色的变化

对教与学实施真实评估方法的一个有趣结果是，教师的角色似乎正在逐渐变化。在传统教育形式中，教师是知识和信息的传递者，也是裁判员和鉴定员。这种模式已经形成了一种被学生和教师共同接受的例行程序。

表现评估课堂的关注点从"以教师为中心"转变成了"以学生为中心"。参与毕业项目的教员表示，他们的参与对他们的教学产生了重大影响。一个人说："是的，由于这种参与，我在其他课堂上更加强调现实生活中的应用。"另一个人说："这些能力标准迫使我和我的同事对教学内容和方法进行重新评估。"一些教员开始进行课程映射——提出反映这些能力的目标，并将其映射到个体和班级的教学内容、课时和活动中。此外，教师对于学生期望和项目强制性质的谈论也明显反映了教学受到的影响。

改变学生的学习定位

所有高四学生必须成功完成一个毕业项目才能毕业。考虑到这种表现评估方法的高利害性质，除了零星抵触，大部分学生对项目的反应都很积极。他们当然会有一些不知道如何进行项目下一阶段工作的时候，但他们仍然为自己的成就而感到自豪。学生表示，项目关注现实世界的工作，使他们学到了一些技能，而且形成了专注的品质，这都是项目的优势。

采访表明，学生非常清楚，他们不得不学习一种展示个人知识和技能的新"体系"。他们并不习惯通过表现接受评估的方式。一些人表示，他们需要在一整年的时间里维护一份日志，对此他们感到非常沮丧："你很难记录你的思维过程。"在被问及他们在哪种"体系"（传统测试或者表现方法）中学到了更多东西时，学生们做出了不同的反应。一个学生说："我想，我在毕业项目和基于表现的评估中学到了更多的东西。不过，我觉得我更喜欢测试，因为测试很快，做起来很容易，而且你可以立即得到评分。"

虽然教员很想在学习过程中尽可能地将责任交给学生，但他们也意识到，一些学生需要一些额外支持。在某个时候，一个心地善良、很有同情心的教师解释道："他们只是孩子——青少年——我们需要告诉他们怎样做。"另一个人回应道:"但我们还是要回到项目的目的上来——让他们承担责任。他们需要向我们展示他们有资格毕业——而不是由我们代替他们完成项目。"习惯于使用分数作为激励方式的教师目前正在努力掌握"避免学生偏离正轨"的其他途径。

将课程、教学和评估联系起来

参与毕业项目的所有人——校长、教师和学生——都认为,能力标准和真实评估方法需要融入学生的整个学业生涯中。他们意识到,他们不能等到学生进入高四的时候突然将这种评估方法使用到学生身上。用一位教员的话说:"我们目前对表现评估的使用方式可以用游泳池里的儿童来比喻。在很长一段时间里,他们一直在浅水端进行狗刨式游泳。突然,我们将他们扔到深水端,希望他们游起来。我们需要有更多教师参与到这一过程中,使其成为整个教育过程中的一个重要组成部分。"

许多学生不习惯自助式学习,更不要说自主学习了。大多数学生习惯于课堂上的说教式教学。在毕业项目中,他们需要在完成任务的同时"学习一种新的学习方式"。一些学生感到痛苦,一些学生认为这很困难,一些学生认为这很令人激动。到最后,大多数人都认为这种做法是值得的。

当学校试图将教学与新的评估方法结合在一起时,一个主要挑战就是将能力标准与表现评估运用到更低的年级。学校已经有意识地发起了这项工作。教员和管理者正在努力进行系统性的改革,以便将课程、评估和教学联系在一起。

学校在培养学生适应工作生活时起到的作用正在变化

毕业项目程序反映和传达了人们对于"如何培养学生适应工作生活"这一问题正在进行的重要考虑。进入职场并不只是在各个工作阶层中占据自己的位置那么简单。个体越来越需要为他们自己的工作/产品和自己的质量评估负责。要想进入工作场所,仅仅具有内容知识或认知技能已经不够了。人们必须使用另一组技能。作为毕业项目的基础,学校的能力标准在设计时就考虑到了这组不同的技能。

扩展探索:改变评估实践

描述你所熟悉的一所学校关于评估的重大改变。这种改变花了多长时间?改变之前的评估是怎样的状态?这种改变是由哪些措施组成的?为什么评估朝着新的方向发展?从结果来看,这种努力值得吗?

结束语

在6月份的毕业项目展示期间,每位访客都收到了一份情况介绍包裹,里面是关于这些项目的文档。其中一份文档指出了这些项目和整个计划的独特之处,上面写道:"毕业项目是一个整体思想的一部分。它是高中学年学习活动的顶点。这个项目积极鼓励学生研究他们所选择的现实世界的问题和主题。他们需要参与到真实任务中。他们必须进行专注的努力。他们必须进一步培养解决问题的技能以及与人合作和沟通的技能。他们全部参与到了这种具有创造性的进程中，他们的能力已经超过了大多数公立高中学生的水平。"

这个项目引出了一个有趣的问题，那就是，这个项目对这些学生的未来有哪些影响（如果有的话）？他们能否变得更有动力，能力更强，更加适应我们这个社会的高级工作？之前的毕业班至少有一个学生回来告诉指导委员会的成员，他对毕业项目的参与是他能够很好地适应大学生活的一个原因。看起来，项目的过程比结果更加重要。我们很想看到这些学生10～15年以后出现在哪里，而且很想知道那个时候他们对毕业项目的经历有什么印象。校长也在思考同样的问题。

5. 反思与问题

约翰•古德拉德认为，为了提高学生的学习动力，教师最重要的工作就是使学科内容贴近学生的生活，使用涉及所有感官的策略。最重要的是，教师必须让学生有机会将知识与他们自己的经历联系在一起。

思考你刚刚读到的"处于评估转型中的学校形象"。

（1）它与将课程、教学和评估联系起来的具有文化敏感性和文化责任感的实践的符合程度如何？

（2）它是如何评估深层次思考技能的？

（3）上述简介中描述的活动是如何体现高质量评估的？

四、多元文化教育领域人物介绍：杰奎琳•乔丹•厄文

杰奎琳•乔丹•厄文是埃默里大学查尔斯霍华德钱德勒名誉教授和马里兰大学客座教授。厄文博士专门研究多元文化教育和内城教师教育，尤其是非裔美国人的教育。她的作品包括《黑人学生和学校失灵》（*Black Students and School Failure*）、《在天主教学校培养非裔美国学生》（*Growing Up African American in Catholic Schools*）、《关于多元学生的重要知识》（*Critical Knowledge for Diverse Students*）、《小学和中学的文化敏感性课时规划》（*Culturally Responsive Lesson Planning for Elementary and Middle Grades*）、《寻找完整性：非裔美国教师及其文化针对性教学方法》（*In Search of Wholeness: African American Teachers and Their Culturally Specific Pedagogy*）、《用文化之眼看世界》（*Seeing With the Cultural Eye*）。除了这些书籍，她还出版了许多文章和图书章节，并向专业教育和社区机构展示了几百篇论文。她所获得的一些奖励和承认包括美国教育研究协会（AERA）的杰出成就奖——关注黑人教育的研究（RFBE）

SIG、少数群体角色和状态委员会的杰出职业生涯奖、德威特-华莱士/美国教育研究协会讲座奖、SIG：RFBE主席杰出服务奖、美国教育研究协会社会公平奖、G部门的培养下一代杰出服务奖。美国教师教育学院协会用优秀写作奖、亨特讲座和林赛教师教育杰出研究奖来表彰她的工作。埃默里大学用埃默里大学杰出教员讲座和奖项、托马斯·杰弗逊奖（毕业典礼上向一名在研究和服务方面做出贡献的教员颁发的奖项）以及研究生教育卓越教学水晶苹果奖来表彰厄文博士的成就。厄文博士在2007年入选美国教育研究院。

笔者：您认为您对多元文化教育领域最重要的贡献是什么？

厄文博士：我想，我在文化敏感性教学方法上的工作是我在多元文化教育领域最重要的贡献。文化敏感性教师知道，所有学生都会把他们受文化影响的认知、行为和思想倾向带到学校，不管他们属于哪个种族或族群。例如，这些教师知道语义、口音、方言和讨论模式对课堂互动的影响。他们知道如何利用学生的日常生活经历调整和使用学科知识的多种表现形式。他们向家庭和社区组织了解情况，并将这种知识运用到教学中，帮助学生的家庭支持孩子的教育。文化敏感性教师将文化差异看作可以利用的资产，而不是需要解决的缺陷。

笔者：关于为什么应当成为多元文化教育工作者这一问题，您认为最能说服职前教师的观点是什么？

厄文博士：职前教师需要具有多元文化能力，以满足所有学生的需要，不管他们具有怎样的文化和语言背景、社会阶级地位或者移民身份。学校的多样性正在日益加深。在最大的学区里，超过一半的学生是有肤色的学生。到2023年，白人学生的比例将低于50%。这些人口结构数据意味着所有教育工作者都应当掌握有效的多元文化方法。越来越多的经验性证据表明，以文化敏感性教学实践为代表的多元文化教学方法与学生学习效果的改善存在关联。最重要的是，多元文化教育方法符合我们的民主理想和价值观（比如自由、公平和平等），这种方法也是对有肤色学生独特经历的尊重。

留给读者的后续问题：

在采访中，厄文博士表示："他们知道如何利用学生的日常生活经历调整和使用学科知识的多种表现形式。"将厄文博士的思想融入你最熟悉的评估的开发中。为了实现"学科知识的多种表现形式"，你需要对这些评估进行怎样的调整？这些评估会变成什么样子？做出具体的描述。

五、案例研究: 贾森·哈萨韦: 改变学生学习评估的教师

案例中需要探索的重要问题

①当教师学习使用差异化教学,以满足多元学习者的需求时,他们还需要调整评估策略。

②"教师根据教学标准制定学生的学习目标"的预期为那些认为自己永远没有时间制定多元评估策略的教师带来了压力。

③教师需要合作开发可供许多人使用的有效评估机制。

贾森·哈萨韦当了15年的社会研究教师。使他获得教师资格的教师培养计划向他传授了教与学的行为方法以及更多的建构主义方法。贾森一直认为,他拥有足够好的专业水平,可以在任何一间教室里使用这些前沿教学策略。

有趣的是,虽然贾森掌握了鼓励学生参与到学习中的各种教学策略,但他总是难以评估学生的知识和能力。实际上,他没有接受过任何专门介绍真实评估开发的职业培训。由于他需要负责大量学生,因此他显然无法挤出时间在真实评估方面为学生提供支持。贾森一直认为,既然他上学时需要努力使自己适应纸笔测试,那么他的学生也应该做到这一点。这只是一种需要学习的技能而已。因此,虽然他让学生参与到了建构主义学习中,但他通常使用纸笔测试以及论文和研究报告的形式评估学生的学习。

在秋季学期进行到一半的时候,贾森明显意识到,他的一些学生在这种传统评估中遇到了困难,尤其是女生。这些女生似乎参与到了课堂讨论之中。不过,她们的章节测试分数正在变得越来越低。在最近的职业发展培训班上,贾森意识到,同他接受教师培养的时代相比,关于学生评估的理念已经发生了重大变化,这种变化主要来自关于儿童学习方式的重要研究。贾森一直在努力成为自己心目中的优秀教师。他真诚地相信,他需要让学生为他们在州级标准化考试中遇到的那种评估做好准备,这意味着他需要让学生适应较为传统的纸笔测试的形式。在这个过程中,贾森设计"选择—反应"试题的能力变得日益纯熟,这种试题要求学生花费大量时间进行记忆。同时,贾森越来越为这群女生感到担心,因为她们没有表现出自己真正的能力。他并不十分清楚自己应该做什么。而且,他感觉自己的情况并不是特例。

去年,学校请来了一位新校长。这位校长名叫玛丽·韦瑟,是一个很有远

见的人，致力于改善学校的教与学实践。她对教育平等抱有强烈的信念，坚定地认为教师需要熟练使用各种教学策略和不同的课堂评估方法，并且需要熟练地支持每个学生获得深入而有意义的学习经历。

你被聘为学校的评估和评价顾问。你的第一项任务是与贾森·哈萨韦合作，以改进他对学生的评估方法。

问题讨论

制订一项解决下列问题的计划：

①你如何说服贾森相信这项工作的重要性？写出一组用于劝说他的论据。这些论据应涉及高质量评估的价值、教育平等以及满足多元学习者的需要。

②你准备如何使用你对数据小组的理解？

③你准备如何使用你所知道的教师合作的潜力？

④规划你对贾森的指导。制定一个将最佳评估实践与多元文化教育结合在一起的典型评估规划。关注一个具体的教学单元（比如火山）。

六、本章应用与练习

个人

（1）如果你只能选择一种方法评估五种成绩目标，你会选择哪种方法？为什么？列出一个矩阵，然后利用这个矩阵写出一个详细的计划。

（2）如果我们的目标是评估你的教学水平，我们应该使用哪种评估方法？为什么？制定一个能够反映良好评估实践的方法，然后和你的上级分享。如何调整这项计划，以满足多元教师的需要？

（3）写下你在学校经历过的评估历史。你最难忘的经历是什么？它们是如何影响你的学校经历的？它们引发了哪些感情？关于你们班或你们学校的高质量评估，你能得到哪些推论？它们对多元学习者有哪些影响？

（4）在你所工作的学校中采访3位教师。在采访之前，设计一组合适的问题，用于询问他们的课堂评估实践。这些问题应具体提到真实评估的使用。对采访得到的资料进行总结。对如何支持教师设计满足多元学习者需求的评估提出一组建议。

小组评估规划项目

这个项目用于帮助你提高评估能力。以小型团队的形式为一个学习单元制定出能够满足多元学习者学习需求的评估规划。部分1到部分3应当以团队形式共同开发。部分4应当由每个人单独完成。

部分1：确定成绩目标。

选择对于你们团队某个成员非常重要的一个教学单元。这个单元应当拥有总体目标、具体目标、教学材料和教学干预。你们可以创建一个新的单元，或者使用某个团队成员已经设计好的单元。记住，这是用来练习的！这个单元应当包括至少几天甚至几个星期的教学。它可以是你们正在教授或计划教授的单元。

你们的第一项任务是确定这个单元的重要成绩目标。学生需要理解哪些重要知识？你们希望学生掌握哪些推理模式？你们可能有哪些解决问题的目标？确定一些培养技能或制作作品的目标。你们希望学生掌握哪些行动能力或创造能力？最后，你们希望学生形成怎样的思想倾向？

部分2：设计一个评估规划。

为你们的单元设计一个总体评估规划。你们的评估内容是什么？什么时候评估？如何评估？回顾你们确定的目标。你们如何为合适的评估排序？怎样的评估方法有可能在这项评估中发挥出最好的效果？如何将教学内容与学生的文化背景结合起来？你们如何应对学习者具有的多样性形式（比如语言）带来的挑战？

部分3：设计与你们的目标相关的表现评估。

确定一个或多个成绩目标。遵循真实评估的设计流程。设计合适的练习或任务、评价量规以及评分和记录的规划。最后，简单概括你们在教与学过程中让学生参与开发和使用这些评估时可能采取的步骤，并将其写下来。

部分4：反思。

完成上述步骤以后，评估你们团队的规划在对多元文化教育的合理评估方面的表现。

自我评估

（1）你对标准化评估和基于课堂的评估有哪些担忧？制作一张T形表，对你的回答进行比较和对比。你认为两种评估有哪些潜在优点？

（2）想象你是一名高中校长。助理校监想让学区里的学校调查使用表现评估方式满足多元学习者需求的可行性和合理性。她让你发起这项活动。你要怎样做？

（3）历史上，学生时代的评估和评价具有明显的负面内涵。大多数成年人不愿意重复这些经历。不过，一些人认为，这是学校应当采取的做法——是学生必须经历的过程。他们已经经历了这个过程，其他人也应当接受这样的经历。你同意吗？你是如何看待教育平等问题的？

七、本章提到的资源

教育、多样性和卓越研究中心（CREDE）

http://www.cal.org/crede/projects/assessment.html

教育、多样性和卓越研究中心的使命是帮助这个国家面临教育失败风险的多元学生取得优秀的学习成绩。

评价研究中心以及美国评估、标准和学生测试研究中心（CSE/CRESST）

http://www.cse.ucla.edu

评价研究中心以及美国评估、标准和学生测试研究中心得到了加州大学洛杉矶分校教育和信息研究研究生院的支持。

公平测试教育实践准则（第二版）

http://www.theaaceonline.com/codefair.pdf

心理咨询与教育评估协会2002年发布。

edTPA

http://www.edtpa.com

edTPA是由斯坦福评估、学习与平等中心（SCALE）的斯坦福大学教职员工开发的。他们接收了教师和教师教育者的大量建议和反馈，并且利用了他们在超过25年基于表现的教学评估开发过程中积累的经验［包括美国专业教学标准委员会（NBPTS）、州级教师评估与支持联盟（InTASC）标准系列以及加州教师表现评估］。

美国教育统计中心

http://nces.ed.gov/nationsreportcard/ltt

美国教育统计中心是收集和分析美国和其他国家教育数据的主要联邦机构。该中心位于美国教育部和教育科学研究所内部。根据国会命令，美国教育统计中心收集、核对、分析和汇报关于美国教育状况的完整统计信息，制作和发布报告，评估和汇报国际教育活动。该中心负责监督美国教育进展评估测试。在美国具有代表性和持续性的、对美国学生在各个学科领域掌握的知识和能力的评估中，美国教育进展评估（NAEP）是规模最大的评估。这种评估是定期进行的，涉及数学、阅读、科学、写作、美术、公民、经济、地理、美国历史以及科技与工程素养（TEL）。

美国公平与开放测试中心（FairTest）

http://www.fairtest.org

美国公平与开放测试中心（FairTest）努力终结标准化测试的误用和缺陷，确保学生、教师和学校的评估做到公平、公开、有效和有益于教育。

国际学生评估计划（PISA）

http://nces.ed.gov/surveys/pisa

国际学生评估计划（PISA）是一项国际评估，每隔3年对15岁学生的阅读、数学和科学能力进行衡量。这项研究最初实施于2000年，其主要领域每个周期在数学、科学和阅读之间轮换。

标准化测试用户的职责（RUST；第三版）

http://www.theaaceonline.com/rust.pdf

心理咨询与教育评估协会2003年发布。

干预反应行动网络

http://www.rtinetwork.org/learn/what/whatisrti

干预反应行动网络致力于干预反应（RTI）方法在全国学区的有效实施。其目标是指导教育工作者和家庭大规模实施干预反应方法，使每个孩子享受高质量教学，使有困难的学生——包括具有学习和注意力问题的学生——能够被及早发现并且得到成功所需要的支持。

教育工作者评估与发展系统（SEED）

http://www.connecticutseed.org

教育工作者评估与发展系统（SEED）是一种与康涅狄格州教育工作者评估指导保持一致的具有模范性质的评估和支持系统。这种评估过程对优秀实践和结果给出清晰的定义，提供关于教师优势和劣势领域准确有用的信息，为学生提供成长和获得承认的机会，以推动教师向示范实践靠拢，提高学生的成绩。

智能平衡评估联盟

http://www.smarterbalanced.org

智能平衡评估联盟是一个由州政府主导的联盟，用于开发与共同核心州立标准保持一致的关于英语语言艺术/读写能力和数学的评估。该组织的目标是让所有学生在离开高中时为大学和职业生涯做好准备。

国际数学和科学趋势研究（TIMMS）

http://timss.bc.edu

国际数学和科学趋势研究（TIMSS）提供了关于美国学生和其他国家学生数学和科学成绩的可靠而及时的对比数据。从1995年开始，该研究大体上每隔4年收集四年级和八年级学生的数据。

第四部分 评估

重要评估4：文化偏向性研究

大多数教育工作者承认，学生成绩的主要影响因素包括活动和支持性材料、环境以及他们所面对的期望、互动和行为类型。因此，对偏向性的理解以及在课程、教学和评估中辨别微妙和/或明显偏向性的技能是极其重要的。

进行一项文化偏向性研究，检查你所熟悉的某一本教科书。你的研究重点是寻找反映文化偏向性和不利于学习的教学和评估实践。在研究中，你将反思这些实践对学生学习的影响。

程序

（1）确保自己熟悉这一部分各章介绍的重要作者和专家。回顾至少5份基于研究并对研究做出清晰解释的文献，以便更好地理解文化对教与学的影响以及课程、教学和评估中的偏向性。

（2）选择和分析你所熟悉的一本教科书。使用萨德克列出的7种常见的课程偏向形式，对教科书进行批判性分析。查看图书、人名、整本教材对人群的相对排斥或包含、使用的例子等。用图、表格等形式总结并展示你的数据。

（3）将下列内容包含在书面报告中：

- 介绍（选择的课本；选择的原因；对于课本及其使用背景的描述）；
- 文化对教与学的影响以及课程偏向性的研究回顾；
- 总结你的发现（数据表格以及合适的陈述）；
- 对这些发现进行讨论，包括：
- 与偏向性研究的符合程度；
- 你所理解的偏向性及其为教与学带来的挑战；
- 你的发现对教与学的影响；
- 将你对这些发现的讨论同关于教育理念和课程目的的课堂讨论与阅读联系起来；
- 在最后撰写论文时，确保坚持美国心理学协会的指导标准；
- 使用下列表格展示你的数据：

表1 教科书概况

版　本	
页　数	
章　数	
术语和附录	
索　引	
参考文献	
文本总页数	

表2：分析四个章节中每个搜索类别的提及频率

- 白人/高加索人（男性/女性）；
- 非裔美国人（男性/女性）；
- 西裔/拉丁裔（男性/女性）；
- 美洲原住民（男性/女性）；
- 亚裔美国人（男性/女性）；
- 残疾文化与聋文化；
- 男同性恋、女同性恋、双性恋和跨性别者（男性/女性）；
- 宗教群体；
- 语言群体；
- 其他。

表2　示例格式：教科书各章分析

搜索类别	1 提及次数/ 页数	2 提及次数/ 页数	3 提及次数/ 页数	4 提及次数/ 页数	总计 提及次数/ 页数
白人男性					
白人女性					
非裔美国人					
西裔/拉丁裔					

表3：分析各章对群体成员的描绘

使用各种偏向类型的描述确定你在教科书中选择的各章是否存在偏向性。

表3　示例格式：教科书各章分析

搜索类别	1群体的证据	2群体的证据	3群体的证据	4群体的证据	总计
不可见					
模式化					
不平衡与选择性					
不真实					
分隔与孤立					
语言偏向					
美化性偏向					

此外，你还可以选择其他表格，以总结通过其他工具得到的数据。

行　动

第五部分

第十一章　成为多元文化教育工作者

正像前面几章解释的那样，要想成为多元文化教育工作者，需要投入时间和精力：1. 扩展意识；2. 打造知识基础；3. 培养和提高技能；4. 制定行动规划。在这一部分，我们将探讨第四个阶段——行动规划。由于行动规划发生在个体层面和全校层面，因此，我们将在第十一章具体关注个体多元文化教育工作者的行动规划，并在第十二章关注全校的行动规划。在本章，我们将探索图11.1展示的重要问题的答案。

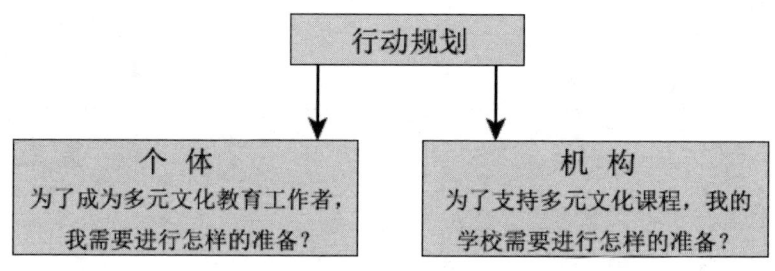

图11.1

假设一名教育工作者理解文化个体自我意识的重要性，正在努力提高自己关于多元文化教育的知识基础，并且正在培养为所有孩子提供良好教育的技能。这是否足以确保他成为一名有效的多元文化教育工作者？

这些领域当然很重要，但我们认为它们还不足以确保新式教学的实施。除了知识、意识和技能方面的工作，教育工作者还需要确定和遵循一项行动规划，以便将这些元素结合在一起。在关于有效教学的文献中，行动规划是一个重要组成部分。考虑到一个人在有限的时间里需要关注的各种挑战、策略、传统和其他要求，个体层面的行动规划尤其重要。

正规的个体多元文化教育工作者行动规划是一组可以随时修改、调整和经常使用的文件，有时具有文件组合的形式。它可以使教师在成为多元文化教育工作者的过程中获得方向感和进度信息。示例11.1列出了我们推荐的个体多元文化教育工作者行动规划的组成部分。教师可以在这个集合中添加其他项目。

案例研究：共同学习的教师

一群正在接受领导培训的有经验的教师在一个下雪的冬日夜晚聚集在一起，参与一个关于教与学的研究小组。这天晚上，他们需要阅读格洛里亚·拉德森-比林斯的作品《梦想看守者》（*Dreamkeepers*）。在这天晚上之前，他们被分成了几个小组，每个小组需要对某个章节进行充分的研究。各个小组依次分享了他们所认为的各章核心内容及其对领导、教学和学习的影响。各个小组很好地捕捉到了各个章节以及整本书的实质。他们似乎理解了文化关联性教学的重要性。在他们展示完各章总结以后，教授请他们对两个重要问题发表评论：1. 在他们内心深处，他们是否相信文化关联性教学非常重要？2. 在成为文化敏感性个体的进程中，这些学生处于什么位置？

一个教师说："这很好，但它的实施代价是不是太高了？"

另一个人说："我还以为所有教师都是这样做的呢。如果我们学校的教师不会这样做，那么我们也不会这样做。"

第三个人说："这本书使我们认识到，我们正在为了孩子进行一场斗争。"

你对这个案例的看法

①在你的内心深处，你是否相信文化关联性教学非常重要？

②每个学校都有一些教师缺乏文化敏感性教育的知识和技能。你准备如何支持你的同事沿着这一方向前进？

③对于资助这类职业发展工作的问题，你的想法是什么？当时间和资源受限时，以成为多元文化教育工作者为目标的培训仅仅是一种美好的经历吗？

④思考与同事参与读书研究的可能性。如果你可以参与这样的小组，确定一本你想阅读和讨论的书。你选择这本书的理由是什么？

示例11.1　个体多元文化教育工作者行动规划组成部分示例

（1）你对支持所有学生深层次学习的教育所持有的信仰纲领。

（2）关于多元文化教育和目标的个人愿景声明（你希望取得什么结果？你的方向是什么？）。

（3）适用于多元学生群体的课程单元、课时规划、学习过程和评估的示例。

（4）在你成为有效多元文化教育工作者的过程中与你合作的同事列表或网络。

(5) 用于衡量你成为多元文化教育工作者的进度情况的数据示例。

(6) 将要支持或正在支持你成为多元文化教育工作者的职业发展活动概述，包括成长活动的初步时间框架。

(7) 日志，用于定期记录你对个人成长情况的反思。

资料来源：作者制作

一、开始：信仰、愿景和目标设置

预先思考

当你考虑将你所学到的知识和技能付诸实践时，你可能不知道从何处着手。和开篇案例研究中描述的教师类似，你可能认为多元文化教育在理论上似乎不错，但是这种教育的发起和长期实施具有很大的挑战性。花一点时间，思考如何成为多元文化教育工作者。

问题：

（1）列出你对成为多元文化教育工作者感到担忧的三个到五个具体问题。

（2）你可以采取哪些行动解决这些问题？

（3）在解决这些问题时，你可以和谁合作？

（4）确定成为更加有效的多元文化教育工作者的前三个步骤。你为什么选择这三个步骤？

有人说："如果你不知道你要去哪儿，那么你很难抵达这个地方。"传统上，教育领导者应当拥有和传达愿景，教师则只需要跟随在无所不能的领导者后面。不过，最近关于机构改革的文献指出，如果一个愿景是共同制定的，那么这个愿景得到实现的可能性要更高一些。这意味着教师需要参与制定关于学校和课堂可以而且应该具有的状态的愿景。而且，人们现在希望教师成为教师领导者，参与到决策制定以及重要的学校改进工作中。

1．开始：制定多元文化教育信仰纲领

当你走上成为有效多元文化教育工作者的旅途时，你应该检查和澄清你自己关于教与学过程的观念、假设和信仰。这些观念、假设和信仰可以封装成一个关于教与学的信仰纲领。你相信，随着你的个人职业发展，这个纲领中的陈述也会发生变化。现在，你需要采取的重要行动是将你的信仰写下来。示例11.2提供了一个学区在支持多元文化教育时制定的一组信仰。

在制定纲领时，你可能还会考虑其他领域。根据练习11.1中的问题，写出一份多元文化教育信仰纲领。在撰写这份纲领时，应诚实面对你自己、你所归属的教师类型以及你对学生的态度和感受。明确你对教育平等和社会公平原则的承诺。做好为你的信仰辩护以及寻找志同道合之人的准备。不断回顾这份纲领，并将其与你的上级和其他同事分享。

2．确定愿景

课堂或学校的愿景是对一名教师或学校社区成员希望实现的目标的图形描绘或语言描述。它代表了这个人或这个社区的价值观和信仰。一个愿景有哪些组成部分呢？当你为课堂和/或学校制定愿景时，你可以考虑将下列成分或者其中的一部分包括在内：

- 愿景所涉及的人；
- 拥有权力的人（包括孩子）；
- 课堂和/或学校的决策过程；
- 沟通机制和过程；
- 关于孩子学习方式的理念；
- 教学设施和材料的具体摆放形式。

示例11.2　面向所有学生的教与学信仰集合示例

> 我相信……
> （1）学习只能发生在学生相互和共同学习、建立联系以及构建含义的社会背景下。
> （2）当学生在学习过程中建立联系时，他们更容易理解更多概念，更容易对知识加以运用。
> （3）基于探索的教与学可以培养学生组织信息、解决问题和构造问题的能力。
> （4）"受过教育"意味着具有各个内容领域的能力以及能够使用这些能力解决重要和必要的问题。
> （5）当学生参与到各种教学和评估活动中时，他们可以实现更加深入的学习。
> （6）现在和将来，"受过教育"的公民重视具有多样性的人群并能与之有效合作。

练习11.1　多元文化教育信仰纲领

通过考虑下列问题总结你的信仰：
（1）我是如何定义有效教学的？
（2）作为教师，我最重要的5个目标是什么？
（3）教学的目的是什么？
（4）我对学生的期望是什么？我是否认为不同类型的学生应当取得不同的成绩水平？为什么？
（5）在我看来，文化差异是如何影响教与学过程的？
（6）我如何选择教学策略，以确保所有学生通过学习获得文化能力？
（7）能够有效教育多元文化学生的教师拥有哪些重要的知识、技能和思想倾向？

表11.1　实现多元文化教育愿景的支持和阻碍示例

支　持	阻　碍
（1）对于实现学校平等感兴趣的志同道合的同事	（1）对于解决争议问题的不安全感
（2）支持这项工作的当地教师教育计划和服务中心等资源的使用机会	（2）对于学校领导者、其他教师和家长对这类工作的支持程度感到担忧
（3）学校领导者为这项工作划拨的时间	（3）感觉只有你一个人在做这项工作
（4）标准化测试和其他成绩测试的分类数据	（4）你觉得你不是变革的推动者，不想冒险涉足这个领域
（5）专注于帮助教师支持个体学生学习的各种持续性职业发展活动	

记住，愿景是可以改变的。当你制定愿景时，考虑哪些因素可以支持你实现愿景，哪些因素可能会阻碍你实现愿景。表11.1提供了你可能遇到的支持和阻碍的一些例子。

3. 多元文化教育工作者的目标设置

个体多元文化教育工作者行动计划是你对于自己计划采取的行动及其时间的个人规划。它也可以记录你以多元文化教育工作者的身份提高自身知识和技能时做过的事情，并且可以评估你对目标的实现情况。个体多元文化教育工作者行动计划尤其可以用作个人成长的参照物。当你结束对于信仰的探索，开始制定关于自己以及教室的愿景时，你需要为自己作为多元文化教育工作者的工作确定目标。

设置目标是一个很有挑战性的过程。人们有时会感到沮丧，因为他们不相信自己的目标真的能够实现。关于目标设置，一个非常流行的指导标准是SMART，这个缩写表示"具体"（specific）、"可测"（measurable）、"可实现"（attainable）、"现实"（realistic）和"有时限"（timely）。你的目标越"具体"，你就越有可能将其实现。你的目标应当能够使你通过收集数据"衡量"进度。你的目标应当使你相信自己能够在指定的时间段里将其"实现"。在设置"现实"的目标时，你了解可用的资源和支持。最后，"有时限"的目标是设置了可控时间框架的目标。

你要如何选择目标呢？回顾你的愿景。你想做什么？现在，为了做到这一点，你需要深入学习哪些知识呢？你可以根据前面几章中你认为非常重要的领域选择和组织你的目标。例如，你可以将深入探索自己的文化身份作为目标。你可能希望花时间深入了解特定的文化群体，以便更加适应这些群体的学习需要和风格。或者，你可能希望对课程设计、教学策略或评估方式中某些看上去不错的做法进行探索和实验。

另一种选择和组织目标的方式是依据教学标准。教师培养计划用于根据标准或期望的集合培养未来教师，这些集合描述了教师应该掌握的知识和能力。组织标准的一种方法是依据三个宽泛的领域：知识、技能和思想倾向。如果你使用这种总体方法设置目标，你可以根据下列3个领域组织你的个人目标：

（1）扩展知识和理解的目标（关于自我、内容和文化）；

（2）提高技能的目标（与教学、学习、课程设计、评估等有关）；

（3）解决信仰和态度的目标（反思能力、思想倾向、对价值观和信仰的理解）。

为了选择目标，你也可以参考资源清单，比如G.普里奇·史密斯提出的"13个知识基础"。这些知识基础明确指出了具有文化敏感性和文化责任感的教师需要掌握的知识，而且对这些必要的知识做了精彩的论述。

最后，你还可以更加具体地描述你的目标，指明它们是短期目标还是长期目标。短期目标相对容易实现，可以在几天或几个星期的时间里得到解决。长期目标规模更大，实现起来更具挑战性，可能需要几个月或者几年时间。与成为多元文化教育工作者相关的短期目标或近期目标的例子包括订购一份可以帮助你构建思维的期刊（比如《反思学校》）。你也可以考虑在学年开始时为学生设计某种介绍活动，让他们通过文化身份了解对方。

与成为多元文化教育工作者相关的长期目标或远期目标的例子包括学习一种母语以外的语言，深入了解你的某些学生所属的文化群体，对你使用或将要使用的课程材料进行文化偏向性研究，或者根据多元智能理论设计单元和课时规划。

> **扩展探索：目标设置与知识基础**
>
> 1998年，G.普里奇·史密斯完成了开创性著作《关于罕见知识的常识：多样性的知识基础》(*Common Sense About Uncommon Knowledge: The Knowledge Bases for Diversity*)。在这本书中，史密斯博士为具有文化能力的教育工作者确定了13个知识领域。如果你今天需要在一篇文章中写出具有文化能力的教育工作者的重要知识基础，你会写出哪些知识基础？为什么？列出你所认为的13个知识基础。然后，找到史密斯博士的知识基础，并对二者进行比较。它们有哪些不同点？有哪些相同点？从1998年到现在，情况发生了哪些变化（如果有的话）？

4．反思与问题

花一点时间，练习为你成为多元文化教育工作者的发展过程制定具体的目标。你的目标越具体，你实现目标的可能性就越大。

（1）对于"作为一名多元文化教育工作者，为了在知识、技能和思想倾向方面取得进步，你想采取哪些行动"这一问题，列出3~5个具体目标。

（2）为这些目标在你的职业生涯中的重要性排序（1为最重要）。

（3）为这些目标的实现难度进行第二次排序。

（4）为实现这些目标可能需要花费的时间进行第三次排序。

二、设计将学生放在第一位的学习过程

1. 了解你的学生

> **预先思考**
> 下列术语对你来说意味着什么？
> （1）以教师为中心的课堂
> （2）以学生为中心的课堂
> 想象一个"中心度"连续区间，区间的一端是完全以教师为中心的课堂；另一端是完全以学生为中心的课堂。你会把自己放在区间上的哪个位置？为什么你把自己放在这个位置？你如何朝着以学生为中心的方向前进？

在传统的教与学过程中，教师首先传授内容，然后组织活动。现在，人们已经不认为这是一种有益于学生的做法了。实际上，教学的起始点应该是学生，是我们希望他们取得的结果。如果教师希望设计出适合个体学习者、能够有效支持学习、增进学生知识和能力的学习过程，那么他首先必须具有对学生的清晰认识和理解。对于学生学习的处理在学年开始时尤其重要，但它也需要持续一整年。

在学年开始前，了解你的学生、他们的家庭以及他们所生活的社区。怎样做到这一点呢？至少，你可以调取和查看学校管理部门维护的学生记录。不过，这些资源无法使你深入了解学生的能力、信仰、价值观和思想。为了进一步了解学生，你可以研究他们之前几个年级完成的各项作业。为了认识学生的文化背景和经历，你也可以花时间探索当地社区。

在学校层面，一些州的学校和学区需要制定学校战略概况（SSP）。学校利用这种概况收集数据，并用这些关于学生和学校的数据制定关于教与学的决策。例如，近年来，康涅狄格州学校战略概况中的信息类别包括性别、种族、年龄、继续上大学的学生数量、辍学生数量以及参与特殊教育的学生数量。

通过制定课堂人口概况，个体教师可以在制定课堂层面的教与学决策时得到帮助。课堂人口概况是一种比较直观的工具，用于确定任何课堂环境中存在的多样性。当一份概况得到确定时，它可以用于启发个体学生的教学。教师可以将学生分为下列类别：具有不同语言的学生、拥有个体教育计划（IEP）的学生、有学习障碍嫌疑的学生、移民学生、正在接受药物治疗的学生、有天赋和才华的学生以及具有少数族群背景的学生。戴维德曼和戴维德曼强调，只有当学生的文化背景可能对教学存在影响时，教师才应该将西裔学生、非裔美国学生、美洲原住民学生、亚裔美国学生等群体包含在最后一个类别中。你也可以添加其他类别，比如性别。随着教学的推进，当你对学生获得更多了解时，你可以在这个清单中添加学习风格偏好、智能偏好等类别。示例11.3提供了一份课堂人口概况的样例。

2．对学生的结果维持高期望

　　一些教育工作者反对制定课堂人口概况，他们表示，自己对所有学生一视同仁。其他教育工作者指出，制定课堂人口概况本身有可能导致模式化和标签化，而且有可能降低对某些学生群体的期望。有趣的是，教育工作者很少能够做到对所有学生一视同仁。毕竟，许多因素——比如个人经历、深层次和潜意识的模式化印象、传统、文化性学习和社会化过程——都会影响我们与他人的交流。

　　教育工作者当然需要避免落入模式化印象的陷阱。不过，关于教育期望的研究表明，不管教育工作者具有多么良好的意图，他们都会对不同学生抱有不同期望。不管是在哪一间教室里，学生之间总会存在这样或那样的差异。这些差异体现在态度、经历、理解以及文化背景上。

　　此外，教师倾向于以两种主要方式中的某一种看待学生。首先，教师可能会承认，他们不考虑学生带到课堂上的差异——主要是文化差异（"文化盲区"现象）。当差异显现出来的时候，这些教师常常将其看作问题，而且不知道如何应对。其次，由于社会化过程、学习偏见以及发展性成见，教师可能对于不同学生群体具有不同期望，这种差异通常以文化特点或身份为基础。迈拉和戴维·萨德克对于教师在课堂上对男生和女生的不同期望进行了大量研究，发现教师对女生的期望明显比男生低。教师会通过作业、对于学生回答的反馈长度和类型、等待时间、座位安排以及在教室墙壁上张贴学生作品等形式传达他们的期望。面对教师的不同期望，一些学生变得对自己的成绩不抱太大期望，他们对于自己能够取得好成绩的自信受到了很大影响。

示例11.3　课堂人口概况示例

```
教师姓名：　　　日期：

年级：　　　　　学校：　　　　　学区：

学生类型：关于特定学生的与教学相关的信息

语言差异

（1）

（2）

个体教育计划（IEP）

（1）

（2）
```

> 学习障碍嫌疑
>
> （1）
>
> （2）
>
> 少数族群背景
>
> （1）
>
> （2）
>
> 移民学生
>
> （1）
>
> （2）
>
> 正在接受药物治疗的学生
>
> （1）
>
> （2）
>
> 天赋和才华
>
> （1）
>
> （2）
>
> 其他类别
>
> （1）
>
> （2）

资料来源：改编自戴维德曼和戴维德曼。

简·埃利奥特在20世纪60年代进行的蓝眼/棕眼实验清晰地展示了这种现象。爱荷华州赖斯维尔市的三年级教师埃利奥特想知道学生从什么时候开始学会了基于身体特征的歧视。她将全班同学分成两组：蓝眼组和棕眼组。在实验第一天，她明确告诉一个小组，他们没有另一个小组聪明。第二天，她调换了学生的"身份"。在这两天，两个群体的表现与她所传达的预期相符——一组表现好，一组表现不好。

我们如何帮助地位较低的孩子"构建"能力呢？奥克斯等人指出，成熟的多元文化教育工作者做好了面对差异的准备，他们一开始就假定世界上没有"正常"的存在或学习方式。他们知道差异可以为课堂带来更加丰富多彩的学习环境，而且相信每个学生都很聪明。教师的职责是通过营造良好的环境增进每个学生的"信心"，培养真正适合每个学生的"能力"。显然，我们需要掌握关于学生及其背景的具体信息，以便为每个人设计合适的、具有挑战性的学习经历，构建良好的学习环境，确保每个学生取得好成绩。如果不了解学生的经历和文化背景，我们将无法做到这一点。

> **扩展探索：教师的期望**
>
> 过去几十年的研究表明，教师对学生的期望与学生的真实成绩之间存在联系。找到一篇关于教师期望及其对学生影响的文章。关于教师期望，一些比较著名的研究人员包括杰雷•布罗菲、克劳德•戈登堡、杰基•乔丹和珍妮•奥克斯。阅读这篇文章或文献，然后思考可能以积极或消极方式影响多元学生成绩的具体教师行为。将你的观点写成一篇一页纸的反思性短文，然后与课程同事分享你的反思。

3．努力融入多元视角

今天的课堂所具有的优势之一就是教师可以对学生带到课堂上的多种视角加以利用。学生每天都应该学习重视多元视角。对多样性的重视和尊重必须成为一种有意识的努力，而不是一种附属任务。虽然具有多样性的学生处在同一环境里，但这并不意味着他们能够重视对方的意见、经历、价值观、信仰以及与文化相关的知识。

教师可以将所有学生的多元视角融入教与学过程中。让学生尝试使用多元视角是非常重要的，原因主要有两点。首先，学生需要有机会对他们认同的文化感到自豪。教师应当找机会让学生分享关于他们自己的文化以及他们经历过的其他文化的知识。其次，学生需要有机会站在"其他人的立场上"。

为此，教师应当通过设计学习过程让学生研究人群、沟通、公平、人际关系等领域的重要概念和主题。学生应当对这些概念进行批判性思考，他们应当有机会提出自己的想法，对多元视角的优势和价值进行辩论。这种辩论应当得到引导，使学生"尝试"另一个人的视角——从另一个角度看待事情。显然，这需要团队建设、协调辩论和对话、解决冲突以及沟通等技能。对于教师和学生来说，这都是非常重要的技能。下面是在课堂上建立多元视角的一些指导准则。

（1）从小处着手。首先选择一两个美国族群，最好是对你的学生、社区以及你自己具有特殊意义的族群。

（2）了解这些群体的成员对于时事以及你所教授的科目的视角。

（3）熟悉社区资源。

（4）检查你的课本和辅助材料，寻找偏向性（参考一些框架）。

（5）为原始材料和教学策略制作一份资源文件，用于向学生展示你所选择的群体的视角。

（6）选择对这些群体的贡献和视角没有给予足够重视的一个或多个课程领域。制作一份融入这些群体视角的课时规划并将其付诸实践，以便向学生提供更加准确的知识。

4. 反思与问题

练习设计具有多元视角的学习过程。

（1）选择你希望向学生传授的一个概念。你可以参考第七章提供的关于多元文化概念的信息。

（2）设计一些学习过程，利用多元视角看待这个概念。

（3）思考你在设计这些过程时的优势和挑战。

（4）通过这次经历，你认为你需要在自己的职业发展上采取哪些行动？确定你希望在个人成长过程中解决的至少3个具体的知识或技能领域。

三、合作：寻找伙伴、盟友和诤友

1. 关于合作

> **预先思考**
>
> 考虑下列与成为多元文化教育工作者的努力有关的问题。
>
> 问题：
> （1）什么是盟友？
> （2）什么是诤友？
> （3）在校内和校外，谁最有可能支持我？
> （4）我如何获得家长、当地文化群体、倡导团体以及社区里其他人的帮助？
> （5）我如何寻找能够帮助我的地方和国家级职业机构？

支持教师学习更多知识的一个得到实践证明的策略就是教师合作。遗憾的是，教师现在面对的一个很大的难题就是孤立。职业孤立是阻碍教师学习教学的最重要的因素之一。有经验的教师常常缺乏相互交流，而那些可以通过同行指导获益的教师又无法看到示范性的榜样。孤立工作为教师带来的一些影响包括无力感、不安全感和缺乏被人认可的感觉。

合作是解决这种常常遍布于许多学校的孤立问题的一种途径。通过合作，教师会感觉自己置身于一个社区之中，与其他人存在联系。为了教师个人的学术发展和职业发展，他们需要感觉到自己是社区的一部分。要想合作，教师需要形成超越传统部门和年级界限的紧密关系。根据克鲁泽的研究，处在合作式学校环境中的教师"共同制定决策，以解决实践问题"。

对探索小组或学习小组的参与是一种"工作嵌入式"学习，也就是教师在正常工作期间进行的学习。学习小组或探索小组的成员可以共同探索和讨论关于某一主题的文献（比如多元智能、文化敏感性教学和建构主义）。例如，一群教师可以参观一个示范项目，然后讨论如何将这种方法应用到他们自己的环境中。

关于成人和孩子学习问题的研究表明，当人们在合作式学习环境中有机会相互学习和共同学习时，他们可以在理解的基础上实现深入的学习。因此，学校应该鼓励和支持合作，重视具有多样性的视角。与其他专业人员的合作和反思性对话可以推动教师的探索和创新。合作式环境以及得到良好设计的沟通关系网络可以加快新知识在系统中的传播速度，使学生在最短的时间里受益。

艾伦•布兰克斯坦在《FNO框架：从学校到名校》（*Failure Is Not an Option*）中将关注学习导向型教学的合作团队作为提高学生成绩的6个重要原则之一。布兰克斯坦描述了四类学校文化，包括个人主义、巴尔干化（站队）、僵硬合作与合作。布兰克斯坦推荐的合作领域包括职业实践论坛、同行课堂观摩、教师共同规划课堂、垂直小组、专业学习小组、年级或科目小组、跨学科小组、专业兴趣小组以及领导小组。如果你的学校还没有建立合作文化，那么最大的挑战将是寻找愿意合作并且有时间合作的志同道合的教师。下面是寻找合作时间的一些建议。

（1）共同培训时间。

（2）州政府分配的职员培训日。

（3）每周一天提前放学。

（4）使用专家。

（5）管理者代课。

（6）大规模教学。

（7）独立学习。

（8）志愿者。

（9）实习教师。

（10）协同教学。

> **扩展探索：学校文化**
>
> 花时间思考你所熟悉的一所学校的文化。在布兰克斯坦提出的四种文化类型中，你的学校最符合哪个类型？说出这种判断的理由。你的学校是如何衡量团队有效性的？你们学校的员工合作解决问题的频率和方式如何？讨论上述每个领域的改进途径。

成为有效多元文化教育工作者的过程和实践是很有挑战性的。它无法通过几个月或者几年的时间得到实现。不过，如果教育工作者能够找到与自己合作的具有类似想法的同事，或者知道到哪里寻求支持，这个过程将得到极大的改进。这些人将成为你的伙伴、盟友、诤友。

伙伴是与你具有相同或相似目标的个体，是与你具有相同前进方向、在相似的信仰体系下工作的个体。在教育领域，伙伴通常是教师。"伙伴"一词意味着两个人共同工作，但是这个概念也可以用于以小组形式（比如年级小组）合作的小型人群。伙伴经常共同完成某种共同目标，比如开发一个新的课程单元。

盟友是与你具有相同或相似信仰体系的人。不过，在开展多元文化教育工作时，你们两个人可能不是在同一轨道上前进，而是在平行的轨道上并肩前进。盟友可以支持对方实现不同的目标。例如，一个盟友可能在开发一个新的课程单元；另一个盟友可能在学习多元智能教学方法的使用。盟友可以是教师，也可以是职员、管理者、社区成员、家长。

你的同事也可能是支持你成为多元文化教育工作者的诤友。诤友的主要职责是提供支持、鼓励和友好的批评。如果你信任一个人的观点，知道他了解多元文化教育，这个人就可以成为你的诤友。他可能是你们机构里的人（比如你们学校另一个部门的人），也可能来自另一个不同的机构。例如，你可能会在地区服务中心、大学或州教育部里找到一个了解多元文化教育并且可以在你的前进过程中提供一些反馈的人（比如开办讲习班或者教授多元文化教育课程的人）。

在你成为多元文化教育工作者的努力过程中，找到上述三种类型的人是很有帮助的。每一类人在你的成长过程中起着不同的作用。

2．充当伙伴

伙伴是一种特殊的关系，需要提前进行思考和规划。当你确定自己的信仰体系和目标时，你可以通过与同事对话找到你希望与之结为伙伴的人。考虑这个伙伴团体的范围。考虑到你的目标以及你所在环境里的教育工作者，你应该与其他一个人还是多个人结为伙伴？如果你认为多于两个人的合作团队可以实现良好的合作，一定要让团队的规模处于可控状态。超过三四个人的团队可能很难找到一致的工作时间以及共同的工作目标和方法。和你的伙伴共同确定合作参数，一个重要的参数是会面时间。寻找和确定工作时间常常是最大的挑战，可能会成为前进的阻碍。

练习11.2　以平等为目标、重视多样性的伙伴

练习设计具有多元文化特点的课程的一部分。确定这个项目的伙伴、盟友、诤友。将这部分内容包含在你的个体多元文化教育工作者行动规划文件组合中。

（1）确定与设计多元文化课程有关的一个具体的关注领域。

（2）你的具体目标是什么？

（3）为了开展这项工作，你需要哪些资源？

（4）为了实现目标，需要哪些步骤？

（5）你的团队拥有哪些支持？你如何获得更大的支持？

（6）你可能遇到哪些阻碍？如何降低这些阻碍？

（7）你怎样知道——你需要收集哪些数据来证明——这项工作能够起到作用？

扩展探索：合作

找到三篇讨论教师合作思想演进的不同文章。阅读文章，然后清晰地解释你所认为的研究和实践之间的重要差异和相同点。制作一张三列（每列一篇文章）两行（相同点和不同点）的表格，将你的发现填写在表格中合适的单元格里。准备与同事讨论你的发现。通过这些文章，你了解到了哪些重要知识？这对你自己的实践意味着什么？

作为伙伴小组，你们能为实现多元文化教育的目标采取哪些行动？

作为伙伴小组，你们能做什么？合作的主要目的就是解决问题。假设你和你的伙伴确定了一个目标，或者需要完成、更改或发起的工作。为了解决这个问题，你们可以首先进行共同学习。你和你和伙伴可能就是在参与关于某个多元文化教育问题的同一个讲习班、课程或者其他职业发展活动时认识的。所以，你们也许正在进行合作学习和研究，以巩固你们的多元文化教育知识基础。

伙伴小组可以采取的另一项行动是实践。通过学习，伙伴小组可能会确定他们想要掌握的一种看上去不错的实践、教学策略或技能。伙伴小组可以共同练习这种技能，分享各自的结果，并在这个过程中提供和接收反馈。教育工作者需要对一种技能进行多次练习，以便将其熟练掌握。伙伴小组可以在学习一种新技能以后立即参与实践，以免忘掉刚刚学到的知识。

伙伴小组也可以选择观摩和指导对方的工作，以便相互学习。当你们两个人共同练习实施新的教学策略或课程，以满足多元学习者的需要时，应该花时间走进对方的教室，看一看你们能从对方身上学到什么，想一想如何在这个过程中相互鼓励。乔伊斯和肖沃斯将这种关系定义为"指导"，将示范或教学的人称为"指导者"。观摩的人寻找新的方法，用于指导自己的实践。

伙伴小组也可以共同开发新的课程材料。你们可以从小处着手，设计一个或一组新课时，将多元文化概念融入其中，或者修改一个课程单元，使其融入具有多样性的视角。如果你们进行分工，你们每个人的努力都可以得到两倍的回报。

当你和你和伙伴采用新的教学实践和新的课程材料时，你可以研究这种做法对教与学过程的影响。你们的新型教学实践是否真的可以帮助每个学生实现更加有效、更加深入的学习？这是改善教与学的一个重要问题。为此，你和你的伙伴可以共同分析规划创新的合理使用以及使用这种创新的教学。当你设计一项对你自己的课堂上某种创新或干预的研究，以确定其影响时，你所设计的研究叫作行动研究。行动研究是由一个或一群教师设计或实施的、用于考察一个相关问题的研究。这些个体以可控方式收集数据，比如检查学生的工作或者对学生进行调查。然后，教师对这些数据进行总结，并与伙伴对其进行讨论。随后，教师会制定一些关于这种创新的决策，对他们的教学实践进行微调。

3．反思与问题

确定你在下列领域工作时能够充当：（1）伙伴；（2）盟友；（3）诤友的人，其中每个类别至少确定一个人。

（1）提高你对于自身文化的意识。

（2）建立多元文化教育工作者的知识基础。

（3）提高多元文化教育技能。

（4）制订和实施一项行动计划。

解释你在这个过程中选择这些人的理由。他们是不同的人吗？为什么？

四、使用数据检查你自己的实践

> **预先思考**
>
> 教育工作者正在日益意识到通过收集、总结和分析数据制定教与学决策的力量。你可能已经学习了收集和研究课堂数据的具体策略。在此基础上，思考在课堂上使用数据的重要性问题。
>
> 问题：
>
> （1）当你听到基于数据的决策时，你能想到什么？
>
> （2）你如何确定在课堂上使用哪些教学方法？
>
> （3）你认为哪些有效的方法可以用于收集数据，以检查你自己的实践？为什么？

当你努力采用新的教学实践和课程材料，以满足多元学习者的需要时，你可以制订计划，定期评估你的进展情况以及这些新方法对学生学习的影响。收集进展证据有利于你自己的思考，有利于你作为教育工作者的个人发展，也有利于与他人的分享（比如伙伴、同事和上级）。

如何轻松有效地收集数据？最有用的数据是对你在教育行业的个人发展有利的数据。当然，作为一名教师，你可以在你的课堂上收集关于学生进展情况的许多证据。自我评估具有许多形式，包括

- 细目；
- 日志和事例记录；
- 评估工具；
- 行动研究项目。

1．细目

你可以将细目想象成一个目录，上面列出了可能存在的项目。它通常包含一个项目清单以及一个用来表示具体项目是否存在的空间（通常用简单的"是"或"否"来表示）。对于自我评估，细目工具可以提供关于正在成长的多元文化教育工作者拥有或没有的技能、知识、方法和策略的"基准"信息。

正在成长的多元文化教育工作者也可以定期检查自己改进课程、教学和评估的进展情况。练习11.3给出了这三个领域的自我评估检查表。根据你的自我评估，勾选"是"或"否"。

正在为成为多元文化教育工作者的目标而努力的教育工作者也可以定期检查自己在行动计划上的表现。练习11.4的个体多元文化教育工作者行动规划实施进展细目可以用于这个目的。

练习11.3 我的多元文化课堂		
课　程		
是	否	我拥有将多元文化教育模型融入课程中的清醒意识。
是	否	我的课程与地方标准、州标准和国家标准存在联系。
是	否	我的课堂明显承认和支持多样性,既关注我们的相同点,也关注我们的不同点。
是	否	我所使用的课程代表了具有多样性的视角。
是	否	各种文化群体、女生和男生、女同性恋、男同性恋、双性恋、跨性别和性别存疑学生在课程中得到了平等的代表。
是	否	课本和其他教学材料具有多元文化特点。
是	否	学生可以迅速而轻松地在课程中找到通过历史和现代视角反映其文化的积极榜样。
是	否	除了课本,我还会使用文献、历史记录、档案材料以及其他具有真实性的资源。
是	否	在我的课程中,图书馆或媒体中心的服务和支持是一个重要的组成部分。
教　学		
是	否	我对所有学生抱有较高期望。
是	否	我使用多种教学策略。
是	否	我知道我的学生具有各种学习风格。
是	否	我使用文化敏感性教学策略。
是	否	我将学生的经历融入课时中。
是	否	我采用来自各种文化的例子、经历和视角。
是	否	我使用合作式学习。
是	否	我鼓励批判性思考。
是	否	我将技术融入了课堂上。
是	否	教师的助手被尊敬地视作教学伙伴。
是	否	我在我的课堂上使用家长和社区成员的帮助。
是	否	我尊重学生的第一语言。

		教　学
是	否	对学生行为和错误行为后果的期望是平等的。
是	否	我鼓励学生之间的积极互动，确保所有人有机会相互合作。
是	否	我示范对多样性的支持和尊重。
是	否	我对基于种族、族群、出身国、性取向和其他受保护类别的歧视采取零容忍政策。
		评　估
是	否	我使用多种无偏评估形式。
是	否	在测试中，我会考虑到学生的学习风格。
是	否	我确保我的学生理解我对他们在评估中的期望。
是	否	学生参与自我评估。
是	否	我对我所使用的测试进行了检查，以确保它们没有偏向性。
是	否	我所使用的测试考虑到了多元视角。
是	否	对于英语学习者，我会尽量用他们的母语测试。

练习11.4　个体多元文化教育工作者行动规划实施进展细目

是	否	（1）我制订了深入了解其他文化的计划。
是	否	（2）我非常清楚多元文化教育的常见阻碍及其解决办法。
是	否	（3）我非常清楚我在多元文化教育方面可能遇到阻力以及能够获得支持的一些领域。
是	否	（4）对于多元文化课堂的具体形式，我制订了一项计划。
是	否	（5）我知道自己需要进一步接受教育的多样性领域或知识基础。
是	否	（6）我制订了定期反思自己的多元文化教育实践的计划。
是	否	（7）在成为多元文化教育工作者的旅程上，我为自己制定了明年的目标。
是	否	（8）我确定了职业发展需要和策略。
是	否	（9）我拥有一项获取和使用学生数据的计划。
是	否	（10）我知道在这项工作上我应该和谁合作。

2．日志和事例记录

教育工作者在每天的工作过程中会进行多次反思，对他们的活动进行思考，但是这种反思具有碎片化的特点。如果你真的希望改进你的教学，成为有效的多元文化教育工作者，你应该坚持将你的思考记录下来。这种做法主要有以下几个原因：（1）你可以回顾你写下的内容，在你的评论中寻找模式或主题；（2）这种写作训练可以促使你思考自己的优势和劣势领域；（3）写作可以帮助你更加深入地思考你所面对的领域。基林认为，日志是一种强大的职业发展工具，可以"供学习者记录观点，尝试各种视角，分析他们的实践，解释他们对主题的理解，保存记录，做出评论，或者重构经历"。

最常见的反思写作形式是记日志或工作记录。越来越多的教师将他们的反思记录在计算机上，他们在计算机上建立简单的框架或表格，表格上包含许多列（比如日期、活动、活动希望帮助的孩子，结果，关于教与学的反思）。只有当教师以比较高的频率（至少每周几次）记录这种信息时，这种方法才能起到最佳效果。更加频繁地记录比较短的思考通常比不太频繁地记录比较长的思考更加容易。如果你无法养成经常将思考记录下来的习惯，那么你可能会忘记关于教与学经历的重要细节。

3．评估工具

评估工具在目的上与细目类似，但它是一种对自我评估进行微调的途径。教育工作者可以用评估工具评估自己掌握或使用某种技能、行为、方法或策略的质量或程度。通常，这意味着在某个范围内评分。你也可以评估自己对于具体的多元文化教育知识领域的掌握情况。

4．行动研究

行动研究是由那些希望改进自身实践并对其进行更好的理解的从业者进行的。行动研究是一种系统性的方法，用于评估教育决策的结果和调整实践。它可以用于选择和评估替代性教育方法。行动研究的目的是使孩子实现最佳学习效果。对于教育工作者来说，行动研究是一种非常有用的方法，可以用于分辨哪些策略对不同学习者更加有效。数据收集和分析是行动研究过程的一部分，它可以帮助教育工作者制定基于数据的关于教与学的决策。

行动研究通常包括5个阶段。

阶段1：聚焦。教师确定他所关注的教与学的一个领域。如果教师想成为更加有效的多元文化教育工作者，这种研究可以关注教师正在使用的课程形式或教学策略。教师可能正在考虑这种形式或策略对多元学习者的影响。这种关注领域的例子包括面向多元学习者使用多元智能或者基于表现的评估。在聚焦阶段，教师提出一个与关注领域相关的问题。这个问题将成为研究的基础。

阶段2：计划。教师制定通过各种方法从各种来源（比如学生、其他教师、职员、家长和社区成员）收集数据的计划。教师可以收集关于教学方法或课程策略在一段时间里的"影响"的数据。教师还可以收集与方法或策略的"实施"（*implementation*）［通常被称为"干预"（*intervention*）］有关的信息或数据。数据收集方法可能包括检查学生在一段时间里的具体表现、采访、调查或问卷、焦点小组会议、测试分数、学校记录（比如行为推荐、停学、出勤率）以及其他信息来源。在这个计划阶段，教师收集各种研究对象的数据。例如，如果教师想知道某种干预对于多元学生群体的效果如何，他可以对各种学生群体进行"采样"。

阶段3：实施。在阶段3，教师实施行动研究计划。

阶段4：组织和分析数据。在这个时候，教师需要理解数据的意义。这个阶段需要确定反应频率，也可能需要执行一些简单的统计程序，比如确定均值、中值和反应模式集合。

阶段5：汇报、决策和采取行动。教师可以与同事或上级分享研究结果。不过，这个阶段最重要的活动之一是制定关于教学策略或课程形式的某种决策。根据数据，这种策略或形式对于多元学生学习者是否具有理想的效果？如果不是，教师可以怎样调整实践？在制定这项决策以后，教师可以在某个方向上采取行动。至此，行动研究周期回到了原点。

> **扩展探索：行动研究**
>
> 行动研究可以在个体、团队或学校层面进行。找到至少一篇描述如何在学校开展行动研究的文章。试着确定开展行动研究项目的优势和挑战。你为什么选择使用或不使用这种职业发展策略？你会在怎样的背景下使用它（比如在个体、团队或者学校层面使用）？

5．反思与问题

考虑你使用过一段时间并且对其在学生学习方面造成的结果感到好奇的一个具体的课程或教学策略。

（1）考虑你对于这个课程或教学策略想要研究的一个具体问题。

（2）确定能让你了解与多元文化教育相关的问题或目标的基于学校的数据来源。

（3）确定三种数据收集方法，指出你使用这些方法（采访、调查、焦点小组、文档、观察、事例评论、日志记录等）收集与你的研究问题有关的数据的时间和方式。

五、关注你自己的职业发展

1．职业发展选项

教师的持续学习有两个主要原因：（1）为了掌握有效应对多元学习者的多种技能和策略；（2）为了能够对自己的教学方法进行修改，以适应学习者不断变化的需要。过去的学生人口更加均匀，仅仅掌握有限的课程开发和教学策略也许是一种可以接受的做法。不过，在我们当前和未来的环境中，学习者的需求存在巨大的差异。教育工作者必须了解和掌握各种策略。显然，为了适应这些不断变化的需要，支持所有学习者取得好成绩，教师需要不断进行个人的职业发展。

> **预先思考**
>
> 如何提高自己作为多元文化教育工作者的能力？解决这个问题的一个好办法就是花时间思考你所偏爱的学习方式。
>
> 问题：
> （1）当你实现对某件事情的深入学习时，你的主要学习策略是什么？
> （2）你如何利用这些策略制订一项计划，以扩展你作为多元文化教育工作者的理解和技能？
> （3）描述你解决问题的过程。
> （4）描述你将思考融入解决问题过程中的方式。你什么时候花时间进行思考？你是否使用某种记录程序？为什么？

幸运的是，关于有用的职业发展的组成部分，我们有大量信息可以使用。好消息是，有效的职业发展可以具有多种形式，远远超出了传统讲习班和培训形式的范围。哪些职业发展形式尤其适用于多元文化教育工作者呢？当教育工作者在工作期间获得持续的学习机会时，这种职业发展是最有效的。

一种特别有效的职业发展形式是教师参与到专业学习社区（PLC）中。在这种社区中，教师有机会以正规方式聚集在一起，进行相互学习。1997年，雪利·霍德根据大量备受尊重的研究人员和学者的工作，提出了"专业学习社区"这一术语，并且描述了这种社区的5个主要特点。具体地说，专业学习社区的成员（1）以相互支持的形式共同领导社区；（2）共享价值观和目标；（3）参与共同学习和应用；（4）分享个人实践；（5）能够获得支持性条件。

讲习班也许是最有可能得到大多数人认可的职业发展形式。如果讲习班对学员进行跟进，并且支持学员将他们学到的东西付诸实践，那么这种讲习班可以成为一种有用的职业发展工具。比较好的讲习班设计一定会提供知识、演示和实践机会。如果教师相互之间进行同行咨询，那么他们更容易将这种知识转化为实践。

同行咨询指的是两个或多个同事定期聚在一起，就他们共同关心的某个领域提供和接收反馈。教师可以通过同行讨论共同设计课程。他们也可以相互观摩并提供反馈。例如，两个同事可以在一年的时间里就某个重要思想或概念（比如同化）设计多元文化课时规划。这些同行也可以聚在一起学习如何检查学生的工作。

最后，希望推进自身职业发展的教师还可以考虑其他途径，包括参与拥有多元文化教育议题或特点的职业机构。类似地，他们还可以考虑与致力于同一主题（比如多元文化教育，性别与教育，教与学中的多元智能）、拥有共同目标观念的教育工作者结成网络。在上述任何一种情况中，你可以找机会参与能够直接转化成你的个人实践的有意义的活动。我们推荐你加入美国多元文化教育协会（NAME）。这是一个强大的职业机构，创建于1990年，以实现教育平等为目标。加入该协会以后，你将有机会通过在线资源、出版物和年度会议与志同道合的教育工作者结成网络。

2．提高你作为反思型实践者的技能

一旦你决定努力成为多元文化教育工作者，你就有事情做了。不管你是新入职的教师还是有经验的教师，你都须要在这个过程中反思你的价值观和信仰、你的知识和理解、你的技能和行为。成为具有反思习惯的多元文化教育工作者意味着定期花时间思考你自己的优势、劣势、短期目标和长期目标。成为多元文化教育工作者意味着学习和参与反思过程。

什么是反思性实践？约翰•杜威几十年前描述了反思性思考的重要性。他认为这种思考涉及（1）导致思考的一种困惑状态或思想难题；以及（2）寻找材料应对或处理这种困惑的行为。反思性实践是一种解决问题和进行自我评估的系统方法。它意味着一个人花时间深入思考自己作为教育工作者的行为、采取这些行为的原因、自己在专业上的优势和劣势领域以及自我改进目标。

塔格特和威尔逊指出，反思性思考有三个层次。首先是最基本的技术层次。在这个层次上，教育工作者仅仅描述事件和活动，对于原因和理由不作过多考虑。其次是背景层次，是一种更加深刻的反思。在这个层次上，教育工作者试图解释具体方法的使用、制定某些决策的原因或者背景因素（比如学生的需求或可用的资源）对结果的影响。最后是辩证层次，是最深刻的反思实践。在这个层次上，教育工作者对其自身教学涉及的道德和伦理问题进行反思，并且考虑决策的影响。

为什么反思性实践对多元文化教育工作者尤其重要呢？当教育工作者通过扩展自我意识发现关于自己的新信息时，他们也发现了自己和学生之间巨大而重要的差异。要想具有文化能力，教师不需要深入了解所有文化的所有方面。不过，他们需要了解如何向学习者学习——如何了解学生及其文化背景。里根等人指出，对具体教学策略进行选择的理由在于

教师不能仅仅依赖本能或者事先确定的一组技巧……换句话说，教师必须对自己的实践进行反思……良好的教学……需要在反思的基础上有意识地制定合理的决策。

据估计，在正常的工作日，一名教师需要制定数百项同教与学过程有关的决策。因此，教师常常表示，他们没有时间深入反思或研究自己的信仰体系。不过，教师在制定这些决策时需要依靠一组特定的信仰、价值观、预期、经历和人生历程，他们的决策可能会忽视学生的信仰、价值观和人生历程，或者与之产生矛盾或冲突。从这个角度看，反思性实践是至关重要的。

反思性实践涉及哪些活动类型呢？塔格特和威尔逊指出，反思性思考或实践可以通过各种活动（行动研究、案例研究和观察）完成。最常用、使用最广泛的活动是写

日志。库泽斯和波斯纳支持使用对话日志,在这种日志中,一个人记录关于事件和活动的信息,并且接收指导者或相关同事的定期书面反馈,或者与其进行讨论。库泽斯和波斯纳解释说,对话日志可以包含关于一起事件的详细信息(日期,参与人员,情况解释)以及对于事件的分析(结合背景,解释自己学到了什么)。

3. 反思与问题

(1)描述你希望扩展知识和技能的三个与多元文化教育有关的具体领域。然后,思考如何在这些领域实现你的个人职业发展。

(2)描述你认为非常困难、需要使用解决问题技能的、与多元文化教育有关的一个具体问题。你如何通过或不通过反思解决这个问题?

六、多元文化教育领域人物介绍:珍妮·奥克斯

珍妮·奥克斯博士是福特基金会教育公平和奖学金计划主任。她曾在2015年到2016年担任美国教育研究协会(AERA)主席。奥克斯也是加州大学洛杉矶分校(UCLA)教育公平名誉首席教授,她在这所学校创建了民主教育机会研究所、加州大学多样性研究全体校园联盟以及X中心的内城教师教育计划。

奥克斯在学术上考察了社会政策对低收入有肤色学生所受教育的影响,研究了关注平等的改革。她的《分轨:学校如何构造了不平等》(*Keeping Track: How Schools Structure Inequality*)被称为20世纪"最有影响力"的教育著作之一,《成为优秀的美国学校:教育改革中的公民道德斗争》(*Becoming Good American Schools: The Struggle for Civil Virtue in Education Reform*)获得了美国教育研究协会的优秀图书奖。

奥克斯曾在公立学校做过7年的英语教师。后来,她在1980年获得了加州大学洛杉矶分校教育学博士。之后,她曾在兰德公司担任高级社会科学家。

奥克斯博士写了4本书、几篇研究专著以及几十篇学术和专业文章。她的写作和研究以美国学校资源和学习机会分配的不平等以及关注平等的改革进展为目标。她的许多研究考察了学校根据能力将学生分成不同等级和群体的做法对低收入学生和有肤色学生课堂经历的影响,这些学生中的大多数人被认为学习能力"很低",或者学习速度"很慢"。这项工作在目前仍然非常流行的《成为优秀的美国学校:教育改革中的公民道德斗争》中得到了记录。

奥克斯博士曾担任美国科学院国家标准和评估委员会成员以及美国教育部顾问和报告作者。1993年以来,珍妮·奥克斯曾在三起联邦学校废除种族隔离案件中担任专家证人,这三起案件分别位于伊利诺伊州罗克福德、加利福尼亚州圣何塞以及特拉华州

威明顿。在这些案件中,她证明了分轨和能力分组对于校内种族隔离的促进作用以及这种做法对学生机会(比如课程内容、教学资源和策略、教学过程)以及学生成绩的影响。

珍妮•奥克斯、马丁•李普顿、劳伦•安德森和杰米•斯蒂尔曼是已经出到第四版的《教育改变世界》(*Teaching to Change the World*)的共同作者。

笔者:您认为您对多元文化教育领域最重要的贡献是什么?

奥克斯博士:如果我的工作被视为对多元文化教育领域的贡献,我将感到十分荣幸。在我的职业生涯中,我一直在研究看上去具有"种族中立性"和"文化中立性"的教育政策是如何在现实中减少有肤色学生(尤其是既有肤色又贫困的学生)在学校和人生中的机会的。我最为自豪的工作是帮助教育工作者和政策制定者认识到,我们关于学习能力所持有的根深蒂固的观念存在巨大的缺陷,这种观念以及我们在学校实施这种观念的方式与种族和文化存在紧密联系。因此,能力分组和分轨等做法对于低级组别学生的期望、学习机会、结果乃至社会和经济状况都会产生负面影响。我们经常发现非裔美国年轻人、拉丁裔年轻人以及其他群体被我们的文化工具(比如测试)贬低为"能力不高"的学生,他们集中在一些教室里,接受的教育比别人少,学到的知识也比别人少。这种状况不能被视作符合事实的公平结果,不应该得到容忍。

笔者:关于为什么应当成为多元文化教育工作者这一问题,您认为最能说服职前教师的观点是什么?

奥克斯博士:今天,美国学校的年轻人具有很高的多样性。同之前两代人相比,目前的情况发生了极大的改变。在20世纪50年代,美国公立学校绝大多数学生都是出生在美国的白人,都会说英语。如今,这样的日子早已一去不复返了。多元文化是一个事实,是我们国家的一个基本特点。它不能被简化成一节课、一门课程、一种教学方式甚至一种理念。不管我们是否倾听课堂上具有多样性的声音、视角和语言,它们都在那里;它们不会被压制下去,也不会被同化。多元文化教育工作者将学生之中巨大的多样性看作一种资产;遗憾的是,其他人并不这样认为。多元文化教师努力构建某种完整而精彩的东西,将不同个体和群体联系在一起,其他人不会这样做。通过这种方式,多元文化教育工作者站在了这场斗争的中心,努力为所有人提供自由平等的教育,确保这个国家拥有民主的未来。

留给读者的后续问题:

自从奥克斯博士1985年出版《分轨:学校如何构造了不平等》一书以来,人们发现,学校消除分轨的能力出现了一些进步。调查你所熟悉的学校采取的分轨实践。分轨或消除分轨对于多元学习者的成绩有哪些影响?要想做出进一步的改进,需要面对哪些重大挑战?

七、案例研究：究竟如何开始：从"以教师为中心"转变成"以学生为中心"

案例中需要探索的重要问题

①作为所有学习者的有效教师，对于你想做到的事情拥有清晰的愿景或目标的重要性。

②教师如何设计将学生放在第一位的学习过程。

③教师思考自己作为多元文化教育工作者的能力时数据起到的重要作用。

④教师如何制订以"成为多元文化教育工作者"为目标的持续职业发展计划

在12月一个飘雪的夜晚，在从学校开车回家的路上，安迪突然产生了离开自己高中教学岗位的想法。对他来说，这是一个非常痛苦的时刻，因为他非常喜爱自己所教授的历史科目，而且总是梦想着将这个科目的乐趣传递给年轻人。当他进入目前的教学岗位时，他非常激动。布鲁克菲尔德高中是一所中等规模的学校，位于靠近主要都市区的一个大型郊区。近年来，这个社区的人口多样性变得日益丰富。当其他教师谈论人口结构变化时，安迪一直抱着这样的想法：不管面对什么样的学生，他的职责都是教授历史。

安迪第一学年的教学过程并不顺利。现在，他已经进入了第二个学年。他觉得自己将知识传授给学生的能力正在取得进步。他非常努力地熟悉教材，设计衡量重要知识的学生测试，准备将重要事实串联起来的讲稿。许多学生投入了学习之中，在测试中表现得很好，至于其他人……安迪认为他们没有付出足够的努力，需要端正自己的态度。实际上，他在内心深处认为这些学生永远也无法取得很好的表现。

在第一年的教学中，校长斯奈德先生曾对他进行过几次观摩。斯奈德先生一直在鼓励安迪，没有对他进行过多的干扰。毕竟，斯奈德马上就要退休了，他觉得要想在这个岗位上站稳脚跟，安迪还需要一些时间。到了第二年，新校长斯威策博士对他进行了第二轮课堂观摩。斯威策博士之前在一所深受欢迎的多元文化学校担任校长，这所学校关注个体学生，并将文化知识融合到了学科之中，因此受到了称赞。安迪为第一次观摩做了大量准备工作，设计了一份讲稿，他觉得这是他设计过的最精彩的讲稿之一。在斯威策博士第二次观摩时，他再次准备了精彩的讲稿，而且请班上最优秀、最聪明的一些学生对一些知识点进行了解释。这次观摩结束时，斯威策博士和安迪约定了一个见面时间，以讨论安迪的表现。

到了约定的时间，安迪满怀期待地走进会议室。他完全没有想到，斯威策博士为他总结了她在观摩期间收集的数据。根据这些数据，安迪似乎主要使用了一种教学策略（讲课），喜欢找白人男生回答问题，而且似乎没有使用使教材贴近学生生活的策略。斯威策博士对观摩进行了总结，认为安迪的课堂似乎明显具有"以教师为中心"的特点，没有做到以学生为中心。安迪使用的教学策略并不多；他明显没有能力将教学内容与学生联系起来，使他们获得更好的理解；而且，他显然没有对所有学生持有较高期望。对于这些问题，斯威策感到很担心。安迪几乎崩溃了。在这场谈话的最后，斯威策博士说，她想让他制订一项计划，指出自己将如何学习以学生为中心的做法，如何努力成为多元文化教育工作者。

斯威策博士走后，安迪把材料收集在一起，关掉电灯，走出学校，坐上车子。在回家的路上，他对这次会议进行了反思，认为自己也许真的没有尽最大的努力帮助学生。他回想起了一些关于多元文化教育的大学课程，开始努力思考如何制订和实施一项成为多元文化教育工作者的计划。他一边开车，一边思考接下来应该采取哪些步骤。

问题讨论

①这个案例中的主要问题是什么？
②如果让你为安迪提供同行咨询，你会指导安迪采取哪些最重要的步骤？
③长期来看，在这个环境中，为了成为多元文化教育工作者，安迪的行动计划应该包含哪些内容？
④为了解决自己的具体问题，除了你这个同行顾问，安迪还应该向谁寻求帮助？为什么？
⑤学校领导者在多元文化教育工作者的职业发展方面起着怎样的重要作用？

八、本章应用与练习

个人

制订一份个体多元文化教育工作者行动计划组合。将涉及本章各项学习目标的条目包含在你的计划组合中。首先在至少两个领域采取行动。

（1）在你作为教育工作者的职业发展过程中，你已经开始培养或收集了其中的哪些组成部分？

（2）你认为哪些组成部分特别有价值？为什么？

（3）你会把哪些组成部分添加到你的行动计划中？添加这些条目的理由是什么？

小组

（1）制定一个关于行动研究项目的提案，用于研究多元文化教育在你的自身实践中的某项应用。

（2）和其他至少三个感兴趣的个体组成一个探索学习小组。讨论你们都非常感兴趣的多元文化教育的某个层面。通过探索小组的形式对你们所选择的这个层面进行进一步研究。对你们的研究进行总结，将其展示给一群同事或同学。

（3）准备采访你们学区或地区一位以"身为具有文化敏感性和文化责任感的多元文化教育工作者"著称的教师。提前准备问题。总结你的发现并将其呈现给你的同事。

自我评估

打开日志，思考并回答下列问题：

（1）你如何系统性地学习关于每个学生的重要信息？你希望学习哪些信息类别？

（2）选择一个内容领域，思考如何将学生信息融入你在这个内容领域的教学中。

（3）你认为教学是否需要以学生为中心？为什么？考虑到学生现在的多样性，为什么一间教室以教师或学生为中心的程度特别重要？

九、本章提到的资源

下列网站也许可以通过非常有用的方式支持你作为文化敏感性教育工作者的职业发展。

AllThingsPLC

http://www.allthingsplc.info

这个网站的创建目的是为那些致力于提高学生成绩的教育工作者和管理者提供客观的合作式资源。专业教学人员可以在这里对于教师每天在课堂上面对的问题分享知识、提出问题和获得专业见解。

安能伯格学校改革研究所

http://annenberginstitute.org

布朗大学安能伯格学校改革研究所深入研究了全面改善学生（尤其是英语学习者和具有低收入背景的学生）教育经历和机会的遍布全国的内城学校系统。作为一项综合改革计划的一部分，该研究所支持和鼓励将专业学习社区作为有效职业发展的核心元素。

ASCD（前身为监管与课程开发协会）

http://www.ascd.org

ASCD创建于1943年，是一家教育领导机构，致力于推进最有利于每个学习者取得成功的实践和政策。

EdChange

http://www.edchange.org

EdChange是一个由有热情、有经验、有声望的教育工作者组成的团队，致力于平等、多样性、多元文化和社会公平。我们根据这种共同目标走到了一起，共同开发有利于我们自身、我们的学校以及我们的社会取得进步的资源、讲习班和项目。我们提供基于"学校和社区环境下的平等和社会公平"的各种项目和资源、讲习班和咨询服务以及学术知识。

福沃德学习（前身为美国职工发展委员会）

http://www.learningforward.org

"福沃德学习"是专注于通过更加有效的职业学习提高学生成绩的正在学习的教育工作者组成的一个国际成员协会。该协会的目标是确保每个教育工作者每天参与到有效的职业学习中，以便使每个学生取得好成绩。

美国多元文化教育协会

http://nameorg.org

美国多元文化教育协会是一个非营利组织，通过多元文化教育推动和倡导平等和社会公平。该组织的目标是通过提供学习机会推进多元文化教育、平等和社会公平；通过倡议、意见书、政策声明和其他策略主动重构公众辩论，影响现有政策和新政策，以推进社会平等、政治平等、经济平等和教育平等；充当关于教育平等和社会公平的优秀数字资源交流中心。

第十二章 在学校层面支持多元学习者

在本章,我们将关注教师帮助学校转向多元文化教育的4个学习目标。当你阅读和研究这个领域时,请假设你现在或者在不远的将来处在教师领导者的位置上。多元学生的健康成长掌握在你的手上!

案例研究:双城记

琼在一所几乎完全由富裕的白人学生组成的郊区学校里当了十几年教师。这是她的第一个教学岗位,她热爱这个学校系统和这个小镇。琼小时候在一个类似的社区里长大。不过,她感觉自己的个人生活和教育生涯似乎少了点什么。她的学生拥有最有利的生活条件——良好的家庭、最新式的服装、计算机、夏令营、假期去天堂般的岛屿游玩,很有可能进入大学的前景。不过她知道,其他一些学校的教师和学生无法生活在"美国梦"里。

玛丽在一所几乎完全由非裔和拉丁裔美国学生组成的贫穷的内城学校里担任8年级科学教师。每天的教学都很艰难。她所使用的科学课本与她8年前刚开始教学时使用的课本是一样的。这些课本已经使用了20年时间。她负责8年级4个班的科学课程,但是她的课本只够一个班级使用。她只能让学生在轮换教室时把课本留下来,供下一个班级使用;由于书本的稀缺,学生无法将其带回家进行学习。由于长期的预算危机,她无法获得任何科学仪器预算。她只有的少量教学材料,有的是郊区学校淘汰下来的,有的是用廉价日用品制作的,有的是家长拼命攒钱买下来送给她的,有的是慈善机构赠给她的,有的是她自己花钱买的。由于这些原因,虽然学生的学习热情很高,但他们接受的教育却很差,这使他们进入大学、获得好工作的机会受到了影响。她的学生过着完全不同的生活。

琼和玛丽有幸参加了一个讲习班。一天,她们在讲习班上相遇了。她们开始分享自己的工作和学校的事情。由此,她们意识到,两个人的处境存在巨大的反差。她们主要担心的一个问题是种族隔离。她们立下誓言,不管能否获得资助,她们都将对此采取一些行动。她们结成了一对一教师交流小组。不过,她们自然而然地产生了疑问：这种重要的活动为什么要由个体教师来开展呢？两个人都在考虑一个重要的问题：如果学校里的所有人都参与到成为多元文化学校的努力中，他们会得到什么结果呢？

你对这个案例的看法

①这个案例展示了两所学校的哪些文化？

②资金支持的有无是这个案例的唯一或首要问题吗？

③作为了解多元文化教育的教师领导者，如果你想发起一场学校改进运动，以推动两所学校的发展，你会督促学校采取哪些具体步骤？

一、学校层面的行动规划

预先思考

作为一个希望成为多元文化教育工作者的个体，你当然可以在课堂层面上做出重大的改变。不过，学校层面也必须采取以多元文化教育为目标的行动。考虑在学校层面上采取行动所需要的重要技能。

问题：

（1）学校层面的多元文化教育计划和个体教师实施的计划有哪些相对优势？

（2）为什么一所学校不在全校范围内实施多元文化教育？

（3）为了成为多元文化学校，你认为一所学校必须采取哪些最重要的步骤？

（4）你如何评价一所学校是否拥有多元文化课程？列举一些重要元素。

如图12.1所示，多元文化教育行动规划的实施不仅需要发生在个体层面，也需要发生在学校层面。我们在第十一章讨论了个体层面的行动规划。在本章，我们关注教师对全校行动规划的参与。当教育工作者同时在两个层面努力时，他们可以对教与学做出改变，使所有孩子受益。在考虑学校层面的行动规划时，有一些地方需要特别关注，比如学校文化、学校改进方式、教师在成为多元文化教育工作者的过程中可以获得的支持。

杰尼瓦·盖伊对多元文化教育领域的研究进行了总结，认为多元文化教育的实施必须包含4个特点。有效的多元文化教育必须1．是整个学校的改革工作；2．覆盖所有年级的所有学生和所有学科；3．让学生有机会获得关于多元人群的知识，培养文化多元主义所需要的社会行动技能，检查思想倾向；4．让学生有机会认识和赞美多样性，将其作为人类生活的一个基本事实。考虑到盖伊的结论，多元文化教育的实施显然不应该仅仅成为少数感兴趣的教师的工作。它必须被视作学校的改革工作，并且必须得到每个人的参与。

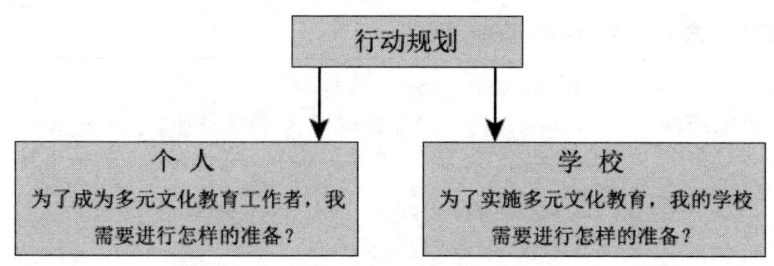

图12.1　个人和学校层面的行动规划

1．行动规划

幸运的是，近年来，美国涌现出了越来越多关于学校改进或学校改革的、可以用于实施多元文化教育的研究和著作。施莫克认为，有效的学校改进工作首先是由结果驱动的。教育工作者必须明确他们需要采取的行动，选择合适的干预方法，然后研究这种干预对学生成绩的影响并做出相应调整。由结果驱动的、支持多元学习者的全校行动计划意味着对于学生的成绩设置具体目标，使用多元文化课程以及具有多样性的教学和评估策略实现这些目标，衡量这些策略的影响，然后做出必要的调整。

根据施莫克的观点，下面的方法似乎可以对学校改进工作的成功产生影响：

（1）使用团队合作策略推动学校的改进。

（2）设置可以测量的改进目标。

（3）收集和使用表现数据，以确定进展情况。

在学校改进计划中，这3种行动可以被适当地应用于多元文化教育的实施。在学校改进过程中，教育工作者的小组合作是实施多元文化教育的一个重要元素。这些小组可以按照年级或学科进行设置，也可以跨越不同的学科。在小组里，教育工作者共同确定某些学生需要解决的学习需求。在许多情况下，教师可以聚在一起，获得一种有效的专业学习机会，叫作"专业学习社区"，简称PLC（参照第十一章的讨论）。在如今的许多学校里，专业学习社区里的教师可以聚集在一起，讨论数据，设置改进目标，提出能够提高学生成绩水平的教与学策略并监督这种策略的实施。

在本书中，我们将提供一个将多元文化教育和学校改进规划文献中的重要成分结合在一起的行动计划程序。表12.1展示了我们提供的程序。步骤1、步骤2和步骤3主要涉及评估学校文化以及学校转向多元文化教育的意愿。步骤4到步骤8体现了人们所发现的对于连续学校改进规划具有重要作用的步骤。每个步骤对于全校行动规划的创建和实施具有重要作用，本章下面几节将对每个步骤进行进一步的讨论。

表12.1　全校多元文化教育行动计划的组成部分

评估文化和改变的意愿	1. 明确重要的学校价值观和信仰。 2. 创建关于具有文化敏感性和文化责任感的学校的共同愿景。 3. 创建合作、团队协作和共同制定决策的文化。
学校改进工作	4. 收集、分析和讨论基准数据，确定需求。 5. 确定可以测量的目标。 6. 确定和实施有希望的、基于研究的实践或具体干预。 7. 实施和监督干预对学生表现的影响。 8. 根据需要调整计划。
支持教师成长	9. 提供和参与持续的在职职业发展。

2．反思与问题

考虑表12.1展示的全校多元文化教育行动计划的重要组成部分。

（1）分析各步骤的顺序。你会把各步骤排列成表中的顺序吗？为什么？

（2）这些步骤被分成了三个领域：与学校改进文化有关的步骤、与学校改进工作有关的步骤、对教师的支持。全校行动的实施还有其他重要组成部分吗？想出至少两个部分并解释你的理由。

（3）进行文献检索，查找当前关于学校改进的研究和信息。将你的发现总结成一份两页纸的简要陈述。在你的总结中，描述如何将你的发现应用于全校多元文化教育行动计划的制订。

二、学校文化和改变的意愿

1．学校文化：一组共享的价值观和信仰

人类文化是为具有共同身份的个体提供行动指导的一组价值观、理想、信仰、经历、社区风格、语言表达形式、历史和行为标准。学校文化与人类文化拥有许多相同元素，包括共同持有的信仰、价值观、规范、经历和历史。学校文化提供了学习的社会背景——教师和学生用于理解对方行为的观念和期望。机构文化或学校文化是定义这个机构的一组共享的信仰、规范、价值观、行为期望、习惯、态度和风俗。这些信仰和价值观等可以通过某种公开文件得到规范，但在更多时候，它们不具有书面形式，而是存在于人们的头脑之中。文化濡化是一种文化（在这里是一所学校）所倡导的价值观和行为模式的传递。

格利克曼、戈登和罗斯-戈登强调了关注学校文化的重要意义，他们是这样说的：

"当我们掌握了我们所在的学校作为工作环境的内在价值时，我们可以有意识地努力对这个机构进行改造，使每个人产生方向感，相信学校的存在目的是为了学生、学习和改进，而不是褊狭、自我保护和自满。"

关于学习、教学、教育目的、差异甚至领导工作的共同观念是学校文化的一个组成部分。

要想推动学校实现多元文化教育，对学校文化的理解是非常重要的，原因主要有3点。首先，与代表一般规范的学生或教师具有不同文化身份的学生在学校生活中常常会产生被疏远和不受重视的感觉。正像前面各章讨论的那样，学生会把具有多样性的文化背景带到学校。这些学生能否感受到他们的差异得到了理解和重视，并且被融入了教与学过程中？现实中常常没有唯一正确的工作方法，有的只是不同的方法，这是向多元文化教育迈进的一个重要指导信仰。例如，为所有学生提供教育的唯一正确方法是不存在的。每个人必须看到差异的价值。

> **预先思考**
>
> 机构文化或学校文化是在这个具体环境中指导人们行为的一组显性和隐性的标准或期望。考虑你曾待过很长一段时间的一个教育环境。
>
> 问题：
> （1）描述被视为可接受的（或者正常的）和理想的至少5种学生行为。这些行为反映了学校的哪些文化？
> （2）列出你认为大多数教师持有的5种关于学习的观念。这些观念是如何传达的？
> （3）描述这个环境中的3个学生"榜样"。为什么他们被视为榜样？
> （4）根据你对上述问题的回答，尽可能具体地描述这所学校的文化。哪些学生看上去"不合群"？
> （5）如果你是一所学校的新校长，关于你营造积极学校文化的愿望，你想向教员、学生和家长传达哪3条最重要的信息？

其次，教师对于多样性和学校改进可能拥有不同的想法。一些人可能认为文化不会影响教与学过程。其他人可能试图"改变整个系统"，并且可能受到其他人的怀疑。我们必须培养一种重视多样性，重视将多元文化教育积极融入教与学过程中的文化。

最后，对于学校文化固有的价值观、规范和信仰的理解可以在很大程度上支持新的计划，比如多元文化教育。学校文化是否重视通过合作和团队协作支持学生取得好成绩？社区成员是否倾向于在孤立状态下工作？同事之间是否拥有合作氛围？冒险行为能否得到认可和赞美？社区成员是否重视共同决策和基于数据的决策？重要决策是否由一位管理者制定？在练习12.1中，考虑你所熟悉的一所学校，对其文化进行分析。

关于有效学校的研究明确强调了在学校改进过程中关注学校文化的重要意义。勒佐特和雅各比概括了目前被视作有用和有益的有效学校的9个因素。有效学校（1）拥有反映共同价值观的富有成效的学校氛围和文化；（2）关注学生对核心学习技能的掌握；（3）拥有对学生进展情况的合适的监督方式；（4）拥有以实践为导向的员工在校发展计划；（5）拥有杰出的领导；（6）能够得到家长的积极参与；（7）拥有有效的教学和组织安排；（8）对所有学生拥有可以实现的较高期望和要求；（9）拥有多元文化教学和敏感性。有效学校研究对全校多元文化教育行动规划具有重大意义。

> **练习12.1 改变的故事**
> 故事是改变学校文化的一种有效方式。想象你在5年后成为一所学校的教师领导者，这所学校开展了一场实施多元文化教育的重要的学校改进运动。写下一个故事，展示你们学校发生的重要变化，尤其是与学校文化有关的变化。提到学校社区的信仰、规范和价值观。哪些人参与了决策的制定？学校是如何使用数据的？

2．评估学校文化

对于学校文化特点的评估或审计可以揭示学校是否做好了在全校改进过程中实施多元文化教育的准备。这种评估或审计有助于揭示群体成员对于下列问题的看法。

（1）文化差异（比如，语言差异得到了积极对待还是消极对待？）；

（2）各种教学策略的合适性和可行性（比如，面对具有不同学习方式的学生，教师是否拥有足够的时间进行差异化教学？）；

（3）文化在教与学过程中的角色（比如，在某些月份或节日关注文化学习也许是合适的，但是在整个学年坚持这种做法是否有必要？）；

（4）学生、教师和管理者在教与学过程中的角色（比如，如果教师的传统角色是教学和授课，学生的传统角色是让教师知道他们学会了知识，我们如何向着更加以学生为中心的模式迈进？）；

（5）改变和期望（比如，现在可以进行的改变主要是由评估驱动的，我们如何将责任授权给教师呢？）。

练习12.2基于一个文化审计的例子，这个例子最初是由里克·杜富尔提出来的，后来得到了改进，添加了关于多样性和平等的观念。

> **练习12.2 关于多元文化教育价值观、信仰和规范的文化审计**
> （1）将学校改进过程的所有参与者集中起来。简单介绍学校文化的性质，包括对价值观、信仰和传统的关注。接着，通过头脑风暴的形式共同制作一份关于学校文化的描述性单词清单。这些描述性单词可以是积极或消极的。例如，这些描述性单词可能包括"合作"（collaboration）、"沟通"（communication）、"偏向"（bias）、"孩子"（children）、"学习"（learning）、"多元文化教育"（multicultural education）、"偏见"（prejudice）、"紧张"（tension）、"责任制"（accountability）、"生存"（survival）。不断和这个群体共同思考，直到生成一份包含至少60个描述性单词的清单。将其写在工作表上，为每个参与者提供一份复印件。
> （2）让每个参与者独自在清单上圈出他认为最能描述当前学校文化的词语。
> （3）统计所有参与者的回答。可以分组统计，然后由每个小组汇报其成员的所有回答。

(4）向所有参与者确定6个出现频率最高的词语。
(5）引导大家讨论为什么这个6个词语描述了当前学校的文化以及这些词语是如何描述学校文化的。下面是可以讨论的一些重要问题：
  a. 大家都想建设一所重视多样性的学校，努力在学校范围内实现平等，这意味着什么？
  b. 为什么要关注多元文化教育？
  c. 所有社区成员（教师、领导者、职员、家长）都认为多元文化教育非常重要吗？
  d. 教育工作者是否愿意深入参与到学校改进过程中，对教学实践做出改变，并且认为这是有利于所有孩子的事情？
  e. 在他们看来，教育的终极目标是什么？
  f. 学校是否拥有支持学校多元文化教育改进计划的合作和团队协作文化？

  学校文化是指导人们行为的强大力量，因此在走上学校改进道路之前对于学校"内在真实"情况的感受是非常重要的。研究学校文化可以更好地了解以实施多元文化教育为重点的学校改进工作开始之前需要解决的某些领域（如信仰、价值观、规范）。除此之外，如何通过其他途径研究现有的学校文化？林德赛、罗宾斯和特勒尔建议考察下列问题：

- 典礼和仪式。这些活动以及其他文化表现形式通过可以预测的行为模式强化学校的价值观、规范和信仰；
- 沟通和语言。这个角度涉及不同人群共享的信息和合作方式（包括词汇的使用），体现了文化规范、价值观和信仰；
- "英雄"。这是学校里被推举为榜样的人（尤其是在年度颁奖典礼期间）；
- 标牌、符号和空间。在学校，价值观和信仰是通过物理空间的使用来传递的。这可能包括为多元学生和学生群体服务的特定办公室在学校里的位置以及学校英雄的特殊位置。哪些空间被视作有吸引力的空间？谁来决定工作和学习地点的分配？
- 政治和活动的参与。哪些学生和教师参与各种不同的活动？谁在学校拥有权力？这种权力是如何传达的？

  除了上述清单，还可以考察工作资料，包括检查学校的文档，以发现学校坚持的价值观、规范和信仰以及学校对于多样性、平等和多元文化教育的具体处理方式。这种文档包括学生和教师手册；课程指导；学校的报纸和年鉴；教员会议、家长会和学校理事会会议的记录；向认可机构和州教育部提交的报告。
  还可以检查学校政策和程序，以发现与多元文化教育有关的信仰和价值观。学校是否制定了防止偏向性的书面政策？对预算的检查可以关注学校对资源的分配方式。

对雇佣协议的检查可以显示教师和管理者候选人在对多元文化教育的理解水平上受到的筛选。对教科书和教学材料选择程序的检查可以揭示教师和管理者对多元文化教育的理解和重视程度：教科书和教学材料在选择时是否经过了偏向性检查？学校有哪些关于分轨的政策和实践？例如，进入天才班的标准是什么？

> **扩展探索：学校文化**
>
> 考虑一所具体的学校，列出你认为可以改进学校文化并且明显提高学生成绩的10种政策、课程、资源或其他改变。你可以采访学校的一些教育工作者，并且/或者检查一些得到公开的相关学校文档。你所推荐的改变同文化敏感性教学和学习的匹配程度如何？将你的观点和陈述总结成一张一页纸的短文。准备与同事分享你的短文。

3．形成共同愿景

明确当前的学校文化以及这种文化是否包含有益于多元文化教育的规范、价值观和信仰是这项工作的一个重要组成部分。另一个重要组成部分是对于学校成员将多元文化教育融入实践中所导致的教与学的状态形成共同愿景。愿景的制定应当能够使人们形成共同的目标感。因此，表现出合作能力和决心的个体和群体必须形成一种愿景。要想形成共同的多元文化教育愿景，所有相关群体（教师、学生、管理者、其他职员、家长、社区成员）必须清晰了解多元文化教育对他们的学校意味着什么。共同愿景的形成是需要时间的。花时间思考和讨论对于学校中的个体真正重要的事情有助于形成深刻、普遍、有意义的多元文化教育愿景。

愿景的形成是一个永无止境的过程。愿景是对于未来情况的描绘。当组成学校的成员不断了解关于多元文化教育、关于基于研究的最佳实践以及关于学生的知识时，他们希望改进和更新他们对于学校未来状态的愿景。组成学校的群体成员应当定期反思他们的价值观和信仰、学校的深层次目的以及当前的实践是否符合学校的共同愿景。

哪些策略可以用于形成共同的多元文化教育愿景呢？森奇等人认为，形成共同愿景的关键是对学校中的重要事情及其原因形成共同的理解。要想做到这一点，最主要的策略是让相关群体成员讨论他们对于学校目的的个人观点，尤其是让这些成员分享他们的观点。人们越是有机会讨论他们对于学校深层目的的观点，他们就越有可能形成关于学校理想状态的共同愿景或画面。大家对学校前进方向的理解越详细，这种方向就越是能够在未来的工作中提供有用的指导。

布兰克斯坦认为，学校的愿景是关于学校所希望的前进目标的声明。这个愿景应当指导利益相关方的共同行动。当学校没有清晰的共同愿景时，人们制定的决策不一定符合这个愿景。它们可能是杂乱无章的。布兰克斯坦相信，强大的愿景声明是清晰而现实的，能够得到人们的普遍接受，这种声明描述了人们所设想的变化，可以指导学校的行动。

使用练习12.3中的问题，开启关于多元文化教育和学校的共同愿景的形成过程。

练习12.3　形成共同愿景

以小组形式考虑你们心目中理想的、重视多样性和平等的学校类型。

在我们的愿景中……

1. 我们的学校具有怎样的状态？
2. 我们庆祝哪些学生的成功？如何庆祝？
3. 墙上和走廊里有什么？
4. 当我们关注所有学习者的不同学习风格时，教学具有怎样的状态？
5. 当我们使用尊重文化的内容时，课程具有怎样的状态？
6. 当我们尊重多元学习者时，评估具有怎样的状态？
7. 我们如何衡量成功？
8. 如果我们想确立一种深度学习文化，这种文化具有怎样的表现？

在这个过程中，当有意义的共同愿景逐渐形成时，当相关群体成员变得更加专注于这个愿景时，接下来的步骤是利用学校数据发现当前的实际情况，然后确定实现愿景的总体目标、具体目标和行动。

4．培养合作和团队协作文化

许多研究人员坚信，合作或团队协作是持续而明显的学校改进过程的一个重要促成因素。第十一章介绍了合作的概念。正如第十一章所说，在学校里，传统的工作方式是孤立工作。教师并不习惯于和其他教师讨论如何设计课程，如何分析学生作业，或者如何选择合适的教学和评估策略。不过，当个体经常有机会参与协作活动并对这种活动进行反思时，他们似乎可以实现深度学习。

个体学习和团队学习都是学习社区的重要基础。对于个人和机构来说，当他们有时间对他们的行为进行共同反思时，他们可以实现比较好的学习效果。这种时间和对共同反思的投入为学习创建了一个良好的社会背景，可以使人们形成共同的理解。当教师孤立工作、没有太多时间参与职业发展活动时，当校长是主要的决策者时，改变计划将会遭遇瓶颈。

在创建和实施全校多元文化教育行为规划时，通过学习社区建立团队是一种特别有用的做法。森奇等人确定了发展有效学习社区的5个重要因素。这些因素包括：

（1）提高个人能力的机会（比如，提高在所有环境下让所有学习者实现理想结果的能力）；

（2）解决心智模式的机会（比如，反思我们对于世界多样性的观念，考察它们如何塑造我们关于各种学习者的行动和决策）；

（3）形成共同愿景的机会（比如，建立对于多元文化教育的群体责任感）；

（4）参与团队学习的机会（比如，以小组形式形成超出个体成员才能总和的关于多元文化教育的知识和能力）；

（5）参与系统思考的机会（比如，理解如何处理学校里的所有系统，以便使学校成为真正的多元文化学校）。

关于学校文化与多元文化教育之间的联系，研究人员指出，学校文化与多元学生的良好学习成绩之间存在积极的联系。要想建立支持所有学生取得好成绩的学校文化，长期关怀关系、面向所有学生的丰富课程以及为了学校的改进而共同努力的教师都是非常重要的因素。班克斯指出，多元文化教育的一个重要维度是促进性别、种族和社会阶级平等的学校文化和组织。学校的文化和组织必须得到学校所有员工的检查。他们必须全部参与到学校文化和组织的重构之中。

可见，多元文化教育的实施必须是一个有组织的系统过程！

扩展探索：合作文化

过去几年，学校文化成了许多研究和作品的关注点。根据你的阅读，思考下列问题：
（1）定义机构文化。
（2）描述你们学校在规范、价值观和信仰方面的文化。
（3）有效的学校有哪些规范和核心价值观？
（4）和你当前的环境进行比较。
（5）规范和价值观是如何传达的？
（6）你如何改变学校文化，以适应多元学习者的需要？

现在，找到至少两篇讨论学校文化的文章，最好是与多元文化教育有关的文章。你的回答与你在文章中读到的内容具有怎样的相似程度？制作一张包含两列的表格（左列的标题为"相同点"，右列的标题为"不同点"）。在表格中画出6行，每行对应上面的一个问题。将你的回答记录下来，做好与同事分享的准备。

5．反思与问题

对你所熟悉的一所学校的文化进行反思。思考这所学校是否做好了在多元文化教育方面进行改进的准备。拿出一张纸，画出一张"T"形图表。在图表左手边的标题栏写上"阻碍"一词。在图表右手边写上"支持"一词。然后，在阻碍和支持的标题下面分别列出这种学校文化中存在的实施多元文化教育以实现学校目标的阻碍和支持因素。

三、学校的改进与多元文化教育

根据你的愿景将一所不重视或者只是草草实施过多元文化教育的学校转变成一所将多元文化教育融入教与学各个领域的学校是一个巨大的工程。对于一些人来说，将愿景变成现实是一项无法完成的任务，因为他们缺乏改进学校所需要的知识和技能。

从实用的角度看，在学校实施多元文化教育的做法可以被视作重要的学校改进过程。从这个角度看，这个过程总是将学生的学习放在核心地位，而且持续关注课程、教学和评估，因为它们在教师帮助学生学习的工作中起着重要作用。与其他所有学校改进工作类似，以多元文化教育为目标的学校改进包括下列成分：

（1）收集和分析学生数据和其他数据

　　　a. 你和学校最关注哪些学生？为什么？哪些数据或证据可以证明这种关注？

　　　b. 在向所有学生提供平等教育时，哪些学校政策、实践和材料值得关注？

> **预先思考**
>
> 想象你是一名教师，你所在的学校已经投入时间和精力形成了共同的学校愿景。你们的愿景基于共同的价值观和对多元文化教育的坚持。然后呢？你如何将你们的愿景变成现实？
>
> 问题：
>
> （1）确定你们学校中你认为需要关注的一个具体领域。它应当与课程、教学或评估有关。你为什么选择这个领域？
>
> （2）关于提高学生在这个领域的成绩，你的具体目标是什么？
>
> （3）为了实现你的目标，你需要在行动计划中添加哪些步骤？
>
> （4）你怎样才能知道这项工作是否使所有学生的学习表现发生了改变？你需要收集哪些数据？
>
> （5）家长对于学校愿景的实现能够起到哪些帮助作用（如果有的话）？你认为家长希望参与这项工作吗？

（2）为学生的学习设置目标

　　　a. 你认为学生应该达到怎样的水平？

　　　b. 为学生成绩设置的目标可以得到测量吗？

（3）确定和选择基于研究的看上去不错的实践

　　　a. 是否需要分析课程中的偏向性？

　　　b. 哪些教学模式和教学策略被证明在各个学科领域适用于具有多样性的学生？

　　　c. 学校正在使用哪些评估实践？哪些实践可以更好地支持学生展示他们的知识和技能？

（4）持续评估和反思（形成性评价）

　　　a. 你如何定期监督你所使用的看上去不错的做法在学生身上产生的效果？

　　　b. 为了成功实施看上去不错的实践，教师需要其他哪些支持？

　　　c. 教师获得了哪些谈论干预及其影响的机会？

（5）根据需要调整计划

1．收集和分析学生数据和其他数据

制定影响学生的决策不能仅凭一时冲动。支持有意义的深度学习的干预决策必须以数据为基础。伯恩哈特指出，能够影响教与学决策的主要有四类数据。这些数据可以用于制定关于多元文化教育的决策。

（1）人口结构。包括按族群、性别、社会经济地位以及语言能力分类的入学率、出勤率和辍学率。

（2）观念。包括学生、教师和家长的态度、信仰和意见。

（3）学生学习的证据。这种证据来自标准化测试结果、教师制作的测试、教师的观察以及真实评估。

（4）学校程序。包括对于教学计划和策略的描述，以及其他学校计划。

你到哪里寻找这类信息呢？许多有助于决策过程的数据位于你们州教育部或学区办公室的记录或文件之中。你可以通过检查学校战略简介获得重要信息，也可以通过各种已有的评估手段或工具收集和分析关于学校实践、政策和程序的数据。班克斯设计了一种著名的检查表，用于评估学校在多元文化教育方面的进展。萨德克和齐特尔曼描述了7种偏向形式，用于检查具有多元文化目标的课程。我们在这里提供了康涅狄格州教育部使用的一种评估工具的改编版本（表12.2）。

表12.2 全校行动规划自我评估

（下列问题可以被用作开发和实施全校多元文化教育行动计划的前进指导。）

（1）员工组成	学校是否确立和实施了招聘和维持由各种族和族群个体组成的工作人员的政策？是否拥有通过检查员工的态度、感受、信仰和行为确保他们具有族群和种族敏感性的程序和机会？
（2）正规课程	所有学生的课程是否都很严格？ 课程是否用于帮助学生学习如何在各种文化环境中做出正常的表现并且学习不止一种认知风格？ 课程是否用于帮助学生在族群和文化遗产方面更好地认知自己？ A. 课程是否反映了族群和文化多样性？ 课程是否包含对于一些族群和文化群体成员经历的社会问题的学习，比如种族主义、偏见、歧视和剥削？ 课程是否包含对于各个族群和文化群体的历史经历、文化模式和社会问题的学习？ 课程是否研究各个群体的整体经历，而不是仅仅关注"英雄"？ 课程是否将多样性展示为一种包含潜在优势和潜在冲突的重要社会力量？ B. 课程能否帮助学生形成有效公民所需要的决策能力、社会参与技能和政治效能感？ 课程能否帮助学生形成将事实与解释和观点区分开的能力？ 课程能否帮助学生形成寻找和处理信息的技能？ 课程能否为学生提供对于影响种族、族群和文化群体的社会问题采取行动的机会？ 课程能否帮助学生形成效能感？ C. 课程能否帮助学生形成有效人际互动和跨文化群体互动所需要的技能？ 课程能否帮助学生理解影响沟通的族群和文化参考点？ 课程能否帮助学生参与跨族群和跨文化经历并对其进行反思？ D. 多元文化课程是否在范围和顺序上具有全面性，呈现族群和文化群体的全面观点，并且是学校课程整体的一个重要组成部分？ 课程是否包含当地社区和国家的族群和文化群体的角色？

续表

（2）正规课程	与族群和文化群体相关的内容是否超出了特定单元、科目、场合和节日的范围？ 课程是否考虑到了日益复杂的概念、能力和价值观的发展？ E. 这项计划是否为学生提供了参与各个族群和文化群体审美经历的机会？ 多元族群的文学和艺术是否被用于促进对各个族群和文化群体成员的同情与理解，并且被用于促进自我检查和自我理解？ 学生能否阅读和听到各个族群和文化群体的诗歌、短故事、小说、民间传说、戏剧、论文和自传？ 学生能否研究各个族群和文化群体的音乐、美术、文学、建筑与舞蹈？
（3）职业发展	员工发展计划是否提供了认识和理解各个种族、族群和文化群体的机会？ 员工发展计划是否包含各种经历（如讲座、现场经历和课程项目）？ 员工发展计划是否为参与者提供了探索自己对于自身族群和其他族群态度与感觉的机会？ 员工发展计划是否提供了学习如何创建和选择多族群教学材料以及如何将多元文化内容融入课程材料之中的机会？
（4）家长/社区参与	这项计划的活动和规划是否涉及来自多元族群和文化群体的家长？ 当地族群和文化社区的成员是否经常被用作这项计划的资源？ 学生是否有机会对各种当地族群与文化社区进行实地考察？
（5）教学策略和学习风格	教师是否对所有族群和文化群体的学生抱有较高期望？ 教师能否创建出接纳和尊重族群与文化差异的课堂氛围？ 跨学科和多学科视角是否被用于研究种族和文化群体以及相关问题？ 各个族群和文化群体的视角是否在教学计划中得到了代表？ 教师能否向学生传授不同族群和文化群体对于相同历史事件或当代问题常常具有不同感受的原因？ 教师是否教导学生用第二语言沟通（如讲话、阅读和写作）？
（6）材料和资源	教学材料是否在族群、文化和性别偏向性方面得到了检查？ 教学材料能否真诚、现实、敏感地处理种族和族群差异？ 学校图书馆和资源中心能否提供关于许多种族、族群和文化群体的历史、经历和文化的各种材料？
（7）学生评估	教师能否使用反映学生族群和文化多样性的各种评估程序？ 教师的日常评估技巧是否考虑到了学生的族群和文化多样性？ 教师在考虑评估设计时是否理解和考虑了学生学习风格的多样性？
（8）政策和实践	政策和实践能否促进各个种族、族群和文化群体的学生和教育工作者之间形成积极互动？ 政策和实践能否适应各个种族、族群和文化群体的学生所具有的行为模型、学习风格和取向？
（9）计划评估	学校是否对族群和文化教学中使用的目标、方法和教学材料进行持续的系统性评估？ 学术性和非学术性课程计划的有效性是否经常得到评估？

资料来源：问题改编自康涅狄格州教育部制作的一份调查问卷，这份问卷改编自东北多元文化教育联盟（NECME）1993年制作的一项工具。

> **扩展探索：数据与多元文化教育**
>
> 在你熟悉的一所学校中，除了测试分数，哪些数据指导了最近的决策和规划？你可以采访学校的教育工作者并且/或者检查得到公开的文档。作为学校决策者，你可以通过其他哪些数据来源获得更多信息，以制定更好的、更加明智的决策？将你的发现总结成一张一页纸的短文。做好与同事分享的准备。

2．目标设置与多元文化教育

在准备设置目标时，教育工作者必须确保这些目标是可以测量的。施莫克认为，未能设置目标是无法提高学生成绩、无法改进学校的一个主要原因。目标应当反映你的学校团队讨论过的基准数据。下面是指导学校多元文化教育改进工作总体目标的例子：

- 营造积极的、反映学生多样性的学校氛围；
- 评估课程和教学是否融入了多元文化；
- 制定多元文化课程；
- 实施适应多元学习风格的教学策略；
- 开发和使用各种评估策略，允许每个学生充分展示自己的知识和能力；
- 确保多元学生群体在学校活动中得到代表；
- 在分轨等问题上减少种族和族群孤立。

布兰克斯坦认为，目标可以帮助教育工作者保持专注，而且目标应提供衡量成功的指标。许多教育工作者在设置目标时使用SMART方法，也就是设置具体、可测、可实现、现实和有时限的目标。下面是SMART目标的例子：

- 到2017年，90%的三年级到八年级教师将展示出使用差异化教学满足多元学习者需求的能力，这种能力是通过同行观摩来衡量的；
- 到2017年，从三年级到八年级，所有学生的数学成绩将提高15%，这种成绩是用州级评估来衡量的。

确定和选择看上去不错的实践

在设置了可以测量的目标以后，规划团队应当考察基于研究的方法，以满足这些目标。前面关于课程、教学和评估的章节提供了许多可以选择的基于研究的方法。规划团队也可以通过自己的研究发现其他可以满足当前需求的基于研究的策略。

实施和监督

在多元文化教育的实施过程中，规划团队将定期收集数据并对其进行总结，供所有参与者讨论。这个过程被称为"形成性评价"（formative evaluation）。这些讨论（又叫"数据对话"）提供了对干预的应用做出重要改变的机会（这种改变可能很轻微）。

规划团队也可以在学年结束时收集数据［总结性评价（summative evaluation）］，用于确定干预是否对学生成绩产生了影响。团队将根据这些数据确定是否维持这项计划，是否考虑其他计划。

3．反思与问题

这一节将学校改进描述成了一种过程。考虑你所熟悉的一所学校。

（1）本节描述的学校改进过程与这个环境中教与学的改变有哪些相同之处？

（2）你认为如何用这里描述的过程帮助这所学校实施多元文化教育？

四、支持教师在多元文化教育领域的成长

职业发展是提高员工的知识、技能和能力，以便使学生取得良好教育结果的过程。实施多元文化教育的全校行动计划必须不断为教育工作者提供大量获得知识和培养新技能的机会，以帮助他们满足多元学习者的需要。幸运的是，许多文献描述了支持教育工作者成长的有效方法，这些文献很容易应用到多元文化教育职业发展的设置上。

乔伊斯和肖沃斯描述了正在实施学校改进项目的学校的特点。在其优先任务清单中，为员工提供与学校改进重点领域有关的大量发展机会排在很靠前的位置。其他优先任务包括为教员提供合作时间、数据收集、关注课程和教学、清晰的决策制定过程以及全体教员共享目标。乔伊斯和肖沃斯进一步解释说，有效的员工发展计划必须基于学校，嵌入教师的工作中，具有合作性，关注学生的学习，包含对数据的定期收集和使用，包含可以测量的定向目标，包含应对多元教育工作者需求和愿望的结构化多样性，包含合作调研和学习的时间，并且以标准为基础。

> **预先思考**
>
> 想象你被要求参与一个学校委员会，这个委员会负责为教师设置职业发展计划。他们需要一边了解和实施多元文化教育，一边参与这种计划。
>
> 问题：
>
> （1）为了满足已经确定的目标，教师需要哪些职业发展内容？
>
> （2）在已经确定的课程、教学或评估实践中，最有希望支持教师学习的策略有哪些？
>
> （3）描述学区顶级领导者、全体教员、准教育工作者和家长/监护人之间的理想关系。

乔伊斯和肖沃斯认为，正在实施学校改进项目的学校提供更多的时间用于教员合作，将数据收集包含在这种过程中，提供与学校改进重点领域有关的大量员工发展机会，拥有清晰的决策制定过程，可以确保所有教员拥有相同的目标，对于学生的学习抱有较高的期望，将学校改进项目与课程和教学（课堂上发生的事情）联系在一起，寻求家长的帮助。使用练习12.4对你所熟悉的一所学校的职业发展或学习经历进行思考。

> **练习12.4　职业发展经历**
>
> 　　对于你自己的职业发展经历，写下一份个人历史。如果你只上过大学课程，你可以对这些课程经历进行思考。你最难忘的经历有哪些？它们对你在多元文化教育领域的成长有哪些影响？它们引发了你的哪些情绪？关于高质量的多元文化教育职业发展，你能得出哪些结论？
>
> 　　"福沃德学习"的前身是美国职工发展委员会，该组织提出的职业发展标准提供了分析学校员工发展计划的有用基准。当学校为教师提供支持多元文化教育的职业发展计划时，这些标准为学校提供了重要的指导。你可以在表12.3中看到，一些标准具体提到了支持教师培养能力以实现平等的要求。在练习12.5中，使用"福沃德学习"的标准分析你所熟悉的某种环境中的职业发展标准。

表12.3　"福沃德学习"的员工发展标准

	提高教育工作者的有效性、改善所有学生学习结果的职业学习……
学习社区	出现在致力于持续改进、共同职责和目标一致的学习社区之中。
领导层	需要有技能的领导者培养职业学习能力，倡导职业学习，创建职业学习的支持系统。
资源	需要为教育工作者的学习优先安排、监督和协调资源。
数据	利用各种资源以及各种学生、教育工作者和系统数据，规划、评估和评价职业学习。
学习设计	整合关于人类学习的理论、研究和模式，以实现预定结果。
实施	使用关于改变的研究，不断支持职业学习的实施，以实现长期改变。
结果	将其结果与教育工作者的表现和学生课程标准相联系。

数据来源："福沃德学习"。《职业学习标准：快速参考指南》（Standards for professional learning: Quick reference guide）。

检索自http://www.learning forward.org/docs/pdf/standardsreferenceguide.pdf。

1．支持教师学习的策略

　　传统的教师职业发展方式包括学校或学区外部的好心人士提供的一些讲习班。教师没有选择权，他们常常发现这种讲习班不适用于课堂上的日常教学。他们坐在那里，倾听演讲者的讲述，可能会看到干预的演示，然后很可能有机会对新的干预方式进行短暂的实践。

新的职业发展方式不是始于内容,而是首先让教育工作者确定他们的学生所具有的学习差距。接着,教师学习和制定具体的干预方法,以缩小这种差距。当他们学习和制定这些策略和干预时,他们可以得到定期指导,获得关于自身表现的具体反馈。下一节的例子展示了如何将所有这些部分结合在一起,以制订和实施全校多元文化教育行动计划。

如果教育工作者致力于在多元文化教育方面对学校做出改进,他们需要参与被证实可以提高学生成绩的持续而具有多样性的职业发展计划。幸运的是,教育工作者正在日益意识到可以扩充或取代基本缺乏成效的传统讲习班方案的众多替代方案。这些替代方案包括"教师充当研究者"、临床视导、同行指导、咨询型教师、指导新教师、教师中心、网络、结对、自我指导式职业发展以及结辑。最重要的是,教师需要有足够的机会与同事就多元文化教育进行对话。

将上述许多元素结合在一起的专业学习社区可以提供有效的专业学习经历。根据杜富尔的说法,"建设专业学习社区的教育工作者认识到,他们必须进行合作,以实现帮助所有学生的共同目标。因此,他们创建出了能够培养合作文化的结构"。通过合作讨论数据,设计课程,实施基于研究的教学策略,设计和实施共同评估,在专业学习社区中开展合作的教师可以克服传统学校环境中教师的孤立问题。对于希望获得文化敏感性的教师来说,对专业学习社区的参与提供了重要的支持。下一节展示的学校为教师提供了合作学习的机会,以支持具有多样性的学生。

练习12.5　评价职业发展

根据"福沃德学习"标准对你自身环境中的职业发展实践做出评价。

环境标准	优势(证据)	正在发展(证据)	不明显
提高教育工作者的有效性、改善所有学生学习结果的职业学习……			
学习社区。出现在致力于持续改进、共同职责和目标一致的学习社区之中。			
领导层。需要有技能的领导者培养职业学习能力,倡导职业学习,创建职业学习的支持系统。			
资源。需要为教育工作者的学习优先安排、监督和协调资源。			
数据。利用各种资源以及各种学生、教育工作者和系统数据,规划、评估和评价职业学习。			
学习设计。整合关于人类学习的理论、研究和模式,以实现预定结果。			
实施。使用关于改变的研究,不断支持职业学习的实施,以实现长期改变。			
结果。将其结果与教育工作者的表现和学生课程标准相联系。			

2．多样性项目：实施多元文化教育的全校行动规划的例子

许多教育工作者认为，多元文化教育的实施应当被视作一种学校改进工作。和其他学校改进工作一样，这种工作的一个主要目的就是提高学生的成绩。而且，和其他学校改进工作一样，职业发展是这种工作的一个重要组成部分。遗憾的是，教师常常需要独自开展这项工作。"多样性项目"是实施全校多元文化教育行动计划、以支持学生和教师实现深度学习的一个例子。这种模式的独特之处在于，它可以将个体和系统层面基于研究的多元文化教育方法、有效职业发展实践的知识以及学校改进规划过程联系在一起。

需求评估

埃尔姆菲尔德中学是一所最近成立的、漂亮的大型学校，这所学校在学生的培养上似乎很有章法，而且非常成功，大多数学生都可以进入大学。和东北部的大多数城镇一样，流入埃尔姆菲尔德的人口所具有的文化多样性正在日益提高。助理校长迈塔勒女士发现，越来越多的学生无法在理解的基础上实现深度学习，这给教师带来了挑战。标准化测试分数和学生成绩回顾清晰展示了存在于各个内容领域的学习问题，包括科学、语言艺术、社会研究、世界语言和体育。一些学生符合教师的预期，表现得非常好；另一些学生则无法跟上学习进度。而且，对于行为和出勤记录的研究表明，一部分学生似乎根本不关心学校和其他人的事情。迈塔勒女士决定对这个问题采取一些行动。

她一直在阅读体验式学习活动通过冒险类活动对学生学习的影响。巧合的是，学区课程和教学主任布里格姆博士也在了解多元文化教育的重要性。这两位管理者经常在一起讨论他们对于改进学区教学与学习的梦想。在一个夏天，他们开始通过冒险活动和多元文化教育将他们对体验式学习的热情结合在一起。

当前学校文化的评估

校长和学区课程主任发起了一项计划，用于让学生参与到体验式教育活动中，以提高他们的学习技能。不过，他们知道，要想让教师支持需要完成的工作，需要成立一个代表规划团队，用于为项目提供指导。这个新成立的团队由教师、学校领导者、大学和体验式学习组织的代表以及学区职员组成。在项目的发展早期，规划团队的成员发现，关于工作及其对教与学的影响，他们的想法存在差异。他们决定，为了确保项目成功，他们需要详细讨论每个人持有的观点，以便确立一组指导项目的共同观念。

在项目的第一个夏天，团队一直在开会，以进行有意义的讨论。根据这些讨论，团队起草了一份声明，确定了他们关于教与学的共同信仰。通过坦率而真诚的交谈，团队

开始认识到，他们的首要目标是确保学生在基于平等和公平原则的多元民主国家里成为积极而富有成效的公民。团队表述了关于学生学习模式和教学理论的核心价值观。这些核心价值观和信仰包括：

关于学生和学习

- 应将学生的学习置于巨大的概念和社会背景中，使学生能够建立联系，构建意义；
- 当学生在学习过程中建立联系时，他们更容易理解更大的概念并投入学习中。体验式学习可以巩固学生的理解，推动学生与更大的概念建立联系，提高学生将其应用到现实生活中的可能性；
- 通过基于探究的教学和学习，学生可以生成和组织信息，以共同解决和规划问题，为成为有成效的公民做准备；
- 当课堂内外、学校和直属社区的学习环境能够提供各种教学和评估经历时，学生可以实现更加全面的学习；
- 社交互动是学习的必要条件。课堂内的社会化和课堂外的联系是重要的教学目标、过程和结果。

扩展探索：多元文化教育领域的职业发展

正如本章所述，职业发展传统上被视作一系列讲习班。人们认为经历过这种培训的教师可以独自实施新的教学方法。访问提供职业发展资源的机构网站（比如，"福沃德学习"，ASCD）。阅读其中一些看上去不错的职业发展实践。想象你正在制订一项为期一年的计划，以支持你们部门或你们年级一些同事以及你自己在"成为文化精熟型教育工作者"这一领域的职业发展。起草一份包括下列内容的计划：

（1）描述这项职业学习计划的目的。确定两个学生目标和两个教师目标。如果可能，使用SMART目标形式。

（2）描述参与者的学习计划。

（3）简单描述参与者在一年过程中将要学习的东西（比如，如何实现差异化教学，如何设计具有文化敏感性的单元和课时规划）。

（4）选择至少5种可以有效支持教师成长的职业发展策略。描述如何实施每一种策略。谁负责实施这些策略？需要多长时间？需要哪些具体的资源？

（5）具体描述这项计划适应多元学习者需求的途径。

（6）描述你制订这项计划的理由。你的计划对于"福沃德学习"各项员工发展标准的符合程度如何？

（7）准备与同事分享你的计划，以获得反馈。

关于多元学生群体的课程和教学

- 要想营造具有创造性的动态探究式学习环境，需要掌握丰富的教学策略；

- 为这种具有创造性的动态探究式学习环境构建的课程需要具有文化敏感性。

关于成人学习以及成为多元文化教育工作者

- 设计这些课程体验以领导学生在多元社会中取得成功的成人必须首先检查自己的信仰体系和对偏向性的制止；
- 面对孩子的成人需要持续的支持，以确保最佳学习效果所需要的高质量互动。这种支持包括正式/传统的职业发展和同行指导/反思性反馈经历；
- 在重视学生、职员、家长和社区成员合作的环境里，教师的工作可以取得更大的效果和成果。

关于教育和平等

- 日常教育实践必须肯定多元主义，拒绝歧视；
- 21世纪有教养的公民重视多元人群并能与其有效合作。

规划团队共同提出了一组坚定的信仰，为此他们很高兴，但他们也知道，他们需要和整个学校的员工分享与讨论这组信仰，这是一个很重要的步骤。这类交谈发生在接下来的秋天。和之前一样，他们通过交谈发现了一些不同意见。不过，学校员工似乎认为他们的观点很重要。到了最后，整个学校第一次有了基于一组共同价值观的前进方向。

接着，全体员工开始讨论近年来学生表现数据的分类汇总。他们与规划团队形成了一致的观点：学生正在"落入教室的盲区"；他们所喜爱的、已经使用多年的课程并不具备多元文化特点，其构造方式没有在满足学生需求方面做到最好。

合作与团队协作文化

探索共同信仰的一个非常有用的结果就是对于以团队形式开展这项工作的重视。这个项目是由规划团队（这个团队与专业学习社区拥有许多相同的成分和概念）共同领导的，这个规划团队的成员来自当地大学、一个非营利冒险计划组织、社区青年服务机构以及受影响学校的管理者和教师群体。这个规划团队定期开会，讨论可能的干预，以解决基准数据所显示的学校挑战。当具体的学生需求变得更加清晰时，规划团队开始研究关于多元文化课程的文献。

规划团队决定通过设计多元文化课程解决他们所确定的学生需求。一组组教师在课堂体验式活动和多元文化课程设计方面接受培训。这些团队在整整一年的时间里以专业学习社区的形式设计和实施多元文化课程。他们还通过同行咨询培训、指导和实施的形式让教师共同进行反思和反馈。

目标设置

他们制定了指导多样性项目的3个学生结果目标：（1）培养自尊、自信和信任；（2）培养积极的关系；（3）改善学生的成绩、出勤率和沟通。规划团队知道目标应当具有具体和可以测量的特点，因此早早确定了衡量目标实现情况的机制。这些机制具有多样性，包括观察学生的互动、态度调查、文档检查（比如，出勤记录、行为记录、课时规划）以及检查学生在标准化成绩测试和表现评估报告中的表现。基准数据在项目开始时收集，形成性评估数据在项目进行过程中收集，总结性评价每年收集一次。

确定基于研究的干预

他们最终设计出的计划关注多元文化课程设计，将其作为最重要的干预手段。这项计划的一个核心组成部分是使用体验式学习帮助学生获得在学习过程中非常重要的技能。当学生获得这些重要技能时，他们更容易在内容领域实现有意义的学习，尤其是课程和教学开始具有多元文化特点的领域。

教育工作者没有将多样性学习安排在2月和3月，而是学着将多元视角穿插在所有单元和整个学年之中。一些单元完全用于关注移民或美国的国际化等主题。"多样性项目"促成了一批新的跨学科单元。六年级的"发明常规"单元就是一个例子。传统上，学生需要充当发明家，并在整个过程中记录他们的经历。这个单元对其进行了扩展，提出了一些批判性问题，其中一个问题涉及少数群体的发明家及其必须克服的障碍。在八年级单元"奔向大海"中，通过学习赤蠵龟，学生了解了如何最大限度地降低濒危物种灭绝因素的影响。他们变成了"海龟"，以相互引导的方式迈着"信任步伐"走向"位于新建公寓之间的筑巢地点"。这个单元的重要问题得到了扩展，包括"这对于多元文化社会中的人类活动意味着什么？"

课堂活动提高了合作学习、倾听、缔约、合理冒险、设置目标以及解决问题的能力。高度团队协作是每个团队完成计划的重要因素。

对于教师成长的支持

在提出融入多元文化课程设计的教与学新方法时，教师和他们的学生一样，也是学习者。显然，对教师的职业发展支持从一开始就需要具有广泛、持续和合作的特点，并且应当提供实验机会。在随后的职业发展过程中，教师开始合作学习、倾听、合理冒险、设置目标和解决问题。参与者相互信任、共同制定战略、沟通和解决问题的能力得到了提高。通过各种讲习班、与规划团队成员的合作交流以及参与专业学习社区，教师了解了多元文化教育的重要原则。

对影响的监测

形成性和总结性评估在整个项目过程中得到了实施，以评估多样性项目对教与学的影响。每个讲习班结束时，教师对于讲习班效果的感受都会以问卷调查的形式得到评估。更重要的是，教学和学习受到的影响通过各种数据收集方法得到了评估。这些方法最终包括教师和管理者参与焦点小组采访，回答同一份关于"感受到的影响"的调查问卷上提出的一些问题。项目过程中设计的单元和课时规划样本得到了收集和分析。而且，通过真实评估、教师设计的评估以及标准化测试确定的学生表现得到了总结和分析。

教与学新方法收到了效果

这个项目似乎对埃尔姆菲尔德中学的教师信仰和课堂实践产生了积极影响。几乎所有调查对象都认为，自己现在能够更加清晰地定义多元文化教育，并且能够让学生更加频繁地参与到有利于培养社会行动技能的活动中。受访对象认为，通过多样性项目，他们可以更好地利用资源提供多元视角，利用合作学习和小组活动培养积极的课堂互动，将多元文化视角、经历、内容、概念和冒险计划融入课堂之中。

对于项目中设计的课时规划的检查表明，人们设计了许多单元。被视为可以明显代表课程多元文化特点的单元支持学生通过多种文化视角看待事件、问题和难题。重要概念很清晰，学生的理解得到了活动的支持。

总结

多样性项目似乎影响了教与学过程，因为它是一种长期的努力。关于持续的学校改进，规划团队意识到，所有教育工作者需要得到支持，以便使他们能够检查自己对于差异的意识，以及自己可能持有的影响教与学的模式化印象和偏向性。教师需要获得更多聚集在一起的时间，用于提供和接受关于课程制定的反馈，讨论他们正在收集的数据。

3．反思与问题

考虑你自己的职业发展经历。

（1）你的经历与本节描述的过程和策略有哪些相同点？

（2）通过思考你所了解的职业发展，你认为你会如何支持自己和其他部门同事学习实施多元智能教学策略？

五、多元文化教育领域人物介绍：唐娜·M.戈尔尼克

唐娜·M.戈尔尼克是国际认可咨询师。她在美国教师教育认可委员会（NCATE）担

任了25年的高级副主席，随后在该委员会转变成新的认可机构"教育工作者培养计划认可委员会"（CAEP）的过程中担任高级咨询师。她曾在美国教师教育领导岗位和美国多元文化教育领导岗位上担任过许多职务。目前，她仍然在美国多元文化教育领导岗位上担任职务。她曾担任美国多元文化教育协会（NAME）主席，是多元文化教育领域一位得到认可的权威人物。除了在教师认可方面的工作，她还教过中学。她与菲利普•C.钦合著了《多元化社会中的多元文化教育》（第九版）（Multicultural Education in a Pluralistic Society），并且与人合著了《教学入门：改变学生的学习》（第二版）（Introduction to Teaching: Making a Difference in Student Learning）。她与吉恩•霍尔合著了教育学顶级基础教材之一：《美国教育基础》（第十五版）（Foundations of American Education）。她在多元文化教育领域的写作已经持续了35年以上。

笔者：您认为您对多元文化教育领域最重要的贡献是什么？

戈尔尼克博士：我参与到了美国教师教育认可委员会标准中多元文化教育概念的维护工作，这是我对多元文化教育领域最主要的贡献。在20世纪70年代中期，我在美国教师教育学院协会（AACTE）委员会任职，这个委员会首次制定了一条关于多元文化教育的标准，并且被添加到了所有得到认可的机构必须满足的美国教师教育学院协会标准之中。之后，该协会的单元认可委员会连续进行了5次修订，以改进多元文化概念在这些标准中的体现。目前，多样性已经成了各机构在接受认可时必须满足的6个标准之一。在遍布全国的学校、大学和教育部之中，许多人对于美国教师教育学院协会的要求中对多元文化教育的关注做出了贡献。第二个贡献是我在1982年与菲利普•C.钦首次合著的《多元化社会中的多元文化教育》一书。它是面向未来教师的第一本将多元文化教育的定义扩展到种族和族群以外的教材。我们在这个定义中包含了基于社会经济地位、性别、性取向、语言、宗教、年龄和地理的群体，并在每一个版本中对这些群体的范围进行了扩展。这本书目前仍然是这一领域最受欢迎的教材之一。

笔者：关于为什么应当成为多元文化教育工作者这一问题，您认为最能说服职前教师的观点是什么？

戈尔尼克博士：教育的终极目标是确保学生学到我们所教授的内容。在这个过程中，学生应当学习如何合作，如何相互尊重。为确保这些结果，教师必须理解学校和社区中存在的不同文化群体。他们必须知道如何将学生的文化融入学习过程中，如何使用他们在现实生活中的例子。他们必须相信所有学生都能取得良好的学习效果，而且必须努力确保那些面临最大障碍的学生（比如，无家可归、疾病、残疾或社会歧视）能够在学习上取得成功。研究表明，连续3年拥有一名好教师对于学生学习上的成功具有极大的促进作用。多元文化教育可以帮助准教师形成"应对在群体身份上不同于自己的学生"的知识、技能和思想倾向。对于职前教师，我的问题是："你想成为一名为学生在学习上的成功做出贡献的教师吗？"如果你给出肯定的回答，你应该尽可能地了解学生的文化，将其融入课程和教学之中。

留给读者的后续问题：

当我们要求戈尔尼克博士思考她对这个领域最重要的贡献时，她说："我参与到了美国教师教育认可委员会标准中多元文化教育概念的维护工作，这是我对多元文化教育领域最主要的贡献。"这个被称为美国教师教育认可委员会的认可机构就是目前的教育工作者培养计划认可委员会（CAEP）。现在，你的任务是研究现在的标准是如何融入多元文化教育概念的。你可以选择思考用于培养教育工作者的共同核心州立标准或CAEP标准。写出一篇一页纸的短文，以展示你的观点。

六、案例研究：改变学校文化

案例中需要探索的重要问题

①全面计划对于多元文化教育整合工作的必要性。
②持续职业学习机会对于教师的重要意义。
③授权式领导。

珍妮特·马克斯韦尔是克里斯特尔城公立学区课程和教学主任。当她在5月末听说学区获得了一项联邦拨款，用于支持该学区开发和实施多元文化课程的一个为期3年的项目时，她感到异常兴奋。这项提案是由她和两名高中教师亚历克斯·巴顿和斯蒂芬妮·鲍威尔共同制定的。在一次国家课程开发会议期间，亚历克斯和斯蒂芬妮参与了一个为期一天的多元文化教育讲习班。当他们返回克里斯特尔高中时，他们对多元文化教育的潜力抱有很大的热情，而且将他们的热情传染给了珍妮特。这个学区在种族和族群方面的多样性正在日益加深，而且不是每一所学校都能适应所有学生的需要，这使两位教师感到非常担忧。三位教育工作者共同撰写了一份很有说服力的提案，并且获得了学区主管和各学校校长的充分支持。这个项目前两年的工作重心位于高中层面。初中和小学的改造被放在了第二阶段。

项目的主要目标包括开发多元文化课程，提高员工的文化能力，检查计划、政策和程序，以确保它们能够反映和适应学生的文化需要。珍妮特希望尽快开启项目，三个人在夏季的大部分时间里投入了这个项目之中。他们在夏季的主要活动包括设立三日制示范培训学院，用于培训学区里的教育工作者开发多元文化课程；为即将在高中成立的多元文化教育中心购买多元文化教育材料。珍妮特将她的活动详细地通报给了学校和学区的管理者。

到了秋天，多元文化教育中心在高中成立，这主要是珍妮特的功劳。这个中心既是容纳多元文化教育领域顶级文本和课程的资源中心，也是学区教师的培训中心，同时也可以协助教育工作者开发课程。还是在这个秋天，学区里的所有教师通过三日制学院获得了多元文化课程开发培训。培训主题包括自我反思、关于多元文化的知识、学习风格、多元文化课程开发模型、以多元文化教育为目标的组织发展、偏见以及种族主义。培训方法包括分享知识、演示以及提供练习新技能的机会。培训结束后，教师获得了开发多元文化课程的任务。珍妮特相信他们已经获得了开展这项工作所需要的支持。她认为，在学院的培训过程中，大多数教师表现出了对于这些主题的巨大热情。他们似乎准备投身于需要完成的工作之中。如果有问题，他们可以去多元文化教育中心向亚历克斯和斯蒂芬妮请教。

珍妮特在秋天非常忙碌，她认为斯蒂芬妮和亚历克斯一直在监督学校的多元文化教育项目。不过，到了12月中旬，也就是寒假即将开始的时候，亚历克斯和斯蒂芬妮同珍妮特约定了一个见面时间。当他们坐下来对秋季项目活动进行总结时，亚历克斯和斯蒂芬妮分享了他们不断增长的失望情绪。虽然他们拥有良好的意图，但是他们发现，他们无法仅凭自己的力量管理这个项目。而且，虽然教师在离开三日制培训学院时表现得很热情，但是只有两个教师带着关于这个过程的问题找过他们。珍妮特产生了一种不祥的预感：虽然教师拥有良好的意图，但是他们在课程的开发上并没有取得太大的进展。在谈话最后，亚历克斯和斯蒂芬妮说，他们也有许多工作要做，因此无法在春季学期继续承担监督职责了。

问题讨论：

①你建议珍妮特在这个时候做什么？
②要想让教师领导者再次参与到项目中，需要采取哪些行动？
③珍妮特的项目中缺少了学校改进周期中的哪些重要成分？
④要想确保教师参与到这项工作中，珍妮特、亚历克斯和斯蒂芬妮如何为所有教师设计职业发展支持？
⑤这个案例中支持学校改进和教师职业发展的方法与你自己的经历有哪些相同点或不同点？

七、本章应用与练习

个人

（1）安排对当地一个学区的课程和教学主任就该学区多元文化教育的实施进行采访。这种过程与本章描述的过程有哪些相同点？

（2）利用数据确定与适应多元学生需求的多元文化教育有关的一个职业需求。选择一个职业发展模式，制订一项职业发展计划，用于在一个部门或年级的教师同事中解决这个需求。

小组

（1）以小组形式选择你们大多数人熟悉的、希望对其进行探索的学校，对于这所学校形成一致的观点。寻找学校战略简介或者关于这所学校的一组数据（在互联网上查找或者向学校索取）。以个体形式从多元文化教育的角度分析简介上的信息。哪些学生最令人担忧？你能收集到关于学校文化（价值观、信仰、规范）的哪些信息（如果有的话）？聚集在一起，讨论你们的发现。总结你们的小组经历。你们通过小组形式发现了哪些独自研究时没有发现的事情？以小组形式列出你们需要了解的关于学校文化和学校里的学生的额外信息。

（2）组成四人小组，想象你们需要收集你们所熟悉的一所学校的数据。每个人应当使用伯恩哈特提出的四类数据之一收集学校改进数据，并且制定这个领域具体的数据收集策略。例如，你可以探索你们学校的教师对于第二语言学习者的感受。制作一份调查问卷，以收集这种感受。当你们四个人制定出各自的策略时，以小组形式讨论这个过程及其对学校多元文化教育改进工作的影响。

（3）以小组形式练习为某一所学校制定共同的多元文化教育愿景。这个愿景对你来说意味着什么？然后，利用本章提出的步骤，共同制订一份全校多元文化教育行动计划草案。

自我评估

对下列问题给出肯定或否定的回答。然后，将你做出这种回答的理由写下来。

（1）我可以使用本章讨论的某种评估工具或策略收集关于某个学校环境的数据。我可以总结和分析这些数据，以解释这些数据对于这所正在实施多元文化教育的学校意味着什么。

（2）作为教师领导者，我知道在一所学校计划实施多元文化教育时可能出现的一些阻碍或冷漠的解决策略和过程。

（3）我可以将学校改进规划过程应用到多元文化教育的实施中。

（4）我相信我正在形成实施多元文化教育的学校行动规划团队成员所需要的知识和技能。

八、本章提到的资源

ASCD（前身为监管与课程开发协会）

http://www.ascd.org

ASCD创建于1943年，是一家教育领导机构，致力于推进最有利于每个学习者取得成功的实践和政策。

教育世界

http://www.educationworld.com/help/about.shtml

教育世界成立于1996年，其目标是在互联网上创建一个教育工作者之家，为教师提供一个收集和分享观点的平台。这个网站的资源包括课时规划、教育工作者的实践信息、关于如何将科技融入课堂的信息、教育专家撰写的文章、网站评论、特别策划和专栏以及招聘清单。

"福沃德学习"（前身为美国职工发展委员会）

http://www.learningforward.org

"福沃德学习"是专注于通过更加有效的职业学习提高学生成绩的正在学习的教育工作者组成的一个国际成员协会。该协会的目标是确保每个教育工作者每天参与到有效的职业学习中，以便使每个学生取得好成绩。

美国中学校长协会

http://www.nassp.org

美国中学校长协会（NASSP）是整个美国以及世界上超过45个国家的中学和高中校长、助理校长以及有志向的学校领导者的国家级机构和言论渠道。该组织为学校领导者提供了各种资源。美国中学校长协会的目标是为多元学校的领导者提供职业资源，作为其多样性计划的一部分。

美国小学校长协会

www.naesp.org

美国小学校长协会（NAESP）成立于1921年，是一家为遍布美国、加拿大和海外的小学和中学校长以及其他教育领导者提供服务的职业机构。该协会相信，每个孩子的健康成长必须成为所有小学和中学规划和行动的重心。美国小学校长协会还支持小学和中学校长以"主要催化剂"的身份创建持续的学习基础，推动学校和学生取得更好的表现，使学校改进工作产生长期影响。

美国学校改革联盟

http://www.nsrfharmony.org/index.html

美国学校改革联盟（NSRF）是一项职业发展计划，专注于通过一种叫作"重要朋友小组"（CFG）的专业学习社区提高学生的成绩。"重要朋友小组"通过协议和活动实现高效而有意义的沟通和学习，以高效而有意义的方式解决问题。

小型学校项目

http://www.essentialschools.org/items/21

作为基础学校联盟西北中心的一部分，小型学校项目创立于2000年，用于促进某些小型学校的理解和发展，帮助它们更好地利用支持严格关联性学习的紧密联系为所有学生提供这种学习经历。这个项目为致力于高中重新设计、确保所有学生毕业时为大学和工作做好准备的高中和学区提供支持与协助。

第五部分　评　估

重要评估5

同事汇报

教育工作者必须深入沉浸到各种基于研究的策略中，以支持教与学。他们必须有能力与其他教师合作，以支持自己的成长和发展，满足多元学习者的需要。

为了提高营造学校环境以支持多元学习者的能力，你需要首先勾勒出一个计划，用于分析和营造学校环境，以支持所有学生在理解的基础上深入学习。其次，你需要选择一个看上去不错的基于研究的策略，以支持所有学生在理解的基础上实现深度学习。最后，你需要向课程同事汇报你的工作。

第一部分：学校环境的营造规划

（1）找到你所熟悉的一所学校的网站。阅读和思考这所学校的使命和价值陈述。这所学校看上去最明显的理念是什么？你为什么这样认为？

（2）找到一所小学、中学或高中（选择一个）的课程链接。查看你所选择的领域的课程描述。

- 标准的作用是什么？
- 课程是如何体现标准和基准的？

（3）根据你的分析，你觉得课程的主要目的是什么（传递、交易、转化）？你为什么这样认为？

（4）你认为最普遍的课程定位是什么（以学习者为中心，社会需要，学术科目）？你为什么这样认为？

（5）使命/价值观与上述课程之间是否存在一致性？

（6）如果你是这所学校课程开发委员会的成员，你希望确保未来的课程工作中包含哪些步骤？

（7）如果你是这所学校职业发展委员会的成员，你希望确保未来的职业发展工作中包含哪些步骤？

第二部分：同事汇报

调查与实现多元文化教育有关的一个具体策略或元素的研究和文献。准备一张一页纸（隔行打印）的总结陈述。请（1）描述这种策略或实践；（2）包含有用的当前资源。准备让同事用大约30~40分钟的时间讨论这个策略。让你的同事讨论教师领导者的意义（比如探索你在何时通过何种方式支持教师使用这些策略）。每次汇报的目的是让个体学员领导同事共同讨论教师对于满足多元学习者需求的作用。

你可以从下面的主题中进行选择，或者选择另外一个主题。

（1）差异化教学。

（2）干预反应。

（3）重视理解的课程设计。

（4）21世纪学习技能合作。

（5）常见的形成性评估。

（6）建构主义教学。

（7）为社会公平和平等而教学。

（8）合作式学习。

（9）教师评价/职业发展。

（10）职业发展领域看上去不错的实践。

致 谢

我们的确站立在巨人的肩膀上。我们要感谢本书介绍的12位教育工作者和学者，他们为多元文化教育领域做出了宝贵的贡献。他们一生的工作对《多元文化：当教师遭遇新挑战》（*Becoming a Multicultural Educator: Developing Awareness, Gaining Skills, and Taking Action*）一书的形成产生了很大影响。我们还要感谢他们在本书写作过程中给予我们的帮助以及他们与我们多年的合作。所以，我们要深深地感谢这些人。他们分别是：詹姆斯•A.班克斯（James A. Banks）、卡尔•A.格兰特（Carl A Grant）、已故的罗纳德•高木（Ronald Takaki）、G.普里奇•史密斯（G. Pritchy Smith）、索妮娅•涅托（Sonia Nieto）、詹姆斯•洛温（James Loewen）、克莉丝汀•E.斯里特（Christine E. Sleeter）、克莉丝汀•I.贝内特（Christine I. Bennett）、菲利普•C.钦（Philip C. Chinn）、杰奎琳•乔丹•厄文（Jacqueline Jordan Irvine）、珍妮•奥克斯（Jeannie Oakes）以及唐娜•戈尔尼克（Donna Gollnick）。他们属于这一领域的"巨人"。能够成为他们的同事和朋友是我们的荣幸。

我们需要特别感谢塞奇出版公司的杰西卡•米勒和特丽萨•艾科马索，她们凭借极大的耐心、理解、鼓励和出色的技能，指导我们完成了整个过程。没有她们的持续支持，我们无法完成这本书。作为专业人员，她们非常清楚如何指导这个项目，使我们能够自由地将我们对于多元文化教育的激情付诸文字。在这个过程中，我们从未产生孤立无援的感觉。资深市场经理特拉•舒尔茨（Terra Schultz）是我们最重要的啦啦队员之一。在塞奇，我们得到了许多人的支持，其中每个人都拥有许多出色的技能。感谢塞奇出版公司所有帮助过我们的人，希望这本书能够为世界各地的学生和教师的生活带来改变。

我们要特别感谢本书的审稿人，是他们提供了很有见地的反馈意见，帮助我们制作出了一本能够有效满足学生和教员需求的教材。

第二版审稿人

布雷特•D.科米尔博士（Dr. Bret D. Cormier），肯塔基州立大学教育学院下属职业研究学院

吉塞拉•恩斯特-斯拉维特博士（Dr. Gisela Ernst-Slavit），华盛顿州立大学

苏珊•弗利（Susan Foley），卡罗来纳海岸大学

布拉德利•E.威金斯（Bradley E. Wiggins），阿肯色大学，史密斯堡

第一版审稿人

约瑟•辛特龙（Jose Cintron），加利福尼亚州立大学，萨克拉门托

迪雷恩•康纳（Delayne Conner），布里奇沃特州立大学

萨吉尼（杰瑞德）•金威［Sagini (Jared) Keengwe］，北达科他州大学，大福克斯

格雷格•克鲁格（Greg Krueger），奥古斯堡学院

马克•马拉比（Mark Malaby），波尔州立大学

约瑟•比亚维森西奥（Jose Villavicencio），哥伦比亚州立大学

耶波尼•扎马尼-加拉格（Eboni Zamani-Gallahger），东密歇根大学，伊普斯兰提

胡安•卡洛斯•阿劳斯（Juan Carlos Arauz），加州多明尼克大学，圣拉斐尔

杰米•贝里（Jamie Berry），阿姆斯特朗大西洋州立大学，萨凡纳

康斯坦斯•古德曼（Constance Goodman），中佛罗里达大学，奥兰多

谢丽•格林（Sherry Green），佐治亚高地学院，罗马

詹姆斯•莱恩（James Lane），哥伦比亚大学

杰米亚•托马斯•里士满（Jamia Thomas Richmond），卡罗来纳海岸大学，康威

帕齐•古德温（Patsy Goodwin），得克萨斯卫斯理大学，沃斯堡

卡门•圣胡尔霍（Carmen Sanjurjo），丹佛大都会州立大学

施里卡•谢尔（Schrika Shell），得克萨斯大学，埃尔帕索

阿拉里克•威廉姆斯（Alaric Williams），安吉洛州立大学，圣安吉洛

南希•卡德努托（Nancy Cardenuto），库兹敦大学

安吉拉•帕克（Angela Pack），哈得孙县社区学院，泽西城

乔迪•皮罗（Jody Piro），得克萨斯女子大学，丹顿

附　录　重要的多元文化课堂及资源、组织和协会

信息时代的好处是，我们有数不清的信息来源，包括出版物、视频和互联网资源。不过，这也是信息时代最大的问题之一。大量信息和没完没了的资源清单常常使教师感到困惑。本附录精心挑选了一些可以帮助任课教师规划多元文化课程的资源。除了这里列出的资源，还有许多资源可以使用。通过关注免费的多元文化课程资源，我们希望使用者不会被湮没在令人应接不暇的大量信息之中。

这里所包含的资源具有下列标准：

- 可负担性。我们知道新教师和老教师的财务限制。下列资源清单的主要选择因素是，他们可以通过互联网免费获取。当这本书送交出版社时，我们知道这些网站是存在的。不过，读者应当注意，许多网站会被运营者丢弃，或者停止运转；
- 关注多元文化课程开发。许多资源似乎可以被我们采纳，但是它们没有直接支持"多元文化"（multicultura）课程的开发，尤其是没有直接支持设计课程以及通过课堂教学将其付诸实践，因此这些资源没有入选；
- 网站的存在性。博物馆和历史遗迹没有入选，除非它们拥有提供课程信息的网站；
- 效用。具有有用性和广泛适用性的出版物得到了选择。本章包含了几种资源类型。每一节可能会出现有用的网站；视频、电影和光盘；LISTSERV；出版物。关于多元文化教育领域的视频不是很多。另外，关于种族主义、性别、性取向以及被共同剥夺公民权的群体的视频非常丰富。LISTSERV是一种电子邮件讨论组。当你订购这种服务时，你可以提交电子邮件信息，以创建或参与讨论。大多数网站的描述性注释摘自网站上的说法。本书每章结尾的参考文献是关于可以使用的图书资源的最佳信息渠道。

1．带有脸书站点的组织

社交媒体网站脸书是一个很好的工具，可以提供关于教学的最新交互式资源。我们在下面列出了一些拥有脸书站点的相关组织。我们还列出了每个组织的标准网站。

本附录列出的其他许多组织可能也有脸书站点，但是我们认为下面这些组织的脸书站点非常有用。

Colorlines.com

脸书站点：https://www.facebook.com/colorlines

网站：http://colorlines.com

Colorlines.com是一家每日新闻网站，提供关于当今种族公平问题的优质报道、评论和解决方案。

Colorlines.com是由一个多种族作家团队创办的，这个团队每天的报道和分析是关于政治、移民改革、经济和工作等各种问题的一种主要声音。Colorlines.com通过其"行动"频道为读者提供了对这些问题采取行动的机会。

FairTest：美国公平与开放测试中心

脸书：https://www.facebook.com/FairTest

网站：http://fairtest.org

FairTest努力终结标准化测试的误用和缺陷，以确保学生、教师和学校的评估做到公平、公开、有效和有益于教育。

美国多元文化教育协会（NAME）

脸书：https://www.facebook.com/groups/25246622051

网站：http://nameorg.org

美国多元文化教育协会成立于1990年，用于将那些对多元文化教育感兴趣的、来自所有学术等级和学科、各种教育机构以及其他机构、职业和社区的个体聚在一起。该协会专注于包容理念，信奉民主和文化多元主义的基本原则。

美国多元文化教育协会将文化和族群多样性视作一种能够使社会变得更加丰富多彩的国家力量，反对"多样性威胁社会结构"的观点。该协会相信，多元文化教育可以促进所有人的平等，不管他们的文化、族群、种族、语言、年龄、性别、性取向、信仰体系或异常情况如何。该协会认为，多元文化教育可以使个体相信自己的内在价值和文化，超越单一文化主义，最终成为多元文化个体。在个体为定义自己与全球化社会的关系以及对全球化社会的责任而进行的探索中，这种发展过程处于核心地位。该协会承认，关于多元文化教育的定义和目标，不同个体并不总是能够完全达成一致，也许他们永远也无法完全达成一致。该协会相信，持续的辩论是健康的。

种族向前冲：种族公平创新中心

脸书：https://www.facebook.com/RaceForward

"种族向前冲"通过研究、媒体和实践推进种族公平。"种族向前冲"创立于1981年，通过系统分析和创新方法处理复杂的种族问题，以帮助人们为种族公平采取有效行动。"种族向前冲"每天在Colorlines网站上发布新闻,并且举办美国规模最大的关于种族公平的多种族会议"面对种族"。

反思学校

脸书:https://www.facebook.com/rethinkingschools

网站:http://www.rethinkingschools.org

"反思学校"一直坚定地专注于平等,认为公共教育对于仁慈、体贴和多种族民主的创建起着核心作用。"反思学校"强调学校面对的问题,尤其是种族主义。

"反思学校"是一家非营利杂志和出版社,关注以社会公平为目的的教学、反种族主义教育以及当前公共教育政策和实践中的公平和平等问题。

2. 南方贫困法律中心(SPLC)

脸书:https://www.facebook.com/SPLCenter

网站:http://www.splcenter.org

南方贫困法律中心致力于对抗仇恨和偏执,为我们这个社会最为弱势的成员伸张正义。该中心通过诉讼、教育和其他倡议形式努力将社会公平和机会平等的理想变成现实。该中心是一个非营利民权组织,负责对抗仇恨和偏执,为我们这个社会最为弱势的成员而战斗。它代表受剥削的人、软弱的人和被遗忘的人赢得了许多具有标志性意义的法律胜利。该中心的诉讼颠覆了南方由来已久的种族主义,削弱了美国最具暴力倾向的一部分白人至上主义群体,为受剥削的工人、残疾儿童以及其他歧视受害者伸张了正义。(参照下面"倡导、民权和社会公平组织"中关于该中心主网站的讨论。)

为改变而教学

脸书:https://www.facebook.com/TeachingforChange

网站:http://www.teachingforchange.org

"为改变而教学"为教师和家长提供了营造学校环境、使学生学着理解、建设和改变世界的工具。

3. 一个美国民族历史的声音

脸书:https://www.facebook.com/VoicesofaPeoplesHistory

网站:http://www.peopleshistory.us

霍华德·津恩的"一个民族历史的声音"使历史在全世界的社区和教室里获得了生命。通过公开表达过去和现在的反对者、持异议者和有远见的人的观点,"一个民族历史的声音"试图教育和鼓励新一代美国人为社会公平而努力。"一个美国民族历史的声音"2007年由历史学家霍华德•津恩创建,它使平凡人的不平凡历史恢复了生命,这些平凡人开展的运动终结了奴隶制和种族隔离,抗议了对于美洲原住民的战争和种族灭绝,创建了工会和八小时工作制,推动了妇女的权利和同性恋的解放,促进了对当时错误做法的纠正。

津恩教育项目

脸书:https://www.facebook.com/ZinnEducationProject

网站:http://www.zinnedproject.org

津恩教育项目推动和支持在全国初中和高中课堂上用霍华德•津恩的畅销书《一个美国民族的历史》(*A People's History of the United States*)以及其他材料讲授一个民族的历史。津恩教育项目由两个非营利组织协调:反思学校(www.rethinkingschools.org)和为改变而教学(www.teachingforchange.org)。

津恩教育项目的目标是向学生介绍比传统教科书和课程更加准确、复杂、生动的美国历史。由教科书驱动的对于姓名和日期的烦琐记忆常常使人们忘记了研究美国历史可能给人带来的力量。津恩的《一个美国民族的历史》强调了劳动人民、妇女、有色人种以及有组织的社会运动对于历史的塑造作用。学生可以知道,历史不是由少数英雄人物创造的,而是由人民的选择和行动创造的,因此学生自己的选择和行动也很重要。

我们相信,通过以更加生动、更加诚实的方式看待过去,我们可以为学生提供理解和改善当今世界的分析工具。

4. 倡导、民权和社会公平组织(综合)

美国公民自由联盟(ACLU)

http://www.aclu.org

美国公民自由联盟是我们国家的自由卫士,每天都在法院、议会和社区努力辩护和保护美国宪法与法律赋予这个国家所有人民的个体权利和自由。

反诽谤联盟(ADL)

http://adl.org

反诽谤联盟的直接目标是通过理智、良知甚至法律(如果需要)阻止对犹太人的诽谤。其终极目标是确保所有公民得到公平和公正的对待,永久性地终结对任何公民派系或团体不公平与不公正的歧视和嘲笑。除了在全国范围内提供多样性培训讲习班,反诽谤联盟还提供关于如何解决反犹主义、种族主义和偏见的资源。该联盟的网站上既有关于这些主题的教学资源,也有犹太人大屠杀研究资源的链接。在这里,你可以找到图书、新闻通讯、在线参考文献、从小学到大学所有年级各个领域的课时规划以及时事报道。

美国社区和公平会议（NCCJ）

www.nccj.org

美国社区和公平会议是唯一的全国人际关系机构，关注各种基于个人宗教、种族、性别或性取向的歧视和压迫的表现形式。从偏向性犯罪到种族定性，我们面临着真实的挑战。为了应对和战胜这些挑战，美国社区和公平会议不断致力于与决策者和领导者合作，以支持他们建设包容性社会的工作。

南方贫困法律中心（SPLC）

http://www.splcenter.org

南方贫困法律中心成立于1971年，当时是一家小型民权法律事务所。如今，该中心以其宽容教育计划、针对白人至上主义者的法律胜利以及对仇视性犯罪的跟踪获得了国际声誉。该中心是一个非营利组织，通过教育和诉讼对抗仇恨、偏执与歧视。其网站上包含关于其克兰·沃奇和民兵工作组的详细信息。主网站上拥有具体的教育资源链接（参照上面"带有脸书的组织"中关于该中心脸书页面的讨论）。

美国教育部民权办公室

http://www.ed.gov/about/offices/list/ocr/index.html

民权办公室的任务是通过严格执行公民权利确保平等的教育机会，提高全国的教育水平。

5．论坛

MCP（前身为MCPavilion）

http://edchange.org/mailman/listinfo/mcp_edchange.org

MCP是多元文化馆的电子邮件讨论论坛，其目的是吸引一群国际教育工作者和社会活动家对于平等、社会公平和多元文化教育进行持续对话。讨论既包括当前问题（比如标准化和高利害测试），也包括平等问题（比如学校里的恐同症和性别主义），还包括资源的分享。

请加入这个由全世界超过600名教育工作者组成的致力于在学校所有层面开展多元文化教育的群体。

美国多元文化教育协会（NAME）

http://nameorg.org

美国多元文化教育协会主持了一个LISTSERV，又叫电子邮件讨论组。这个名为NAME-MCE的LISTSERV为全世界将近一千名教育工作者和社会活动家提供了一个讨论多元文化教育、共享资源、张贴职位空缺、宣传会议或其他活动以及提出问题的论坛。

6．非裔美国人资源

非裔美国人知识集锦：研究黑人历史和文化的国会图书馆资源指导

http://www.loc.gov/exhibits/african/intro.html

该网站由国会图书馆提供，拥有关于非裔美国人经历的一系列珍本书、照片和历史信息。

非裔美国人生活和历史研究协会（ASALH）

http://www.asalh.org

非裔美国人生活和历史研究协会的使命是面向全球社区宣传、研究、保存、解释和传播关于黑人生活、历史和文化的信息。

非裔美国人博物馆协会（AAAM）

http://www.blackmuseums.org

非裔美国人博物馆协会是一家非营利成员组织，其成立目的是支持国内外关注非洲和非裔美国人的博物馆，并且支持那些保护、保存和解释非洲和非裔美国人的艺术、历史和文化的专业人员。作为非裔美国人博物馆运动唯一代表和主要发声渠道而成立的非裔美国人博物馆协会，试图强化和倡导致力于保存"来自非洲的文化"的机构和个体的利益。该协会提供的服务使这些博物馆可以更好地满足非裔以及希望深入了解非裔文化、艺术和历史的个体的需要和兴趣。

数字朔姆堡19世纪非裔美国女性作家

http://digital.nypl.org/schomburg/writers_aa19

这个网站收集了非裔美国女性的文字作品。

互联网公共图书馆

http://www.ipl.org/IPLBrowse/GetSubject?vid=13&cid=1&tid=7166&parent=7165

这是关于互联网上非裔美国人资源的一份全面导航。

波士顿和楠塔基特非裔美国人历史博物馆

http://www.afroammuseum.org

非裔美国人历史博物馆的网站包括关于19世纪非裔美国人历史的信息以及其他具有类似关注点的博物馆的链接。

美国有色人种促进协会（NAACP）

http://www.naacp.org

1909年，一群致力于社会公平的黑人和白人公民在纽约市创立了美国有色人种促进协会，这是美国规模最大、最有力量的民权组织。

美国城市联盟

http://www.nul.org

成立于1910年的城市联盟是美国最古老、规模最大的、基于社区的运动团体，致力于帮助非裔美国人进入经济和社会主流。今天，总部位于纽约市的美国城市联盟领导着其地方分支机构的公正事业。美国城市联盟在35个州和哥伦比亚特区拥有超过100个地方分支机构，通过计划、倡议和研究为全国超过200万人口提供直接服务。城市联盟运动的使命是使非裔美国人获得经济自立、平等、力量和民权。

有肤色的女性，有文采的女性

http://www.airnyc.org/info/Women-of-Color-Women-of-Words-268381.html

专注于非裔美国女性剧作家作品的网站。

7．非裔美国人出版物

《非洲之声》（*African Voices*）杂志

http://www.africanvoices.com

《非洲之声》杂志致力于宣传有色人种的丰富艺术遗产。该杂志提供令人兴奋的各种短篇小说、诗歌、图书和音乐评论、历史描述以及关于剧作家奥古斯特·威尔逊和伟大的爵士乐演奏家马克斯·罗奇等当代艺术家和音乐家的专题。

多样性：高等教育的问题

http://www.diverseeducation.com

从1984年开始，《多样性：高等教育中的问题》（*Diverse: Issues In Higher Education*）［最初创办时叫作《高等教育中的黑人问题》（*Black Issues in Higher Education*）］是美国关于高等教育多样性信息的最主要的新闻来源。该杂志获得了2002年弗里欧奖美国最佳教育出版物奖项，这说明《多样性》很好地执行了自身的使命：为那些理解高等教育多样性问题重要性的人提供最可靠的信息来源。

8．美国阿拉伯人和美国穆斯林资源

阿拉伯裔美国人反歧视委员会（ADC）

http://www.adc.org

美国阿拉伯人反歧视委员会是一个民权组织，致力于保卫阿拉伯裔的权利，宣传他们丰富的文化遗产。该组织的网站提供了阿拉伯裔美国孩子的图书书目等教育资源，以培养阿拉伯裔美国人的社区意识。

美洲—中东教育和培训服务机构（AMIDEAST）

http://www.amideast.org

美洲—中东教育和培训服务机构是一家专注于中东和北美的国际教育、培训和发展活动的顶级美国非营利组织。该组织的网站提供了关于阿拉伯人和穆斯林的图书、文章和在线教育材料。

阿拉伯世界和伊斯兰资源（AWAIR）

http://www.awaironline.org

AWAIR提供了与中东文化有关的从幼儿园到高中的课程学习材料。该网站包含儿童文学、课程手册、社会研究课时规划、与阿拉伯裔美国人有关的视频以及中东和伊斯兰物品的照片（比如祈祷地毯、阿拉伯头巾）。

美国—伊斯兰关系委员会（CAIR）

http://www.cair.com

美国—伊斯兰关系委员会是一家基层民权和游说团体。该委员会是美国最大的伊斯兰公民自由团体，其地区办公室遍布美国和加拿大。委员会的全国总部位于华盛顿特区国会山。

自从1994年成立以来，美国—伊斯兰关系委员会努力在美国宣传伊斯兰和穆斯林的积极形象。该委员会通过媒体关系、政府关系、教育和倡导等方式提出了伊斯兰视角，以确保穆斯林的声音得到体现。在提供这种视角时，该委员会努力加强美国穆斯林社区的力量，鼓励穆斯林积极参与政治和社会活动。

宗教和公民价值研究所（IRCV）

http://www.ircv.org

宗教和公民价值研究所是一家非营利组织，支持包括所有信仰和无信仰的信仰自由。作为一家无倾向性组织，该研究所以中立的学术角色宣传关于世界宗教和各领域文化的知识，以促进理解、相互尊重和合作。该研究所在历史—社会研究课程、公共广场的宗教、跨宗教教育以及关于宗教新闻的媒体报道方面为公司、政府机构、公民组织和宗教机构提供协助。其网站为教师提供了课时规划、评估和其他资源。

中东对外宣传委员会（MEOC）

http://www.meoc.us

成立于1981年的中东对外宣传委员会是一个国家级非营利组织，负责向公众宣传中东（包括阿拉伯世界、以色列、伊朗、土耳其和阿富汗）的人民、地理和文化。该委员会是一个全国教育工作者网络，这些教育工作者致力于传播没有政治性和偏向性的信息、资源和活动，以增进人们对中东的理解。该委员会的目标受众是从幼儿园到高中和大学的非专业人士，同时它的服务也与范围更大的社区需求有关。该委员会的成员遍布全国，其服务包括一份半年度时事通讯、成员LISTSERV、一个年度图书奖和一个网站。

TeachMideast

http://www.teachmideast.org

TeachMideast这一资源主要为初中和高中教师提供必要的工具，用于教授三个重要、复杂、迷人的主题：中东、伊斯兰和穆斯林。小学和大学教师也可以在这里发现许多有益于课堂和个人精神修养的内容。该网站是中东政策委员会教育计划的核心项目，可以为该委员会的自由教师研究所提供支持。

9．亚裔美国人资源

《亚洲周刊》（*Asian Week*）

http://news.asianweek.com

作为唯一面向亚太裔美国人的全国英语周刊，《亚洲周刊》成为了在美国出生的亚裔更好地理解自身社区的途径。它也是亚裔移民融入美国主流文化的桥梁。类似地，它也是美国主流了解这个国家成长速度最快的社区之一的主要途径。

亚裔美国人网

http://www.asianamerican.net

亚裔美国人网的使命是为所有亚裔美国人社区服务，促进和加强亚洲和北美之间的文化、教育和商业联系。这是一个独特的网站，因为它努力强调和宣传所有不同的亚洲文化和人民以及来自所有这些国家的亚裔美国人。这个网站鼓励高中、学院和大学的学生和教师深入了解亚洲，并向亚裔美国人提醒着他们可以为之感到自豪的出身国家和文化。

亚裔美国人资源

http://www.dartmouth.edu/~hist32/Books/Topic.htm

该网站包含全面的达特茅斯学院参考书目。

亚洲—国家

http://www.asian-nation.org

"亚洲—国家"是一份关于当今亚裔美国人多元社区的历史、人口、政治和文化问题的信息资源。你可以将"亚洲—国家"看作在线版"亚裔美国人入门"。

日裔美国公民联盟（JACL）

http://www.jacl.org

日裔美国公民联盟是一个成员组织，其使命是确保和维持日裔美国人和其他不公行为受害者的人权和民权。

美国华人协会

http://www.ocanational.org

美国华人协会成立于1973年，其目标是接纳亚太裔美国人的希望和志向。美华协会对遍布全国的超过80家分会和分支机构进行组织，以培养领导能力，促进社区参与。美华协会的分会和分支机构正在全国各个地区创建有力的地方项目。美华协会在华盛顿特区的总部为美华协会国家中心提供了对影响亚太裔美国人的立法和政策问题进行监督的有效和有利的地理位置。此外，美华协会可以获得国家支持，而且可以与其他全国团体共同应对影响亚太裔美国人的问题。美华协会对于其他任何国家的政策没有共同立场，只关注亚太裔美国人的福利和民权。

加州大学欧文分校亚裔美国人研究

http://libguides.lib.uci.edu/asian_american

关于各种亚裔美国人资源的链接。

加州大学圣芭芭拉分校亚裔美国人研究

http://guides.library.ucsb.edu/asianamerican

关于亚裔美国人的许多网站、期刊、档案和其他资源的链接。

耶鲁大学图书馆亚裔美国人资源

http://guides.library.ucsb.edu/asianamerican

这是耶鲁大学图书、期刊和数据库的一个检索入口。

10．公民权利教育资源

加州大学洛杉矶分校民权项目

http://civilrightsproject.ucla.edu

民权项目（CRP）是一家专注于民权研究的全国顶级机构。它在全国研究人员之中拥有许多热情的合作者，而且获得了宣传组织、决策者和新闻工作者的大力支持。该机构最初以教育改革作为关注点，现在已经召开了几十场全国专题讨论会和圆桌会议；委托了超过300项新的调查和政策研究；制作了关于种族隔离、学生多样性、学校纪律、特殊教育、辍学和"第一款"计划的重要报告；出版了7本书。民权项目在遍布全国的大学、宣传组织和智囊团发起了跨越学科与机构界限的联合项目。民权项目的主任和员工在国会山与各州首府证明和提供技术支持。其研究被融入联邦法律中，被引用到了诉讼中，并且被用于推动国会听证会的进展。

11．文化身份资源

移民研究中心（CMS）

http://cmsny.org

纽约移民研究中心是一家成立于1964年的非营利组织，其主要目标是支持和实施关于国际移民的研究，提供关于国际移民的辩论论坛。该中心出版的《国际移民评论》（*International Migration Review*）是专门研究这一主题的一份顶级同行评议学术期刊。该中心还出版了一些图书和专题论文，并且从事了一些原创性研究。该中心组织了一些关于国际移民的会议和讨论，包括美国年度移民和难民政策法律会议。

混合遗产中心（MHC）

http://www.mixedheritagecenter.org

混合遗产中心是与跨种族、跨族群、跨种族收养或者以其他形式受到种族和文化交叉影响的人群生活有关的信息与资源交流中心。这是一个有机资源，可以随着用户的贡献而成长和变化。

飞梭之声：少数群体研究篇

http://vos.ucsb.edu/browse.asp?id=2721

加州大学圣芭芭拉分校的这个网页拥有非裔美国人、美国印第安人、亚太裔美国人、拉丁裔美国人（主要是墨西哥裔美国人）的互联网资源以及难民/移民人口资源、犹太人资源和欧裔少数群体资源的链接。

12．残疾资源

美国盲人基金会（AFB）

http://www.afb.org

美国盲人基金会是一个国家级非营利机构，负责为丧失视力的人提供更多机会。该基金会的首要任务包括拓宽技术的覆盖面，为服务于丧失视力之人的专业人员提供质量更高的信息和工具，为丧失视力之人及其家庭提供相关而及时的资源，以促进他们实现独立健康的生活。

自闭症协会

http://www.autism-society.org

这个网站为家长和服务提供者提供了大量信息，包括关于教育权利、医疗保险、居住选项、就业以及其他许多主题的信息包。

残疾资源

http://www.disabilityresources.org

该网站是一个通往互联网残疾资源的门户，对几千个最优秀的网站以主题或州为类别进行了方便的排列。

失读症教师

http://www.dyslexiateacher.net/index.htm

这个网站包含关于失读症的信息以及帮助失读学生的资源。

加劳德特大学技术撷取计划（TAP）

http://tap.gallaudet.edu

加劳德特大学技术撷取计划是一个研究小组，专注于能够消除聋人和听力障碍者面对的传统沟通障碍的技术和服务。

在线儿童资源：1989—1994年儿童文学和残疾导航

http://www.kidsource.com/NICHCY/literature.html

这份书目用于帮助家长和专业人员找到关于或包含残疾人物的图书。这份清单按照下列残疾进行了分类：注意力不足过动症（ADHD）、失明、脑瘫、耳聋、学习障碍、严重或危及生命的状态、身体残疾以及其他残疾。

学习障碍网站

http://www.ldonline.org

这是一个关于学习障碍的有用的网站，以家长、学生和教师为目标群体。网站的内容包括时事通讯、讨论论坛以及资源链接。

美国学习障碍中心（NCLD）

http://www.ncld.org

美国学习障碍中心为家长、专业人员和个体提供了关于学习障碍的重要信息，促进了推动有效学习的研究和计划，倡导保护和加强教育权利和机会的政策。

美国残疾儿童宣传中心（NICHCY）

http://www.nichcy.org

该中心提供了与婴儿、幼儿、儿童和青少年残疾有关的信息；为特殊教育提供授权的残疾人教育法案；与残疾儿童有关的《不让一个孩子掉队法案》；关于有效教育实践的基于研究的信息。

美国医学图书馆：学习障碍网站

http://www.nlm.nih.gov/medlineplus/learningdisorders.html

这个网站由美国医学图书馆运营，提供了关于学习障碍的大量资源。

美国青少年网络

http://www.nationalyouth.com

美国青少年网络的使命是为遇到困难的青少年的家长提供关于孩子行为的教育，包括注意力缺乏症（ADD）、注意力不足过动症、吸毒、青少年抑郁以及行为矫正或干预计划，比如野外生存计划、寄宿学校、住院治疗、减肥训练营以及其他青少年计划。

非言语型学习障碍网站

http://www.nldontheweb.org

非言语型学习障碍（NLD）也叫非言语型学习困难，是一种常常无法得到诊断的发展性残疾，是一种可能使人丧失能力的障碍。拥有这种障碍的个体通常只能默默地承受痛苦。他们常常很聪明，有时非常聪明。在他们小的时候，如果他们拥有丰富的词汇、死记硬背的技能以及明显的阅读能力，他们甚至可能被视作天才。

施瓦布学习

http://www.schwablearning.org

这个网站致力于帮助具有学习障碍的孩子的家长。

13．教育政策资源

公平帮助中心

http://www.ed.gov/programs/equitycenters/contacts.html

由联邦资助的公平帮助中心（EAC）可以提供丰富的材料和技术支持。这类中心最初创建于1978年。根据1964年《民权法案》第4款，美国教育部资助了10个地区公平帮助中心。它们在种族、性别和出身国方面为公立学校提供支持，以促进平等的教育机会。关于所有10个中心的详细信息，请参照上面的网站。

美国教育部

http://www.ed.gov

作为联邦政府机构，美国教育部负责管理和协调联邦对教育的大部分援助，并为这种援助制定政策。

14．欧裔美国人资源

美国白人文化研究中心

http://www.euroamerican.org

一些人可能认为这是一个白人至上主义组织。这是一个关注白人身份和美国白人文化的多种族组织。

性别资源

美国大学妇女协会（AAUW）

http://www.aauw.org

美国大学妇女协会负责推动所有妇女和女童的平等、终身教育和积极的社会变化。自从1881年以来，该协会一直是美国推动妇女和女童教育和平等的主要声音。

发现美国妇女历史网站

http://digital.mtsu.edu/cdm/landingpage/collection/women

这个来自中田纳西州立大学的网站将记录美国妇女历史的主要资源（照片、信件、日记、手工艺品等）的数字版本聚集在一起。这些资源具有多种类型，既有阿那萨吉人的陶器，也有20世纪70年代对女工程师的采访。

女权多数人基金会

http://www.feminist.org

女权多数人基金会通过研究和教育改善妇女生活，以实现妇女的社会、政治和经济平等。女权多数人基金会网站包含拥有"采取行动"思想的每日女权主义新闻、家庭暴力和性侵犯热线、女权主义职业中心、关于女权主义的信息（包括体育界的妇女和女童）以及更多女权主义研究资源。

美国妇女组织（NOW）

http://www.now.org

美国妇女组织是美国最大的女权积极分子组织。该组织在所有50个州和哥伦比亚特区拥有50万赞助会员和550个地方支部。

美国妇女历史博物馆

http://www.nmwh.org

成立于1996年的美国妇女历史博物馆致力于发现、呈现和赞美妇女在历史上为塑造美国文化和社会做出的丰富而具有多样性的贡献。这座博物馆将建在华盛顿特区，那里有世界上最著名的博物馆和纪念碑。美国妇女历史博物馆证明了准确完整地理解过去的重要性。这座博物馆将填补历史的空缺（妇女的历史）。

美国妇女历史项目

http://www.nwhm.org

美国妇女历史项目是一家非营利教育组织，其使命是通过提供信息、教育材料和计划，承认和赞美妇女具有多样性的历史成就。

美国妇女法律中心

http://www.nwlc.org

自从1972年成立以来，美国妇女法律中心一直在努力保护和推动妇女和女童在工作、学校以及生活中的几乎任何领域的进步。

15．犹太裔美国人资源

律法书之火

http://www.aish.com

这个网站提供了关于影响犹太人社区的当代问题的信息。"律法书之火"已经成了致力于解答"为什么要成为犹太人"这一重要问题的全球规模最大的组织之一。

美国犹太人历史协会

http://www.ajhs.org

美国犹太人历史协会提供了超过2 500万份文档和5万份其他资源，包括图书、照片、艺术品以及手工艺品，这些物品反映了犹太人在美洲从1654年到现在的历史。该组织的网站提供了展品、在线档案、出版社和链接。

犹太人历史资源中心

http://jewishhistory.huji.ac.il

犹太人历史资源中心提供了与犹太人大屠杀和犹太人其他历史有关的一系列链接。

美国犹太人大屠杀纪念博物馆

http://www.ushmm.org

美国犹太人大屠杀纪念博物馆是美国记录、研究和解释犹太人大屠杀历史的国家级机构，它是美国对于在犹太人大屠杀中被害的数百万人民的纪念。

16．拉丁裔/西裔美国人资源

西裔美国U.S.A.

http://www.getnet.com/~1stbooks

这个网站概述了西裔美国人的历史及其对美国的贡献。

墨西哥裔美国人法律辩护和教育基金会（MALDEF）

http://www.maldef.org

这个倡导机构试图保护西裔的权利，支持少数西裔法律学生的教育。这个基金会负责了大多数影响西裔的民权集体诉讼。

美国拉丁裔儿童研究所（NLCI）

http://www.nlci.org

美国拉丁裔儿童研究所的使命是吸引国家对拉丁裔儿童的关注，并为这些社区提供帮助，使拉丁裔年轻人能够在具有文化关联性的环境中实现全面而健康的成长。该研究所成立于1994年，目前仍然在推动和实施美国拉丁裔儿童目标。该目标是一份综合性原则声明，由48个国家级机构制定，随后得到了几百个个人和机构的支持。美国拉丁裔儿童研究所是唯一以拉丁裔年轻人为首要关注点的拉丁裔组织。

史密森尼拉丁裔中心

http://latino.si.edu

史密森尼拉丁裔中心成立于1997年，通过与史密森尼博物馆、研究中心、计划和全国将近200家分支机构组成的整个网络合作，确保拉丁裔文化、成就和贡献得到纪念和承认。

史密森尼拉丁裔中心发展和支持史密森尼学会的公共计划、研究、博物馆收藏和教育机会，以确保拉丁裔对艺术、科学和人文学科的贡献得到强调、理解和推进。

17．多元文化教育理论和实践资源

下列网站对于多元文化教育理论提供了精彩的总结和解释。

统一中的多样性：多元文化社会中教与学的重要原则

http://education.washington.edu/cme/DiversityUnity.pdf

关于教育和多样性，我们了解哪些知识？我们是如何了解这些知识的？在4年时间里，在这两个问题的引导下，多元文化教育共识委员会对于与多样性有关的研究进行了回顾和综合。这份报告是由华盛顿大学多元文化教育中心和马里兰大学共同命运联盟发起的。

论多样性教育：与詹姆斯·A.班克斯的对话

http://www.ascd.org/publications/educational-leadership/may94/vol51/num08/On-Educating-for-Diversity@-A-Conversation-with-James-A.-Banks.aspx

通过由美国教育协会（NEA）发起的与詹姆斯·A.班克斯的对话，读者可以知道如何"改造主流"，使所有学生在住家社区和更大的世界中做出更好的表现。

关于多元文化教育的15个误解

http://billhowe.org/MCE/?p=146

杰里·奥尔德里奇（Jerry Aldridge）和查尔斯·卡尔霍恩（Charles Calhoun）的文章，最初在2000年发表于《关注小学》（*Focus on Elementary*）。

过去20年，多元文化教育运动取得了很大的进展。来自专业机构的指导原则早已得到了实施。许多小学教育工作者支持多元文化发展，真诚地希望将多元文化主题融入课程中。不过，一些关于多元文化教育的含义及其实施方式的广为流传的误解阻碍了这一过程。

多元文化教育知识总结

http://www.ncrel.org/sdrs/areas/issues/educatrs/leadrshp/le0gay.htm

这篇专题论文对多元文化教育作了精彩而精确的解释。这篇文章由华盛顿大学西雅图分校多元文化教育中心教育学教授和准教员杰尼瓦·盖伊博士执笔，最初在1994年作为北中地区教育实验室内城教育计划内城教育专题论文系列的一部分发表。

18．多元文化教学与学习资源

奥索姆图书馆

http://www.awesomelibrary.org

该网站的网页提供了3万个经过仔细检查的链接，包括教育领域排在前5%的网站。

教育、多样性和卓越研究中心（CREDE）

http://crede.berkeley.edu

教育、多样性和卓越研究中心专注于帮助那些由于语言或文化障碍、种族、地理位置或贫困问题而无法充分发挥自身能力的学生获得更好的教育。

教育资源和课时规划

http://www.cloudnet.com/~edrbsass/edres.htm

这个网站为当前和未来的教师提供了几千个课时规划链接以及其他可能有用的信息。这个网站还拥有一些独家资源（包括课时规划）。

教育工作者的案头参考

http://www.eduref.org

这个网站依靠25年的经验，为教育社区提供高质量资源和服务。来自雪城信息学院的人为"教育工作者的咨询台"创建了"问问埃里克""教育材料门户"和"虚拟咨询台"，为你带来了超过2 000份课时规划、超过3 000个在线教育信息链接以及超过200个问题档案回答。

面向英语学习者的有效课时规划

http://www.moramodules.com

这个网站由圣迭戈州立大学教育学博士吉尔·克佩尔·莫拉（Jill Kerper Mora）创建，包含基本的教学策略和课时规划。

霍顿米夫林哈考特教育园

http://www.eduplace.com/activity/

这个网站由霍顿米夫林学校部门创建。霍顿米夫林学校部门负责出版各种教育材料，包括教科书以及面向幼儿园、学前班教师和学生的资源材料。该网站创建于1996年1月，是由教育出版商创办的运营时间最长的网站。这个曾经获得过奖项的网站拥有超过5万页有趣的内容可以探索，访客可以对他们最喜爱的主题进行进一步的研究，寻找有用的教学资源、教材支持、教育游戏等内容。

印第安纳大学教育学院：教学咨询；教学与多样性

http://www.indiana.edu/~icy/diversity.html

这个网站提供了教学建议、网页资源以及全球教育资源。值得注意的是与学生性取向、年龄、种族、性别和其他多样性特点有关的教学建议。

教师的课时规划

http://www.lessonplans4teachers.com

这个网站面向从幼儿园到高中的教师提供了完整的在线课时规划导航。

多元文化馆

http://www.edchange.org/multicultural

这个网站包含面向教育工作者、学生和社会活动家的多元文化教育资源。

学习新视野

http://education.jhu.edu/PD/newhorizons

在约翰·霍普金斯大学教育学院编辑团队的指导下，这个由国际教育工作者组成的非营利网站专注于确定、宣传和实施面向所有学生年龄和能力的最有效的教与学策略。这里的信息涉及神经科学、创造力、心理咨询、科技、数据驱动型决策、博物馆教育、艺术融合、特殊教育、早期教育、文化素养、行动研究、通用设计、国际交流计划、高等教育以及教师培养。

为改变而教学

http://www.teachingforchange.org

这个网站提供了职业发展讲习班、出版物、一项家长授权计划以及一个从幼儿园到高中的创新资源目录。

儿童双语图书

http://www.bilingualbooks.com

这些一侧显示西班牙语、另一侧显示英语的图书引入了双语技能，可以提高读者的语言和学习能力，积极培养他们对多种文化的意识。我们对于这些图书、音乐和语言学习磁带以及游戏进行了仔细的选择，以确保它们拥有教育价值、吸引人的文字和令人愉快的插图，同时确保它们对多元文化形象进行积极的描绘。

《多样性》［前《国际多元文化协会期刊》（International Journal on Multicultural Societies）］

http://www.unesco.org/new/en/social-and-human-sciences/resources/periodicals/diversities

《多样性》是由联合国教科文组织出版的一份专业学术期刊。它为移民、多元文化和少数群体权利等领域的国际跨学科研究以及与政策相关的社会学科研究提供了一个平台。《多样性》1998年由联合国教科文组织社会科学研究和政策部门创立，其目标是改善各个地区和不同社会科学学科的学术圈子之间的关系。《多样性》的一个具体目标是提高社会科学研究的政策相关性。这份期刊的每一期专门对移民和多元文化领域的一个重要问题进行具有连贯性的主题式讨论。《多样性》发表的所有文章都得到了外部同行评论的引用。

《多元文化教育电子杂志》（Electronic Magazine of Multicultural Education）（EMME）

http://www.eastern.edu/publications/emme

这份面向多元文化教育学者、实践者和学生的、可以公开访问的电子期刊每年出版两期。《多元文化教育电子杂志》致力于提供一个交流学术思想和实践思想的论坛，以强化多元文化教育的理论和实践。这份杂志拥有独特的主题定位，每一期包含关于某个特定主题的文章，教学思想，艺术图书、青少年图书和专业图书的评论以及多媒体材料。这份杂志还会发表一些超越具体问题、讨论多元文化教育宽泛话题的文章。公众只能阅读电子版本的杂志，而且不需要支付任何订阅费用。

卡木奇图书

http://www.kamkyibooks.com

这里有面向年轻人和成熟者的图书，面向初级读者和高级读者的图书，面向喜欢给孩子读书的人和喜欢听人读书的孩子的图书。这里有关于非裔美国人经历的严肃图书。这里还有一些有助于提高孩子自尊的作品以及能够提供孩子成长所需要的其他信息的图书。

李洛图书

http://www.leeandlow.com

李洛图书是一家专门经营多元文化主题的独立儿童图书出版商。该公司的目标是提供能够被有肤色的孩子认同并且受到所有孩子喜爱的故事。李洛图书与有肤色的艺术家进行了特别合作，并以"培养了许多之前没有接触过儿童图书出版领域的作家和插画家"而感到自豪。

《多元文化教育》（*Multicultural Education*）杂志

http://caddogap.com/periodicals.shtml

作为一本面向任课教师和其他教育工作者的杂志，《多元文化教育》提供了关于当前多元文化教育资源的实用建议和信息以及关于这个领域当前研究和问题的重要文章。

《多元文化视角》（*Multicultural Perspectives*）

http://www.nameorg.org/publications.php

这份出版物旨在宣传社会公平、平等和包容理念。它将文化和族群多样性看作能够丰富社会结构的国家力量。这份期刊鼓励人们提供各种材料，包括学术视角和个人视角，诗歌和艺术，具有学术性质、能够对文化多元主义和文化包容方面的讨论做出解释的文章，涉及各个学科的文章和立场书，讨论或体现多元文化形式的电影、艺术和音乐的评论。《多元文化视角》由美国多元文化教育协会主办，每年出版4次。

多元文化评论

http://petrolinas.biz/MCR2001-03/mainpage.htm

多元文化评论是一份重要的信息来源，涉及影响我们这个多元文化群体的重要问题。这里有全国各地教育领域专业人员撰写的有见地的文章，涉及多元文化研究的各个领域，比如少数群体的经历、课程和丛书的开发以及自由课堂的实践思想。每一期评论还包括关于图书、音频、视频和软件等最新多元文化材料的许多具有时效性的评论。

新美国媒体（NAM）

http://newamericamedia.org

新美国媒体是美国族群新闻机构首次规模最大的全国合作。新美国媒体1996年由非营利机构太平洋新闻通讯社成立，总部位于加利福尼亚。在加州，族群媒体是该州新的多数族群一半以上新闻和信息的主要来源。新美国媒体的主要目标是推动美国新闻业这一重要部门的社论曝光度和经济生存能力，以便在我们这个日益多元化和全球化的社会打造包容性的公共话语。新美国媒体制作和收集来自族群媒体部门的社论内容，将其提供给族群媒体部门，并且代表面向族群媒体和族群社会的公司、基金会和非营利组织开发具有开创性的推广服务。

反思学校

http://www.rethinkingschools.org

"反思学校"最初是一个地方项目，用于解决基础读本、标准化测试以及以教科书为主导的课程等问题。成立于1986年的"反思学校"现在已经发展成了一家全国著名的教育材料出版商，其订购用户分布在所有50个州、加拿大的所有10个省以及其他许多国家。

传授宽容

http://www.tolerance.org

任课教师、学校图书管理员、学校辅导员、学校管理者、教育学教授、家庭学校网络领导者、讲习班机构的青少年指导者以及为青少年服务的非营利机构员工可以免费使用"传授宽容"的教育工具包，免费订阅该机构的杂志。

文化、差异与力量（交互式视频光盘）

http://store.tcpress.com/0807745243.shtml

这个以克莉丝汀·斯里特博士为主打特色的关于多元文化教育的只读光盘课本适用于教师培养计划。

19. 美洲原住民资源

儿童文学中的美洲印第安人（AICL）

http://americanindiansinchildrensliterature.blogspot.com

创立于2006年的"儿童文学中的美洲印第安人"对于儿童和年轻人的图书、学校课程、流行文化以及社会中的原住民提供了重要视角和分析。向下滚动鼠标，以浏览书评和原住民媒体等链接。

美洲印第安人高等教育联盟（AIHEC）

http://www.aihec.org

美洲印第安人高等教育联盟由34所美国大学和1个加拿大研究所组成。该联盟的使命是支持这些大学的工作和全国部落自决运动。该联盟有4个目标：维持美洲印第安人共同具有的教育质量标准，支持由部落控制的新型大学的发展，促进和协助支持美洲印第安人高等教育的立法的发展，鼓励美洲印第安人进一步参与到高等教育政策的开发过程中。

美洲印第安人图书馆协会（AILA）

http://www.ailanet.org

美洲印第安人图书馆协会是一个会员制行动小组，负责解决美洲印第安人和阿拉斯加原住民与图书馆相关的需求。该协会致力于在图书馆社区宣传与美洲印第安人的文化、语言、价值观和信息需求有关的信息。

美洲印第安人运动（AIM）

http://www.aimovement.org

美洲印第安人运动承诺与白人对印第安人的不公正对待进行抗争，包括白人在处理印第安人事务时的压制、迫害、歧视和渎职。只要北美的印第安人遇到麻烦，不管他们所在的位置多么遥远，该组织都会赶到那里，帮助原住民重获人权，得到赔偿，恢复之前的状态。

美洲原住民新闻档案

http://anpa.ualr.edu

美洲原住民新闻档案为公众创建、维护和提供原住民新闻、期刊和其他出版物最全面的集合，维护原住民手稿和特别收藏，获取其他与原住民社区、出版史和文献相关的材料，以记录当代美洲原住民社区。

美洲印第安人文献研究协会（ASAIL）

http://facultystaff.richmond.edu/~rnelson/asail

美洲印第安人文献研究协会的目标是推动关于美洲原住民口述传统和书面文献的考察、考证和研究，推动这种传统和文献的传承，为当代美洲原住民作家与原住民口述传统的延续提供支持和鼓励。

印第安人事务局（BIA）

http://www.bia.gov

印第安人事务局的职责是管理和经营由美国托管的美洲印第安人、印第安部落以及阿拉斯加原住民的5 570万英亩土地。美国有562个得到联邦承认的部落政府。开发林地、出租这些土地上的资产、指导农业计划、保护用水权和土地权、开发和维护基础设施以及促进经济发展都是这个机构的职责。此外，该事务局还为大约4.8万印第安学生提供教育服务。

婴儿板教学项目

http://www.cradleboard.org

婴儿板教学项目得到了课时规划和优秀课程的支持，是一个生动的交互式项目。在几所美洲印第安人大学的帮助下，通过使用新技术和标准工具，孩子可以和远距离的同龄人相互学习，共同进步。该项目积极联系实际，可以为印第安人儿童和非印第安儿童提供良好的教育。

今日印第安地区媒体网络

http://www.indiancountrytodaymedianetwork.com

我们建设了这些民族到目前为止最宏大、最全面的在线世界——全世界有天赋的原住民作家、记者和艺术家的完美橱窗。作为原住民声音和问题的国家级平台，"今日印第安地区"网站将成为对我们的新闻、文化、理想和事业感兴趣的人数众多并且不断扩大的群体的一站式目的地。最重要的是网站的社交平台，它是这些民族第一个涉及我们所有相同和不同利益的真正的在线社区和论坛。

拉布里奥拉全国美洲印第安人数据中心

http://lib.asu.edu/labriola

拉布里奥拉全国美洲印第安人数据中心是一个面向国际的研究收集站，将关于政府、文化、宗教和世界观、社会生活和习俗以及部落历史的当前和历史信息从美国、加拿大、墨西哥索诺拉和奇瓦瓦的个人手中收集起来，放在一个地方。该中心通过互联网、计算机数据库和只读光盘传播这些信息。

美洲印第安人全国代表大会（NCAI）

http://www.ncai.org

美洲印第安人全国代表大会负责保护印第安民族和原住民政府的权利，提高印第安人和原住民的生活质量，帮助公众更好地理解印第安人和原住民的政府、人民和权利。

原住民村庄

http://www.nativevillage.org

"原住民村庄"是为原住民年轻人、青少年、家庭、教育工作者和朋友创办的教育事件与时事资源。该组织每周三发布两份周刊：《原住民村庄青少年和教育新闻》（*Native Village Youth and Education News*）以及《原住民村庄的机会和网站》（*Native Village Opportunities and Websites*）。每一期报刊都会以简洁易读的形式分享整个美洲的印第安新闻和教育。原住民村庄图书馆拥有高质量学习机会和网站的链接。档案部分用于浏览过去的期刊。我们也在其他领域不断更新信息，以保持与美洲第一民族和人民的及时同步。

原住民网

http://nativeweb.org

原住民网是一个国际非营利教育机构，致力于使用电信科技，包括计算机技术和互联网；传播来自全球土著民族、人民和组织的信息以及与这些民族、人民和组织有关的信息；促进原住民和非原住民之间的沟通；研究土著人民对技术和互联网的使用；为促进土著人民使用这种技术而提供资源、辅导和服务。

马珊塔基特市佩科特博物馆和研究中心

http://www.pequotmuseum.org

马珊塔基特市佩科特博物馆和研究中心是世界上最大、最全面的美洲原住民博物馆和研究中心，为各个年龄段的参观者提供了一系列具有吸引力的体验，包括能够将参观者带回到过去的、与实物同等大小的、可以在其中行走的实景模型以及不断变化的展品和当代艺术文化的现场表演。整整4英亩的永久性展品描绘了原住民和大自然1.8万年的历史，其中的细节得到了充分的研究。两个图书馆（包括一个儿童图书馆）提供了关于美国和加拿大所有当地民族历史和文化的各种精选材料。

美洲印第安人国家博物馆

http://www.nmai.si.edu

美洲印第安人国家博物馆是史密森尼学会的一个组成部分，致力于保存、研究和展示美洲印第安人的生活、语言、文学、历史和艺术。

《美洲印第安人文化和研究期刊》（American Indian Culture and Research Journal）

http://www.books.aisc.ucla.edu/

这份被引用次数最多的美洲印第安人研究期刊是由加州大学洛杉矶分校美洲印第安人研究中心出版单位发行的季刊。每一期充满了最新的、经过仔细研究的文章；热情洋溢、令人难忘的文献；关于现有学术文献的最新评论——简言之，每一期都是对美洲印第安人研究的全景回顾。

《美洲印第安人文献研究》（SAIL）

http://www.nebraskapress.unl.edu/product/Studies-in-American-Indian-Literatures,673235.aspx

《美洲印第安人文献研究》（Studies in American Indian Literatures）是美国唯一专注于美洲印第安人文献的期刊。这份期刊得到了来自各个地区的学者和具有创造性的投稿者的支持，位于这一领域各项活动的最前沿。该期刊欢迎读者提交关注美洲印第安人文献任何领域的学术性、批判性、教学性和理论性手稿以及诗歌和短篇小说、书目性文章、评论性文章和采访。该期刊对"文献"的定义很宽泛，包括原住民创建的所有书面、口头和视觉文本。

《美洲印第安人高等教育部落学院期刊》（*Tribal College Journal of American Indian Higher Education*）

http://www.tribalcollegejournal.org

这个代表美洲印第安人高等教育联盟部落学院和大学成员的基于文化的出版物旨在探讨关于美洲印第安人和阿拉斯加原住民社区未来的重要问题。《部落学院期刊》既有新闻类文章，也有学术类文章。

《美洲印第安人季刊》（*American Indian Quarterly*）

http://www.nebraskapress.unl.edu/product/American-Indian-Quarterly,673174.aspx

《美洲印第安人季刊》（AIQ）是一份同行审阅的跨学科期刊，探讨美洲原住民的历史、人类学、文学、宗教和艺术。这份季刊捕捉到了发展迅速的美洲原住民研究领域的复杂性和兴奋点。这份涉及各种问题和主题的季刊致力于描绘和鼓动关于方法与理论最新发展的辩论。季刊内容包括原创文章、短篇投稿、评论文章以及书评。

20．性取向和性别身份资源

性别光谱

https://www.genderspectrum.org

该机构提供一系列服务，用于帮助青少年、家庭以及各组织机构理解和应对性别身份和性别表达的各种概念，包括性别的社会、文化、组织和社区定义对任何不完全符合这些类别的年轻人可能产生的不利影响。

男女同性恋反诽谤联盟（GLAAD）

http://www.glaad.org

男女同性恋反诽谤联盟致力于推进和确保媒体对于人物和事件的公平、准确和包容性呈现，以消除基于性别身份和性取向的恐同症和歧视。

男女同直教育网络（GLSEN）

http://www.glsen.org

男女同直教育网络负责努力确保所有学生在安全的学校环境下获得有效的教育。

女同性恋/男同性恋/双性恋/跨性别者问题

http://litmed.med.nyu.edu/Keyword?action=listann&id=100

这个网站由纽约大学医学院创建，包含关于女同性恋/男同性恋/双性恋/跨性别者问题的带有注释的电影、图书和艺术品目录。

男女同性恋的父母、家人和朋友（PFLAG）

http://www.pflag.org

男女同性恋的父母、家人和朋友支持人们应对社会偏向性，通过教育开导无知的公众，倡导结束歧视，确保平等的公民权利，从而帮助男同性恋、女同性恋、双性恋、跨性别者及其家人和朋友过上健康舒适的生活。该组织提供了关于性取向和性别身份的对话机会，并且努力创建尊重人类多样性的健康社会。

酷儿资源目录（QRD）

http://www.qrd.org/qrd

酷儿资源目录是一个电子研究图书馆，专门面向传统上被称为"酷儿"并且遭到系统性歧视的性别少数群体。

青少年资源

http://www.youthresource.com

年轻的女同性恋、男同性恋、双性恋、跨性别者和性别存疑者是这个网站的创办者和目标受众。

《这是常识》（It's Elementary）

地面火花

http://groundspark.org/our-films-and-campaigns/elementary

这部纪录片向教育工作者展示了学校对男女同性恋的认可是如何阻止歧视和暴力的。《这是常识》是第一部通过向成年人提供与孩子谈论同性恋的实践课程解决反同性恋偏见的同类影片。这部被誉为"智能引导模范"的影片证明了孩子愿意而且能够努力克服模式化印象，了解男同性恋和女同性恋的全新含义。

《那是一个家庭！》（That's a Family!）

地面火花

http://groundspark.org/our-films-and-campaigns/thatfamily

以帮助孩子理解各种家庭结构为目的的《那是一个家庭！》是一部有趣的纪录片，在帮助从幼儿园到八年级的孩子理解当今不同家庭形式方面取得了新的突破。在这部片子里，勇敢而幽默的孩子们将带领观众体验他们的生活，他们将坦诚地谈论在父母属于不同种族或宗教、父母离异、只有一个家长、父母是同性恋或者以养父母或爷爷奶奶作为监护人的家庭中成长的感受。不管你处于哪个年龄段，这部获奖电影都将开阔你的眼界，触动你的心灵。

21．社会公平教育资源

公平问题

http://www.justicematters.org

"公平问题"致力于确保教育政策以社区目标为基础。作为推动种族公平运动的组织，我们积极致力于增加有色群体的声音、观念和价值观的分量。这个网站为我们提供了另一个工作平台。

传授宽容

http://www.splcenter.org/what-we-do/teaching-tolerance

"传授宽容"计划努力营造具有滋养性和包容性的学校环境——在这种课堂上，平等和公平不仅存在于课本上，也存在于现实之中。该计划以未来为目标，帮助教师培养出能够适应多元世界生活的新一代美国人。

作为美国无偏教育资源的顶级提供方之一，"传授宽容"计划每年通过获奖杂志《传授宽容》（*Teaching Tolerance*）、多媒体教学工具包、在线课程、"多元学生教学计划"等职业发展资源以及午餐日"混合"等特别计划使数十万教育工作者和数百万学生受益。这些材料是免费提供给教育工作者的。

Tolerance.org

http://tolerance.org

如果你想消除偏执，创造出重视多样性的社区，那么Tolerance.org将是你的一个主要网上目的地。

《分裂的班级》（*A Class Divided*）

美国公共广播公司/波士顿公共广播频道

http://www.pbs.org/wgbh/pages/frontline/shows/divided/etc/view.html

《前线》（*Frontline*）在其1985年获奖节目《分裂的班级》中讲述了与《风暴之眼》（*The Eye of the Storm*）相同的故事。这个46分钟的视频被分成了5个段落，包含对于已经长大成人的学生的跟踪。这个网站还包含一份教师指导。

《恐惧的颜色》（*The Color of Fear*）

斯特弗莱讲座与咨询网

http://www.stirfryseminars.com

这是一部有见地的开创性电影，通过亚裔、欧裔、拉丁裔和非裔北美人的视角讲述了美洲种族关系的现状。在一系列富含智慧、令人感动的戏剧性冲突中，这些人揭示了种族主义为他们带来的痛苦和伤疤。随之而来的是一种深层次的理解和信任。我们大多数人都惧怕这种对话，但我们都希望这种对话能够在我们人生中的某个时刻出现。（片长：90分钟）

《风暴之眼》

美国广播公司新闻网

http://janeelliott.com

这个由美国广播公司新闻网制作的畅销节目首次以视频形式记录了简·埃利奥特帮助三年级学生理解偏见含义的勇敢尝试。在小马丁·路德·金遇刺后，在埃利奥特所负责的三年级班级，完全由白人基督徒组成的学生渴望理解金博士所做工作的重要性。埃利奥特女士的学生生活在爱荷华州赖斯维尔市具有单一人口结构的农业社区之中，许多人之前从未见过黑人，但是许多人怀有明显或微妙的偏见。这些偏见是从哪儿来的呢？更重要的是，她如何让他们理解这些偏见的武断和不公平呢？这段曾经获得艾美奖的视频记录了埃利奥特的著名练习：她根据学生的眼睛颜色将他们分开，为一个群体提供特权，为另一个群体提供障碍。她首先对蓝眼睛学生进行了歧视性对待，然后对棕眼睛学生进行了歧视性对待。通过这种方式，她证明了学生可以迅速做出调整，以符合她对他们的较低预期。这段视频目前仍然是这一领域的经典，而且是简·埃利奥特最热门的作品。

《让我们面对现实》（*Let's Get Real*）

地面火花

http://groundspark.org/our-films-and-campaigns/lets-get-real

在这部很有影响力的纪录片中，孩子们对欺凌问题进行了勇敢的谈论。漫骂和欺凌在全国青少年之中非常普遍，而且常常是校园暴力的起源。在《让我们面对现实》中，年轻人可以用他们自己的语言讲述他们的故事——最后的结果令人心碎，使人震惊，发人深省，而且直击要害。同绝大多数为学校制作的关于这一问题的视频不同，《让我们面对现实》没有粉饰真相，或者采取"由成年人告诉孩子当他们被'坏'孩子欺负时应该怎样做"的形式。

《不在我们镇上》（*Not in Our Town*）

沃金集团

http://theworkinggroup.org/orderatape.html

《不在我们镇上》是一个令人振奋的故事，讲述了蒙大拿州比林斯市居民如何团结起来保护邻居免受白人至上主义者的威胁。各个种族和宗教的小镇居民迅速采取了行动。宗教和社区领导人、工会志愿者、执法部门、当地报纸以及相关个人团结一致，呼吁建设一个没有仇恨的社区，提出了一个没有明确指向的口号"不在我们镇上"。这个备受欢迎的PBS特别节目引发了全国范围内反对仇视性犯罪的运动，这种运动的规模每年都在扩大。

《不在我们镇上二》（*Not in Our Town II*）

沃金集团

http://theworkinggroup.org/orderatape.html

《不在我们镇上二》简单回顾了比林斯的故事（参照上面），并且讲述了6个引人入胜的新故事。在这些故事中，人们努力创建没有仇恨的小镇、城市、工作场所和学校。三K党集会受到了多元庆典活动的还击；市民与警察共同应对仇视性犯罪；年轻人讨论仇视性犯罪对其生活的影响；上班族发现更好的沟通技巧可以缓和种族紧张，创建更加和谐的工作环境；人们走到一起，重建遭到焚毁的南方教堂；镇上的人发现，将仇恨消灭在萌芽之中是最好的解决方案。

《肤浅》（*Skin Deep*）

艾丽斯电影

http://www.irisfilms.org/films/skin-deep

这部电影通过一群具有多样性但非常正直的大学生群体的经历讲述了当今美国种族关系的复杂性。曾获得奥斯卡奖提名的制作人弗朗西丝•里德（Frances Reid）通过采访、校园和家庭生活场景以及周末聚会上的跨种族对话，记录了这些年轻人对于种族的态度和感受。这部53分钟的电影是为了应对这个国家日益强烈的种族仇恨和暴力运动。这部电影的指导思想是，以跨种族对话和单一群体的形式谈论种族问题是采取行动消除充斥于我们的机构和社区、对我们每个个体具有深刻影响的种族不平等的必要开端。《肤浅》将带领观众与一群当代大学生进行对话。

《真实的颜色》（*True Colors*）

美国广播公司新闻网

http://www.understandingprejudice.org/teach/activity/rdiscrim.htm

在这部令人吃惊的影片中，美国广播公司新闻网《黄金时间直播》（*Prime Time Live*）主持人黛安•索耶（Diane Sawyer）在两个朋友的帮助下探索了美国的肤色偏见。这两个朋友在其他方面完全一样，只有一个区别——约翰是白人，格伦是黑人。他们带着隐藏式摄像机，共同参与了一系列实验，以探索人们在各种场景下对他们的反应。以搬到新城镇为背景，《黄金时间直播》分别对约翰和格伦进行了跟踪。两个人需要租房、找工作、购车、购物，并且进行其他日常活动。白人社区和种族混合社区对他们的反应具有惊人的一致性。在每个场景中，约翰都会受到社区的欢迎，格伦则会遭遇过高的价格、漫长的等待以及不友好的销售人员。在《真实的颜色》结尾，黛安•索耶同约翰和格伦讨论了这些实验的结果以及他们在日常生活中经历的歧视。

22．视频：免费在线视频

《模仿白人第一部分》（*Acting White Part 1*）

http://abavtooldev.pearsoncmg.com/myeducationlab/singleplay.php?projectID=foundations2008ABC&clipID=Actng_White.flv

长度：8:09

《模仿白人第二部分》（*Acting White Part 2*）

http://abavtooldev.pearsoncmg.com/myeducationlab/singleplay.php?projectID=foundations2008ABC&clipID=Acting_White_2.flv

长度：5:52

在美国广播公司新闻网的这段视频中，采访者与威斯康星州麦迪逊东部高中的黑人学生和说唱歌手约翰·福特（John Forte）谈论了"模仿白人"的概念。正如视频中讨论的那样，"模仿白人"是黑人学生使用的一个蔑视性词语，用于贬低在他们看来背叛了个人种族的其他黑人学生——他们认为这些人接纳了白人社会的期望，因此"背叛"了他们。使用标准英语、努力学习以及在课堂上回答问题都可能被视作模仿白人的行为。这种说法会给人带来很大的痛苦，因此许多黑人学生故意做出不好的表现，以免遭到这种指控。视频中的社会学家和心理学家指出，这种有意识的不求上进可能是美国教育进展评估等评估中白人和黑人学生之间出现成绩差距的一个原因。

《像我这样的女生短片》（*A Girl Like Me Featurette*）

https://www.youtube.com/watch?v=PAOZhuRb_Q8

长度：19:17

《卡罗琳·凯西：忽视限制》（*Caroline Casey: Looking Past Limits*）

http://www.ted.com/talks/caroline_casey_looking_past_limits

长度：19:17

从一个秘密开始（不能剧透），社会活动家卡罗琳·凯西（Caroline Casey）讲述了她那不平凡的人生故事。在一场挑战认知的演讲中，凯西建议我们所有人超越自己为自己设下的限制。

《哥伦布秘史》（*Columbus -The Hidden History*）

http://vimeo.com/24976074

长度：10:00

这是一部参与全国历史日竞赛的纪录片。该片探索了几个个体所学到的关于克里斯托弗·哥伦布的错误知识以及他在美洲的真实故事。全国历史日竞赛允许参与者选择一些照片、音乐和视频，但是他们必须提供这些作品原始创作者的信息。

《单一故事的危险：奇麻曼达·恩格兹·阿迪切》（*The Danger of a Single Story: Chimamanda Ngozi Adichie*）

http://www.ted.com/talks/chimamanda_adichie_the_danger_of_a_single_story?language=en

长度：18:49

我们的生活和文化是由许多相互重叠的故事组成的。小说家奇麻曼达•恩格兹•阿迪切（Chimamanda Ngozi Adichie）讲述了寻找自己真正的文化声音的故事。她还警告说，如果我们仅仅倾听关于另一个个人或国家的一个故事，我们可能会产生重大的误解。奇麻曼达•恩格兹•阿迪切的小说和故事融入了被近代西方人遗忘的尼日利亚历史和悲剧，是移居文学王冠上的明珠。

《哈里•孔达伯鲁，你来自哪里？》（*Hari Kondabolu Where Are You From?*）

https://www.youtube.com/watch?v=PAZTWRqaAwA

长度：2:13

哈里•孔达伯鲁（Hari Kondabolu）讨厌别人问他"你来自哪里"这个问题，因为"纽约市"显然不是一个令人满意的答案。这是这个笑话的最初版本。2007年6月12日拍摄于西雅图地下喜剧院。

《我是穆斯林女人》（*I Am a Muslim Woman*）

https://www.youtube.com/watch?v=F9VF6jRsHtg

长度：2:44

该片讨论了一些误解。

《凡人琐事种族主义场景》（*Family Matters Racist Scene*）

https://youtu.be/n7jPuQfkE9w

长度：00:53

90年代电视剧《凡人琐事》（*Family Matters*）中的种族主义场景。可以用于讨论学生和教师应当采取的行动。

TEDxSIT：《李文华"但是……我是美国人"》（*Lee Mun Wah "But...I am an American"*）

https://www.youtube.com/watch?v=7DWl5KXvCGA

长度：18:11

李文华（Lee Mun Wah，音译）是享誉世界的华裔美国纪录片制作人、作家、诗人、亚洲民间故事讲述者、教育工作者、社区治疗师、资深多样性培训师。他在旧金山联合学区担任了超过25年的资源专家和顾问。他后来成为了私立学校顾问，为存在严重学习困难的学生提供服务。

倾听拉丁裔女性的声音：《露西•弗洛雷斯》（*Lucy Flores*）

https://www.youtube.com/watch?v=s171IgapxMc

长度：3:18

为帮助女生留在学校并走上通往成功的道路，美国妇女法律中心同墨西哥裔美国人法律辩护和教育基金会直接找到了问题的源头：拉丁裔女生和每天培养她们的成人。《倾听拉丁裔女性的声音：高中毕业的障碍》（*Listening to Latinas: Barriers to High School Graduation*）探索了拉丁裔女性辍学危机的原因，确定了提高她们的毕业率、使她们为上大学做好准备所需要的行动。

热情学校电影：《你知道什么？》（*What Do You Know?*）

http://www.welcomingschools.org/what-do-you-know-the-film

长度：13:00

《你知道什么？6到12岁学生谈论男女同性恋》（*What Do You Know? Six to Twelve Year-Olds Talk About Gays and Lesbians*）是由人权运动基金会热情学校项目制作的一部13分钟的获奖电影。在这部电影中，亚拉巴马州和马萨诸塞州的学生讨论了他们在学校听到的关于LGBTQ主题的话语以及他们希望教师以怎样的方式解决令人痛苦的谩骂和骚扰问题。

23．第九款

第九款是1972年通过的一部联邦法律，用于确保男女学生和员工在教育环境中受到平等和公平的对待。该法律保护人们免受基于性别的歧视。该法律的序言是这样说的：

美国的任何人不应基于性别被阻止参与任何接受联邦援助的教育计划或活动，或者被阻止获得这种计划或活动的利益，或者在这种计划或活动中受到歧视。

1964年民权法案1972年教育修正案第九款

第九款管理者协会

https://atixa.org

第九款管理者协会为那些希望更加有效地为学区和校园服务的学校和学院第九款协调员和管理者提供了一个职业协会。事实证明，从1972年开始，第九款成为了一个日益强大的平衡工具，推动了学校和学院的性别平等。第九款的作用包括推动学术和体育计划的平等，预防基于性别的敌对环境，阻止性骚扰和性暴力，保护人们免受报复，修复其他基于性别的歧视形式的影响。美国每一个学区和大学都需要配备一名第九款协调员，用于监督第九款的实施、培训和遵守情况。第九款管理者协会引导大学和学区的第九款协调员和管理者进行专业合作，以探索最佳实践，共享资源，推进教育领域性别平等这一有价值的目标。

《第九款与性别歧视》

http://www.ed.gov/about/offices/list/ocr/docs/tix_dis.html

美国教育部民权办公室负责实施1972年教育修正案第九款以及其他法令。第九款保护人们在接受联邦财务援助的教育计划或活动中免受基于性别的歧视。

第九款博客

http://title-ix.blogspot.com

这是关于第九款法律新闻的信息博客，由西新英格兰大学法律教授埃琳·巴祖维斯（Erin Buzuvis）和妇女研究博士克丽斯廷·纽霍尔（Kristine Newhall）创建。

第九款信息

http://www.titleix.info

这个网站用通俗易懂的语言对规则进行了解释，而且举出了真实的研究案例。此外，它还提供了在你所在的当地社区了解第九款执行情况的途径、拥有更多详细信息的许多政府和教育机构的链接以及就第九款问题联系华盛顿特区教育部长的方便易用的电子邮件系统。

了解你的第九款

http://knowyourix.org/title-ix

"了解你的第九款"创建于2013年，是一场由幸存者发起的、由学生推动的、以终结校园性暴力为目标的全国运动。我们凭借基层的力量向全国的学生宣传他们所拥有的在没有性暴力和骚扰的环境中接受教育的公民权利，同时推动国家层面的政策和法律变化，使联邦更好地执行这种权利。"了解你的第九款"填补了纸面法律与现实中的幸存者之间的空白：我们努力向我们的同学宣传他们的权利，让他们学会为校园安全和平等采取行动，并将学生的声音、经历和担忧传达给政策制定者，使他们为第九款的历史写下新的篇章。

24．词汇表

文化互渗：不同文化在一段时间里相互作用并吸收对方文化身份的结果。

成绩差距：在美国的许多地方，白人学生和有肤色的学生、男生和女生在表现上存在重大差异。这种差异被称为成绩差距。

行动研究：教育工作者个体或团队系统性地收集数据，以回答与其教学实践相关的问题，这种过程叫作行动研究。一个例子是研究以多元智能作为教学策略的做法对多元学生学习成绩的影响。

平权举措：在就业领域确保不同性别和种族具有平等代表权的积极措施。

替代性评估：要求学生以传统纸笔测试以外的途径展示个人知识和能力的措施。

反犹分子：强烈讨厌犹太教信徒的人。

同化：一个文化群体的成员适应并融入另一个文化群体的过程。参照族群延续。

真实评估：与真实生活类似并且与教学相关的评估活动。

真实性学习：现实生活教育，与人为设计的教育相对应。

行为主义：关注可以客观观测的学习维度——通常是对刺激的反应，比如行为、技能和习惯的变化——的一种学习理论。

行为主义者：通过对刺激和反应的处理关注如何改变行为的人。

偏向：拥有偏见，或者偏向某种观点或某人。

偏执：带有偏见或不宽容的做法；偏执者是不知道或者不容忍其他人及其生活和观点的人。

双语教育：以英语和学生本土语言教育学生的课堂模式。这种课堂通常在大约3年以后转变成以英语为第二语言、并且带有（或者没有）有限的学生本土语言教学的课堂；通常，教师同时掌握本土语言和英语，并用两种语言教学。

布朗诉教育局案：1954年，美国最高法院在这部具有标志性意义的民权案件中判定种族隔离学校违宪。

欺凌：不断使用力量、威胁或强制手段虐待、恫吓或过分控制其他人。

沙文主义者：相信自己具有优越性的人。

奇卡诺：被具有墨西哥血统的美国人创造出来的、用于表明政治立场的词语。

公民权利：被广泛视作属于所有人的权利，尤其是包括正当程序条款和平等保护条款在内的美国宪法保证的权利。

1964年《民权法案》：禁止种族隔离的标志性联邦法案。

阶级主义：根据经济财富给予特权和利益；认为富有的经济群体比不太富有的经济群体更加优越的信念。

课堂人口概况：确定任何一个课堂环境多样性的工具。确定课堂人口概况以后，这种信息可以用于更好地确定对个体学生的教学方式。

认知：获得意识、思考或认识的过程。

认知主义：对大脑的工作方式，尤其是在解决问题和进行批判性思考时的工作方式感兴趣的学习理论。只有与一个人的思考、记忆和认识方式有关的行为变化才会受到这种理论的关注。

合作：合作是解决孤立问题的一种途径。许多学校经常面临普遍的孤立问题。合作为教师提供了一种连通感和社区感。合作的概念要求人们培养超越传统部门和年级边界的紧密关系。

共同核心州立标准：这套清晰的核心标准是由48个州的教育局长和州长共同制定的，它规定了从幼儿园到十二年级的学生在英语语言艺术/读写能力和数学方面需要达到的标准，以便使他们为上大学和就业做好准备。

建构主义：认为学习者通过主动构建或形成新思想或新概念来理解事件和活动的学习理论。

建构主义教育理论：学生在教学策略和内容中看到个人意义、在过去的学习与新的学习之间建立联系的教育模型。当学生发现来自自身文化的语言、例子和插图时，他们将具有更大的学习动力。

文化能力：通过尊重多样性的方式思考、行动和感受的能力。

文化身份：这个词语指的是一个人群内部的共同特点，包括行为、信仰、价值观、风俗、习惯、仪式、经历、禁忌和历史。这是我们观察和解释我们自身以及其他人群的行为、行动、语言和思想的"滤镜"。

文化敏感：尊重一个群体或社会内部共同拥有的信仰、价值观和习俗，或者对其具有敏感性。

文化：一个群体或社会内部共同拥有的信仰、价值观和习俗。

课程标准：对于学生应该掌握的知识和能力的预期。

基于数据的决策制定：收集和总结数据，并且利用这些数据制定关于最适合提高学生成绩的教学策略、课程和评估方式的决策，这个过程就是基于数据的决策制定。

缺陷教育模型：关注学生能做和不能做的事情。

发展障碍：这是一个更加得体、更具现代性的词语，用于描述在身体和心智能力上落后于大多数人的个体的状况。

差异化教学：用不同的教学策略帮助具有各种能力和智能的学生取得好成绩的教学方法。

歧视：不公平地对待其他人。

黑人英语：非裔美国人社区的一些成员使用的一种俚语方言。

教育平等：学生拥有具有可比性的环境、机会和成绩水平，并且可以在个体层面上得到取得好成绩所需要的资源。

有效学校研究：能够发现那些公认的可以有效教育学生、使他们取得好成绩的学校所具有的特点的研究。

文化濡化：某种文化提倡的价值观和行为模式的传递。

以英语为第二语言：教师不使用学生的本国语言，但是经过了专业培训、可以为英语学习者提供教育的课堂模式。

英语学习者：本国语言不是英语并且正在学习英语的人。

唯英语运动：具有下述信念的运动：双语教育是一种失败的实践；如果只用英语教学，学生可以更快地学习英语；美国只应当使用一种语言。批评者认为唯英语运动受到了种族主义和反移民情绪的污染，没有认识到精通英语的巨大困难。

族群：与基于共同语言、种族或出身国的一群人的共同特点有关。

族群中心主义：主要通过一个人的自身视角或文化滤镜看待世界。

欧洲中心主义：主要关注欧裔人群历史和视角的课程。

框架：开展教育的构思、结构或蓝图。

同直联盟：得到宪法批准的支持同性恋学生的学校俱乐部，通常可以得到盟友的支持。

性别偏向性：相信一种性别在某方面优于或劣于另一种性别的信念。参照性别主义。

性别身份或表达：性别身份与一个人的生理性别相对应，指的是"一个人将自己视作男性、女性或跨性别者的意识"。性别表达是一个人在给定文化中选择的表达性别的行为方式，比如在服装、沟通模式和兴趣方面的行为方式。

全球化经济：国际商业的相互作用和相互依赖。

哥特：一个青少年亚文化，包括带有阴暗主题、服装、化妆、音乐和美术的生活方式。

图形组织工具：用于呈现和组织学生的知识或思想的可视图表和工具。

骚扰：简单地说，就是基于种族、宗教和性别等受保护类别的欺凌。

仇视性犯罪：由于另一个个体或人群属于某个种族、宗教、出身国或性取向群体等受保护类别而对他们做出的犯罪行为。

高利害测试：指同教与学相比过度强烈关注在标准化测试中获得较高分数的课程。

恐同者：对女同性恋、男同性恋、双性恋和跨性别者（LGBT）怀有非理性恐惧和仇恨的人。

恐同症：对LGBT人群的非理性恐惧。

意识形态：得到正规化的一组思想和理论。

移民：自愿从一个国家移动到另一个国家的人。

包容性课程：将所有学生的兴趣、优势和需要包括在内的课程。

在职培养：为在职教师提供的职业发展计划。

吉姆克劳：这个名称来自从南北战争的战后重建到1965年这段时期，当时的地方法律和州级法律中存在按种族隔离人群的规定。

刘先生诉尼考尔斯案：居住在加利福尼亚州的华裔美国学生发起的一项重要民权案件。1974年，最高法院在案件中裁定，校方未能向英语能力有限的学生提供足够的教育。

学习风格：学生偏爱的学习模式。

英语水平有限者：无法用英语有效沟通的学生。

性别少数群体：女同性恋、男同性恋、双性恋、跨性别者和性别存疑者。

边缘化：在描述学生时，指的是同主流文化中的学生相比力量较弱、优势较少的学生。

熔炉：一种对社会的比喻，反映了这样一种过时的理论：当移民来到这个国家时，他们会放弃自己的族群特点，以混合或"熔合"成没有固定结构的"美国文化"。参照沙拉碗。

微文化：大型组织或人群中的一小群人，比如一个学校。

多元文化教育信仰纲领：一名教育工作者对于学习者、教育目的以及教与学的核心感受、观念和信念的书面声明。

多元智能：一种认为人们具有多种智能类型、个体拥有不止一种智能的理论。

多元视角：站在不同文化的视角上看待和理解事件。学习重视多元视角应该成为学生每天的经历，因为仅仅将各种学生放在同一个环境里并不意味着他们能够相互重视对方的不同观念、经历、价值观、信仰以及与文化有关的知识。

2001年《不让一个孩子掉队法案》：以严格的时间线规定学校必须提高以标准化测试为衡量标准的学生成绩，否则学校将遭到惩罚性制裁。该法案之所以获得通过，是因为人们对美国学生相对于其他国家学生的表现以及不同种族学生之间持续的成绩差距感到担忧。

单向发展双语教育：学生根据自己的本国语言被分配到不同班级。教师同时用该语言和英语授课，并且根据学生对英语的熟练程度逐渐停止使用他们的本国语言。

操作性条件作用：在心理学中，通过引入奖励或惩罚，提高或降低特定行为发生的可能性。

压迫：以虐待或不公平的态度使用权威或权力。

教学法：教学的艺术和科学。

同行咨询：两个或多个同事定期碰头，以便提出和接收关于课程或教学发展的反馈。

表现评估：使学生有机会通过活动展示个人知识、技能和论证能力的评估。

族群延续：独特文化身份的维持。参照同化。

偏见：对另一个人毫无根据的负面观念或者根据毫无根据的负面观念对另一个人采取的负面行动。

职前培养：为师范学生提供的职业发展计划。

一级文化维度：这种文化维度为人们提供了最重要的身份，它包括种族和族群、性别、年龄、社会经济地位、宗教/灵性、性取向、能力、地理位置和语言。一级文化维度是人们无法改变的文化维度。参照二级文化维度。

特权：一组"不劳而获的权利"，一个人之所以获得这种利益，不是因为努力，仅仅是因为他属于一个人群类别。

　　职业发展：毕业以后通过教师认证计划继续进行职业成长的系统性方法；提高员工的知识、技能和能力，以便在学生身上取得良好教育结果的过程。对于致力于解决美国学校不断变化的需要、支持所有学习者取得好成绩的多元文化教育工作者而言，职业发展是至关重要的。

　　种族主义：基于肤色对人们的仇恨；认为一个种族优于另一个种族，劣势种族在身体特点、智力特点、社会特点和其他特点上存在缺陷的信念和行为。

　　反思性实践：通过下列途径解决问题和实现自我评估的系统性方法：花时间深入思考自己作为教育工作者所做的事情、为什么要做这些事情以及自己的专业优势、劣势领域和自我改进目标。

　　难民：由于国内动乱、战争、贫困而逃离一个国家的人；他们通常希望获得保护。

　　赔偿：认为由于祖先受奴役而受苦的非裔美国人应当得到补偿的政治立场。

　　评价量规：一组标准，用于描述或定义项目或表现的多个重要组成部分的不同表现等级。

　　沙拉碗：比喻一个社会的个体成员在拥有共同风俗习惯的同时保持自身的独特文化。参照熔炉。

　　学校文化：学校文化包括对于学习、教学、教育目的、差异甚至领导等问题的共同观点。学校文化是流行于学校环境中的价值观、信仰、态度、历史和行为规范的集合。学校文化为学习提供了社会背景，它可以是积极的，也可以是消极的。

　　学校改进周期：由学校教与学的清晰改进步骤组成的程序。

　　二级文化维度：我们可以选择和改变的文化维度，如爱好、工作经历、婚姻状况、教育、子女状况和对亲密团体的参与。参照一级文化维度。

　　种族隔离：在法律支持下，在生活中的几乎所有方面（如餐厅、学校、公共交通和医院）对不同种族的隔离。

　　性别主义：认为一种性别优于另一种性别的信念；基于性别的偏见、歧视。参照性别偏向性。

　　共同愿景：对多元文化教育的群体承诺。

　　社会公平：纠正社会的错误，或者实现所有成员享有平等和公平的状态；追求公平对待所有社会成员。

　　社会化：个体在一段持续的时间里在他所认同的人群中成长并学习反应、思考和行动方式时所经历的"培训"或反射训练。

　　社会经济地位：个体或家族由于赚钱能力或财富而可能归属的类别。

标准化评估：由专家制定并送往全国课堂和学校的大规模或标准化测试，有时被称为"高利害测试"。通过使用标准化测试积累起来的数据在课堂以外得到汇报，并被用于确定学生的安置、大学录取、资助等级、接受特殊服务的判断以及毕业。

石墙事件：1969年纽约市石墙客栈一起仇视性犯罪引发的一系列暴力示威。石墙事件是同性恋权利运动的开始。石墙演说者是向听众解释同性恋现象的志愿者。

直刃：一种青少年亚文化，承诺坚持不喝酒、不吸毒、不接受无爱之性的生活方式。

以学生为中心的课堂：根据对学生需要和背景的认识和理解设计教与学活动的课堂模式。

团队学习：以小组形式培养关于一个主题的智能和能力。

跨性别者：这个词语用于描述不属于明确的男性和女性的多种性别角色定义。

双向双语教育：用学生自身的语言和英语教育学生，使他们掌握知识。

1965年《投票权法案》：这项联邦法案禁止"干扰有色人群投票权"的歧视性做法。

白人特权：欧裔美国人根据肤色享有的对有色人群不利的利益。

参考文献

第一章

Anti-Defamation League. (2010). *Audit of anti-Semitic incidents*[press release]. Retrieved from http://www.adl.org/PresRele/ASUS_12/5814_12.htm

Banks, J. A. (1970). *Teaching the Black experience: Methods and materials.* Belmont, CA: Fearon.

Banks, J. (1993). Approaches to multicultural curriculum reform. InJ. Banks & C. Banks (Eds.), *Multicultural education: Issues andperspectives.* Boston, MA: Allyn & Bacon.

Banks, J. A. (1996). *Multicultural education, transformative knowledge,and action: Historical and contemporary perspectives.* New York,NY: Teachers College Press.

Banks, J. A. (1999). *An introduction to multicultural education* (2nd ed.).Boston, MA: Allyn & Bacon.

Banks, J. A. (2007). *Educating citizens in a multicultural society* (2nd ed.). New York, NY: Teachers College Press.

Banks, J. A. (2009). *Teaching strategies for ethnic studies* (8th ed.). Boston, MA: Allyn & Bacon.

Banks, J. A. (2014). *An introduction to multicultural education* (5th ed.).Boston, MA: Allyn & Bacon.

Banks, J. A. & Banks, C. A. M. (Eds.). (2004). *Handbook of researchon multicultural education* (2nd ed.). San Francisco, CA: Jossey-Bass. (Originally published 1995)

Banks, J. A.& Banks, C. A. M. (2010). *Multicultural education issuesand perspectives* (7th ed.). Hoboken, NJ: John Wiley & Sons.

Bennett, C. I. (2010). *Comprehensive multicultural education: Theory andpractice* (7th ed.). Boston, MA: Allyn & Bacon.

Darling-Hammond, L.& Bransford, J. (2005). *Preparing teachers for achanging world.* San Francisco, CA: Jossey-Bass.

Frankenberg, E., Lee, C. & Orfield, G. (2003). *A multiracial societywith segregated schools: Are we losing the dream*? Cambridge, MA:Civil Rights Project, Harvard University.

Retrieved from http://pages.pomona.edu/~vis04747/h21/readings/AreWeLosingthe-Dream.pdf

Gardner, H. (1985). *Frames of mind: The theory of multiple intelligences*.New York, NY: Harper Collins.

Gollnick, D. M.& Chinn, P. C. (1998). *Multicultural education in apluralistic society* (5th ed.). Upper Saddle River, NJ: Merrill.

Gollnick, D. M. & Chinn, P. C. (2013). *Multicultural education in apluralistic society* (9th ed.). New York, NY: Pearson.

Gorski, P. (2013). *Reaching and teaching students in poverty: Strategiesfor erasing the opportunity gap*. New York, NY: Teachers College Press.

Grant, C.& Sleeter, C. E. (2008). *Turning on learning: Five approachesfor multicultural teaching plans for race, gender, and disability* (5thed.). Columbus, OH: Merrill.

Howard, T. (2010). *Why race and culture matter in schools: Closing the achievement gap in America's classrooms*. New York, NY: Teachers College Press.

Jiang, Y., Ekono, M.& Skinner, C. (2014). *Basic facts about low-incomechildren: Children aged 6 through 11 years, 2012*. Retrieved fromhttp://nccp.org/publications/pub_1090.html

Lewellen, D. (2009). *Hate crimes based on sexual orientation*.Phoenix: Equality Arizona.

Millions of Mouths. (n.d.). Millions of mouths to feed—information.Retrieved from http://millionsofmouths.com/info.html

NAME (National Association for Multicultural Education). (n.d.).*Definitions of multicultural education*. Retrieved from http://www.nameorg.org/definitions_of_multicultural_e.php

NCES (National Center for Education Statistics). (2012). *Indicatorsof school crime and safety: 2011* (NCES 2012-002). Washington,DC: US Department of Education. Retrieved from http://nces.ed.gov/programs/crimeindicators/crimeindicators2011/index.asp

Neuman, S. (2009). *Changing the odds for children at risk: Seven essential principles of educational programs that break the cycle of poverty*.New York, NY: Teachers College Press.

Nieto, S.& Bode, P. (2012). *Affirming diversity* (6th ed.). Boston, MA:Allyn & Bacon. Nuri-Robins, K. J. N., Lindsey, D. B., Lindsey, R. B.& Terrell, R.

D. (2012). *Culturally proficient instruction: A guide for people whoteach* (3rd ed.). Thousand Oaks, CA: Corwin.

Oakes, J., Lipton, M., Anderson, L. & Stillman, J. (2012).*Teaching to change the world* (4th rev ed.). Boston, MA:McGraw-Hill.

Reyes, P., Scribner, J. D.& Scribner, A. P. (Eds.). (1999). *Lessons from high-performance Hispanic schools: Creating learning communities*.New York, NY: Teachers College Press.

Richie, B. E. (2000). Exploring the link between violence against womenand women's involvement in illegal activity. *Research on womenand girls in the justice system: Plenary papers of the 1999 Conferenceon Criminal Justice Research and Evaluation—Enhancing Policy and Practice Through Research, volume 3* (NCJ No. 180973). Washington, DC: US Department of Justice, Office of Justice Programs. Retrieved from http://www.nij.gov/pubs-sum/180973.htm

Sadker, M. & Sadker, D. (1987). *The intellectual exchange: Excellence and equity in college teaching*. Kansas City, MO: Mid-Continent Regional Educational Laboratory.

Sadker, M. & Sadker, D. (1994). *Failing at fairness: How America's schools cheat girls*. New York, NY: Macmillan.

Shor, I.& Freire, P. (1987). *A pedagogy for liberation: Dialogues on transforming education*. South Hadley, MA: Bergin & Garvey.

Sleeter, C. E.& Grant, C. (2009). *Making choices for multicultural education*(6th ed.). Hoboken, NJ: John Wiley & Sons.

Takaki, R. (1998). *Strangers from a different shore: A history of Asian Americans*. Boston, MA: Little, Brown.

US Census Bureau. (2010). *Race*. Retrieved from http://www.census.gov/population/race

US Census Bureau. (2013). *How the Census Bureau measures poverty:2013*. Retrieved from http://www.census.gov/hhes/www/poverty/methods/definitions.html

US Department of Housing and Urban Development. (2009). *The 2008 annual homeless assessment report to Congress*. Retrieved from http://www.isthmus.com/archive/emilys-post/emilys-postsquatters-and-the-slippery-slope/

US Department of Justice. (2010). *National crime victimization survey,2006—2010*. Retrieved from http://www.bjs.gov/index.cfm?ty=pbdetail&iid=2224

Zeichner, K. M. (1995). Educating teachers to close the achievementgap: Issues of pedagogy, knowledge, and teacher preparation.In B. Williams (Ed.), *Closing the achievement gap: A vision toguide changes in beliefs and practice* (pp. 39–52). Philadelphia, PA:Research for Better Schools.

第二章

Adams, M., Bell L. E. & Griffin, P. (2007). *Teaching for diversity and social justice* (2nd ed.). New York, NY: Routledge.

Arends, R. L. (2012). *Learning to teach* (9th ed.). Boston, MA:McGraw-Hill.

Banks, J. A. (2009). *Teaching strategies for ethnic studies* (8th ed.). Boston, MA: Allyn & Bacon.

Banks, J. A. & Banks, C. M. (2009). *Multicultural education: Issues andperspectives* (7th ed.). New York, NY: John Wiley & Sons.

Bennett, C. I. (2011). *Comprehensive multicultural education: Theory andpractice* (7th ed.). Boston, MA: Allyn & Bacon.

Bryk, A. S. & Schneider, B. (2002). *Trust in schools: A core resource forimprovement*. New York, NY: Russell Sage Foundation.

Cummins, J. (2000). *Language, power, and pedagogy*. Clevedon, UK:Multilingual Matters.

Demmert, W. G., Jr. & Towner, J. C. (2003). *A review of the research literature on the influences of culturally based educationon the academic performance of Native American students*.Portland, OR: Northwest Regional Educational Laboratory.Retrieved from http://educationnorthwest.org/sites/default/files/cbe.pdf

Fogel, A. (1993). *Developing through relationships*. Chicago, IL: University of Chicago Press.

Gardner, H. (1993). *Multiple intelligences: The theory in practice*. NewYork, NY: Basic Books.

Gardner, H. (2000). *Intelligence reframed: Multiple intelligences for the21st century*. New York, NY: Basic Books.

Gardner, H. (2011). *Frames of mind: The theory of multiple intelligences*(3rd ed.). New York, NY: Basic Books.

Gay, G. (2010). *Culturally responsive teaching: Theory, research and practice*(2nd ed.). New York, NY: Teachers College Press.

Ginsberg, M. B.& Wlodkowski, R. J. (1995). *Diversity and motivation:Culturally responsive teaching*. San Francisco, CA: Jossey-Bass.

Gollnick, D. M. & Chinn, P. C. (2013). *Multicultural education in apluralistic society* (9th ed.). New York, NY: Pearson.

Grant, C. A. & Gillette, M. (2006). *Learning to teach everyone's children:Equity, empowerment, and education that is multicultural*. Belmont, CA: Thomson Wadsworth.

Grant, C. A.& Sleeter, C. E. (2009). *Turning on learning: Five approaches for multicultural teaching plans for race, class, gender and disability* (5th ed.). New York, NY: John Wiley & Sons.Graziano, C. (2005, February–March). School's out. *Edutopia*, pp.38–44. (ERIC Document Reproduction Service No. ED491742)

Gregg, J. (1995). Discipline, control, and the school mathematics tradition.*Teaching and Teacher Education, 11*(6), 579–593.

Herzog, M. (2010). Using the NCSS national curriculum standards for social studies: A framework for teaching, learning, and assessment to meet state social studies standards. *Social Education,*74(4), 217–222.

Howard, G. (2006). *We can't teach what we don't know: White teachers,multiracial schools* (2nd ed.). New York, NY: Teachers College Press.

Howe, W. A. & Lisi, P. L. (1995). Focusing on diversity: Strategies for adult educators. *Adult Learning,* 6(5), 19–21, 31.

Huber-Warring, T. (2008). *Growing a soul for social change: Building the knowledge base for social justice*. Charlotte, NC: Information Age.InTASC (Interstate New Teacher Assessment and Support Consortium).(2011). *InTASC model core teaching standards: Aresource for state dialogue*. Washington, DC: Council of Chief State School Officers. Retrieved from http://www.ccsso.org/Documents/2011/InTASC_Model_Core_Teaching_Standards_2011.pdf

Irvine, J. J. (2003). *Educating teachers for diversity: Seeing with a cultural eye*. New York, NY: Teachers College Press.

Kounin, J. (1970). *Discipline and group management in classrooms*. NewYork, NY: Rinehart & Winston.

Ladson-Billings, G. (2009). *The dreamkeepers: Successful teachers of African American children*. San Francisco, CA: Jossey-Bass.

Lisi, P. L.& Howe, W. A. (1999). Supporting teachers in becoming multicultural educators: A model staff development program.*Multi Cultural Review,* 8(3), 30–40.

Mankiller, W. (2001). In J. L. Selig (Ed.), *What now? A little book ofgraduation wisdom* (p. 52). Kansas City, MO: Andrews McMeel.(Originally published 1992)

McIntosh, P. (1998). *White privilege and male privilege: A personal account of coming to see correspondences through work in women's studies.* Wellesley, MA: Wellesley College Center for Researchon Women.

Moule, J. (2011). *Cultural competence: A primer for educators* (2nd ed.).Belmont, CA: Cengage Learning.

NBPTS (National Board for Professional Teaching Standards).(2014). *The five core propositions.* Retrieved from http://www.nbpts.org/five-core-propositions

NCSS (National Council for the Social Studies). (2010). *National curriculum standards for the social studies: A framework for teaching, learning, and assessment.* Waldorf, MD: National Council for the Social Studies.

Noddings, N. (2005). *The challenge to care in schools: An alternative approach to education* (2nd ed.). New York, NY: Teachers College Press.

Oakes, J., Lipton, M., Anderson, L.& Stillman, J. (2012). *Teaching to change the world* (4th rev ed.). Boston, MA: McGraw-Hill.

Ramsey, P. G. (2004). *Teaching and learning in a diverse world: Early childhood education* (3rd ed.). New York, NY: Teachers College Press.

Robins, K. N., Lindsey, R. B., Lindsey, D. B. & Terrell, R. D. (2012). *Culturally proficient instruction: A guide for people who teach* (3rd ed.). Thousand Oaks, CA: Corwin.

Schneidewind, N.& Davidson, E. (2006). *Open minds to equality: A sourcebook of learning activities to affirm diversity and promote equality* (3rd ed.). Milwaukee, WI: Rethinking Schools.

Sheets, R. H. (1995). From remedial to gifted: Effects of culturally centered pedagogy. *Theory into Practice,* 34(3), 186–193.

Sleeter, C. E. (2001). Preparing teachers for culturally diverse schools: Research and the overwhelming presence of Whiteness. *Journal of Teacher Education,* 52(2), 94–106.

Sleeter, C. E.& Cornbleth, C. (Eds.). (2011). *Teaching with vision: Culturally responsive teaching in standards-based classrooms.* New York, NY: Teachers College Press.

Smith, G. P. (1998). *Common sense about uncommon knowledge: The knowledge bases for diversity.* Washington, DC: American Association of Colleges for Teacher Education.

Tharp, R. (2008). *Effective teaching: How the standards come to be.* Berkeley, CA: Center for Research on Education, Diversity, and Excellence.

Tharp, R. G. & Gallimore, R. (1988). *Rousing minds to life: Teaching, learning, and schooling in social context.* New York, NY: Cambridge University Press.

Thompson, F. (2009). The development and validation of the Multicultural Dispositions

Index. *Multicultural Perspectives,* 11(2), 94–100.

US Bureau of Labor Statistics. (2014). Kindergarten and elementary school teachers. In *Occupational outlook handbook* (2014-15 ed.).Washington, DC: Author. Retrieved from http://www.bls.gov/ooh/education-training-and-library/kindergarten-and-elementary-school-teachers.htm

Van Ausdale, D.& Feagin, J. R. (2001). *The first R: How children learnrace and racism.* Lanham, MD: Rowman & Littlefield.

第三章

Au, W. (2009). *Rethinking multicultural education: Teaching for racialand cultural justice.* Milwaukee, WI: Rethinking Schools.

Banks, J. A. (2009). *Teaching strategies for ethnic studies* (8th ed.) Boston, MA: Allyn & Bacon.

Bigelow, B. & Peterson, B. (Eds.). (1998). *Rethinking Columbus: The next 500 years.* Milwaukee, WI: Rethinking Schools.

Brown, D. (1971). *Bury my heart at wounded knee.* New York, NY:Holt, Rinehart & Winston.

Brown, D.& Shevin, M. (2014). *Condition critical: Key principles for equitable and inclusive education.* New York, NY: Teachers College Press.

Bureau of Indian Affairs. (2012, August 10). Indian entities recognized and eligible to receive services from the Bureau of Indian Affairs. *Federal Register,* 77(155), 47868–47873.

Casper, V. & Schultz, S. B. (1999). *Gay parents, straight schools: Building communication and trust.* New York, NY: Teachers College Press.

Chen, E.& Omatsu, G. (2006). *Teaching about Asian Pacific Americans:Effective activities, strategies, and assignments for classrooms and communities.* Lanham, MD: Rowman & Littlefield.

Deloria, V. (1979). *A brief history of the federal responsibility for the American Indian.* Washington, DC: US Department of Health, Education and Welfare, Office of Education.

Delpit, L. (1996). *Other people's children: Cultural conflict in the classroom.* New York, NY: New Press.

Derman-Sparks, L. (2000). *Anti-bias curriculum: Tools for empowering young children.* Washington, DC: National Association for the Education of Young Children.

Donahue, D. M. (2000). *Lesbian, gay, bisexual and transgender rights: A human rights perspective*. Minneapolis: Human Rights Center, University of Minnesota.

Gay, G. (2010). *Culturally responsive teaching: Theory, practice, and research* (2nd ed.). New York, NY: Teachers College Press.

Gollnick, D. M. & Chinn, P. C. (2013). *Multicultural education in a pluralistic society* (9th ed.). Boston, MA: Allyn & Bacon.

Hoeffel, S. R., Kim, M. O.& Shahid, H. (2012). *The Asian population: 2010*. Retrieved from http://www.census.gov/prod/cen2010/ briefs/c2010br-11.pdf

Howard, G. (1999). *We can't teach what we don't know*. New York, NY: Teachers College Press.

Imber, M. & Van Geel, T. (2010). *Education law* (4th ed.). New York, NY: Routledge.

Irvine, J. J. (2003). *Educating teachers for diversity: Seeing with a cultural eye*. New York, NY: Teachers College Press.

Iwata, E. (1989, August 15). A new history of Asians in U.S. *Los Angeles Times*. Retrieved from http://articles.latimes.com/1989-08-15/ news/vw-538_1_asian-americans

Kozol, J. (2005). *The shame of the nation: The restoration of apartheid schooling in America*. New York, NY: Three Rivers Press.

Ladson-Billings, G. (2009). *The dreamkeepers: Successful teachers of African American children*. San Francisco, CA: Jossey-Bass.

Lee, C.& Wong, M. (Eds.). (2001). *Timeline: 400 years of history of Chinese in the Americas*. New York, NY: Museum of Chinese in the Americas.

Loewen, J. W. (2000). *Lies across America: What our historic sites get wrong*. New York, NY: Touchstone.

Loewen, J. W. (2008). *Lies my teacher told me: Everything your American history textbook got wrong* (Rev. & updated ed.). New York, NY: New Press.

Louie, S. L.& Omatsu, G. K. (Eds.). (2001). *Asian Americans: The movement and the moment*. Los Angeles: University of California– Los Angeles Asian American Studies Press Center.

Lyman, S. (1970). *The Asian in the West*. Reno, NV: Desert Research Institute.

Menkart, D., Murray, A. D. & View, J. (2004). *Putting the movement back into civil rights teaching: A resource guide for K–12 classrooms*. Washington, DC: Teaching for Change.

Nash, R. J. (1999). *Faith, hype and clarity: Teaching about religion in American schools and colleges*. New York, NY: Teachers College Press.

Nieto, S. (1999). *The light in their eyes: Creating multicultural learning communities.* New York, NY: Teachers College Press.

Nieto, S. & Bode, P. (2012). *Affirming diversity* (6th ed.). Boston, MA: Allyn & Bacon.

Olsen, L.& Jaramillo, A. (1999). *Turning the tides of exclusion: A guide for educators and advocates for immigrant children.* Oakland: California Tomorrow.

Pang, V. & Cheng, L. (1998). *Struggling to be heard: The unmet needs of Asian Pacific American children.* Albany: State University of New York Press.

Parfit, M. (2000, December). Dawn of humans: Hunt for the first Americans. *National Geographic,* pp. 40–67.

Phillips, W. D, Jr.& Phillips, C. R. (1992). *The worlds of Christopher Columbus.* Cambridge, UK: Cambridge University Press.

Southern Poverty Law Center. (2000). *A place at the table.* Montgomery, AL: Author.

Takaki, R. (1993). *A different mirror: A history of multicultural America.* London, UK: Little, Brown.

Takaki, R. (1998a). *A larger memory: A history of our diversity, with voices.* Boston, MA: Little, Brown.

Takaki, R. (1998b). *Strangers from a different shore: A history of Asian Americans* (Rev. & updated ed.). Boston, MA: Little, Brown.

Takaki, R. (2001). *Double victory: A multicultural history of America in World War II.* Boston, MA: Little, Brown.

Thornton, R. (1987). *American Indian holocaust and survival: A population history since 1492.* Norman: University of Oklahoma Press.

US Census Bureau. (2011). *Annual estimates of the population by sex, race and Hispanic or Latino origin for the United States: April 1, 2000, to July 1, 2005* (NC-EST2005-03). Retrieved from http:// www.census.gov/popest/data/historical/2000s/vintage_2005/ index.html

US Census Bureau. (2012a). *Most children younger than age 1 are minorities, Census Bureau reports.* Retrieved from http://www.census. gov/newsroom/releases/archives/population/cb12-90.html

US Census Bureau. (2012b). *US Census Bureau projections show a slower growing, older, more diverse nation a half century from now.* Retrieved from http://www.census.gov/newsroom/releases/ archives/population/cb12-243.html

US Office of Management and Budget. (1997). *Revisions to the standards for the classification of federal data on race and ethnicity.* Retrieved from https://www.whitehouse.

gov/omb/ fedreg_1997standards/

Zia, H. (2001). *Asian American dreams: The emergence of an American people.* New York, NY: Farrar, Straus and Giroux.

Zinn, H. (2003). *A people's history of the United States.* New York, NY: Perennial Classics.

第四章

AAUW (American Association for University Women). (1991). *Shortchanging girls, shortchanging women.* Washington, DC: Author.

AAUW (American Association for University Women). (2004). *Under the microscope: A decade of gender equity projects in the sciences.* Washington, DC: Author.

AAUW (American Association for University Women). (2010). *Why so few? Women science, technology, engineering, and mathematics.* Washington, DC: Author.

AAUW (American Association for University Women). (2011). *The simple truth about the gender pay gap.* Washington, DC: Author.

Banks, J. A. (2009). *Teaching strategies for ethnic studies* (8th ed.). Boston, MA: Allyn & Bacon.

Bennett, C. I. (2011). *Comprehensive multicultural education: Theory and practice* (7th ed.). Boston, MA: Allyn & Bacon.

Brown, M. T.& Landrum-Brown, J. (1995). Counselor supervision: Cross-cultural perspectives. In J. G. Ponterotto, J. M. Casas, L. A. Suzuki& C. M. Alexander (Eds.), *Handbook of multicultural counseling* (pp. 263–286). Thousand Oaks, CA: Sage.

Chandler, D. (2002). *Reading the visual* (Cultural Studies course module MC10220). Austin: University of Texas.

Day-Vines, N. L. & Patton, J. M. (2003, February/March). No Child Left Behind: Now what do we need to do to be culturally responsive? *T/TAC Link Lines*, pp. 3–5. Retrieved from http://education.wm.edu/centers/ttac/documents/newsletters/2003febmar.pdf

Diller, J. V. & Moule, J. (2011). *Cultural competence: A primer for educators* (2nd ed.). Belmont, CA: Thomson Wadsworth.

Donahue, D. (2000). *Lesbian, gay, bisexual, and transgender rights: A human rights perspective.* Minneapolis: University of Minnesota Human Rights Resource Center.

Gay, G. (2010). *Culturally responsive teaching: Theory, research, and practice* (2nd ed.).

New York, NY: Teachers College Press.

Gollnick, D. & Chinn, P. C. (2013). *Multicultural education in a pluralistic society* (9th ed.). Upper Saddle River, NJ: Merrill.

Grant, C. A. & Sleeter, C. E. (2012). *Doing multicultural education for achievement and equity* (2nd ed.). New York, NY: Routledge.

Guild, P. B.& Garger, S. (1998). *Marching to different drummers* (2nd ed.). Alexandria, VA: Association for Supervision and Curriculum Development.

Hale-Benson, J. E. & Hilliard, A. G., III. (1986). *Black children: Their roots, culture, and learning styles* (Rev. ed.). Baltimore, MD: Johns Hopkins University Press.

Howe, W. & Lisi, P. (1995). Beyond diversity awareness: Action strategies for adult education. *Adult Learning,* 6(5), 19–21, 31.

Huber-Warring, T. (Ed.). (2008). *Growing a soul for social change: Building the knowledge base for social justice.* Charlotte, NC: Information Age.

Irvine, J. J. (2003). *Educating teachers for diversity: Seeing with a cultural eye.* New York, NY: Teachers College Press.

Irvine, J. J. & Armento, B. J. (2001). *Culturally responsive teaching: Lesson planning for elementary and middle grades.* New York, NY: McGraw-Hill.

Irvine, J. J. & York, D. E. (1995). Learning styles and culturally diverse students: A literature review. In J. A. Banks & C. A. M. Banks (Eds.), *Handbook of research in multicultural education* (pp. 484– 497). New York, NY: Simon & Shuster.

John, V. P. (1972). Styles of learning—styles of teaching: Reflections on the education of Navajo children. In C. Cazden, D. Hymes & V. P. John (Eds.), *Functions of language in the classroom* (pp. 331–343). New York, NY: Teachers College Press.

Lau, C., Yu, W.& Nai-kwok Chan, F. (2008). An essential process in teacher education. In T. Huber-Warring (Ed.), *Growing a soul for social change: Building the knowledge base for social justice* (pp. 345–364). Charlotte, NC: Information Age.

McIntosh, P. (1998). *White privilege and male privilege: A personal account of coming to see correspondences through work in women's studies.* Wellesley, MA: Wellesley College Center for Research on Women.

NCWGE (National Coalition of Women and Girls in Education). (2008). *Title IX at 35: Beyond the headlines.* Washington, DC: Author.

Nieto, S. (2010). *Language, culture, and teaching: Critical perspectives* (2nd ed.). New York, NY: Routledge.

Nieto, S. (2013). *Finding joy in teaching students of diverse backgrounds: Culturally responsive and socially just practices in US classrooms.* Portsmouth, NH: Heineman.

Nieto, S. & Bode, P. (2012). *Affirming diversity: The sociopolitical context of multicultural education* (6th ed.). Boston, MA: Allyn & Bacon.

Oakes, J. & Lipton, M. (2007). *Teaching to change the world* (3rd ed.). New York, NY: McGraw-Hill.

Oakes, J., Lipton, M., Anderson, L. & Stillman, J. (2012). *Teaching to change the world* (4th rev ed.). Boston, MA: McGraw-Hill.

Piaget, J. (1970). *The science of education and the psychology of the child.* New York, NY: Orion Press.

Robins, K. N., Lindsey, R. B., Lindsey, D. B.& Terrell, R. D. (2012). *Culturally proficient instruction: A guide for people who teach* (3rd ed.). Thousand Oaks, CA: Corwin.

Sadker, D. M., Zittleman, K. & Sadker, M. (2013). *Teachers, schools, and society* (10th ed.). New York, NY: McGraw-Hill.

Samovar, L. A. & Porter, L. E. (2012). *Communication between cultures.* Boston, MA: Cengage.

Smith, G. P. (1998). *Common sense about uncommon knowledge: The knowledge bases for diversity.* Washington, DC: American Association of Colleges for Teacher Education.

Smitherman, G. (1997). *Talking and testifying: The language of Black America.* Detroit, MI: Wayne State University Press.

Spring, J. (2012). *Deculturalization and the struggle for equality: A brief history of the education of dominated cultures in the United States* (7th ed). New York, NY: McGraw-Hill.

Tomlinson, C. A. (2014). *Differentiated classroom: Responding to the needs of all learners* (2nd ed). Alexandria, VA: Association for Supervision and Curriculum Development.

Treisman, U. & Asera, R. (1995). Routes to mathematics for African- American, Latino and Native American students in the 1990s: The educational trajectories of summer mathematics institute participants. In N. D. Fisher, H. B. Keynes & P. D. Wagreich (Eds.), *Issues in mathematics education: Vol. 5. Changing the culture: Mathematics in the research community* (pp. 127–152). Providence, RI: American Mathematical Society.

Tse, L. (2001). *"Why don't they learn English?" Separating fact from fallacy in the US language debate.* New York, NY: Teachers College Press.

US Department of Education. (2003). *Guidance on constitutionally protected prayer in public elementary and secondary schools.* Retrieved from http://www2.ed.gov/policy/gen/

guid/religionandschools/ prayer_guidance.html

Willis, M. & Hodson, V. K. (2013). *Discover your child's learning style*. Roseville, CA: Infinity.

Zeichner, K. M. (1995). Educating teachers to close the achievement gap: Issues of pedagogy, knowledge and teacher preparation. In B. Williams (Ed.), *Closing the achievement gap: A vision to guide changes in beliefs and practice* (pp. 39–52). Philadelphia, PA: Research for Better Schools.

第五章

Buscemi, M. (1979). The average child. Retrieved from http://holyjoe .org/poetry/buscemi.htm

Chappelle, S.& Bigman, L. (with Hillyer, F.). (1998). *Diversity in action: Using adventure activities to explore issues of diversity with middle school and high school age youth*. Hamilton, MA: Project Adventure.

Connerly, M. L. & Pederson, P. B. (2005). *Leadership in a diverse and multicultural environment: Developing awareness, knowledge, and skills*. Thousand Oaks, CA: Sage.

Cortes, C. E. (2000). *The children are watching: How the media teach about diversity*. New York, NY: Teachers College Press.

Cushner, K. (2014). *Human diversity in education: An intercultural approach* (8th ed). Boston, MA: McGraw-Hill.

Cushner, K., McClelland, A.& Safford, P. (2006). *Human diversity in education: An integrative approach* (5th ed.). New York, NY: McGraw-Hill.

Derman-Sparks, L. (1989). *Anti-bias curriculum: Tools for empowering young children*. Washington, DC: National Association for the Education of Young Children.

Derman-Sparks, L.& Ramsey, P. G. (with Edwards, J. O.). (2011). *What if all the kids are White? Anti-bias multicultural education with young children and families* (2nd ed.). New York, NY: Teachers College Press.

Elliot, T. S. (1998). [Quote.] In E. Mazel, *And don't call me a racist: A treasury of quotes on the past, present, and future of the color line in America*. Lexington, MA: Argonaut. (Originally published 1950)

Facing History and Ourselves. (2008). *Choices in Little Rock*. Retrieved from https://www.facinghistory.org/for-educators/ educator-resources/resources/choices-little-rock

Gay, G. (2010). *Culturally responsive teaching: Theory, research and practice* (2nd ed.). New York, NY: Teachers College Press.

Grant, C. A.& Gillette, M. (2006). *Learning to teach everyone's children: Equity, empowerment, and education that is multicultural.* Belmont, CA: Thomas/Wadsworth.

Grant, C. A. & Sleeter, C. E. (2011). *Doing multicultural education for achievement and equity* (2nd ed.). New York, NY: Routledge.

Hasegawa, J. (1998). *Self-identity exercise.* Unpublished manuscript. Hartford: Connecticut State Department of Education.

Howard, G. (2013). *We can't teach what we don't know: White teachers, multiracial schools* (2nd ed). New York, NY: Teachers College Press.

Johnson, A. G. (2006). *Privilege, power, and difference* (2nd ed.). Boston, MA: McGraw-Hill.

Katz, P. (1982). Development of children's racial awareness and intergroup attitudes. In L. G. Katz (Ed.), *Current topics in early childhood education* (Vol. 4, pp. 17–54). Norwood, NJ: Ablex.

Katz, J. (2003). *White awareness: A handbook for anti-racism training* (2nd. ed.). Norman: University of Oklahoma Press.

Kohls, L. R. (1996). U.S. proverbs and core values. In H. N. Seelye (Ed.), *Experiential activities for intercultural learning.* Yarmouth, ME: Intercultural Press.

Landsman, J. (2009). *A White teacher talks about race* (Classroom ed.). Lanham, MD: Rowman & Littlefield.

McIntosh, P. (1988). *White privilege and male privilege: A personal account of coming to see correspondences through work in women's studies.* Wellesley, MA: Wellesley College Center for Research on Women. Retrieved from http://www.iub.edu/~tchsotl/part2/McIntosh%20White%20Privilege.pdf

Nieto, S. (Ed.). (2000). *Puerto Rican students in US schools.* Mahwah, NJ: Lawrence Erlbaum.

Nieto, S. (2003). *What keeps teachers going?* New York, NY: Teachers College Press.

Nieto, S. (2009). *The light in their eyes: Creating multicultural learning communities* (10th anniversary ed.). New York, NY: Teachers College Press.

Nieto, S. (2012). *Affirming diversity: The sociopolitical context of multicultural education* (6th ed.). Boston: Allyn & Bacon.

Nieto, S. (2013). *Finding joy in teaching students of diverse backgrounds: culturally responsive and socially just practices in U.S. classrooms*. Portsmouth, NH: Heinemann.

Oakes, J. & Lipton, M. (2007). *Teaching to change the world* (3rd ed.). Boston, MA: McGraw-Hill.

Oakes, J., Lipton, M., Anderson, L. & Stillman, J. (2012). *Teaching to change the world* (4th rev ed.). Boston, MA: McGraw-Hill.

Ooka Pang, V. (2005). *Multicultural education: A caring-centered, reflective approach* (2nd ed.). Boston, MA: McGraw-Hill.

Robins, K. N., Lindsey, R. B., Lindsey, D. B. & Terrell, R. D. (2012). *Culturally proficient instruction: A guide for people who teach* (3rd ed.). Thousand Oaks, CA: Corwin.

Seelye, H. N. (Ed.). (1996). *Experiential activities for intercultural learning*. Yarmouth, ME: Intercultural Press.

Sheets, R. H. (2005). *Diversity pedagogy: Examining the role of culture in the teaching learning process*. Boston, MA: Pearson.

Sleeter, C. E. (2000). Diversity vs. White privilege [Interview by B. Miner & B. Peterson]. *Rethinking Schools,* 15(2).

Sleeter, C. E. & Cornbleth, C. (2011). *Teaching with vision: Culturally responsive teaching in standards-based classrooms.* New York, NY: Teachers College Press.

Zuniga, X., Nagda, B. A. & Sevig, T. D. (2002). Intergroup dialogues: An educational model for cultivating engagement across differences. Equity & *Excellence in Education,* 35, 7–17.

第六章

American Civil Liberties Union. (2015). Non-discrimination laws: State by state information—map. Retrieved from https://www.aclu .org/map/non-discrimination-laws-state-state-information-map

Amstutz, L. & Mullet, J. (2005). *The little book of restorative discipline for schools: Teaching responsibility, creating caring climates.* Intercourse, PA: Good Books.

Anti-Defamation League and Survivors of the Shoah Visual History Foundation. (2003). *The pyramid of hate.* Retrieved from http:// www.adl.org/education/courttv/pyramid_of_hate.pdf

Bazelon, E. (2013). *Sticks and stones: Defeating the culture of bullying and rediscovering the power of character and empathy.* New York, NY: Random House.

Bennett, C. I. (2011). *Comprehensive multicultural education: Theory and practice* (7th ed.). Boston, MA: Allyn & Bacon.

Bennett, M. J. (1986). Towards ethnorelativism: A developmental model of intercultural sensitivity. In R. M. Paige (Ed.), *Cross-cultural orientation: New conceptualizations and applications* (pp. 27–69). Lanham, MD: University Press of America.

Bluestein, J. (2001). *Creating emotionally safe schools: A guide for educators and parents.* Deerfield Beach, FL: Health Communications.

Brendtro, L., Brokenleg, M., & Bockern, S. (2009). *Reclaiming youth at risk: Our hope for the future.* Bloomington, IN: National Educational Service.

Brown, D. F. (2002). *Becoming a successful urban teacher.* Portsmouth, CT: Heinemann.

Bully Police USA. (2012). Retrieved from http://www.bullypolice.org Carter, S. C. (2011). *On purpose: How great school cultures form strong character.* Thousand Oaks, CA: Corwin.

Christensen, L. (2011). Hurricane Katrina: Reading injustice, celebrating solidarity. *Rethinking Schools,* 21(1). Retrieved from http://www.rethinkingschools.org/index.shtml

Colvin, G. (2010). *Defusing disruptive behavior in the classroom.* Thousand Oaks, CA: Corwin.

Cortés, C. E. (2000). *The children are watching: How the media teach about diversity.* New York, NY: Teachers College Press.

Cross, W. E., Jr. (2001). Shades of black: Diversity in African-American identity. In V. Ooka Pang (Ed.), *Multicultural education: A caring-centered reflective approach.* Boston, MA: McGraw-Hill.

Cushner, K., McClelland, A. & Safford, P. L. (2003). *Human diversity in education: An integrative approach* (4th ed.). New York, NY: McGraw-Hill.

Darling-Hammond, L.& Bransford, J. (2005). *Preparing teachers for a changing world: What teachers should learn and be able to do.* San Francisco, CA: Jossey-Bass.

Derman-Sparks, L., Gutierrez, M. & Phillips, C. (1989). *Teaching young children to resist bias: What parents can do.* Washington, DC: National Association for the Education of Young Children.

FBI (Federal Bureau of Investigation). (2013). Hate crime statistics report. http://www.fbi.gov/about-us/cjis/ucr/hate-crime/2013

Frankenberg, E. (2006). *The segregation of American teachers.* Cambridge, MA: Civil Rights Project, Harvard University. Retrieved from http://campaignforethnicstudies.pbworks.com/f/segregation_american_teachers12-06.pdf

Gallavan, N. P. (2011a). *Navigating cultural competence in grades K–5: A compass for teachers*. Thousand Oaks, CA: Sage.

Gallavan, N. P. (2011b). *Navigating cultural competence in grades 6–12: A compass for teachers*. Thousand Oaks, CA: Sage.

Glasgow, N. A. & Hicks, C. D. (2003). *What successful teachers do: 91 research-based classroom strategies for new and veteran teachers*. Thousand Oaks, CA: Corwin.

GLSEN (Gay, Lesbian and Straight Education Network). (2014, October 22). *GLSEN releases new national school climate survey on America's middle and high schools* [Press release]. Retrieved from http://www.glsen.org/article/glsen-releases-new-national-schoolclimate- survey

Gollnick, D. M.& Chinn, P. C. (2013). *Multicultural education in a pluralistic society* (9th ed.). Boston, MA: Pearson.

Hasegawa, J. (1994). *You make the call: Oversensitivity, poor practice, or actual bias?* Hartford: Connecticut State Department of Education.

Howard, T. C. (2010). *Why race and culture matter in schools: Closing the achievement gap in America's classrooms*. New York, NY: Teachers College Press.

King, J. E., Hollins, E. R. & Hayman, W. C. (1997). *Preparing teachers for cultural diversity*. New York, NY: Teachers College Press.

Laidley, D. (with Bambino, D., McIntyre, D., Quate, S.& Quinn, J.). (2001). *The paseo or circles of identity*. Retrieved from http://www .nsrfharmony.org/protocol/doc/paseo.pdf

Loewen, J. W. (1982). *Social science in the courtroom*. Lexington, VA: D.C. Heath and Company.

Loewen, J. W. (1988). *The Mississippi Chinese: Between Black and White* (2nd ed.). Prospect Heights, IL: Waveland Press 1988. (Originally published 1971)

Loewen, J. W. (1999). *Lies across America: What our historic markers and monuments get wrong*. New York, NY: New Press.

Loewen, J. (2000). *Lies across America: What our historic sites get wrong*. New York, NY: Touchstone. (Originally published 1999).

Loewen, J. W. (2005). *Sundown towns*. New York, NY: New Press.

Loewen, J. W. (2007). *Lies my teacher told me: Everything your high school history textbook got wrong*. New York, NY: New Press. (Originally published 1995)

Loewen, J. W. (2008). *Lies my teacher told me: Everything your American history textbook got wrong* (Rev. & updated ed.). New York, NY: New Press.

Loewen, J. W. (2010). *Teaching what really happened: How to avoid the tyranny of textbooks and get students excited about doing history.* New York, NY: Teachers College Press.

Loewen, J. W. (February 26, 2011). Five myths about why the South seceded. *Washington Post.*

Loewen, J. W. (2014). *Lies my teacher told me about Christopher Columbus* (Rev. ed.). New York, NY: New Press.

Loewen, J. W.& Sallis, C. (1974). *Mississippi: Conflict and change.* New York, NY: Pantheon Books.

Loewen, J. W.& Sebesta, E. H. (2010). *The Confederate and neo-Confederate reader: The "great truth" about the "lost cause"*.Jackson: University Press of Mississippi.

Moule, J. (2011). *Cultural competence: A primer for educators* (2nd ed.). Belmont, CA: Wadsworth.

National Gay and Lesbian Task Force. (2012, January 20). *Nondiscrimination laws map.* Retrieved from http://www.thetaskforce .org/reports_and_research/nondis crimination_laws

Sjostrom, L.& Stein, N. (1996). *Bullyproof: A teacher's guide on teasing and bullying for use with fourth- and fifth-grade students.* Wellesley, MA: Wellesley Centers for Women.

Southern Poverty Law Center (SPLC). (2005, Winter). Report: FBI hate crime statistics vastly understate problem. *Intelligence Report.* Retrieved from http://www.splcenter.org/get-informed/ intelligence-report/browse-all-issues/2005/winter US Department of Education, National Center for Education Statistics. (2014). *Indicators of school crime and safety: 2013* (NCES 2014-042) Retrieved from https://nces.ed.gov/pubsearch/pubsinfo. asp?pubid=2014042 US Department of Education, Office for Civil Rights & the National Association of Attorneys General. (1999). *Protecting students from harassment and hate crime: A guide for schools.* Retrieved from http://www.ed.gov/offices/OCR/archives/Harassment/harassment. pdf

US Department of Education, Safe and Drug-Free Schools Program. (1998). *Preventing youth hate crime: A manual for schools and communities* (ERIC Document Reproduction Service No. ED423491). Retrieved from http://www .ed.gov/pubs/Hate- Crime/start.html

Wessler, S.& Preble, W. (2003). *The respectful school how educators and students can conquer hate and harassment.* Alexandria, VA: Association for Supervision and Curriculum Development.

Wong, H., Wong, R., Jondahl, S. & Ferguson, O. (2014). *The classroom management book.* Mountain View, CA: Harry K. Wong.

第七章

Aaronsohn, E. (2003). *The exceptional teacher: Transforming traditional teaching through thoughtful practice.* San Francisco, CA: Jossey-Bass.

Ainsworth, L. (2011). *Rigorous curriculum design: How to create curricular units of study that align standards, instruction, and assessment.* Englewood, CO: Lead and Learn Press.

Anderson, K. L.& Davis, B. M. (2012). *Creating culturally considerate schools: Educating without bias.* Thousand Oaks, CA: Corwin.

Arends, R. I. (1997). *Classroom instruction and management.* New York, NY: McGraw-Hill.

Arends, R. I. (2009). *Learning to teach* (8th ed.). New York, NY: McGraw-Hill.

Arends, R. I. (2012). *Learning to teach* (9th ed.). New York, NY: McGraw-Hill.

Arends, R. (2014). *Learning to teach* (10th ed.). Dubuque, IA: McGraw-Hill.

Banks, J. A. (1992). *Curriculum guidelines for multicultural education* (Rev. ed.). Silver Spring, MD: National Council for the Social Studies.

Banks, J. A. (2009). *Teaching strategies for ethnic studies* (8th ed.). Boston, MA: Allyn & Bacon.

Banks, J. A. & Banks, C. A. M. (2013). *Multicultural education: Issues and perspectives* (8th ed.). Toronto, Canada: John Wiley & Sons.

Beilke, P. (1986). *Selecting materials for and about Hispanic and East Asian children and young people.* Hamden, CT: Library Professional.

Bennett, C. (2014). *Comprehensive multicultural education: Theory and practice.* New York, NY: Pearson College.

Benson, B. (2009). *How to meet standards, motivate students, and still enjoy teaching! Four practices that improve student learning* (2nd ed.). Thousand Oaks, CA: Corwin.

Brown, D. (2002). *Becoming a successful urban teacher.* Portsmouth, NH: Heinemann.

Council on Interracial Books for Children. (1980). *Guidelines for selecting bias-free textbooks and storybooks.* New York, NY: Council on Interracial Books for Children.

Darling-Hammond, L.& Bransford, J. (2005). *Preparing teachers for a changing world: What teachers should learn and be able to do.* San Francisco, CA: Jossey-Bass.

Erickson, H. L. & Lanning, L. (2013). *Transitioning to concept-based curriculum and instruction: How to bring content and process together*. Thousand Oaks, CA: Corwin.

Frank, O. H. (Ed.). (1952). *Anne Frank: The diary of a young girl*. Garden City, NY: Doubleday. (Originally published 1947 in Amsterdam, The Netherlands, as *Het Achterhuis. Dagboekbrieven 14 juni 1942 – 1 augustus 1944)*

Gallavan, N. (2010a). *Navigating cultural competence in grades K–5: A compass for teachers*. Thousand Oaks, CA: Sage.

Gallavan, N. (2010b). *Navigating cultural competence in grades 6–12: A compass for teachers*. Thousand Oaks, CA: Sage.

Gay, G. (1994). *A synthesis of scholarship in multicultural education* (Urban Monograph Series No. 94). Oak Brook, IL: North Central Regional Educational Lab. (ERIC Document Reproduction Service No. ED378287)

Glatthorn, A. (2000). *The principal as curriculum leader: Shaping what is taught and tested* (2nd ed.). Thousand Oaks, CA: Corwin.

Glatthorn, A. A.& Jailall, J. M. (2009). *The principal as curriculum leader: Shaping what is taught and tested* (3rd ed.). Thousand Oaks, CA: Corwin.

Gollnick, D. M. & Chinn, P. C. (2013). *Multicultural education in a pluralistic society* (9th ed.). New York, NY: Pearson Merrill.

Gorski, P. & Swalwell, K. (2015). Equity literacy for all. *Educational Leadership,* 72(6), 34-40.

Grant, C. A.& Gillette, M. (2006). *Learning to teach everyone's children: Equity, empowerment, and education that is multicultural.* Belmont, CA: Thomson Wadsworth.

Grant, C. A. & Sleeter, C. E. (2009). *Turning on learning: Five approaches for multicultural teaching plans for race, class, gender, and disability* (5th ed.) Columbus, OH: Merrill.

Grant, C. A. & Sleeter, C. E. (2011). *Doing multicultural education for achievement and equity* (2nd. ed.). New York, NY: Routledge.

Harada, V. H. (1995). Issues of ethnicity, authenticity, and quality in Asian-American picture books, 1983—1993. *Journal of Youth Services in Libraries,* 8(2), 135–149.

Harris, V. J. (1991). Multicultural curriculum: African American children's literature. *Young Children,* 46(2), 37–44.

Howe, W.& Lisi, P. (1995). Focusing on diversity: Strategies for adult educators. *Adult Learning,* 6(5), 19–21, 31.

Kellough, R. D.& Carjuzaa, J. A. (2013). *Teaching in the middle and high schools* (10th ed.). Upper Saddle River, NJ: Pearson.

Lawrence-Brown, D. & Sapon-Shevin, M. (2014). *Condition critical: Key principles for equitable and inclusive education.* New York, NY: Teachers College Press.

Loewen, J. (2000). *Lies across America: What our historic sites get wrong.* New York, NY: Touchstone.

Loewen, J. (2008). *Lies my teacher told me: Everything your American history textbook got wrong* (Rev. ed.). New York, NY: Touchstone.

Lu, M.-Y. (1998). *Multicultural children's literature in the elementary classroom.* Bloomington, IN: ERIC Clearinghouse on Reading English and Communication. (ERIC Document Reproduction Service No. ED423552)

May, S.& Sleeter, C. E. (Eds.). (2010). *Critical multiculturalism: Theory and praxis.* New York, NY: Routledge.

Mayo, S.& Larke, P. (2012). *Integrating multiculturalism into the curriculum: From the liberal arts to the sciences.* New York, NY: Peter Lang.

Moses, M. S. (2002). *Embracing race: Why we need race-conscious education policy.* New York, NY: Teachers College Press.

NAME (National Association for Multicultural Education). (2015). *Multicultural education: Definition.* Retrieved from http://www .nameorg.org/definitions_of_multicultural_e.php National Governors Association Center for Best Practices & Council of Chief State School Officers. (2011). *Common Core State Standards initiative: About the standards.* Retrieved from http://www .corestandards.org/about-the-standards

Nieto, S. (2013). *Finding joy in teaching students of diverse backgrounds: Culturally responsive and socially just practices in US classrooms.* Portsmouth, NH: Heinemann.

Nieto, S.& Bode, P. (2012). *Affirming diversity: The sociopolitical context of multicultural education* (6th ed.). Boston, MA: Allyn & Bacon.

Oakes, J., Lipton, M., Anderson, L.& Stillman, J. (2012). *Teaching to change the world* (4th rev ed.). Boston, MA: McGraw-Hill.

Pang, V. O., Colvin, C., Tran, M.& Barba, R. H. (1992). Beyond chopsticks and dragons: Selecting Asian-American literature for children. *The Reading Teacher,* 46(3), 216–224.

Reeves, D. B. (2008). *Making standards work: How to implement standards-based assessment in the classroom, school, and district* (3rd ed.). Englewood, CO: Lead and Learn Press.

Sadker, D. M.& Zittleman, K. (2010). *Teachers, schools, and society: A brief introduction to education* (9th ed.). New York, NY: McGraw-Hill.

Sadker, D. M.& Zittleman, K. (2012). *Teachers, schools and society* (10th ed.). Boston, MA: McGraw-Hill.

Scott, B. M. (1994). Integrating race, class, gender, and sexual orientation into the college curriculum. In J. Q. Adams & J. R. Welsch (Eds.), *A multicultural prism: Voices from the field* (Vol. 1, pp. 61–72). Macomb: Illinois Staff and Curriculum Developers Association.

Sleeter, C. E.& Cornbleth, C. (Eds.). (2011). *Teaching with vision: Culturally responsive teaching in standards-based classrooms*. New York, NY: Teachers College Press.

Smith, G. P. (1998). *Common sense about uncommon knowledge: The knowledge bases for diversity*. Washington, DC: American Association of Colleges for Teacher Education.

Spielberg, S. (Director). (1993). *Schindler's list* [Motion Picture]. United States: Universal.

Takaki, R. (1993). *A different mirror: A history of multicultural America*. Boston, MA: Little, Brown.

Tomlinson, C. A. (2008). *The differentiated school: Making revolutionary changes in teaching and learning*. Alexandria, VA: Association for Supervision and Curriculum Development.

Toppo, G. & Overberg, P. (2014, November 25). Diversity in the classroom. *USA Today*. Retrieved from www.usatoday.com/story/news/ nation/2014/11/25/minnesota-school-race-diversity/18919391

第八章

Aaronsohn, E. (2003). *The exceptional teacher*. San Francisco, CA: Jossey-Bass.

Arends, R. (2009). *Learning to teach* (8th ed.). New York, NY: McGraw-Hill.

Arends, R. (2012). *Learning to teach* (9th ed.). New York, NY: McGraw-Hill.

Bennett, C. (2011). *Comprehensive multicultural education: Theory and practice* (7th ed.). Boston, MA: Allyn & Bacon.

Brooks, J. G. & Brooks, M. G. (2001). *In search of understanding: The case for constructivist classrooms* (2nd ed.). Alexandria, VA: Association for Supervision and Curriculum Development.

Bruner, J. (1960). *The process of education*. Cambridge, MA: Harvard University Press.

Bruner, J. (1966). *Toward a theory of instruction*. Cambridge, MA: Harvard University

Press.

Bruner, J. (1996). *The culture of education*. Cambridge, MA: Harvard University Press.

Carjuzaa, J. A.& Kellough, R. D. (2013). *Teaching in the middle and high schools* (10th ed.). Upper Saddle River, NJ: Pearson.

Cowhey, M. (2006). *Black ants and Buddhists*. Portland, ME: Stenhouse. Darling-Hammond, L.& Bransford, J. (Eds.). (2005). *Preparing teachers for a changing world: What teachers should learn and be able to do*. San Francisco, CA: Jossey-Bass.

Dewey, J. (1916). *Democracy and education: An introduction to the philosophy of education*. New York, NY: Macmillan.

Feden, P. D. & Vogel, R. M. (2003). *Methods of teaching: Applying cognitive science to promote student learning*. Boston, MA: McGraw-Hill.

Gardner, H. (1983). *Frames of mind: The theory of multiple intelligences*. New York, NY: Basic Books.

Gardner, H. (1993). *Multiple intelligences: The theory in practice*. New York, NY: Basic Books.

Gardner, H. (2000). *Intelligence reframed: Multiple intelligences for the 21st century*. New York, NY: Basic Books.

Gay, G. (2010). *Culturally responsive teaching: Theory, research, and practice* (2nd ed.). New York, NY: Teachers College Press.

Glasgow, N. A. & Hicks, C. D. (2003). *What successful teachers do: 91 research-based classroom strategies for new and veteran teachers*. Thousand Oaks, CA: Corwin.

Grant, C. A. & Gillette, M. (2006). *Learning to teach everyone's children: Equity, empowerment, and education that is multicultural*. Belmont, CA: Thomson Wadsworth.

Gregory, G. (2008). *Differentiated instructional strategies in practice: Training, implementation, and supervision* (2nd ed.). Thousand Oaks, CA: Corwin.

Joyce, B., Weil, M.& Calhoun, E. (2009). *Models of teaching* (8th ed.). Boston, MA: Allyn & Bacon.

Ladson-Billings, G. (2009). *The dreamkeepers: Successful teachers of African American children* (2nd ed.). San Francisco, CA: Jossey-Bass.

Marlowe, B. A. & Page, M. L. (2005). *Creating and sustaining the constructivist classroom* (2nd ed.). Thousand Oaks, CA: Corwin.

Marzano, R. J. (1998). *A theory-based meta-analysis of research on instruction*. Aurora, CO: Mid-continent Regional Educational Laboratory.

Marzano, R. J., Pickering, D. J.& Pollock, J. E. (2001). *Classroom instruction that works: Research-based strategies for increasing student achievement*. Alexandria, VA: Association for Supervision and Curriculum Development.

McIntosh, P. (1988). *White privilege and male privilege: A personal account of coming to see correspondences through work in women's studies* (Working Paper No. 189). Wellesley, MA: Wellesley College Center for Research on Women.

NASDSE (National Association of State Directors of Special Education). (2005). *Response to intervention: Policy considerations and implementation*. Alexandria, VA: Author.

National Commission on Excellence in Education. (1983). *A nation at risk: The imperative for educational reform*. Washington, DC: US Department of Education.

NCREL (North Central Regional Educational Laboratory). (1995). *Strategic teaching and reading project: Comprehension resource handbook* (Rev. ed.). Oak Brook, IL: Author.

Nieto, S. (2005). *Why we teach*. New York, NY: Teachers College Press.

Northeast Foundation for Children. (2011). *Responsive classroom*. Turners Falls, MA: Author.

Nuri-Robins, K. J., Lindsey, R. B., Lindsey, D. B.& Terrell, R. D. (2012). *Culturally proficient instruction: A guide for people who teach* (3rd ed.). Thousand Oaks, CA: Corwin.

Oakes, J., Lipton, M., Anderson, L. & Stillman, J. (2012). *Teaching to change the world* (4th rev ed.). Boston, MA: McGraw-Hill.

Obama, B. (1995). *Dreams from my father: A story of race and inheritance*. New York, NY: Times Books.

Pavlov, I. P. (1927). *Conditioned reflexes: An investigation of the physiological activity of the cerebral cortex* (G. V. Anrep, Trans. & Ed.). London, UK: Oxford University Press.

Piaget, J. (1954). *The construction of reality in the child*. New York, NY: Basic Books.

Piaget, J. (1972). *The psychology of the child*. New York, NY: Basic Books.

Piaget, J. (1990). *The child's conception of the world*. New York, NY: Littlefield Adams.

Sadker, M. & Sadker, D. (2005). *Teachers, schools, and society* (7th ed.). Boston: McGraw-Hill.

Sadker, D. M.& Zittleman, K. R. (2010). *Teachers, schools, and society* (9th ed.). New York, NY: McGraw-Hill.

Sadker, D. M. & Zittleman, K. (2012). *Teachers, schools and society* (10th ed.). Boston, MA: McGraw-Hill.

Skinner, B. F. (1953). *Science and human behavior*. New York, NY: Macmillan.

Smutny, J. F. & Von Fremd, S. E. (2010). *Differentiating for the young child: Teaching strategies across the content areas, preK–3* (2nd ed.). Thousand Oaks, CA: Corwin.

Sprenger, M. (2008). *Differentiation through learning styles and memory* (2nd ed.). Thousand Oaks, CA: Corwin.

Tatum, B. D. (2003). *Why are all the Black kids sitting together in the cafeteria? And other conversations about race*. New York, NY: Basic Books.

Thorndike, E. L. (1913a). *An introduction to the theory of mental and social measurements* (2nd ed.). New York, NY: Teachers College Press. (First edition published 1904)

Thorndike, E. L. (1913b). *Educational administration: Quantitative studies*. New York, NY: Macmillan.

Thorndike, E. L. (1913–1914). *Educational Psychology:* Vols. 1–3. New York, NY: Teachers College Press.

Tomlinson, C. A. (2005). *How to differentiate instruction in mixed-ability classrooms* (2nd ed.). Alexandria, VA: Association for Supervision and Curriculum Development.

Tomlinson, C., Brimijoin, K. & Narvaez, L. (2008). *The differentiated school making revolutionary changes in teaching and learning.* Alexandria, VA: Association for Supervision and Curriculum Development.

USDA. (n.d.). Retrieved from http://www.choosemyplate.gov Vygotsky, L. S. (1978). *Mind in society.* Cambridge, MA: Harvard University Press.

Watson, J. B. (1928). *The ways of behaviorism.* New York, NY: Harper & Brothers.

Watson, J. B.& Rayner, R. (1920). Conditioned emotional reactions. *Journal of Experimental Psychology,* 3(1), 1–14.

第九章

Arends, R. (2012). *Learning to teach* (12th ed.). New York, NY: McGraw-Hill.

Banks, J. & Banks, C. A. M. (2013). *Multicultural education: Issues and perspectives* (8th ed.). Hoboken, NJ: Wiley.

Bialystok, E. & Martin, M. M. (2004). Attention and inhibition in bilingual children: Evidence from the dimensional change card sort task. *Developmental Science,* 7(3), 325–339.

Brown, D. F. (2002). *Becoming a successful urban teacher.* Portsmouth, NH: Heinemann.

Campbell, D. (2010). *Choosing democracy: A practical guide to multicultural education*

(4th ed.). Boston, MA: Allyn & Bacon.

Collier, V. P. (1989). How long: A synthesis of research on academic achievement in a second language. *TESOL Quarterly,* 23(3), 509–531.

Darling-Hammond, L.& Bransford, J. (Eds.). (2005). *Preparing teachers for a changing world: What teachers should learn and be able to do.* San Francisco, CA: Jossey-Bass.

Farr, B.& Quintanar-Sarellana, R. (2005). Effective strategies for students learning a second language or with other language differences. In E. Trumbull & B. Farr (Eds.), *Language and learning: What teachers need to know* (pp. 113–158). Norwood, MA: Christopher Gordon.

Feden, P. D.& Vogel, R. M. (2003). *Methods of teaching: Applying cognitive science to promote student learning.* Boston, MA: McGraw-Hill.

Gollnick, D. M. & Chinn, P. C. (2013). *Multicultural education in a pluralistic society* (9th ed.). Boston, MA: Pearson.

Grant, C. A. & Gillette, M. (2006). *Learning to teach everyone's children: Equity, empowerment, and education that is multicultural.* Belmont, CA: Thomson/Wadsworth.

Harry, B. & Klinger, J. (2014). *Why are so many minority students in special education? Understanding race and disability in schools* (2nd ed.) New York, NY: Teachers College Press.

Hasegawa, C. (1998). *Speeckle enk.* (unpublished manuscript).

Kellough, R. & Carjuzaa, J. (2012). *Teaching in the middle and secondary schools* (10th ed.) Boston, MA: Allyn & Bacon.

Kindler, A. L. (2002). *Survey of the states' limited English proficient students and available educational programs and services: 2000—2001.* Washington, DC: National Clearinghouse for English Language Acquisition & Language Instruction Educational Programs. Retrieved from http://www.centerforpubliceducation. org/Libraries/Document-Library/Survey-of-the-States- Report.pdf

Kovács, á. M.& Mehler, J. (2009, July 31). Flexible learning of multiple speech structures in bilingual infants. *Science,* 611–612.

Krashen, S. (1998). *Condemned without a trial: Bogus arguments against bilingual education.* Portsmouth, NH: Heinemann.

Meyer, L. (2000). Barriers to meaningful instruction for English learners. *Theory into Practice,* 39(4), 228–236.

National Center for Education Statistics. (2011). *The condition of education 2011* (NCES 2011-033). Alexandria, VA: ED Pubs, US Department of Education. Retrieved from http://

nces.ed.gov/ pubs2011/2011033.pdf

Nieto, S.& Bode, P. (2012). *Affirming diversity: The sociopolitical context of multicultural education* (6th ed.). Boston, MA: Pearson Education.

Oakes, J. & Lipton, M. (2012). *Teaching to change the world* (4th ed.). Boston, MA: McGraw-Hill Higher Education.

Olsen, L. (2000). Learning English and learning America: Immigrants in the center of a storm. *Theory into Practice,* 39(4), 196–202.

Pang, V. (2001). *Multicultural education: A caring-centered, reflective approach.* Boston, MA: McGraw-Hill.

Rong, X. L.& Prissle, J. (1998). *Educating immigrant students: What we need to know to meet the challenge.* Thousand Oaks, CA: Corwin.

Ramirez, J. D. (2012). *Bilingual education: Talking points.* Retrieved from http://www.teachingforchange.org/wp-content/uploads/2012/08/ ec_bilingualed_talkingpoints_english.pdf

Sadker, D. M., Zittleman, K. & Sadker, M. P. (2012). *Teachers, schools, and society.* Boston, MA: McGraw-Hill.

Saville-Troike, M. (1978). *A guide to culture in the classroom.* Rosslyn, VA: National Clearinghouse for Bilingual Education.

Smitherman, G. (2009). Black English/Ebonics: What it be like? In W. Au (Ed.), *Rethinking multicultural education: Teaching for racial and cultural justice.* Milwaukee, WI: Rethinking Schools.

Thomas, W. P.& Collier, V. P. (1997). *School effectiveness for language minority students.* National Clearinghouse for English Language Acquisition (NCELA) Resource Collection Series, No. 9, December 1997.

US Census. (2009). *American Community Survey* (B16003: Age by language spoken at home for the population 5 years and over in linguistically isolated households; C16004: Age by language spoken at home by ability to speak English for the population 5 years and over). Retrieved from http://factfinder.census.gov

Valdés, G., Bunch, G.Snow, C. & Lee, C. (with Matos, L.). (2005). Enhancing the development of students' languages. In L. Darling-Hammond & J. Bransford (Eds.), *Preparing teachers for a changing world: What teachers should learn and be able to do* (pp. 126–168). San Francisco, CA: Jossey-Bass.

Villegas, A. M. (1991). *Culturally responsive pedagogy for the 1990s and beyond* (Trends and Issues Paper No. 6). Washington, DC: ERIC Clearinghouse on Teacher Education. (ERIC

Document Reproduction Service No. ED339698)

第十章

Connecticut State Department of Education. (2010). *Connecticut's framework for response to intervention: The use of data teams in Connecticut's SRBI process*. Hartford: Connecticut State Department of Education

Einbender, L. & Wood, D. (1995). *An authentic journey: Teachers' emergent understandings about authentic assessment and practice*. New York, NY: Teachers College, Columbia University. (ERIC Document Reproduction Service No. ED384585)

Feden, P. D. & Vogel, R. M. (2002). *Methods of teaching: Applying cognitive science to promote student learning*. Boston, MA: McGraw-Hill.

Goodlad, J. (2004). *A place called school: Twentieth anniversary edition* (2nd ed.). Boston, MA: McGraw-Hill. (First edition published 1984)

Grant, C. A.& Gillette, M. (2006). *Learning to teach everyone's children: Equity, empowerment, and education that is multicultural*. Belmont, CA: Thomson Wadsworth.

Grant, C. A.& Sleeter, C. E. (2011). *Doing multicultural education for achievement and equity* (2nd ed.). New York, NY: Routledge.

Hibbard, M. K. (1994). *Performance assessment: A+user-friendly system for teaching and learning*. Unpublished manuscript.

Huba, M. E.& Freed, J. E. (2000). *Learner-centered assessment on college campuses: Shifting the focus from teaching to learning*. Boston, MA: Allyn & Bacon.

Irvine, J. J. (1991). *Black students and school failure: Policies, practices, and prescriptions*. Santa Barbara, CA: Praeger.

Irvine, J. J. (1996). *Growing up African American in Catholic schools*. New York, NY: Teachers College Press.

Lockwood, A. T. (1992). *A leap of faith. Focus in Change,* 3(1), 9–13.

National Association for Multicultural Education. (2015). *NAME Position Statement on the edTPA*. Retrieved from http://www.nameorg.org/docs/Statement-rr-edTPA-1-21-14.pdf

NEASC (New England Association of Schools and Colleges). (2011). *Teaching and learning standard*. Retrieved from http://cpss.neasc .org/downloads/2011_Standards/2011_Standards.pdf

Neill, J. (2004). *Cultural bias in intelligence testing*. Retrieved from http:// wilderdom.

com/personality/intelligenceCulturalBias.html

Northwest Regional Educational Laboratory. (1998a). *Improving classroom assessment: A toolkit for professional developers* (Toolkit 98). Portland, OR: Author.

Northwest Regional Educational Laboratory. (1998b). *Improving science and mathematics education: A toolkit for professional developers; alternative assessment.* Portland, OR: Author. (ERIC Document Reproduction Service No. ED381360)

Oakes, J., Lipton, M., Anderson, L.& Stillman, J. (2012). *Teaching to change the world* (4th rev ed.). Boston, MA: McGraw-Hill.

O'Neill, J. (1992, May). Putting performance assessment to the test. *Educational Leadership*, pp. 14–19.

Oosterhof, A. (2009). *Developing and using classroom assessments* (4th ed.). Upper Saddle River, NJ: Merrill.

Reeves, D. B. (2007). *Ahead of the curve: The power of assessment to transform teaching and learning.* Bloomington, IN: Solution Tree. RTI Action Network. (n.d.). *What is RTI?* Retrieved from http:// www.rtinetwork.org/learn/what/whatisrti

Sadker, D. M. & Zittleman, K. (2012). *Teachers, schools and society* (10th ed.). Boston, MA: McGraw-Hill.

Schrank, F. A., Mather, N.& McGrew, K. S. (2014). *Woodcock–Johnson IV Tests of Cognitive Abilities examiner's manual, Standard and Extended Batteries.* Itasca, IL: Riverside.

Stiggins, R. J. (1999). Evaluating classroom assessment training in teacher education programs. *Educational Measurement: Issues and Practice,* 18(1), 23–27.

Stiggins, R. J. & Cappuis, J. (2012). *Introduction to student-involved assessment for learning* (6th ed.). Boston, MA: Allyn & Bacon.

Taylor, C. S.& Nolen, S. B. (2007). *Classroom assessment: Supporting teaching and learning in real classrooms* (2nd ed.) Upper Saddle River, NJ: Pearson.

Torgesen, J. K., Wagner, R. K. & Rashotte, C. A. (2012). Test of Word Reading Efficiency, Second Edition (TOWRE-2). Retrieved from http://www.wpspublish.com/store/p/3061/test-of-word-reading- efficiency-second-edition-towre-2#sthash.s5JUkz3A.dpuf

Waugh, C. K.& Gronlund, N. E. (2013). *Assessment of student achievement* (10th ed.). Boston, MA: Addison Wesley.

Wiggins, G. (1991). Standards, not standardization: Evoking quality student work. *Educational Leadership,* 48(5), 18–25.

Wolf, D. P., LeMahieu, P. G.& Eresh, J. (1992). Good measure: Assessment as a tool for education reform. *Educational Leadership,* 49(8), 8–13.

第十一章

Arends, R. (2012). *Learning to teach* (9th ed.). New York, NY: McGraw-Hill.

Blankstein, A. (2012). *Failure is not an option: Six principles that guide student achievement in high-performing schools* (3rd ed.). Thousands Oaks, CA: Corwin.

Davidman, L. & Davidman, P. T. (2001). *Teaching with a multicultural perspective: A practical guide* (3rd ed.). New York, NY: Allyn & Bacon.

DuFour, R. (2004). What is a "professional learning community"? *Educational Leadership,* 61(8), 6–11.

Fullan, M. & Hargreaves, A. (1996). *What's worth fighting for in your school? Working together for your school.* New York, NY: Teachers College Press.

Hord, S. M. (2004). *Learning together, leading together: Changing schools through professional learning communities.* New York, NY: Teachers College Press.

Hord, S. M., Roussin, J. L. & Sommers, W. A. (2009). *Professional learning communities: Guiding professional learning communities, inspiration, challenge, surprise, and meaning.* Thousand Oaks, CA: Corwin.

Joyce, B. R. & Showers, B. (2002). *Student achievement through staff development: Fundamentals of school renewal* (3rd ed.). Alexandria, VA: Association for Supervision and Curriculum Development.

Killion, J. (1999). Journaling. *Journal of Staff Development,* 20(3), 36–37.

Kouzes, J. M.& Posner, B. Z. (2007). *The leadership challenge* (4th ed.). San Francisco, CA: Jossey-Bass.

Kruse, S. D. (1999). Collaborate. *Journal of Staff Development,* 20(3), 14–16.

Kruse, S. D., Seashore Louis, K. & Bryk, A. S. (1994). *Building professional community in schools.* Madison, WI: Center on Organization and Restructuring of Schools.

Ladson-Billings, G. (2009). *The dreamkeepers: Successful teachers of African American children* (2nd ed.). San Francisco, CA: Jossey-Bass.

Mertler, C. A. (2013). *Action research: Improving schools and empowering educators* (4th ed.). Thousand Oaks, CA: Sage.

Oakes, J. (2005). *Keeping track: How schools structure inequality* (2nd ed.). New Haven, CT: Yale University Press.

Oakes, J., Hunter Quartz, K., Ryan, S.& Lipton, M. (2002). *Becoming good American schools: The struggle for civic virtue in educational reform.* San Francisco, CA: Jossey-Bass.

Oakes, J., Lipton, M., Anderson, L.& Stillman, J. (2012). *Teaching to change the world* (4th rev ed.). Boston, MA: McGraw-Hill.

Reagan, T. G., Case, C. W.& Brubacher, J. W. (2000). *Becoming a reflective educator: How to build a culture of inquiry in the schools* (2nd ed.). Thousand Oaks, CA: Corwin.

Robins, K. N., Lindsey, R. B., Lindsey, D. B. & Terrell, R. D. (2011). *Culturally proficient instruction: A guide for people who teach* (3rd ed.). Thousand Oaks, CA: Sage.

Sadker, D. M. & Zittleman, K. (2012). *Teachers, schools and society* (10th ed.). New York, NY: McGraw-Hill.

Schon, D. A. (1983). *The reflective practitioner: How professionals think in action.* New York, NY: Basic Books.

Senge, P. (1990). *The fifth discipline: The art and practice of the learning organization.* New York, NY: Doubleday/Currency.

Sergiovanni, T. & Starratt, R. (2007). *Supervision: A redefinition* (8th ed.). Boston, MA: McGraw-Hill.

Simpson, D. J., Jackson, M. J. B. & Aycock, J. C. (2005). *John Dewey and the art of teaching: Toward reflective and imaginative practice.* Thousand Oaks, CA: Sage.

Smith, G. P. (1998). *Common sense about uncommon knowledge: The knowledge bases for diversity.* Washington, DC: American Association of Colleges for Teacher Education.

Taggart, G. L. & Wilson, A. P. (1998). *Promoting reflective thinking in teachers: 44 action strategies.* Thousand Oaks, CA: Corwin. Wood, F. H. & McQuarrie, F., Jr. (1999). On-the-job learning. *Journal of Staff Development,* 20(3), 20–22.

第十二章

Banks, J. A. (2009). *Teaching strategies for ethnic studies* (8th ed.). Boston, MA: Allyn & Bacon.

Bernhardt, V. L. (2013). *Data analysis for comprehensive school improvement* (3rd. ed.). New York, NY: Routledge.

Blankstein, A. (2012). *Failure is not an option: Six principles that guide student achievement in high-performing schools* (3rd ed.). Thousands Oaks, CA: Corwin.

Blankstein, A. & Houston, P. (2011). *Leadership for social justice and democracy in our schools*. Thousand Oaks, CA: Corwin.

Darling-Hammond, L. (1996). The quiet revolution: Rethinking teacher development. *Educational Leadership,* 53(6), 4–10.

Deal, T. E.& Peterson, K. D. (2009). *Shaping school culture: Pitfalls, paradoxes, and promises* (2nd ed.). San Francisco, CA: Jossey-Bass.

DuFour, R. (2004). What is a professional learning community? *Educational Leadership,* 61(8), 6–11.

DuFour, R.& DuFour, R. (2010). *Learning by doing: A handbook for professional learning communities that work* (2nd ed). Bloomington, IN: Solution Tree.

Easton, L. (2004). *Powerful designs for professional learning.* Oxford, OH: National Staff Development Council.

Fullan, M. (2007). *Leading in a culture of change* (Rev. ed.). San Francisco, CA: Jossey-Bass.

Gay, G. (1994). *A synthesis of scholarship in multicultural education.* Retrieved from http://www.ncrel.org/sdrs/areas/issues/educatrs/ leadrshp/le0gay.htm

Glickman, C. D., Gordon, S. P. & Ross-Gordon, J. M. (2013). *Supervision and instructional leadership: A developmental approach* (9th ed.). Boston, MA: Allyn & Bacon.

Hord, S. M., Roussin, J. L. & Sommers, W. A. (2009). *Professional learning communities: Guiding professional learning communities, inspiration, challenge, surprise, and meaning.* Thousand Oaks, CA: Corwin.

Johnson, J. A., Musial, D. L., Hall, G. E. & Gollnick, D. M. (2013). *Foundations of American education: Becoming effective teachers in challenging times* (16th ed., Kindle ed.). New York, NY: Pearson.

Joyce, B. R. & Showers, B. (2002). *Student achievement through staff development: Fundamentals of school renewal* (3rd ed.). Alexandria, VA: Association for Supervision and Curriculum Development.

Katzenbach, J. R. & Smith, D. K. (1993). *The wisdom of teams: Creating the high-performance organization.* New York, NY: Harper Business.

Learning Forward. (2011). *Standards for professional learning* (3rd ed.). Oxford, OH: Author. Retrieved from http://www.learningforward. org/standards-for-professional-learning

Lezotte, L. W.& Jacoby, B. C. (1990). *A guide to the school improvement process based on effective schools research.* Okemos, MI: Effective Schools.

Lieberman, A. & Miller, L. (Eds.). (1991). *Staff development for education in the '90s:*

New demands, new realities, new perspectives (2nd ed.). New York, NY: Teachers College Press.

Loucks-Horsley, S., Harding, C. K., Arbuckle, M. A., Murray, L. B., Dubea, C.& Williams, M. K. (1987). *Continuing to learn: A guidebook for teacher development.* Providence, RI: Regional Laboratory for Educational Improvement of the Northeast and Islands.

NECME (Northeast Consortium for Multicultural Education). (1993). *Multicultural education: Moving from theory to practice.* Unpublished report of the proceedings.

Oakes, J., Lipton, M., Anderson, L. & Stillman, J. (2012). *Teaching to change the world* (4th rev ed.). Boston, MA: McGraw-Hill.

Sadker, D. M. & Zittleman, K. (2012). *Teachers, schools and society* (10th ed.). Boston, MA: McGraw-Hill.

Schmoker, M. J. (2006). *Results now: How we can achieve unprecedented improvements in teaching and learning.* Alexandria, VA: Association for Supervision and Curriculum Development.

Senge, P. M., Kleiner, A., Roberts, C., Ross, R. B. & Smith, B. J. (1994). *The fifth discipline fieldbook: Strategies and tools for building a learning organization.* New York, NY: Doubleday.

Sergiovanni, T. & Starratt, R. (2006). *Supervision: A redefinition* (8th ed.). Boston, MA: McGraw-Hill.

Terrell, R. D. & Lindsey, R. B. (2009). *Culturally proficient leadership: The journey begins within.* Thousand Oaks, CA: Corwin.

Wagner, T. (2014). *The global achievement gap: Why even our best schools don't teach the new survival skills our children need—and what can we do about it.* New York, NY: Basic Books.

Williams, B. (2003). *Closing the achievement gap: A vision for changing beliefs and practice* (2nd ed.). Alexandria, VA: Association for Supervision and Curriculum Development.

第三章 "提到的资源"

关于美洲原住民的资源

美洲印第安人教育基金（http://www.aiefprograms.org）向那些希望从印第安人的视角进一步了解印第安问题的人推荐了下列书籍，其中许多书是由印第安人写成的。

Brave Bird, M. & Erdoes, R. (1990). *Lakota woman*. New York, NY: G.Weidenfeld.

Brave Bird, M. & Erdoes, R. (1993). *Ohitika woman*. New York, NY: Grove Press.

Brown, D. (2003). *Bury my heart at wounded knee*. New York, NY: Henry Holt.

Cash, J. H. (2004). *To be an Indian*. New York, NY: Holt, Rinehart, and Winston.

Deloria, V., Jr. (1988). *Custer died for your sins: An Indian manifesto*. New York, NY: Macmillan.

Elk, B.& Neihardt, J. G. (1979). *Black Elk speaks: Being the life story of a holy man of the Oglala Sioux*. Lincoln: University of Nebraska Press.

Erdoes, R. & Ortiz, A. (1984). *American Indian myths and legends*. New York, NY: Pantheon Books.

Frazier, I. (2000). *On the Rez*. New York, NY: Farrar, Straus, and Giroux.

Lame Deer, J.& Erdoes, R. (1994) *Lame Deer, seeker of visions*. New York, NY: Washington Square Press.

Matthiessen, P. (1992). *In the spirit of Crazy Horse*. New York, NY: Penguin.

Nerburn, K. (2002). *Neither wolf nor dog: On forgotten roads with an Indian elder*. San Rafael, CA: New World Library.

Ross, A. C. (1998). *Mitakuye Oyasin: We are all related*. Denver, CO: Wicóni Wasté.

关于非裔美国人的资源

Hale-Benson, J. E. (1986). *Black children: Their roots, culture, and learning styles*. Baltimore, MD: Johns Hopkins University Press.

Ladson-Billings, G. (2009). *The dreamkeepers: Successful teachers of African American children*. San Francisco, CA: Jossey-Bass.

Lerner, G. (1992). *Black women in White America: A documentary history*. New York, NY: Vintage Books.

Massey, S. (2000). *Black cowboys of Texas*. College Station: Texas A & M University Press.

Powell Hopson, D.& Hopson, D. S. (1990). *Different and wonderful: Raising Black children in a race-conscious society*. New York, NY: Simon & Schuster.

Smitherman, G. (1986). *Talkin and testifyin: The language of Black America* (Rev. ed.). Detroit, MI: Wayne State University Press. (Originally published in Boston by Houghton Mifflin, 1977)

Tatum, B. (1997). *Why are all the Black kids sitting together in the cafeteria? And other conversations about race.* New York, NY: Basic Books.

关于亚裔美国人的资源

Chen, E.& Omatsu, G. (2006). *Teaching about Asian Pacific Americans: Effective activities, strategies, and assignments for classrooms and communities.* Lanham, MD: Rowman & Littlefield.

Louie, S. L. & Omatsu, G. K. (Eds.). (2001). *Asian Americans: The movement and the moment.* Los Angeles: University of California–Los Angeles Asian American Studies Press Center.

Pang, V.& Cheng, L. (1998). *Struggling to be heard: The unmet needs of Asian Pacific American children.* Albany: State University of New York Press.

Takaki, R. (1993). *A different mirror: A history of multicultural America.* London, UK: Little, Brown.

Takaki, R. (1998). *A larger memory: A history of our diversity, with voices.* Boston, MA: Little, Brown.

Takaki, R. (1998). *Strangers from a different shore: A history of Asian Americans* (Rev. & updated ed.). Boston, MA: Little, Brown.

Takaki, R. (2001). *Double victory: A multicultural history of America in World War II.* Boston, MA: Little, Brown.

Zia, H. (2001). *Asian American dreams: The emergence of an American people.* New York, NY: Farrar, Straus, and Giroux.

关于西裔美国人的资源

Heyck, D. (Ed.). (1994). *Barrios and borderlands: Culture of Latinos and Latinas in the United States.* New York, NY: Routledge.

Kanellos, N. (1998). *Thirty million strong: Reclaiming the Hispanic image in American culture.* Golden, CO: Fulcrum.

Kanellos, K. & Pérez, C. (Eds.). (1995). *Chronology of Hispanic-American history: From pre-Columbian times to the present.* New York, NY: Gale Research.

Meier, M. & Gutiérrez, M. (2000). *Encyclopedia of the Mexican American civil rights movement.* Westport, CT: Greenwood Press.

Tenenbaum, B. (Ed.). (1996). *Encyclopedia of Latin American history and culture.* New York, NY: Scribner's.

 "前沿教育"书系书目

《多元文化：当教师遭遇新挑战》
《教无止境：让"差生"成功逆袭》
《家校合作：5个原则读懂教育互动》
《创新教育模式：让课堂"活"起来》
《打造全新课堂：协作式教学探究》
《FNO框架：从学校到名校》（第三版）
《大教育：学校、家庭与社区合作体系》（第三版）
《反思课堂教学：为未来的挑战做准备》（第三版）
《参与度研究：防止厌学的诀窍》
《校长之道：只为成就教师和学生》（第四版）
《教师：如何与问题家长相处》（第二版）
《高能校长的十种身份》
《校长决策力：复杂问题案例研究》
《反欺侮：让学生远离恐惧》
《美国学校的安保与应急方案》
《校园文化：发现社团的价值》
《领导力：卓越校长的名片》
《发掘内在潜力：让教师成为教育家》
《乘数效应：发现学校里的天才》
《课堂内外：打造全方位发展的学生》
《美国教学质量监管与督导》
《思维学校建设之路》
《用数据说话：教学差距调查方法》
《有文化还不够：21世纪数字信息时代的流畅力》